本书是河北省引才引智创新平台项目"基于深度学习的实体关系抽取及应用"（编号：606080123003）系列成果之一

重庆

科举史

吴洪成　王静◎著

知识产权出版社
全国百佳图书出版单位
—北京—

图书在版编目（CIP）数据

重庆科举史/吴洪成，王静著．—北京：知识产权出版社，2023.12
ISBN 978-7-5130-9086-5

Ⅰ.①重…　Ⅱ.①吴…②王…　Ⅲ.①科举制度—历史—重庆　Ⅳ.①D691.3

中国国家版本馆 CIP 数据核字（2023）第 256911 号

内容提要

本书在对重庆方志史料和相关历史文献挖掘整理的基础上，运用历史学、教育学及其他相关知识理论进行分析、解读，纵向按照历史发展顺序，横向通过重庆内部各县间以及重庆与四川地区的比较分析，对重庆地区的科举发展状况进行研究。以唐代重庆科举的起步、宋代重庆科举的初盛、元代重庆科举的衰落、明清重庆科举的提升为主轴，对重庆科举考试的历史及其相关的问题进行深入细致探讨。主要内容包括重庆科举考试历史发展的具体概况、科举考试资格、考试内容、考试类型、考试形式，以及科举建筑、科举附属组织机构或团体等诸多方面。通过研究，本书揭示重庆科举考试与学校教育和地方社会丰富、复杂以及多线性的联系，深入探讨和确立科举考试对重庆社会地域发展以及全国社会历史的资源贡献。本书还力图揭示重庆科举制度的演变特点和发展轨迹，以期充实区域教育的思想内容，并拓展中国科举制度史的研究领域。

责任编辑：张水华　　　　　　　责任校对：王　岩
封面设计：臧　磊　　　　　　　责任印制：孙婷婷

重庆科举史

吴洪成　王　静　著

出版发行：知识产权出版社有限责任公司　　网　　址：http://www.ipph.cn
社　　址：北京市海淀区气象路 50 号院　　邮　　编：100081
责编电话：010-82000860 转 8389　　　　　责编邮箱：46816202@ qq. com
发行电话：010-82000860 转 8101/8102　　发行传真：010-82000893/82005070/82000270
印　　刷：北京中献拓方科技发展有限公司　经　　销：新华书店、各大网上书店及相关专业书店
开　　本：720mm×1000mm　1/16　　　　印　　张：20.5
版　　次：2023 年 12 月第 1 版　　　　　　印　　次：2023 年 12 月第 1 次印刷
字　　数：370 千字　　　　　　　　　　　定　　价：98.00 元
ISBN 978-7-5130-9086-5

序 言

"科举"是中国古代独有的人才选拔制度，与前代考评人才体制相比较，科举又被认为是一场革命性变革，选拔方式由以推荐为主转为以考试为中心，变得更具客观性、标准化。科举制度自唐代全面推行以来，直到清末光绪三十一年（1905 年）敲响丧钟，退出历史舞台，应该是与中古时期封建社会从兴盛直至没落衰亡的历史进程相伴随的。

科举的多学科研究特色非常明显。由于社会政治体制有赖于官吏选拔及被选者的才学能力与素质，社会史、政治史探讨科举便顺理成章；而科举制度本身是人的教育、培养问题，直接关乎教育的体制和内容及组织方法，教育史自应加强研究，并着眼于教育学、心理学理论阐述；此外，科举科目及测试组织方法等影响了语言文学、艺术、哲学、心理学乃至经济、宗教等相关领域，各门学科的特定视野考察十分必要，于是乎涌现出各有特色的成果。科举及其内容、观念，曾几何时风靡神州各行各业，牵动千家万户。从稚童到白发老翁，从妙龄少女到沧桑慈母，以及山野书生、学校学子等林林总总的各色人物，都对它一呼百应。走向科举或关注科举，不仅是当时的风尚民俗、教化熏陶、价值导向、伦理精神、文化积淀，还是当时的一种社会文化、民众心理。总之，科举是社会动员与个体冲动的糅合，它究竟制造了多少林下悄语、月下娓谈、灯火红袖、慈母叮咛、家庭悲欢、宗族变迁，细述万千、细微描画。科举虽已然似滔滔江水，不再回转，然世纪之交，万象更新，征程伊始，又不断引起学者、文人的缅怀、联想、反思、总结，乃至于纪念与咏唱。这些情形能从近一两年间出版的科举论著及国际会议论文集的议论文字、激扬观点、拓展问题、繁富著述等中窥见一斑，此处不再赘述。

当今，科举制研究成果各有特色，显现出既争奇斗艳又互相补充的态势。主要包括：以科举制为直接对象的研究，既有从整体视角出发的，也有断代的，但以宋代及清代为主，对近代科举的改革与命运论述不足；在各专门学科历史如教育史、政治史、文学史、文化史、社会史当中，将科举作为学科体系或内容的一部分，注重从学科视野论述其地位及角色作用，且以教育史论述为多，其深刻性及理论水平也似乎比文学史、社会史高出一等；通史或地方史志的论著中某一部分或专章探讨科举制，往往用历史学的方法加以记录与分析，这类研究目前注重以现代西方新史学流派为某种依据，加强了科学化与人文性的结合、历史感与现实性的交织，然而体裁以叙述或描写为主，思辨及理论化水平还有待提升；以地区为单位的科举制的挖掘、整理及初步研究，是一种新的进展、推进，也是创新，并且带有实用性与商品化价值，这种层面的研究难度大、成果少，目前所见主要是单篇论文，以著作形式出现的研究成果多涉及福建、江苏、浙江地区，而有关地域文化的探究又偏于进士科或状元制的介绍、清理。科举制集大成的研究成果是刘海峰教授的《科举学导论》（华中师范大学出版社 2005 年版），据称刘教授的母校厦门大学开设有"科举学"公选课，可谓匠心独运，但对青年学子讲授科举入仕的问题，应有度数，倘泛滥过剩，也会出现偏颇，不适合当今社会开放、创新的主流观念与国际化、现代化的大潮，故而应严肃认真和缜密稳重。

西南地区是中国内陆腹心的重要区域，形成了以巴蜀文化为特征的文化地带。这一地区以成都、重庆两个国际大都市为中心，辐射周边，连带农村区域，成为西部大开发战略的桥头堡和承续转换重心。人才资源成为该地区社会进步、区域开发、民族腾飞、科技增长、经济振兴、教育兴旺等诸多领域现代化的关键。历史地考察人才问题，有助于当地对当代人才的培养、选用及开发。而由古代至清末的社会精英或文化哲人，大都来自科举，对区域科举制的探求与现实社会发展便发生了难分难舍的关系。本书只应了古人所言："弱水三千，但取一瓢。"首次集中整理、思索重庆这一西南东部地带、长江黄金水道上游最大港口与物资贸易中心、文化教育汇聚地的科举制历程，是一项艰苦的工作，而且费时多，所得微弱，真有不堪回首之慨。客观地说，对科举及第人物的记载及相关研究材料最集中的是中国东部沿海经济发达省份，这种现象的出现既有历史上科举考试及第数量及成就影响的自身原因，也有学者文人关注或兴趣的偏颇缺失原因，是难以叙述明白的。

在一般人的心目中，重庆是西部落后地区，科举及第人物稀微，不成气候，难登大雅之堂。我想，这种观点值得商榷，应予重新估价，并应有转变。曾几何时，作为大西南中枢纽带的重庆承东接西，续北连南，是三秦文化、楚文化、巴蜀文化汇聚、争鸣的集散中心。传统巴渝文化、巴楚文化独具魅力，被一些学者认为自成体系，成为三峡地区文化的渊薮、摇篮，给其他亚文化以丰厚的滋养。唐宋以后，重庆战略地位提高，政治意义增强，长江、嘉陵江、涪江诸大水系商业沟通频繁、贸易交流旺盛，其工商业发展水平提升，并逐渐翘首西南，乃至辐射至中国西部广袤的山川坝野、城镇村落。在这种社会历史变迁纷纭交错的态势下，重庆的学校、文学、科举等诸多领域、各项事业都有不同程度的进展。唐代政府赋税"扬一益二"的古语，即言扬州、成都经济水平之高及在全国所占地位之隆。重庆毗邻成都，应得其余绪。到了宋代以后，重庆的发展异军突起，逐渐呈现出与以成都为中心的川西平原互为掎角、鼎足抗衡，甚至有"青出于蓝而胜于蓝"后来者居上之态势。科举制一经实施，重庆区县即有人应试及第，而众多他乡科第士子往返三峡、嘉陵，留下了千古绝唱。他们吸纳了巴人竹枝文学的风格，又添增了古代文学胜景之风采。宋代重庆科举中举人数激增，遭元削弱后，明代以降直至清末又有所攀升。这些"登龙门"的天子得意门生曾在古代政治、经济、军事、文化教育等领域发挥了不同程度的作用，也为开发西南、振兴乡梓付出了一定辛劳。直到今天的巴渝大地仍有一些传闻，也残留了文物遗址，让人追忆、缅怀不已……这些记载文字的片段，虽然只是一鳞半爪，过于简略，然而略加梳理，适当分析，却也能反映重庆古代科举之大观，刻画重庆士子的读书生活及精神状态。探索重庆的科举，能丰富巴渝文化的识见，充实区域教育的内容，拓展中国教育文化的领域，弥补中国古代科举制研究中西部观照的薄弱乃至残缺。从现实性上说，也能在西部大开发中的区域文化建设，教育改革，人才资源的培育、选任及使用等方面发挥一定参考价值的直接或间接作用。

本书以历史唯物主义和辩证唯物主义为指导，尽可能多地搜集第一手资料，搜索了古代、近代有关重庆区域历史的方志、典籍，当代四川、重庆的有关地方史志文献资料以及各个时期对该地区科举相关领域或专题的研究论著，在严谨考辨、细致分析的基础上，史论结合，深入剖析，并采用文献法、比较法、计量分析法、个案分析法等多种研究方法进行综合研究。作者在撰写过程中，本着历史服务于现实、以古鉴今的治史原则，以现实主义的态度、科学主义的精神叙述重庆科举历史，并注重运用当代教育学理论、概念及知识来解读、分析、阐发重庆科举中的诸多教育问题。

诚然，由于时间过于仓促，水平有限，本书从史料的搜求到整理分析，虽然花费了大量的心血与精力，但仍然存在许多不足，与原本设想的目标存在不小的距离。中国先秦时期伟大的文学家屈原称："路漫漫其修远兮，吾将上下而求索。"对中国科举史的研究及探索，前辈及时贤已做了很多工作，取得了丰硕成果，但仍留下许多空白地带与薄弱环节，尤其是科举的区域历史，科举的个案研究，科举与文化的学术变动及科举对地方民众思想观念、民间习俗风尚形成的影响等方面更显得贫乏或不足。我们要在前人研究的基础上艰辛探求、不懈努力，沿着这条漫长而不平坦的研究道路继续前行，去攻克那些未被我们认识的相关领域的迷离。

最后需要说明的是，此次《重庆科举史》是在 15 年前我独立撰写的一本小册子《重庆的科举》基础上展开、提升和拓展，并最终完成的一项成果。两者的衔接和关联是存在的，但以前的作品只有数万字，比较简略，属大纲或局部的内容反映，现在呈现的书稿则无论从内容、体例、结构、素材，还是篇章设计和方法运用上都有新的突破。还需要指出的是本论题研究的缘由以及本人对其中科举问题的体会认识基本上很少变化。或许这也可以理解为重庆直辖以后科举考试的主题观念理解是相对稳定的，这种历史的稳定性是研究客观性的反映，当然，时代主题发生的变化和提出的要求需要我们对主题的理解和分析有所变动，体现出与时俱进的时代使命。我想，这种主客观结合的探讨和分析在本书中是能明显反映的。

吴洪成笔记于

近代历史名城保定　河北大学教育学院

2023 年 5 月 10 日

目 录

第一章

唐代重庆科举的起步

重庆是一座举世闻名的历史文化名城，有文字记载的历史可以追溯到近4000年前巴国的"巴蜀微语"，巴渝文化即发源于此。隋文帝杨坚设渝州，重庆的简称"渝"即由此而来。中国古代选拔人才制度的分水岭、里程碑式意义的转变，从选举（察举制、九品中正制）向考试等次成绩排名的科举制的飞跃，恰是从隋代开端、唐代定型实施的。本章探讨隋唐科举制初创期重庆的科举考试及其相应问题。

第一节　唐代重庆科举的历史文化背景

唐代重庆科举考试是在隋唐科举制建立及推行基础上起步的。重庆特定地域的社会历史文化、民族传统是其展开的依托和场域，学校与科举始终是一对孪生姐妹，前者先行于后者，后者一经出现便与前者难解难分、共同发力，作用于古代中国的人才和社会。

一、隋唐时期重庆的地域文化

川渝的历史区域统称"巴蜀"。"巴"主要指川东长江三峡地域，"蜀"指川西成都平原的广大地区。在川东巴地，悠久的长江文化和特殊的地理环境，使巴族先民结合中原、荆楚等文化，创造了独特的地域文化及其相应的聚居形态。这一地域历史上先后形成了涪江流域铜梁文化区、川东峡谷文化区及川东嘉陵江文化区、巴文化区、三巴文化区、剑南东川及山南西道文化区、东川及峡路文化区、川东北文化区。❶

重庆、四川称巴蜀，既是文化名词，又是族群称谓。重庆意为"双重喜庆"，宋光宗先封恭王后即帝位，自诩"双重喜庆"，因而升恭州为重庆府，重

---

❶ 王纪武. 地域文化视野的城市空间形态研究 [D]. 重庆：重庆大学，2005：126.

庆由此得名。从元朝到清朝，重庆等地一直隶属四川省管理。在北宋统治时期，巴蜀地区划分为四路。元朝统一全国以后，疆域面积空前庞大。元朝结合金国行尚书台的经验，进一步推出了行省制度。明朝建立以后，继承了元朝的行省制度，逐步形成了南北直隶和13个省的区划格局。清朝雍正年间，西南各省曾出现了大规模的区划调整。随后，四川、贵州、云南三省的区划轮廓基本形成。在清朝统治时期，四川省划分为12个府、9个直隶州、4个直隶厅，重庆府隶属于四川省，下辖巴县、江津县、长寿县、永川县、荣昌县、綦江县、南川县、铜梁县、大足县、璧山县、定远县等14个县。截至清中期，重庆府仍然是四川省下辖的一个州府。清后期，重庆府成为通商口岸，地位迅速崛起。1929年，重庆市设立。1937年，重庆市被确立为直辖市。1954年，重庆市被降级，重新划入四川省管理。20世纪50年代末期，为了适应经济发展的需要，重庆的区划进行了大规模的调整。本书所探析的重庆科举，其地理位置与行政范围并不局限于两宋时期重庆府的管辖范围，而是采用1997年重庆直辖市所辖的区县范围。具体而言，除了直辖以前的重庆区县，还包括涪陵、黔江、万县（现万州）地区。

巴族形成表明巴人、汉民的融合及错落分布，使重庆地域文化、教育颇具少数民族特色。唐代文化中心以文学、宗教为标志，但教育及伦理体系中又崇尚儒学。这在重庆地域文化中有明显反映，并深深影响了教育，尤其是学校的办学活动，以及科举考试的实施及其成效。

两晋以来，史籍对其族冠以"蛮"称，如"酉阳蛮""大阳蛮""鲁阳蛮"等。南北朝时，他们多依托于嘉陵江南、北之间而逐渐被同化，而对汉中、巴西、关陇等地区的巴人，史籍仍冠以"巴"称，曰"巴人""巴夷""巴蛮"，或与他族连称"巴氏""巴濮"。这些不同称谓，反映了巴族与汉族在文化相互交流中其自身发展的不平衡状态，同时体现出他们与诸少数民族杂居过程中不同文化的相互影响。

从处于汉中巴西、湘鄂山区等地巴人的迁徙过程和社会境遇，可以探知他们经魏晋十六国、南北朝的民族大融合而逐渐汉化的历史趋势。继魏晋十六国以来巴人的频繁迁徙及参与民族大融合之后，到隋唐时期，其踪迹仍见于商洛、巴西、巴东等地（约今秦岭以南，涪江、嘉陵江、渠江上中游及峡江地区）。史籍对其冠以"巴"称，或冠以"蛮"称。他们多与汉、蜑诸族相杂，成为朝廷的编户之民。虽然其在各地的发展呈现不平衡状态，却反映了继续汉化的历史趋势。今陕西商洛一带曾有巴人聚居，其地与汉中、安康相毗邻。隋唐时，民族构成已发生重大变化。据董诰等编纂的《全唐文》第6部卷五百四十四所载，唐代李贻孙《记夔州风俗》云："其赋易征，其民不偷，长吏得其道，莅之若反掌耳。"《隋书·地理志》云："汉中之人，质朴无文，不甚趋利。""崇重道教，犹有张鲁之风焉。"❶ 这里当是泛指陕南一带汉人风俗，而崇重道教又包含巴人遗风。

巴地是古长江流域巫鬼文化的发祥地，巴人和楚人崇尚巫术。巫文化对人们的意识产生了潜移默化的影响，其中《离骚》《九歌》《招魂》等都呈现出巫文化的神奇色彩。祭拜风俗流传开来，巴地祠庙林立，"每岁有司行祠典者，不可胜纪，一乡一里，必有寺庙焉"❷。《刘禹锡集》中多首诗出现"寺"或"庙"，元稹在《赛神》诗中也提到长江流域崇巫好祀之风："楚俗不事事，巫风事妖神。"

嘉陵江流域为巴人故地。唐时，其上游仍见巴人踪迹。渠江上游的宕渠自古是巴人聚居区，唐时通州（今属四川省达州市）为汉宕渠县故地。元和年间（806—820 年），唐代诗人元稹贬居通州，白居易被贬为江州（今属江西省九江市）司马。元稹与白居易之间多有唱和，从他们的诗篇中可以窥见渠江上游的土著民状况和文化习俗。

与魏晋十六国以来巴人频繁迁徙的情况不同，隋唐时期，巴人在陕南、渝东北、鄂西的分布基本稳定。除朝廷更迭时在陕西安康、四川平武、重庆开县等地小有"反叛"之外，基本已是编户之民。在经济领域，如田宅所有、缴租纳税等方面，与汉人无别。这些巴人在山城、水市的商业活动中与汉人融为一体。在文化领域，如居址、丧葬、占卜、赛神、乐律等方面，深受中原文化的影响。

土家族地区受汉文化的影响很不均衡，如夷陵、清江、黔州等地山区，交通不便，十分闭塞，受汉文化影响就较小。土家族先民巴人"好歌舞"，土家民歌深受周边兄弟民族的喜爱。巴人民歌种类很多，自汉代起就兴起了一种被称为"踏啼"的歌谣。《舆地纪胜》卷七十四引《晏公类要》注曰："巴人好歌名踏啼，白虎事道，蛮蜒人与巴人事鬼，纷纷相间，寖以成风。伐鼓以祭祀，叫啸以兴哀。"❸ 唐代，土家族地区出现了一种新的歌谣——竹枝歌，它是在吸取"踏啼"等民歌民谣的基础上产生的。竹枝歌，又名竹枝词，出现后影响很大，名震诗坛，为我国诗词的发展增添了新的内容，对汉文化和土家族文化都产生了很大的影响。

---

❶ 魏徵，等. 隋书：卷三 [M]. 北京：中华书局，1973：829.
❷ 李肇. 唐国史补：卷下 [M]. 上海：上海古籍出版社，1979：398.
❸ 王象之. 舆地纪胜 [M]. 赵一生，点校. 杭州：浙江古籍出版社，2012：1867.

唐代土家族社会经济有所发展，中央政权与土家族地区联系加强，土家族文化与汉文化间的交流日渐频繁与深入，土家族的教育、文学、艺术都有所进步或提高。

重庆历来是官员贬谪流放之地，而这些官员往往胸怀韬略、学识渊博，具有较高的文化涵养，他们在此地任职及生活，无疑为重庆增添了新的元素。这些官员有的办学，发展教育；有的为官政绩丰厚，维护地区的稳定与民族团结，为教育的发展创造了相对安定的环境。他们当中很多是著名的文学家，他们在此地创作的诗句广为流传，成为重庆地区重要的文化资源。这些诗句除了反映身处此地苦闷的心情外，更是影射了当时重庆地区的人文景观，他们借景抒情，表达自己的雄心壮志。这些诗文篇章是重庆历史文化资源中的宝贵财富。

唐宋时期长江峡路成为重要的交通干道，三峡库区的过境贸易、沿江商业发展较为迅速，在民间形成了重商的传统。在这种情况下，学龄儿童从小养成了重商而轻视文化教育的观念。教育这种方式在人力资源的开发中处于弱势地位。但是由于三峡水路交通十分便利、风光秀丽迷人，唐宋时期许多文人骚客或滞留于此，或为官于此，或流放于此，从而又对三峡的文化教育起了积极的推动作用。据史料记载，曾经到过或滞留于三峡的文化名人众多，如唐代的李白、杜甫、白居易、杨炯、陈子昂、刘禹锡、孟浩然、张九龄、王维等；宋代的苏氏三父子、欧阳修、王十朋、陆游、黄庭坚等。这些文化名人面对三峡秀丽的自然风光和朴实的民俗风情，挥毫泼墨，大加歌颂，留下上万首脍炙人口、广为传诵的诗篇，三峡的别名——"诗峡"便由此得来，在三峡库区形成一种浓厚的文化氛围，从而为文化教育的发展奠定了浓郁的人文底蕴。

诗歌是唐代文化的典范，唐诗是中华璀璨文化的代表。无论是诗人还是诗作，以及由此所形成的社会崇尚诗文的习俗风尚，都是中国历史上所独有的。唐诗创作的地域广阔，风格体裁多样，这些都在重庆地域有明显反映。文学诗赋繁荣昌盛形成的背景及原因固然是多样的，但肯定与学校教育、科举考试相关。学校课程教学中文学诗歌的内容比例及考察测评都有助于诗文的传播和人才的培养。与此相应，国家选拔人才的科举制是基于学校教育之上的，尽管两者难以一一对应，却存在着显著性相关。无独有偶，唐代经学、文学、科技及宗教学科内容纷纷跻入科举考试不同类型的科目之中，其中尤以前两者为主。虽然经学相对于文学而言，在科举考试中的比例更为突出，但文学诗赋无论在科举及第之前的"荐举"中，还是在备受时人称道的进士科中都十分重要。甚至在女皇武则天统治的武周时代，在科举考试人才选拔中，文学诗赋创作超出了经学探究的评价衡量作用。

唐代重庆的科举正是在这样复杂的民族迁移及多元文化交汇的背景之下发生的。

二、隋唐时期的学校与科举

隋唐时期，包括隋、唐、五代，从公元 581 年起至公元 960 年，共计 380 年。隋朝于公元 581 年建国，618 年灭亡，立国时间很短，但并非在教育上毫无建树，从某种意义上说，隋朝的学校教育起着承前启后的作用。唐朝（618—907 年）是中国封建社会的鼎盛时期，学校教育也得到了较快的发展。中国经学史著名专家周予同教授认为：“唐朝的学校制度较诸中古的任何一代，为复杂而完备。”[1] 他的话真实地反映了唐朝学制的主要特点，就其学制的完整性来说，不仅在当时的亚洲处于遥遥领先地位，即使是与同时代欧洲的学校教育相比，也远远超过了后者。

隋唐时期是中国封建教育从魏晋南北朝的混乱震荡走向调整稳定的时期，这不仅表现在封建官学制度的日益完善上，而且体现在人才选拔制度的革命性变革——科举制度的确立上。隋开皇十八年（598 年），隋文帝杨坚废除“九品中正制”，命五品以上京官和总督、刺史，以“志行修谨，清平干济”[2] 二科举人。这标志着汉代察举制和魏晋南北朝九品中正制开始转向设科举人，具有科举考试的重要特征。隋大业二年（606 年），“始建进士科”[3]，说明以文才为选士方向已经确立，科举考试科目有了多种类型，更加适应封建王朝中央统一选官的需要，终于形成新的人才选拔制度——科举制度。大业三年（607 年），隋炀帝又令文武执事官五品以上者，按十科举人，包括孝悌有闻、德行敦厚、节义可称、操履清洁、强毅正直、执宪不挠、学业优敏、文才秀美、才堪将略、膂力骁壮等。其中“文才秀美”一科，即为后来的进士科。这种分科取士制度，充分反映出随着封建社会政治、经济的发展，需要从多方面广泛选拔优秀人才。自此开始，直至清代封建专制制度解体前的清末光绪三十一年（1905 年）为止，科举制度沿袭 1300 年之久。科举制度的最大特征在于分科考试，排行名次，依次录取。这种终结性考试测评选拔的方法把人才的录取和任用权完全集中在中央政府，有利于巩固大一统的封建政治统治。相关的具体内容及手段方式，将在后面论及唐代重庆科举时拓展丰富，此处不赘。

---

❶ 周予同. 中国学校制度 ［M］. 北京：商务印书馆，1933：56.

❷ 魏徵，等. 隋书：高祖纪下 ［M］. 北京：中华书局，1973：43.

❸ 朱熹. 通鉴纲目：卷三十六 ［M］. 补刊本，1874（清同治十三年）.

三、唐代重庆的学校教育

唐承隋制，全面推行科举取士办法。科举是一种选拔人才的制度，学校是培养人才的场所，因此科举制度和学校教育密不可分。隋唐时期纠正了魏晋南北朝儒学中衰、经学混杂的偏颇，提倡儒经，重振儒术，并以之作为学校课程基础及科举考试核心内容；同时利用佛道的思想资源，在儒释道的互补中确立儒学统领或导向地位。重庆的学术文化和学校教育在结束离乱纷争时代、重归一统背景下，一些地方政府先后创设学校，以儒学作为主要教育内容。

据《新唐书·选举志》记载，唐朝地方官学的学生约计83000人。那时的重庆，以及重庆与贵州接壤的地方，部分州县有儒学修养并肯于尽职的官长十分注重教育。例如，唐元和年间（806—820年）刺史韦处厚建开县儒学。韦处厚作为地方行政长官，为开州地区的经济和民众带来了新的希望。长庆二至四年（822—824年），夔州刺史刘禹锡叹天下学校废，奏请《请减繁费，增设学校奏记》。《新五代史·李承约传》：李承约任黔南节度使时，即"兴起学校"❶。《同治增修酉阳直隶州总志·政绩志》又载："承约释黔南节度使，外劝农桑，内兴学校，凶邪尽去，尽皆感知。"❷ 从中可知，黔江大致在唐末五代兴设官学，官学对人才培养、地方社会治理发挥了积极成效。另据有关学者查考，唐代有巴州儒学，❸ 唐宋时重庆已有学宫。唐代统治者也同时关注交通、经济、文化不发达地区的教育。隋唐中央王朝在土家族地区设立学校。据《遵义府志·卷二十二》所载："唐武德中，州县及乡皆置学。"与此同时，还出现了政府给政策、由地方自办教育的教育模式，例如在唐开元年间（713—741年）开办了"村学"。唐代诗人戴叔伦有诗作描述了当时的涪州（今重庆市涪陵区）设学兴教的情形："文教通夷俗，均输问火田。江分巴字水，树人夜郎烟。"❹

学校与科举的关系是互动促进的良性循环关系。它们之间不是一一呼应、彼此对应的精准或因果性对称、线性推演，却是显著性相关。科举是分科考试及推举选拔优秀人才的制度，教育是前提条件和基础保障，舍此之外，后天的成长和发展是不可能的。教育的类型多种多样，从横向划分，包括学校教育、社会教育和宗教教育；从纵向来看，每类教育之中又有初等、中等及高等不同

---

❶ 许嘉璐. 二十四史全译：新五代史［M］. 上海：汉语大词典出版社，2004：423.
❷ 王鳞飞，等. 同治增修酉阳直隶州总志［M］. 成都：巴蜀书社，1992：644.
❸ 蓝勇. 西南历史文化地理［M］. 重庆：西南师范大学出版社，1997：86.
❹ 戴叔伦. 渐至涪州先寄王员外使君纵［M］//熊笃，许颖. 历代巴渝古诗选注. 乌鲁木齐：新疆人民出版社，2002：82.

的教育层阶，但无论是横向分的教育还是纵向划的教育，学校教育总是其中的核心或关键部分。由此而论，学校教育对科举考试而言，其铺垫和基石作用不可低估。当然，学校教育的学生出路未必清一色的科举功名，科举的选拔对象也未必全由学校大门而来，越是古代的前期、中期越是如此。这些蕴含关系内容的揭示，正是为唐代重庆学校的科举背景命题展示了图景。

第二节　唐代科举的类型及形式

唐代的取士制度，大体分三类：由学馆出身的名"生徒"；由州县考选的名"乡贡"；由皇帝临时设置并亲自主持的名"制举"。其科目类别分设明经、进士等6科，尤以进士科为重，但不易中选。所以最为多见与广泛的是明经科。明经，是唐代科举的常设科目，有五经、三经、二经、学究一经之别；先帖经、墨义，然后口试，经问大义十条，答时务策三道；分上上、上中、上下、中上四等及第。录取名额多于进士，进士科入第者约占应试者的百分之一二，明经科则占十分之一二。唐代重庆府科举中进士者，合州、万县地区和云阳县各有进士1人，涪陵也有人应试。❶ 这就表明唐代重庆士人赴科举者及举子及第者并不多见，但已有鲤鱼跳龙门者出现，反映出科举制度在内陆腹心地域的实施及有效反响。

唐代科举考试科目分为常科和制科。所谓"常科"，又叫"常举之科"，《新唐书·选举志》列秀才、明经、进士等为常科，每年按时开场考试，即"岁举之常选也"。❷《唐六典》"尚书礼部"条云："凡举试之制，每岁仲冬，率与计偕。其科有六：一曰秀才（原注：试方略策五条。此科取人稍峻，贞观已后遂绝），二曰明经，三曰进士，四曰明法，五曰书，六曰算。"❸

唐代常科科目虽然很多，但其中影响较大或时间较长的科目只有秀才、进士、明经等科。秀才科是唐代科举中具有代表性的科目，录用人才注重博识高才，即考试方略策（计谋策略）五道题，按考试成绩分等录取。唐代进士科设于唐武德四年（621年），在所有常科考试中，进士科因其考试内容的不断调整、趋于完善，对于优秀人才的选拔起到了积极的推动作用，因而备受人们

---

❶ 据《涪陵市志》载："隋唐时设科举，其时涪州亦有人应试。"又见：万县市教育委员会. 万县地区教育志［M］. 重庆：重庆大学出版社，1997：48.

❷ 欧阳修，宋祁. 新唐书：选举志上［M］. 北京：中华书局，1975：1161-1162.

❸ 李林甫，等. 唐六典：卷四：尚书礼部［M］. 北京：中华书局，1992：109.

重视。

唐初进士科考试内容沿袭隋制，只试"时务策"一项，一般为"试时务策五道"。策问是要求应试者对现实社会政治、吏治、教化、生产等问题提出建议，属于一种政论文。明经科设立时间与进士科相同，考试注重经义，要求举子熟读并背诵儒家的经典文本与注疏。唐代时把儒家经典分为大经、中经和小经三类。《礼记》《左传》为大经，《毛诗》《周礼》《仪礼》为中经，《周易》《尚书》《公羊传》《谷梁传》为小经。明经科考试的具体科目有二经、三经、五经、学究一经、"三礼"（《周礼》《仪礼》《礼记》）、"三传"（《左传》《公羊传》《谷梁传》）等。二经考试，举子必须通大经、小经各一经或通二中经方为合格；三经考试，举子需要通大经、中经、小经各一经；至于五经考试，举子则需要大经全通，其他各经任选。《论语》《孝经》为各种考试的必考内容。

唐代武科创立于武周长安二年（702 年），被列为常举科目，由兵部主持，每年考试一次。武举测试内容为："长垛、马射、步射、平射、筒射，又有马枪、翘关、负重、身材之选。翘关，长丈七尺，径三寸半，凡十举后，手持关距，出处无过一尺；负重者，负米五斛，行二十步：皆为中第，亦以乡饮酒礼送兵部。"❶ 也就是说武举考试主要有两方面要求：一是以骑射及运用武器为主的武艺技能，包括长垛、马射、步射、平射、筒射等目，是武举考试中评定成绩高低的标准，以完好不失者为上等；二是身材、体力、体能等身体条件和身体素质，包括马枪、翘关、负重、材貌等目，是武举考试胜出的基本条件。

唐代科举考试的制科与常科不同，它是根据需要，由皇帝随时、随兴所至下诏举行的人才选拔，招揽所谓"非常之才"。源于两汉，迄于清代，唐代制科颇为兴盛，不仅科名繁多，而且得人不少。据《唐会要》所载，多达 70 余科，其中举行次数较多、取人亦较多者（每次一二十人）的科目称谓主要包括贤良方正能直言极谏科、才识兼茂明于体用科、博通坟典达于教化科等。应试资格宽松开放，重在以试策取人，清白士子、科名及第者、在职任官者均可应试。策试之日，皇帝亲临，试卷糊名，文策高者授美官，其次授予相应功名出身。唐天宝十三年（754 年）后制科科举考试加试诗赋。

第三节　诗赋作为科举的重要科目

唐代科举制度的特别之处在于诗赋是当时科举的重要考试科目，因此学童

---

❶ 欧阳修，宋祁. 新唐书：选举志上 [M]. 北京：中华书局，1975：270.

士子们争相学习。以前者为例，唐宪宗元和年间，大诗人元稹和白居易并称"元白"，他们的创作及诗词风格又使学校诗赋教学达到一个新的高峰，各级学校，包括乡校、村校儿童都吟诵他们的诗。白居易贞元十四年（798 年）以《性习相近远》赋、《玉水记方流》诗及第。诗道："良璞含章久，寒泉彻底幽。矩浮光潋潋，方折浪悠悠。凌乱波纹异，萦回水性柔。似风摇浅濑，疑月落清流。潜颖应傍达，藏真岂上浮。玉人如不见，沦弃即千秋。"巴楚民众对白居易诗句的喜爱程度，反映出唐代诗词之普及。士子们争相学诗，拜在名师门下，乡学中诗学之兴盛下文可证："巴、蜀、江、楚间泊长安中少年，递相仿效，竞作新辞，自谓为元和诗。而乐天《秦中吟》《贺雨》讽谕闲适等篇，时人罕能知者。"❶ 其中反映出了巴蜀之地的人们对于唐诗的热爱与推崇。当然，这与当时的科举考试制度也密不可分。

唐人在继承传统艺术成就并联系当时科举现实的基础上对中国诗歌进行了一次开拓，由此产生了一种新的诗歌类型——科举诗。唐代科举诗是包括省试诗在内的、反映唐人科举活动及其在此活动中心理状况的诗歌。其类型，就创作地点而言，可分为考试中的创作和考试外的创作两大类型；就表现的主题而言，可分为科举省试诗，科举感怀诗（包括赴举感怀诗、登科感怀诗、落第感怀诗以及客寓感怀诗等），科举送别诗（包括送人赴举诗、送人还乡诗、送人干谒诗等），贺人及第诗，科举风俗诗，以及科举趣闻诗等类型。❷

以下就各类科举诗进行分类列举：

送綦毋潜落第还乡（一作送别）

（唐）王维

圣代无隐者，英灵尽来归。

遂令东山客，不得顾采薇。

既至君门远，孰云吾道非。

江淮度寒食，京洛缝春衣。

置酒长安道，同心与我违。

行当浮桂棹，未几拂荆扉。

远树带行客，孤村当落晖。

吾谋适不用，勿谓知音稀。❸

---

❶ 刘昫. 旧唐书：白居易传 [M]. 北京：中华书局，1975：4357.

❷ 郑晓霞. 唐代科举诗研究 [D]. 上海：华东师范大学，2005：1-2.

❸ 彭定求. 全唐诗 [M]. 延吉：延边人民出版社，2004：5505.

唐开元九年（721 年）春，与他同时应举的綦毋潜因落第即将南归，王维写下了这首送别诗。与其他送别诗中哀怨、惆怅的基调不同，此诗通篇充满平和和希望。王维称綦毋潜为"英灵"，肯定了其才华和能力，只是"谋适不用"，所以不被重用，但"圣代无隐"，时局是繁盛的，前景是辉煌的，因此应对前路充满信心与希望。同时也可看出士子科举及第除自身才华外，时局状况、统治者政策和喜好等因素也极其重要。

上包祭酒

（唐）孟郊

岳岳冠盖彦，英英文字雄。

琼音独听时，尘韵固不同。

春云生纸上，秋涛起胸中。

时吟五君咏，再举七子风。

何幸松桂侣，见知勤苦功。

愿将黄鹤翅，一借飞云空。❶

孟郊在长安应举，以诗歌干谒当时主持礼部贡举的国子祭酒包佶。这首干谒诗先称赞了包佶的功业，以"勤苦功"表明了自己的努力与勤奋，最后以"愿将黄鹤翅，一借飞云空"表达了自己希望得到援引的迫切心情，言辞恳切，令人动容。

贺进士骆用锡登第

（唐）郑谷

苦辛垂二纪，擢第却沾裳。

春榜到春晚，一家荣一乡。

题名登塔喜，酿宴为花忙。

好是东归日，高槐蕊半黄。❷

这首诗是郑谷恭贺进士骆用锡及第所做的诗作。诗作中多以植物作为表达情感的意象，以槐花作为科举及第的象征，全诗通篇洋溢着兴奋与欢乐的气息，苦辛多年终及第，这是对士子最好的报答。一人中榜，一家光荣，一乡光荣，登第之荣使人们纷纷为宴请活动奔忙，可见当时人们对于科举考试的重视程度。

---

❶ 彭定求. 全唐诗 ［M］. 延吉：延边人民出版社，2004：19077.

❷ 彭定求. 全唐诗 ［M］. 延吉：延边人民出版社，2004：33828.

擢第后入蜀经罗村，路见海棠盛开偶有题咏

（唐）郑谷

上国休夸红杏艳，深溪自照绿苔矶。

一枝低带流莺睡，数片狂和舞蝶飞。

堪恨路长移不得，可无人与画将归。

手中已有新春桂，多谢烟香更入衣。❶

这首诗是郑谷在光启三年（887 年）初及第时写下的登科感怀诗。在诗篇中未直接表达自己的心情，但通过多个意象如"流莺""舞蝶"等，描述自己看到的景色，让读者感受到作者及第后喜悦、激动的心情。

唐代取录进士除看试卷外，还要参考应试者平时的作品和声誉。因此，应试者必须向"先达闻人"，尤其是那些参与决定录取名单的"通榜"者，呈现自己平时的力作，争取他们的"拂拭吹嘘"。这在当时被称为"投卷"。向礼部投献的称"行卷"。"投卷"多且滥，一些主考官不得不规定"投卷"数量。因科考与世人命运攸关，故竞争特别激烈。由于进士科考试诗赋内容偏重，故"投卷"的体裁内容也同样以诗赋为主。这表明自始至终唐代科举中文学诗歌的参与度都是极高的。

第四节　唐代重庆科举及第士子信息钩沉

由于历史久远，文献记录散乱，以及唐代科举伊始，内陆偏远区域科举参与群体相对弱小，故重庆科举的素材内容并不多见。以下就笔者所见加以片段捕捉，呈现若干夏荷才露之"尖尖角"。

一、闾丘均

"闾丘均，合川人，唐高宗时进士，中宗时，拜太常博士，后削发为僧，居合川铜梁山'五十年乃去'。以诗文著称于世，与陈子昂、杜审言齐名。"❷闾丘均在唐高宗李治朝（649—683 年）与唐代著名现实主义文学家、"诗圣"杜甫的祖父杜审言同登进士第。武周延载元年（694 年），武则天为选拔人才，开中国古代皇帝殿试之先河，在东都洛阳皇宫洛城殿策试贡士。当这场历经数日

---

❶ 彭定求. 全唐诗［M］. 延吉：延边人民出版社，2004：33906.

❷ 胡昌健. 恭州集［M］. 重庆：重庆出版社，2008：235.

的殿试方告结束之时，武则天复诏间丘均进殿面试，由于间丘均在回答策问时对朝政时事提出了一些不同的意见，他一直没有受到重用，但他的才学和胆识已为朝中文武百官所共钦。唐神龙元年（705 年）李显复位后，重掌朝政，赏识他的才华，任命他为太常博士。间丘均能文工书，与陈子昂、杜审言齐名，曾书《东蜀牛头山瑞圣寺碑》《滇南爨王墓碑》，以及《刺史王仁求碑》，书法极佳，被称为当时之绝笔。间丘均著述甚丰，有《间丘均文集》30 卷，行于世。以下引证《临水亭》，领略诗人的文思之精巧、情感之细腻。

临水亭

（唐）间丘均

高馆基曾山，微冪生花草。

傍对野村树，下临车马道。

清朗悟心术，幽退备瞻讨。

回合峰隐云，联绵渚萦岛。

气似沧洲胜，风为青春好。

相及盛年时，无令叹衰老。❶

杜甫作诗《赠蜀僧间丘师兄》对其文章进行称颂，诗云：

大师铜梁秀，籍籍名家孙。

呜呼先博士，炳灵精气奔。

惟昔武皇后，临轩御乾坤。

多士尽儒冠，墨客蔼云屯。

当时上紫殿，不独卿相尊。

世传间丘笔，峻极逾昆仑。

凤藏丹霄暮，龙去白水浑。

青荧雪岭东，碑碣旧制存。

斯文散都邑，高价越玙璠。

晚看作者意，妙绝与谁论。

吾祖诗冠古，同年蒙主恩。

豫章夹日月，岁久空深根。

小子思疏阔，岂能达词门。

穷愁一挥泪，相遇即诸昆。

---

❶ 周振甫. 唐诗宋词元曲全集：全唐诗：第 2 册 [M]. 合肥：黄山书社，1999：1.

我住锦官城，兄居祇树园。

地近慰旅愁，往来当丘樊。

天涯歇滞雨，粳稻卧不翻。

漂然薄游倦，始与道侣敦。

景晏步修廊，而无车马喧。

夜阑接软语，落月如金盆。

漠漠世界黑，驱车争夺繁。

惟有摩尼珠，可照浊水源。❶

"闾丘师兄乃太常博士均之孙。"据《民国合川县志》载：闾丘，唐合州人，世居州南之铜梁山，唐高宗时举进士，能诗文，与杜审言友善，后髡发为僧，居铜梁洞五十年乃去。❷ 杜甫的祖父与诗中所说的"闾丘师兄"之祖父即闾丘均同朝为官，且两人交好。在此诗中，杜甫追忆了二人先祖的名望成就，表达了对闾丘均文章峻极、精妙绝伦、无人能及的称赞。

二、李远

李远，字求古，云阳人，唐大和年间（827—835 年）进士，历忠州、建州、江州三州刺史，终御史中丞。《新唐书·艺文志》著录《李远诗集》一卷。张固《幽闲鼓吹》云：宣宗朝，令狐绹荐远为杭州，宣皇曰："我闻远有诗云，'长日唯销一局棋'，岂可以临郡哉？"对曰："诗人之言非有实也。"仍荐远廉察可任，乃俞之。宣宗视远到郡谢上表，左右曰："不足烦圣虑也。"上曰："远到郡无非时奏章，只有此谢上表，安知不有情恳乎？吾不敢忽也。"❸ 据上引文献，关于李远的籍贯是西蜀还是巴东说法不一，又称他是状元功名出身。明嘉靖《云阳县志》从其说，称"省元"。后代续修县志改称"廷对第一"。地方官府还因此建状元牌坊于云阳。实际上，李远不是状元。《登科记考》所载翔实："进士二十五人：杜陟，状元。《玉芝堂谈荟》以李远为状元，误。李远，《唐才子传》：'李远，字求古，大和五年杜陟榜进士及第，蜀人也。'"❹ 据此，大和五年（831 年）状元是杜陟，李远只是该科一名进士。此处明确李远是进士及第，未获榜首之位，称其为蜀人，并不排除其重庆云阳籍，因为重庆地域常有与四川合称"蜀"的惯例。

❶ 杜甫. 杜甫全集 [M]. 上海：上海古籍出版社，1996：66.

❷ 四川省合川县地方志编纂委员会. 合川县志 [M]. 成都：四川人民出版社，1995：683.

❸ 唐诗纪事：卷五十六 [M].《钦定四库全书》文津阁抄本.

❹ 徐松. 登科记考：中 [M]. 北京：中华书局，1984：754.

后人对李远这位三峡名流大加称赞。《唐才子传》做如下记录："远，字求古……少有大志，夸迈流俗，为诗多逸气，五彩成文。早历下邑，词名卓然。宣宗时，宰相令狐绹进奏拟远杭州刺史，上曰：'朕闻远诗有"青山不厌千杯酒，长日惟销一局棋"。是疏放如此，岂可临郡理人？'绹曰：'诗人托此以写高兴耳，未必实然。'上曰：'且令往观之。'至，果有治声。性简俭，嗜啖凫鸭。贵客经过，无他赠，厚者绿头一双而已。后历忠、建、江三州刺史，仕终御史中丞。"❶ 这里的描述与上面所引《新唐书》相关素材虽有相似之处，但更加翔实，体现出李远不仅才华横溢，受到唐宣宗及僚臣赞赏，而且从政管理政绩显著，步步高升，官至御史中丞。可见，科举出身、功名显赫者，将才学知识用于社会治理仍是一种人生抱负的表现，两者之间是存在同一性的。李远主要活动在唐武宗李炎、宣宗李忱两朝（841—858 年），在唐懿宗咸通年间（873—874 年）辞世。他久居官职，在文学诗赋方面的造诣也十分精湛，其创作的作品清新可读，内容以描写现实为主，在意境上有所创新。以下引证其中一首，以管窥全豹，领略诗人的文思心语之细腻、意象描摹之逼真。

翦彩

（唐）李远

翦彩赠相亲，银钗缀凤真。

双双衔绶鸟，两两度桥人。

叶逐金刀出，花随玉指新。

愿君千万岁，无岁不逢春。❷

前六句描写女子翦彩时缠绵甜美的情思，宛如一条清清流淌的溪水。末两句紧衔前情，以"愿君千万岁，无岁不逢春"作结，使读者产生骤然幽远的遐思，为之情动。这就使诗歌的主题得以深化，给人以美的享受。在语言运用上，作者注意选择和锤炼字句，颇见功力。李远的作品传世不多，尚无单行本结集刻印。据《全唐诗》载，收入李远诗作计有 35 首及两句残句。在清代学者席启寓《唐诗百名家全集》和江标《唐人五十家小集》中其诗大多被收入。但其情况或有关信息在重庆各方志资料及诸多历史典籍中均无记载，真可谓遗憾之极。

三、其他

唐代韦处厚重文兴教，在巴地倡导设立学宫，建立儒学署以管理学务。后

---

❶ 辛文房. 唐才子传全译 [M]. 贵阳：贵州人民出版社，1995.

❷ 蒲积中. 古今岁时杂咏 [M]. 徐敏霞，点校. 沈阳：辽宁教育出版社，1998：86.

来被任或被贬来的开州刺史均出自科举，注重教育，于是书院、学校这根文脉才绵延下来，有效地提高了开县的文化教育水平。据《开县志》云：唐开县科举进士，李潼、崔冲，进士皆元和时人，按《太平广记》二人常徒刺史韦处厚游，是亦贤者也。❶ 据《永川县志》所载："汉唐以来，郡县皆立学宫，而礼教大备。""荐辟：唐取士八十余科仍勅州县岁一荐举。"❷ 这里的学宫、取仕均未言明属地，但依稀可推测永川县唐代官学与科举的片段信息。

唐代是科举制度推行之初，考试管理及程序、环节并不完备和成熟，官学、私学教育虽然受到国家政府和民间的重视，但实际教育经费投入少，中央官学受政治风波和藩镇割据的冲击起伏沉降，并不稳定。地方官学的兴学政策规程远远超出实际办学状况及实效。只有中央官学中以数学、医学为主的专科技术学校，还有民间乡镇的村学、乡学办理较为充分、扎实。机构与科举考试的直接关联较弱，尤其是村学、乡学大多还处于初等教育水平，部分处于中等教育水平，大多数童蒙入学受教者，并非为了举业，而是为满足生计经营，或生活实用的现实需求。再加上唐代学校、科举的地域分布很不平衡，重心在陕西关中、黄河南北，以及长江中下游地区，巴蜀处内陆腹心，文教尚为薄弱稀缺，而两地相较，以川西成都平原为中心的蜀地，又高于巴山夜雨、大江奔腾、崇山峻岭连绵不断的巴地。故唐代重庆科举考试诸种情形、表现均不多见，亦在情理之中。以下就可查资源加以呈现。

唐代顾非熊有诗《送皇甫司录赴黔南幕》云："黔南从事客，禄利向来饶。官受外台屈，家移一舸遥。夜猿声不断，寒木叶微凋。远别因多感，新郎倍寂寥。"王定保《唐摭言·慈恩寺题名游赏赋咏杂记》："薛监，晚年厄于宦途，尝策羸赴朝，值新进士榜下，缀行而出。时进士团所由辈数十人，见逢行李萧条，前导曰：'回避新郎君！'"❸ 可知，唐代又称进士为新郎君。当代学者对诗作有如下解读释义：外来黔南所有任职官员，薪俸禄利历来比较丰饶。爵位享受刺史之权治理，家小迁移船路途甚遥。那里晚上猿猴声声不断，天寒地冷木叶容易枯凋。你我因为远别依依难舍，同科进士分手倍感寂寥。❹ 以此思虑，诗人写作进士送别场地当在乌江与长江交汇之处的今重庆市涪陵区，或在该区武隆、彭水、秀山、黔江地带。唐代举进士为官任职至贵州省境某地，赴任者大致应属地缘相近者。从中推测送别的应属于该地域的进士中举者。当然，更

---

❶ 李肇奎，等. 开县志：第十一卷·选举志 [M]. 陈昆，等. 刊本, 1853（清咸丰三年）.
❷ 许曾荫，等. 永川县志：卷之七·选举志 [M]. 刻本, 1894（清光绪二十年）.
❸ 王定保. 唐摭言：卷三·慈恩寺题名游赏赋咏杂 [M]. 上海：上海古籍出版社, 2019.
❹ 黄节厚. 乌江古代诗词译注 [M]. 成都：四川人民出版社, 1994：48.

多信息有待挖掘资料加以考订。

从封建社会统治的强化巩固、人才选拔的考评体制及方式，以及学校教育的育人活动三者结合，统一考察，历史地分析，可以做这样的内容呈现：隋唐以后实行科举制度，的确满足了封建君主专制统治的要求，收到了集权中央、巩固封建统治的效果，促进了社会的稳定。科举制是一种比较合理、比较符合历史发展要求的选才制度，由于选才与育才的标准和要求比较一致，科举制度促进了学校教育的发展；但科举考什么，学校教育也跟着注重什么，这使学校教育完全屈从于科举的要求，沦为科举制度的附庸。科举制度的流弊也是明显的：国家只重科举考试，忽略学校教育；科举考试束缚思想；表面看来好像公平合理，实际上录取标准仍以权势门第为转移；由于科举指挥棒的影响，自然科学和技术的发展也受到一定程度的削弱。当然，这是就唐代乃至后续封建统治时期整体做出的论断。重庆是各个封建统治王朝治下的西南疆域的一部分，其状况自然与上述理解表述相一致。从唐代重庆科举实施以来，其合理存在的缘由，以及所面临的困境无不如此。

第二章

宋代重庆科举的初盛

宋元时期是中国封建社会继续发展的时期。宋朝分为北宋（960—1127年）和南宋（1127—1279年）两个时期。与此同时，我国北方少数民族契丹族和女真族，先后建立了辽（907—1125年）、金（1115—1234年）少数民族王朝。其间，我国北方又一少数民族蒙古族崛起，建立了强大的蒙古王朝，并于1279年灭南宋，完成祖国统一大业，建立了元朝（1271—1368年）。

宋元时期的文教政策基本内容是尊孔崇儒，提倡佛道，崇尚理学。宋朝时期我国的封建政治和经济得到了恢复和发展，科学文化进一步繁荣，封建的教育制度已基本完善。学校教育制度仍可分为官学和私学两类，而官学又可分为中央官学和地方官学。科举制度的调整与改革，是这一时期教育体制和政治官僚制度变动的突出特点。

重庆的科举考试是在封建王朝的科举规条及措施的要求下推行的。由于重庆地处西南，高山阻隔，民族经济发展滞后，文化教育水平也难以与发达地区相媲美。历史研究中文献资料可资查考利用的稀少，因而影响了人们对真实历史的认识。有的学者对此从方法论的层面做了很好的概括："正是由于历史研究法本身的特点所决定，在用于教育研究时存在以下局限性：①历史是按年代顺序，经历了一个时间空间错综复杂的发展过程，而历史文献常常是滞后记载，历史史料十分零散，很不系统。由于搜集和考证分析这些史料的困难，影响到历史研究的可靠性问题。②历史文献的理论内容，是经过'加工'的抽象形态，留存着加工者们的主观认识；而历史研究过程对史料的分析取舍，又受研究者主观因素的影响，包括研究人员的学识、能力、价值观、对史料的掌握程度以及方法论水平等，很容易造成失误。③历史研究中无法做精确的量的分析。"❶

应该说，正是上述局限，平添了我们对重庆科举考试史具体理解或整体把握的诸多困惑。但是，研究者只能在可能条件下尽可能复原客观的历史，并力

---

❶ 裴娣娜. 教育研究方法导论［M］. 合肥：安徽教育出版社，1995：140.

图进行解读与描摹。无论是隋唐五代，还是宋元时期，重庆的科举考试情形均可作如是观。不过相比较而言，后者较诸前者相对丰富细微，也更为明晰。

第一节 宋代重庆科举的历史背景

本书探讨的重庆科举，其地理位置与行政范围并不局限于两宋时期重庆的管辖范围，而是采用 1997 年重庆直辖市所辖的区县范围。具体而言，除了直辖以前的重庆区县外，还包括涪陵、黔江、万县（现万州）地区。重庆之名始于宋，有"双重喜庆"之意，赋予了重庆以吉祥、美满的喜庆荣光。此处将展开的正是宋代发生在长江上游内陆腹心重庆这一特定地域的科举考试历史。宋代是中国古代"重文抑武"治国方针推行，并由此造成思想活力充溢的封建王朝。在这样的背景下，学校、科举、学术，以及理学文化的高潮真正到来。重庆的科举在全国各地共同性基础之上，也呈现出其地域的个性特征。

一、宋代的文教政策

从行政区划的角度来看，宋代实行的是路—州—县三级制。相较唐代的三级制，最高一级区划有很大变化。宋代初仍然继续沿用唐五代以来的行政区划，将全国划分为十道，重庆处于剑南道夔州都督府辖区。至宋至道三年（997年），废道置路，将全国划分为十五路，重庆属夔州路管辖。道与路，类似于现在的省。今日重庆在宋代基本隶属夔州路，主要有渝、涪、忠、万、南平、梁山、云安、大宁、夔、开、黔十一州（军、监），以及潼川府（梓州）路的合、昌二州。❶ 之后，宋代的路制行政区域多次变动，益州、梓州、利州、夔州四路合称为"川峡四路"，即"四川路"。至此，宋代重庆明确隶属于四川的行政辖区内，而非今日独立于四川省的中央直辖市。

公元 960 年，即后周显德七年，禁军统领赵匡胤发动了"陈桥兵变"，建立宋朝，先后削平了唐末五代后唐、后蜀、后周等许多封建割据政权，结束了五代十国分裂割据局面，恢复了统一的中央集权的封建国家。北宋自宋太祖赵匡胤开始，便十分重视推行及变革科举考试，同时强化学校教育，掀起"三次兴学"运动。宋代采用"重文抑武"的文教方针大力提倡儒学，借此统一思想，巩固封建王朝的集权统治。在封建社会组织管理的运行中，确保其行政治理效

---

❶ 李禹阶，唐春生. 宋代巴蜀政治与社会研究 [M]. 成都：巴蜀书社，2012：183.

率及社会各阶层成员的相对公平。科举制度的功能在选拔人才，但同时科举取士的实际作用除了为统治阶级提供合格官吏之外，还为各级官学以及书院和私学提供教育人员，即大量师资。两者交互作用，彼此支撑。于是课程设置和教学内容与科举考试科目内容及要求大体一致，多为儒学经典、伦理道德、经史文学等诸多方面。

与前代相比，较为新颖的是教育政策的实施必须通过加强各级教育机构管理才能完成。这表明宋代经过王安石变法的震荡，在科举与学校的轻重缓急及权重比例关系上，已经出现了向学校倾斜的迹象。显然，这是宋代工商业经济提升，以及市场贸易价值观念形成在教育领域的反映。就科举考试本身而论，宋代较之唐代，更为重视科举的实施，无论是取士人数，还是地位待遇，都显著提高。宋代担任政府要职的政治实力派大都由科举及第显赫功名出身。科举与学校教育的关系紧密，但两者的矛盾并非缓和。北宋的三次兴学运动试图解决学校教育与科举选士间的矛盾或问题，但是只能说缓解了一直以来重选材、轻培养的问题。在这种文教政策背景下，重庆全面推行科举制度，被录取人数相当可观，在一些僻远的县也不乏中举者。这从一个方面反映了宋代重庆教育的发展状况，表明重庆区域在全国格局中的地位明显上升。

二、宋代重庆的地域社会

在唐宋科举考试早期，社会生产以农业、手工业为主的特征十分明显，尤其是在内陆腹心地域的重庆更是如此。而就科举考试而言，两者交集应该更大。自古以来，重庆的农业重心一直在渝东。渝东的巫山是华夏文明发源地之一，农业起步很早，肇始于新石器时期，大体与中原同步。巴人建诸侯国先在渝东，疆域开拓、经济开发渐次由渝东向渝西推进。西汉重庆8县，6县在渝东，渝西仅2县；东汉重庆9县，渝东7县，渝西2县。历魏晋南北朝直至唐末五代，重庆45县，渝东22县，40499户；渝西23县，76507户，渝西比渝东多出36008户，农业经济的地理格局发生根本变化。沿至宋代，渝东17县，137848户；渝西15县，146594户，渝西仍比渝东多8746户，耕地面积相应也超过渝东。以上表明，宋代重庆农业经济重心已经从渝东转移到了渝西。❶

农业经济的上述地理变化对重庆的科举有重要影响。唐代科举推行之初，农业经济相对发达的渝东万县、云阳和涪陵等地就有人应试中举，渝西只有合州一县有人应试。随着渝西经济的赶超，渝西各县区的及第人数也渐渐多于东

---

❶ 卢华语. 唐宋时期重庆农业经济的几点变化 [J]. 重庆大学学报：社会科学版，2003（2）：87-90.

部地区。宋代重庆东西两地进士分布差距明显。渝西：合州 89 人，铜梁 14 人，昌州 36 人，容昌 13 人，江津 11 人，南平军 20 人；渝东：武隆 6 人，彭水 5 人，云阳 5 人，奉节 4 人，梁山军 4 人，大昌 2 人，大宁、忠州、垫江、丰都各 1 人。❶ 与唐代重庆科举的起步阶段相比，其中反差最大的就是合州与云阳县，合州发展最快，进士人数其时已居重庆各县区首位，而云阳县只有 5 人中举，农业经济对科举发展的影响由此可见一斑。

也就是说，渝西农业经济水平上升，教育与科举发展也有声有色，出现这种状况的原因：一是这些地区农业经济与前代相比有了极大进步，在农耕手工业基础上，工矿业中的盐业有了较大发展，使一部分人可以有一定的经济能力和时间去追求功名；二是这些地区商业贸易表现平平，主要是从事农耕，读书传家，由此限制了士子的成才走向，只能走上科举考试这条求"仕"之路，而农业的持续性为这条道路创造了相对稳定的条件。

重庆特有的地势特点虽在一定程度上阻碍了其科举考试的开展，但在宋代又因其地势风貌而受到科举政策的倾斜，兼之江河航运的水运交通促进，在另外层面加强了重庆科举的成效或作为。两者相较，大致可以明确，是以后者为主的。

重庆素有"山城"之称，山多河多，高山阻隔。北有大巴山，东有巫山，东南有武陵山，南有大娄山。境内多丘陵山地，地形高低悬殊，巴山连绵交错，渝水纵横奔腾。

唐代诗人李商隐曾旅行于嘉陵江流域，在途经今重庆北碚西南大学所处的缙云山麓嘉陵江小三峡时，写下名作《夜雨寄北》，诗云："君问归期未有期，巴山夜雨涨秋池。何当共剪西窗烛，却话巴山夜雨时。"❷ 诗作体现了此地气象物候，"巴山夜雨"及江水汹涌的特色，蕴含思念亲人的真切情感。重庆地偏西南，民族经济发展滞后，文化教育也难与长江、黄河中下游、关中平原乃至大河之北的京津冀地区媲美，加之"好个重庆府，山高路不平"，路途险峻遥远，为学子的学习和赶考都增加了困难，科举成绩想要与东部平原及经济发达之地竞争实属不易。唐代重庆进士仅有 3 人，占全国进士总量的 0.5%，这与重庆的地理位置与特点脱不了干系。而宋代重庆科举实力提升，进士数量的增加，则与国家政策与当地经济的有所振兴息息相关，其中重庆的地理特点则发挥了与以往不同的作用。

重庆的水道和地势特点也为当地科举的发展提供了有利条件。境内江河码

❶ 常明，杨芳灿. 四川通志：选举制：卷一百二十二 ［M］. 成都：巴蜀书社，1984：3685.

❷ 金敬梅. 中华文史大观：唐诗三百首 ［M］. 北京：世界图书出版公司，2020：10.

头一直是历代封建王朝将征自田赋的部分粮食经水道解往京师或其他指定地点的交通线，这种水上物资运输方式称作漕运。漕运其实是我国历史上一项重要的经济制度，给漕道所经之地带来很大的发展机遇。唐宋时代的西汉水（嘉陵江）是漕转茶马、川米、布帛的重要漕道，而合州为漕运转船之地，控扼四川的整个漕运，有"巴蜀要津"之称，"人生其间，多秀异而嘉，以诗书自乐"。❶有宋一代，合州考中进士 89 人，而地处重庆主城区的恭州仅有 4 人上榜，相差如此之大，不能说与其地理位置没有关系。

唐代浪漫主义诗人李白长期寓居西蜀成都平原北部的江油，身临其境，他写下了脍炙人口的不朽名篇《蜀道难》，叙述刻画出川渝大地的山川崎岖壮美，历史悠久，地貌巍峨挺拔，山峰高耸、连绵起伏的一派景象。

"蜀道难"主要是泛指四川、重庆整体景观，尤其是重庆更为显著。而这种道路困顿堵塞，却在宋代给四川、重庆带来科举考试的优惠政策，为促进重庆科举考试初盛提供了有利条件。

这就是类省试。南宋"类省试"因战乱道路阻梗各地举人难以赴"省试"而设，后基本停罢，独川、陕地区得以保留。绍兴四年（1134 年）六月，高宗下诏，"复命川、陕类试"。诏令中的理由已由先前的"军兴道梗"变为"川、陕道远"，这实际上是优待川、陕举子的特殊政策。❷ 重庆举子自然也享受到这一特殊优待。

三、宋代重庆的理学流派

宋代重庆的区域战略地位提高，伴随着重庆社会经济的开发，学术文化异军突起，不仅傲视西南，而且在全国学术思想之林占有一席之地，在教育领域、学校制度及科举选士等各方面都有长足进展。

宋代思想界和文教领域的成就在唐代基础上有了新的变化和发展。唐王朝统治政权在黄巢、王仙芝农民起义军的打击之下土崩瓦解，历史进入五代十国分裂动乱时期，儒学地位大为动摇。北宋建国之初提倡尊孔崇儒，并规定科举考试要考儒学经典，由是儒术得以复兴。宋真宗赵恒年间（998—1022 年）不仅复兴儒学，又大力提倡佛教。他说佛教与孔孟"迹异而道同"，利用佛教辅助儒学，作为加强社会统治的有力手段。另外，道教也受到相当的重视。儒、释、道三家在融合过程中，虽然充满了长期而激烈的斗争，但最终还是以儒学为主体，融合佛道，建立起了新儒学——理学的思想体系。理学，亦称道学、

---

❶ 王象之. 舆地纪胜：卷一百五十九：合州 [M]. 成都：四川大学出版社，2005.
❷ 祝尚书. 宋代科举与文学考论 [M]. 郑州：大象出版社，2006：69.

宋学，元代脱脱所编纂的官修史籍《宋史》中有《道学传》，是采用当时流行的名称来表述的，但理学是宋、元、明儒家思想学说的总称。这一时期的儒家学者大都反对汉儒治经重训诂考订、讲究制度文物的古文经学学风，他们多以阐释义理、兼谈性命为主，故有理学的称谓。

宋代理学的发展是其文化教育领域的重要特点，并从南宋开始在相当大的范围内覆盖着科举考试和学校、社会及家庭各类教育。宋代的重庆理学学术派别颇众，所涉及的学者甚多，由此宋代重庆的学术异军突起，影响了程朱理学的内容及思想构建。了解宋代重庆理学的相关情况，对于诠释及刻画同期重庆的科举考试至关重要。

（一）重庆合川的理学

依据明万历《合州志》记载，从天禧三年（1019年）开始，到南宋端平三年（1236年）的210多年间，重庆府合州（今重庆市合川区）就有进士及各类功名、授官的举贡者300多人，还涌现出了经学家罗志冲、李明复、陈用庚，以及张宗范、度正、黄西甫、阳枋、阳岊等一大批传承理学、引领巴渝学术潮流、蜚声蜀学诸多领域，并且影响全国的著名学者。他们为合州历史文化的传承和发展谱写了光辉的篇章。

北宋理学家、濂溪学派鼻祖周敦颐以《太极图说》和《通书》两部易学名著奠定其"理学开山"的地位。这一成就的取得，有赖于陈抟治《易》的影响。陈抟，是否为蜀人，学术界尚有争议，主要有亳州真源（今河南鹿邑）说和四川普州崇龛（今重庆潼南区境内）说，笔者倾向于后者。陈抟博贯三教，精研易学，宋易象数之学的创始人。他虽然建立了以道教为核心的思想体系，但其治学路径和学术方法确实给宋代学术以深刻而广泛的影响。周敦颐阐述"洛学"理学思想的《太极图说》就渊源于陈抟。周敦颐于宋嘉祐元年至五年（1056—1060年）入蜀为官，签判合州。在此期间，他与合州及附近学者交游往来。

通过师生的转相递授，周敦颐获得陈抟易图，也继承了陈抟以图代文的解《易》方法及其部分思想。周敦颐所著《太极图说》，既描述了太极→阴阳→五行→万物（人）的宇宙生化过程，又描述了万物（人）→五行→阴阳→太极的万物复归过程，实是对陈抟易学的宇宙生成论和内丹修炼法的继承和创新。但周敦颐已突破陈抟道教易学系统，属于儒家解《易》系统。其学理的具体取向旨在归本儒家，宣扬仁义，提倡主静，期于成圣。周敦颐通过《太极图说》所表达的宇宙生成论和主静修养法，在他的《通书》中得到了进一步的阐述，并为后来理学家所阐释并弘扬。

周敦颐的易学在当时的重庆影响不大，但还是有一定的传播。合州人张宗范有文行，周敦颐名其所居之亭曰"养心"，并告以达道成圣之要旨。张宗范深得其施教要义，著《养心亭题说》，大致与周敦颐《通书·圣学》相表里，并得到南宋理学大师朱熹的厚爱，收要义入《通书》"附录"之首。❶

周敦颐在合州有很高的声望。南宋合州人、绍熙进士、蜀中著名学者度正在《周濂溪先生年谱》中说："当时乡贡之士，闻先生学问多来求见。"合州的士子"从学者甚众，而尤称张宗范有文有行"。❷

张宗范对周敦颐十分崇敬，常跟随他，虚心聆听他的教诲。当学士山上的亭堂完工之后，张宗范就邀请周敦颐前去做客。周敦颐去了那个地方，对其亭阁的雅致和"背山面水"的清新环境十分赞赏，觉得的确是一个读书养心的好地方。时值亭阁还没有命名，周敦颐欣然为亭题名"养心亭"。随后，他应张宗范的请求，又专门作了一篇题为《张子养心亭说》的文章"以勉之"。周敦颐的这篇文章提出了"去人欲，存天理"的命题，对程朱学派的核心理念"穷天理，灭人欲"产生了重要影响，由此被誉为宋代理学的奠基之作。全文如下：

孟子曰：养心莫善于寡欲，其为人寡欲，虽有不存焉者寡矣。其为人多欲，虽有存焉者亦寡矣。予讲养心，不止于寡而存耳。盖寡焉以至于无，则诚立明通。诚立贤也，明通圣也。是圣贤非性生，必养心而至之。养心之善有大焉如此，存乎其人而已。张子宗范有行有文，背山面水，山之麓构亭甚清净。余偶坐而爱之，因题曰"养心"，既对颐求说，故书以记之。❸

张宗范得到周敦颐作的这篇文章，如获至宝，随即聘请了最好的刻工，将全文刻录，立碑于亭前。到后来，这篇文章收入《周元公集》，改名为《养心亭记》。❹

（二）重庆涪陵易学

程颐是宋代理学的奠基人之一，其代表作《伊川易传》是宋代易学义理派的典范之作。程颐在重庆府涪陵长江岸边点《易》、注《易》，完成《伊川易传》。他在涪陵住了两年多时间，与当地治《易》学者交游往来，谯定就是其中的一位。"谯定，字天授，绍圣间与程伊川诸贤注《易》于涪陵铁柜山，时人号为四贤。"❺谯定早年曾学象数易学于蜀人郭曩氏，后远赴河南洛阳，问

❶　魏了翁. 鹤山集：卷四十四：合州建濂溪先生祠堂记［M］.《四库全书》本.
❷　度正. 周濂溪先生年谱［M］//朱熹. 周濂溪集：卷十.《四库全书》本.
❸　程业. 续修合州志：卷十六：艺文志　杂文［M］. 刻本，1878（清光绪四年）.
❹　池开智. 合川历史文化纲要［M］. 重庆：重庆出版社，2009：183.
❺　江潮宗. 重庆郡志［M］. 刻本，明成化年间.

《易》于程颐，在涪陵与程颐相处已是第二次师从程颐，所以已有很好的易学基础。据文献记载，程颐在涪陵时有与谯定同修《易》书的打算，并在离开涪陵时，邀谯定同居洛阳。这说明他们治《易》探讨深契。程颐完成于涪陵的《伊川易传》可能包含着谯定的一些易学思想。

谯定易学在当地很有影响。《宋史·谯定传》载："定《易》学得之程颐，授之胡宪、刘勉之，而冯时行、张行成则是定之余意者也。"又据《宋元学案》卷四十四所记载，四川绵竹学者张浚亦从谯定学《易》。由于谯定不只是师承于程颐，还从蜀人郭曩氏受象数易学，所以其后学亦有义理派和象数派之分。

作为宋代理学的集大成者，朱熹对"四书学"更为重视，所著《四书集注》家喻户晓，是后世科举士子的必读之书。在南宋义理和象数易学不断融合的影响下，朱熹一方面以程颐义理为宗，另一方面又努力吸取河北涿州理学家、教育家邵雍象数学思想，致力于程邵归一、数理结合，并写出影响深远的《易学启蒙》和《周易本义》。朱熹易学成果就是建立在对各地易学成果批判继承的基础上，且与谯定易学的联系至为密切。

晁渊是重庆府涪陵人，与谯定为同乡，他平生好《易》，凡古今易学莫不研究。后来又东出夔门，万里寻师，从朱熹学《易》三年，"尽得其说以归"。又将朱熹易学融入涪陵易学之中，丰富了涪陵易学的内容，使其更有正统色彩。他录有朱熹与门人论《易》的《易说》一编，在当时即受到重视，如福建建阳书坊刊行朱熹经说，《易说》居其首；学者辑录朱熹《语录》，《易说》也收载其中。

重庆府铜梁县学者阳枋在继承和发扬朱熹易学方面，较晁渊更为突出，作用也更大。阳枋，宋绍定年间（1228—1233 年）学正❶，字宗骥，合州巴川（今重庆铜梁）人，因居巴川字溪小龙潭之上，号字溪。早年从度正学习理学。宋端平元年（1234 年）冠四川乡试选举。淳祐元年（1241 年），因蜀难免入对，赐同进士出身。其间曾向四川安抚制置使余玠（治重庆府）献策革新蜀政，建立战略防御以抵御元兵南犯等措施。淳祐五年（1245 年），改为大宁监司法参军。淳祐八年（1248 年），为绍庆府学官。晚以子炎卯贵加朝奉大夫致仕。宋咸淳三年（1267 年）卒，年八十一。阳枋一生诗文俱丰。清乾隆朝四库全书馆臣依据明代永乐帝朱棣敕修《永乐大典》，辑为《字溪集》十二卷。《字溪集》中多有涉及巴渝地域诗文，如《重修夔州明伦堂记》《涪州北岩秋祀祝文》《夔州劝农文》等文，以及《瞿塘峡》《涪州北岩书院别王东卿归乐邑》

---

❶ 学正为中国古代文官官职名，宋国子监置学正与学录，掌执行学规，考校训导。

《巫山十二峰》等诗，均涉及重庆府辖地、农、公、文教，以及山川、礼俗相关内容。阳枋诗歌与度正相比，爱国忧民的思想境界更高，艺术性、形象性更强，形成了较为稳定的风格。《巫山十二峰》描写巫山十二峰峥嵘奇伟、云蒸霞蔚，以及云雾缥缈、忽隐忽显的景象，其一云："真灵间气巧蟠融，天下应无似此峰。笑杀襄王凡俗骨，妄生狂梦想仙踪。"其二云："心与巫山异境融，危岑天际骇奇峰。苍茫草木晴云外，有似乘鸾跨鹤踪。"❶

阳枋受业师曏渊教导，对朱熹易学十分钦佩，曾两度编校朱熹《易说》，完成《朱文公易问答语要》和《文公进学善言》；作有《易学启蒙跋》，介绍其版本、内容，以广其传；所著《易说》（今有部分残存于阳枋文集《字溪集》），定名为《正说》，也是因为"一本程朱之正"。阳枋易学思想甚为丰富，最突出的特点是重视《周易》在日常生活的具体运用和实践体验，他说："《易》无出于圣人言语之外者，只在力行求至，行得一步，是自家底一步；行得一事，是自家底一事。"这实际上是对曏渊治《易》"于日用常行研究天理造化之精微"思想的继承，❷ 也是针对朱熹易学盛行之后，学术界盲目祖述其说，空谈义理、不务实行的流弊而言的。阳枋在南宋重庆地区影响很大，经常被地方官员邀请讲学，还曾主教涪州北岩书院，士子信从者众，对朱熹易学在巴蜀大地的传播做出了很大贡献。

（三）巴县理学

巴国、巴县、巴族、巴地、巴山，均有"巴"字，表明这方山水人间，民族风俗的传统特色，离不开"巴"的符号寓意，是一带地域山川风物、文化礼仪的代表象征。巴县是重庆古老的腹心主体，家园栖息地，生命之根脉。重庆与巴县是府县一体的，所以，由前者推衍至后者也十分自然畅达，得当切实。这种情况在中国其他地域多有存在，不足为奇。如杭州是浙江省省会，杭县与杭州是县府同城的；金华市除府城之外，还有金华县，也是府县同城的。另如，目前笔者工作地所在河北大学坐落于河北省保定市清苑县旧地，保定府与清苑县长期以来都是同城共居，诚为同在一片蓝天，共居一方水土大地。这就意味着这样的区域文化教育和科举考试的发生和存续，是带有同城一体化，而且有同构共生特色的。

南宋思想文化的主流是程朱理学，官学教育及科举选士的核心内容就是理学典籍及其思想内容。因此，科举及第的魁星状元应能集中体味理学学派思想

---

❶ 薛新力. 巴渝古代要籍叙录 [M]. 郑州：中州古籍出版社，2008：19-20.
❷ 阳少箕，阳炎卯. 有宋朝散大夫字溪先生阳公行状 [M] //阳枋. 字溪集：卷十二：纪年录.《四库全书》本.

文化的因素。南宋重庆府巴县就有冯时行、蒲国宝两位状元。现在还有状元碑公交车站。笔者在西南大学教育学部工作期间，常携妻女攀山揽胜，依稀记得是北碚前往歇马中间的一站，过了歇马，则可前往青木关、璧山、成都方向。有关冯时行的故里文献记录状况详见本章下文"重庆科第显赫象征：状元桥"，此处不赘。蒲国宝，南宋开禧年间（1205—1207 年）状元。据《四川通志》载："国宝与同邑人冯时行先后鼎名。"他"饱饫六艺，淹贯经史"，著述颇丰，然其著作多散失，现仅存《金堂南山泉铭》。蒲国宝书法精美，尤善楷书，今重庆翠云寺内有手书"天池寺"匾额。由宋入元后，蒲国宝专注于经史研究，奉祀乡贤。

宋代重庆理学文化渗透民间文学和艺术活动之中，发挥着独特的教育和民俗活动功能。以下以乌江流域贵州与重庆交错地的彭水为例。

文学创作自宋代以来，由于市镇的发展、人口的集中，民间口头文学也逐渐发展起来。在街头、茶馆等地，有人讲圣谕、说淮书（评书）、打渔鼓（道情）、花鼓、打金钱板、唱莲花落、打连箫等。在为辞世者"坐夜"时，要唱孝歌；在打薅草锣鼓时，要请歌师唱打闹歌；土家族苗族男女青年相恋要"对歌"。这些说唱文学，有前人传下来的唱本、唱词，但更多的是口头创作，唱说者根据表演的具体场景、听众对象差异及其他们的需求，即兴发挥。有时各路歌师相约汇聚，互相竞争，一决高下，歌声此起彼伏，热闹异常。

文学作品是与音乐艺术紧密联系的。彭水音乐起源甚早，唐宋已粗具规模。唐代"俗土尚巴歌"。唐代流寓三峡及长江上游叙州府（今四川宜宾市）的文学家、书法家黄庭坚，不仅在其反映黔州仕女生活的《木兰花令》中有"竹枝歌好移船就"句，在其书信中说有"善音者"能将他作的诗词即席"试歌"，还说黔州的"乐籍""皆胜渝泸"。在其他作品中还有"遍舞摩围，递歌彭水""尽道黔南""醉舞裀歌袂""笛在层楼，声彻摩围顶上头""何处歌楼，贪看冰轮不转头""中有摩围为领袖……一曲琵琶千万寿"等句。[1] 这些文学作品及歌舞曲目的传唱及表演，生动地体现了宋代彭水音乐之普及、乐器之多样，甚至有歌楼的建筑。这些音乐，不只是民间的竹枝词之类，还有较高雅的作品。显然，此处的渝泸应属今天的重庆和泸州。泸州在唐宋为川南名城，沱江与长江在此相会，以盛产桂圆著名，它与金沙江、长江、岷江三江汇合的宜宾相距不远，均为川南重镇，毗邻云南，在古代夜郎文化与巴蜀文化结合处，亦为西南丝绸之路之战略节点，但宋代乌江流域的彭水文学歌艺却胜过渝泸，实在是

---

❶ 彭水县志编纂委员会. 彭水县志 [M]. 成都：四川人民出版社，1998：633.

让人惊讶。

上文已对科举与文学的多样复杂关联做过叙述。当然，宋代科举考试对诗文的重视以及自身内容在科举科目中的角色作用是不及唐代的。但我们发现，宋代文学受理学思想渗透极深。一些理学家，以及理学学者往往通过写作诗文表达理学观点及见解，且与教育及科举主题相关。同时，宋代及以后历史时期文人的读书讨论、诗文切磋也常常注重伴以诗文艺术的交流竞赛。对酒当歌，畅怀酌饮，体验理学精神修养及心理境界。这种风俗即士风，对科举教育而言，是广泛意义的氛围熏陶，更是暗示督促，较之单一的科举教育辅导训练更有感染促进之功。重庆地域文学艺术的昌盛与此期重庆科举的提升，正是正向效用的发挥。

四、宋代重庆的印刷术及制墨业

宋代统治者确定了以文治国、以科举取士的国策，科举成为选官最主要的途径，"国家用人之法，非进士及第者不得美官；非善为赋诗论策者，不得及第"。❶ 这就极大地增强了科举制对社会的影响力。此外，宋代统治者基本取消了士人参与考试的身份限制，大大激发了以耕读传家方式治家教子的普通家庭子弟求知求学的热情及梦想，参加科举考试的积极性上升，进一步促进了民间办学的拓展。与此相应，各地的书院也做出了些许调整，部分开始为科举考试服务。众所周知，无论是何种类型的教育，或哪种形式的测评考试，印刷业及造纸业都是物质依托和技术手段。这占了中国古代四大发明中的两项，可见其分量之重、价值之高、意义之大。而这两大发明成就在宋代均显著进步。当然，在此时期巴蜀表现出的则是与造纸和印刷相关的制墨业昌盛。学校的新办、书院的制度化建设，以及科举的有效改革及实施都离不开印刷术与制墨业的发展。作为新的传播媒介，从宋代开始，印刷术与制墨业还介入了学校和科举考试，三者之间形成了密切的关系。其技术手段大大提高了书籍的数量和传播速度，降低了文化传播的成本，这为宋代科举制的繁荣做出了贡献。宋代印刷术与制墨业的兴盛为应试举子提供了丰富且价格适当的应试用书。宋代经义、诗赋、策论这类应试文体，一般通称为"程文"或"时文"。为了便于考校这类文体，礼部贡院制定有"考试式"，明确限定各种"程文"或"时文"的文体规范。正因为有其固定格式，科举文章就成为一类特殊的训练和表述方式，需要科考举子去熟悉其规范要求；更因为这是他们个人或家族、家庭的利禄之途与门楣

---

❶ 吕祖谦. 宋文鉴：卷四十八：贡院乞逐路取人 [M].《四库全书》本.

生辉的保障，所以激发举子们去揣摩程文的写作技巧，而先前科场奏捷者的文卷就是最好的范本。

从宋代开始，随着雕版印刷的广泛运用，大量刊行时文著作不仅成为可能，而且具有广阔的市场，由此导致时文选本之类的科举参考书在书籍市场上占有一席之地。考场奏捷者的时文著作最初可能是单篇印行的，册形式出版，大概由于书册采用黄色封面装订，印成的时文书籍俗称"黄册子"。书肆所卖时文书籍皆以黄色封面装订（"黄背书"），而且会将高中者的三场程文一并收录。四川（包含重庆）应考举子购买时文著作的风气很盛。由于四川、重庆自晚唐以来即是印刷业的中心，有理由推断，北宋后期四川地区民间书房印刷时文著作出售的情形一定比较普遍。到了南宋时期，通过书肆已经很容易得到科举用书的刊本。宋代科场考试纪律不甚严格，作弊之事屡有发生，且南宋以后有愈演愈烈之势。此外，宋代民间书坊为应试举子提供了各种可供怀挟的文场用书。虽然科场舞弊之事几乎与考试相伴而生，但印刷术和制墨业的发展助长了这种风气。❶

四川、重庆从唐末五代以来，一直是全国的印刷中心之一，而成都、重庆、泸州为近代四川三大印刷中心。入宋以后，由于经济文化的高度繁荣，四川、重庆印刷业得到极大发展。从当地印刷业及制墨业的进步中我们对当时科举制度的状况也可窥探一二。

当时全国的雕版印刷中心有三个：杭州、四川和福建。杭州的刻本称为"浙本"，四川的刻本称为"蜀本"或"川本"，福建的刻本称为"闽本"或"建本"。四川雕刻印刷业十分兴盛，广布于成都、眉山、什邡、双流、临邛、金堂、泸州、铜梁、潼川、遂宁、绵竹、嘉州、益昌、犍为、忠州、资州、夔州等州县，而以成都、眉山最为发达，其他今属重庆直辖市地域的铜梁、忠州、夔州等地亦十分强劲。

印刷术技术及质量成效的提升，离不开制墨业的参与。两宋之际，长寿成为全国著名的制墨基地。以蒲大韶为代表的蒲氏家族，是长寿制墨业的主要代表。蒲大韶，祖籍四川阆中，先辈移居涪州乐温（今重庆市长寿区），早年受黄庭坚制墨技术影响而发扬光大，自成一家。史载蒲大韶的墨"世竞珍藏之""大韶死久矣，其族犹卖墨"。张畴斋所著《墨谱》记载蒲大韶墨曰："大韶，字舜美，阆中人。得墨法于山谷，多题云锦屏。"蒲舜美死后，其子知微、同郡、史咸亦用其法。❷蒲大韶的墨之所以备受青睐，主要在于技术上的创新和

❶ 林岩. 北宋科举考试与文学 [M]. 上海：上海古籍出版社，2006：271.
❷ 张永熙. 重修长寿县志：卷之七：流寓 [M]. 周泽傅，等纂. 刻本，1875（清光绪元年）.

品质上的提升。从汉代兴起的松烟制墨法，到宋代中期，由于不少地区松林资源几近枯竭，制墨工匠不得不另辟蹊径，以桐油、石油、麻油、脂油取烟制墨，称为油烟墨。松烟法与油烟法，制作方法不同，墨也各有所长。蒲大韶墨，则是一种用松烟、油烟混合后加胶制成的墨，乃油松墨，集合了两种制墨方法的长处。这种新方法制成的油松墨墨色深浓，胶水不重，极易于书写，入纸则愈见神采，而且克服了油烟墨不耐久的弱点，保存时间长久却不变形，因而深受士人喜爱。

宋蜀刻本数量多，流传广，校勘精，内容可靠，具有字好、墨好、纸好等优点，世人称"宋时蜀刻甲天下"。宋蜀刻本分为官刻图书和私刻图书两种。官刻图书中《大藏经》《太平御览》及《册府元龟》三部巨著规模最大，还印有"宋蜀刻七史"和其他古籍。私刻图书分为书坊、书肆和私家刻书，简称坊刻和私刻。私刻风气尤盛，成都辛氏，临邛韩醇、李叔廛，蒲江魏了翁，眉州苏林，三台刘甲等，都是有名的私刻之家。广都费氏进修堂、广都裴宅、西蜀崔氏书舍、眉山程舍人、眉山万卷堂、眉山书隐斋，都是有名的坊刻之所。

宋代四川、重庆造纸业和印刷业的发达与当时巴蜀文化的繁荣密不可分。教育的发展、文学的兴盛、理学的勃兴、史学的发达、艺术的发扬都得益于印刷业的发达。❶重庆朝天门重要港口贸易大埠涪州刻有《易学启蒙》《周子太极通书》《张子西铭》等；另一商贸物资聚集地夔州刻有《资治通鉴纲目》等。许多史书都是出自四川刻本，如宋代李焘《续资治通鉴长编》、孙甫《唐史论断》、邵博《邵氏闻见后录》、李心传《国朝会要总类》、税安礼《地理指掌图》等。

宋代四川、重庆经济的改善，为雕版印刷提供了坚实的物质基础；人才之盛，为雕版印刷提供了优越的社会环境。当然，四川与外地交通不便也是应该承认的，唐代诗人李白曾有"蜀道之难，难于上青天"的诗句。但是，任何事物都有两面性。交通不便，对于雕版印刷来说却非常有利。巴蜀大地是我国古代雕版印刷的发祥地之一。唐末五代时期，该地域已经刻印了不少图书。五代十国的后蜀后主孟昶治蜀期间的毋昭裔、和凝是我国古代刻家的先驱，对后世产生了很大影响。到了宋代，巴蜀已经形成一支技术力量颇为雄厚的刻工队伍。

毋昭裔是河中龙门（今山西河津）人，自幼好学，知识渊博，癖嗜藏书，对经书有很高的造诣。孟昶即位的第二年（935 年），即拜中书侍郎、同平章事，上任后在大抓学校教育的同时，又倡导刻儒家经典于石壁。但当时孟蜀政

---

❶　张丰瑞. 成都社区教育课程建设指导性纲要 [M]. 北京：中国水利水电出版社，2012：231.

局初定，府库并不充裕，刻经工程浩大，经费拮据是可想而知的。于是，他慨然捐出自己的俸禄，以襄其事。从广政九年（946 年）开刻，历时 8 年，终于在历史上留下了"孟蜀石经"这部刻在石头上的"教科书"。该部"石经"，除儒家九部经典外，还有《左传》，后者直到宋代才完成。宋人吕陶《经史阁记》云："蜀学之盛冠天下而垂于无穷者，其具有三：一曰文翁之石室，二曰高公之礼殿，三曰石壁之九经。"毋昭裔为流传方便，还令人将"石经"木刻。木刻是否完成不得而知，蜀亡后毋昭裔子毋守素带到京城的书中有《文选》《初学记》《白氏六帖》，虽无"九经"，但也可见蜀刻之盛。

不可否认，印刷技术的长足进步即所谓"印刷革命"为宋代文化的兴盛与提高提供了重要的物质条件，宋代四川、重庆印刷术及制墨业的发展必然激发当地学子求学的热情以及促进当地知识的传播，满足了当地众多科第举子对于书籍数量需求的猛增，促使更多的人参与科举考试的选拔竞争。

第二节　宋代科举制概述

继隋唐以后，宋代科举大步拓宽延伸，其改制的形式、组织及内容都是显著的，其中的思想内涵与教育培养和人才测评发生多方面关系。但这些内隐性观念变迁和纷争，在重庆地域科举史中的表现并不明显，需要从全国科举问题和兴学运动当中对此去加以会通。

一、科举取士名额扩大

北宋王朝建立以后，为了适应中央集权的需要，对科举考试制度进一步改革完善。于是，科举制大行于宋代。

唐代科举制为岁考，每年录取进士通常为 20～30 人，最多一次未超过 80 人。北宋改为三年一考，扩大录取名额，在北宋至南宋长达 319 年时间中，竟录取进士 35000 余人，其最多一年录取 987 人。宋代不仅进士科正式录取名额多，而且有时允许落第举子复试，及格者仍可登第授职。如宋雍熙二年（985 年）科举放榜后，以"尚有遗材"而复试，又录取进士 70 余人、诸科 300 余人，并赐及第。端拱元年（988 年）礼部放进士榜后，"谤议蜂起，上意其遗材，遽召下第人覆试于崇政殿，得进士马国祥以下及诸科凡七百人"。❶

❶ 李焘. 续资治通鉴长编：第三册：卷二十九 [M]. 北京：中华书局，2004：654.

宋代封建政府出于扩大政治统治基础的需要，大力推行科举考试，扩大取士数额，提高及第者待遇，以此体现其"重文"政策的落地生根。如此方略固然有助于激发各地士子的求学科考激情及行为，但也会因为功名出者人数增加而造成与官职缺额有限间的差距和矛盾。解决的办法是部分功名获得者会退而求之，选择官学教职和私人讲学或其他就业岗位。这是科举反哺教育，以及社会不同领域因科举人才介入而发生变化的鲜明表现。宋代重庆士子的入学受教，与中举后的走向及社会效应也应作如是观。

科举及第获得功名出身，已成为士子文人入仕主要途径、朝廷选拔官员首要渠道。"时取才唯进士、诸科为最广。"进士、诸科中，又以"进士得人为盛"，"登上第者不数年，辄赫然显贵矣"❶，以至于宋人称进士科为"将相科"。综观两宋宰执、侍从、学士、教授、儒林名流，以及州县长官，多由进士出身的人担任。虽然两宋选拔官员的途径，除科举取士之外，尚有门荫补官、纳粟摄官、流外出职、从军补授、外戚推荐等多种渠道，但进士出身与非进士出身，在宋代仕进中判然两途，不可同日而语。北宋前期，北宋太宗淳化四年（993 年）定制，凡制举、进士、《九经》及第者称"有出身"，诸科及第与非登科入仕者，统称"余人"。宋元丰年间（1078—1085 年）对此规定更明确，"京朝官以上各分进士、余人"❷。进士出身人升迁为一路；非进士出身人总称为"余人"，其升迁另为一途。进士出身人称为"有出身人"或"词人"；非进士出身称"无出身""杂出身"❸。这就是说，宋代政权中执政者应有科举及第高层次出身者任职资格，而且应以科举正途为主要升迁对象。客观而论，这一方面强化了科举教育的社会政治地位，打击、削弱了门阀等级制；另一方面也有助于政府行政效率的改善。

二、考试制度严密

宋代的科举办法，大体上沿袭了唐代的制度，也分常科和制科。常科指常设科目，有进士科、明经、九经、五经、学究、开元礼、三史、三礼、明法诸科。制科是皇帝临时设置并亲自主持的选士科目。宋代制科数目减少，且废置无常，高宗以后设有博学宏词科。常科开始时每年进行一次，宋仁宗时改为每两年进行一次，神宗时又改为每三年进行一次，此后成为定制。制科则仍由皇

---

❶ 宋史：卷一百五十五：志第一百八十：选举一（科目上）[M]. 北京：中华书局，1977：5031.

❷ 杨仲良. 皇宋通鉴长编纪事本：末卷第九十三 [M]. 李之亮，校点. 哈尔滨：黑龙江人民出版社，2006.

❸ 宋史：选举志四：职官志九 群臣叙迁 [M]. 北京：中华书局，1977：6347.

帝或皇帝派代表不定期考选，没有固定的章程和内容。常科考试内容大体沿袭唐制，只是自宋神宗朝（1068—1077 年）起罢诗赋，改以经义取士。其他方面则主要在于改进考试方法，使之更趋严密。主要措施如下。

（一）增加殿试

宋代科举制度不仅对考试内容做出了改变和严格的规定，还实行了殿试。唐代常科只有地方州县乡试和尚书省礼部、吏部的省试。武则天时出现殿试，但主要用于制科，在进士科中并非常定制。

北宋开宝六年（973 年），落第举子徐士廉击鼓鸣冤，告发考官录取不公。宋太祖立即召集全体举子进宫亲自复试，结果从落第举子中发现 26 人成绩符合进士科录取标准；已录取的举子中有一人落第，为主考官之同乡。于是主考官受到处分。从这以后，殿试成为定制，常由皇帝亲自主持。殿试及格后分三甲发榜，其中一甲赐进士及第，前三名为状元、榜眼、探花；二甲赐进士出身；三甲赐同进士出身。进士即可入仕授职。这是考试方法的一项重大改革。

唐代科举考试不仅看举子在考场上的卷面成绩，还注重其平时的文章与才能声望，并参考社会舆论，由主考官综合平衡，决定录取与否。从理论上说，这比"一张考卷定终身"有相对的合理性。但由于主考官掌握较大的机动权，封建官场惯有的陋习立即乘机而入，诸如人情请托、权贵干预、士子钻营等弊病随处可见。尤其在晚唐，由于宦官擅权、藩镇势力膨胀、吏治腐败，科举考试更是备受干扰。举子裴思谦甚至勾结宦官，巴结权贵，公开胁迫主考官高锴将自己取为状元。北宋有鉴于此，故通过殿试将科举考试取士的权力完全集中于帝王之手，既能考核举子的学识才能，又可考察主考官是否有徇私舞弊情事，并借以笼络全国士人，以示帝王恩宠。北宋时凭殿试时一纸考卷定取舍，比之唐代综合考察而言，确存在偏重终结性评价而忽略形成性评价的片面性；但就封建时代官场陋习成风而言，这至少尚能保留一部分公平录取之可能性。为此，该制遂为后代所继承。

（二）考试环节严格

唐代自武则天起即有糊名之制，即密封试卷上考生姓名。但如考官熟悉举子笔迹，或事先约定在试卷上留下暗记，仍可串通舞弊。故北宋又规定誊录制，即另派抄书手将试卷用正楷字誊录一遍，使考官无法辨认笔迹，以保证公平阅卷。考试还要锁院，从京师到州县一律锁闭考场大门，严禁出入，连考官也不例外，以防泄密和串通舞弊。❶

---

❶ 沈重. 唐代名人科举考卷译评 [M]. 南昌：江西高校出版社，1994：11-13.

（三）限制大臣子弟参加科举

如雍熙二年（985 年）宋太宗亲试举人，唱名赐第时发现朝中大臣李昉之子、吕蒙正之弟皆入上等，就以"势家不宜与孤寒竞进"为由而罢之。宋景祐年间（1034—1038 年），参知政事韩亿有四子应试，全部由礼部奏名，也因韩亿为当朝大臣而罢。至韩亿身亡，有三子重新应试再中甲科。

从上述措施可知，宋代科举取士虽然基本上沿袭了唐代旧制，但也有自己的一些特点，宋代科举取士名额比唐代大大增加。这样做的结果，从积极方面讲，调动了士子应试的积极性，满足了朝廷对人才的需求，同时也维护了中小地主阶级的利益，使统治阶级内部的矛盾得以缓和；从消极方面讲，造成了官僚冗滥、举人不实的现象，败坏了科举名声，教育质量有所下降。

完善科举考试规程的目的在于防止考场作弊，保证科举考试顺利进行，以便选拔合格人才；同时，科举考试越严密，也越能表示其公正无私。宋代禁止朝廷官员推荐考生应试，这就是明确禁止唐代科举中的"公荐"。所谓"公荐"，就是公卿大臣向知贡举推荐人才。唐代科举，考试不糊名。试前举子可自行投文于知贡举和公卿大臣，以求青睐。试毕由知贡举掌取舍大权，公卿大臣则从旁推荐；也就是说，唐代仍部分采纳汉代察举制、魏晋南北朝九品中正制的部分举措或思想，表现为荐举加科举的测评方式，以反映阶段性或多元性评价的合理性。但宋代完全用科举考试的"一考定终身"则是终结性评价典型范式确立的标志。同时，限制主考官的权力以及大官僚和世家大族子弟在应考中的特权；严格阅卷纪律，北宋景德年间的《考校进士程式》和《亲试进士条制》中规定了在实行糊名密封的基础上，进一步实行誊录制度，试卷糊名后，挑选书吏用朱笔誊抄，并置誊录官监督。专置誊录院，设专人照录试卷，以防阅卷者认识考生笔迹。

有关科举考试设科内容及殿试产生的素材、史实，在《重庆府志》中有所记：

神宗熙宁二年，王安石议更贡举法，罢诗赋、明经诸科，以经义、论、策试进士，凡进士，各占治《诗》《书》《易》《周礼》《礼记》，一经兼以《论语》《孟子》，每试四场，初大经，次兼经大义凡十道，次论语一首，次策三道，礼部试增二道，试义须通经、有文采乃为中格，不但如明经、墨义粗解章句。既罢明经诸科，又立新科明法，以待诸科之不能改试进士者，试以律令、刑统、大义。其殿试之法昉于唐武后，天授元年后，亦未尝再行。宋开宝六年，以李昉知贡举所取士不实，遂于讲殿命题重试，御试自此始，试题一赋一诗一

论。至熙宁三年，亲试举人，初用策限以千字。❶

整体宋王朝科举常科考试内容设计及其变动，以及殿试出笼推广，见诸重庆方志文献，由此可依稀判定重庆区域的科学考试实施的史实。具体的地方性情节未能有所表，这是可以想见的。但宋代重庆科举考试正是在上述规程内容及方案设计推行下实施的。

第三节　宋代重庆科举述略

宋代重科举，扩大录取名额及取士范围，鼓励士人应试，重庆进士人数增加及覆盖面拓广。重庆科举制度选拔了颇多人才，其中不乏忠义贤良、真才实学之士。他们在仕绩、文学、忠义等方面都创造了突出的成就。他们或在政府担任官职，政绩突出；或在当地或周边地区讲学立说，具有精深的专业学术造诣，并且留下了很多经典的著作，为后人所学习传诵。世人以此作为行动的榜样，约束要求自己。这对民众的思想起着潜移默化的作用，为教育的传播与文化发展奠定了良好的基础，更激励了学子努力读书以登科及第的意向和决心。宋代重庆参加科举考试被录取的人数及所分布的区域，远超过唐代和五代，也为元代所难以企及。

一、宋代重庆科举及第状况

笔者根据重庆各地区县志对重庆所辖州县的进士进行了总结和整理（见表2-1），参考资料如下：

朱之洪等修，向楚等纂：《巴县志·卷八·选举》，民国二十八年（1939年）刻本；（清）宋灏、杨铭等修，伍濬祥等纂：《綦江县志·卷七·选举》，同治二年（1863年）增刻本；（清）连山等修，李友梁等纂：《巫山县志·卷二十四·选举》，光绪十九年（1893年）刻本；（清）吕绍衣等修，王应元、傅炳墀等纂：《（同治）重修涪州志·卷七·选举志》，同治八年（1869年）刻本；（清）文康、施学煌续修，敖册贤续纂：《荣昌县志·卷十·选举》，光绪十年（1884年）增刻本；（清）许曾荫等修：《永川县志·卷之七·选举志》，光绪二十年（1894年）刻本；（清）张维岳修，魏远猷纂：《大宁县志·卷七·人物志》，光绪十一年（1885年）刻本；（清）侯若源等修，柳福培纂：《忠州县

❶　王梦庚，寇宗. 重庆府志：卷七：选举志 [M]. 刻本，1843（道光二十三年）.

志·卷之九·选举志》，光绪十二年（1886 年）刻本；（清）符永培纂修：《梁山县志·卷之十·选举志》，同治六年（1867 年）刻本；（清）韩清桂等修，陈昌等纂：《铜梁县志·卷六·选举制》，光绪元年（1875 年）刻本；（清）张九章修，陈藩垣、陶祖谦等纂：《（光绪）黔江县志·卷四·选举　进士》，光绪二十年（1894 年）刻本；（清）张琴等修，范泰衡等纂：《（同治增修）万县志·卷二十五士女志·选举》，同治五年（1866 年）刻本；（清）曾秀翘修，杨德坤等纂：《奉节县志·卷二十六·选举》，光绪十九年（1893 年）刻本；江锡麒修，陈崑纂：《云阳县志·卷七·选举》，咸丰四年（1854 年）刻本。

表 2-1　宋代重庆进士题名一览总表

年份	科名	人名
咸平元年（998 年）	戊戌	毕申（江津人）
景德二年（1005 年）	乙巳	王文义（巫山人）
天禧三年（1019 年）	己未	冯式（合州人）、薛日图（大足人）、张弦（江津人）
景祐元年（1034 年）	甲戌	黄贯（大足人）、张皋（大足人）、王昂（大足人）、郑戬（大足人）
庆历中（1041—1048 年）进士年份无考者		田育（合州人）、萧叔献（合州人）、任昌大（武隆人）
皇祐五年（1053 年）	癸巳	谯南薰（荣昌人）
嘉祐朝，进士年份无考者		何宗元（合州人）
嘉祐八年（1063 年）	癸卯	刘公仪（合州人）、何仲元（合州人）、王大龄（璧山人）
治平中（1064—1067 年）进士年份无考者		姚彦成（大足人）、郑颢（大足人）、赵环（大足人）
熙宁中（1068—1077 年）进士年份无考者		兹成（垫江人）
熙宁七年（1074 年）	甲寅	冯造（涪州人）、卢遴（涪州人）
元丰五年（1082 年）	壬戌	李石庆（云阳人）、李传（云阳人）
元丰中（1078—1085 年）进士年份无考者		廉毅（大足人）
元祐中（1086—1094 年）进士年份无考者		蒙汲（合州人）、袁蒙正（合州人）、张翩（合州人）、李阎（合州人）
元祐六年（1091 年）	辛未	袁师奭（云阳人）
绍圣元年（1094 年）	甲戌	许昌元（合州人）、蹇昂（合州人）
绍圣四年（1097 年）	丁丑	宋锡（綦江人）、李坤（綦江人）

续表

年份	科名	人名
元符年间（1098—1100年）进士年份无考者		萧俨（合州人）、袁颐正（合州人）
元符三年（1100年）	庚辰	赵开（安居人）
崇宁年间（1102—1106年）进士年份无考者		韩翔（涪州人）、史权（合州人）
崇宁五年（1106年）	丙戌	何士行（合州人）、罗巺（合州人）
大观三年（1109年）	己丑	邓万（大足人）、廉操（大足人）
政和二年（1112年）	壬辰	李裳（奉节人）、袁孝纯（云阳人）
政和五年（1115年）	乙未	尹耕（江津人）、李袭（奉节人）、李公京（奉节人）、姚邦基（大昌人）、李公奕（奉节人）、李茂（奉节人）
政和中（1111—1118年）进士年份无考者		卫成颐（合州人）、陈周（江津人）
宣和元年（1119年）	甲辰	冯时行（巴县人）（璧山人）❶
宣和三年（1121年）	辛丑	李孚先（合州人）、景卓（合州人）、张时（合州人）、卫充国（合州人）、何道辅（合州人）、李高（合州人）
建炎二年（1128年）	戊申	王璠（大足人）、袁道明（云阳人）
绍兴元年（1131年）	辛亥	庚正（铜梁人）
绍兴二年（1132年）	壬子	陈周（江津人）
绍兴九年（1139年）	己未	白子安（巴县人）
绍兴十八年（1148年）	戊辰	庞守（合州人）、李杭（巴州人）、庞愈（合州人）、张密（合州人）、冉徽之（梁山人）、王汝嘉（垫江人）、张永年（忠州人）

---

❶ 钟利戡在其文章中写道：冯时行在明版通志、雍正版通志中均称其为"嘉熙间状元及第"。但此人在《宋史》无传，宋《状元录》无名，认定其为状元，资料尚不足据。在嘉庆版《四川通志》中有这样一段记载"冯时行，璧山人，旧通志以为嘉熙间状元及第。考时行所撰《缙云集》明云：'宣和（徽宗年号）初应进士举'，又有建言'庚戌（1130年）中秋与同官相期月下诗'及'绍兴六年（1136年）十月六日诗'，断不得为嘉熙（1237—1240）间人，宋状元录亦无此名，殆流传之误也。附识于此。"看来冯时行是否状元尚属悬案。但冯时行是"宣和六年进士"可以确定，更因其博学多才、文采斐然、为政清明而颇受百姓爱戴和敬重。而对于冯时行籍贯的说法不一，有璧山说、巴县说、乐碛说、梁滩坝冯公故里说，民国《巴县志·卷十·人物·冯时行传》："缙云山于宋在璧山县境，故同时人晁公武题记著璧山冯某，而时行文集又以缙云名之，旧《通志》诸书所以著时行为璧山籍也。阅缙云全集，多乐碛及缙云山居之作……时行家在乐碛，读书缙云，当亦有田宅在璧山，相去百余里，往来其间，并著两县籍，揆之情事，以为近实。"民国《巴县志》认为冯时行"并著两县籍"，"其籍或作巴县，或作璧山"。

续表

年份	科名	人名
绍兴二十一年（1151 年）	辛未	綦母宁（綦江人）、綦母常（綦江人）、綦清卿（綦江人）
绍兴二十七年（1157 年）	丁丑	句龙寰（荣昌人）
绍兴三十年（1160 年）	庚辰	罗规（綦江人）
绍兴中（1131—1162 年）进士年份无考者		杨茂（大足人）、张肯堂（大足人）、宋道真（大足人）、蒲谦（璧山人）、何椿年（大足人）、王尤之（合州人）、黄文中（合州人）、范明诚（合州人）、张献中（合州人）、庞巽（合州人）、安刚中（合州人）、王重庆（合州人）、赵性（合州人）、袁岂（合州人）、任中正（合州人）、令狐恪（合州人）、黄夏卿（合州人）、张注（合州人）、朱灏（合州人）、卫崇（合州人）、张百朋（合州人）、庚万全（合州人）、王如慈（合州人）、张百禄（合州人）、宾敷（彭水人）
隆兴元年（1163 年）	癸未	杨咸亨（綦江人）、张演（荣昌人）、张中（合州人）、卫庚（合州人）、任肯堂（合州人）
乾道中（1165—1173 年）进士年份无考者		陈伯雄（荣昌人）、郑知纲（荣昌人）、张佋（荣昌人）、解仲文（荣昌人）、郑韩（荣昌人）、王前（荣昌人）、孙宿（荣昌人）、汝华然（荣昌人）、袁良翰（荣昌人）、陈起东（荣昌人）、郑昺（荣昌人）、罗翔（大足人）、文贵之（荣昌人）、马观国（永川人）、陈应良（荣昌人）、王郁（永川人）、梁椿（合州人）、邓松年（合州人）、卫峻（合州人）、邓柏年（合州人）、张圭（合州人）、范器（綦江人）、牟蕃（綦江人）、牟贲（綦江人）、赵之才（綦江人）
乾道八年（1172 年）	壬辰	文章（大足人）
淳熙二年（1175 年）	乙未	王遇（綦江人）
淳熙八年（1181 年）	辛丑	王昂（荣昌人）
淳熙十一年（1184 年）	甲辰	李时茂（綦江人）
淳熙十四年（1187 年）	丁未	李永南（江津人）
淳熙中（1174—1189 年）进士年份无考者		勾龙卯（合州人）、王益（合州人）、龙甲（合州人）、勾龙士（合州人）、罗璠（大足人）、郑叔丙（大足人）、鲜于受（大足人）、赵希枢（大足人）、宋国光（大足人）、杨敏叔（大足人）、李辰（大足人）、王震（永川人）、王昂（永川人）、梁梦应（永川人）、王椒（永川人）、李廷智（永川人）、石公恕（江津人）、赵师仁（合州人）、冯万全（合州人）、贾辰（合州人）、王伯炎（合州人）、李元信（合州人）、李炎震（合州人）、李蒒（合州人）、柳辰（合州人）
绍熙元年（1190 年）	庚戌	王拱（大昌人）、度区（合州人）

年份	科名	人名
绍熙四年（1193 年）	癸丑	王天觉（綦江人）
庆元中（1195—1200 年） 进士年份无考者		冯榘（合州人）、杜浩（合州人）、刘中庚（合州人）
嘉泰二年（1202 年）	壬戌	张寅发（合州人）、杨元甲（合州人）、王亢（合州人）、刘该（合州人）、王炎仲（合州人）、张之卯（合州人）、冉木（合州人）、何应龙（大足人）
开禧元年（1205 年）	乙丑	蒲国宝（璧山人）、王登（大足人）、邵献臣（大足人）
嘉定四年（1211 年）	辛未	刘炎（綦江人）、刘仲卯（綦江人）、杨应庚（綦江人）、刘钺（綦江人）
嘉定七年（1214 年）	甲戌	赵鸿（綦江人）、赵振庚（綦江人）
嘉定十三年（1220 年）	庚辰	马建（江津人）
嘉定十六年（1223 年）	癸未	杨酉发（铜梁人）、邓选之（铜梁人）、黄应凤（铜梁人）、王梦应（铜梁人）
嘉定中（1208—1224 年） 进士年份无考者		宋炎巳（合州人）、张震龙（永川人）、冯寿（江津人）、张万（合州人）、喻新（合州人）、仲炎庆（合州人）、张巽杨（合州人）、赵与交（合州人）、赵希昔（合州人）、卫李楠（合州人）、赵希得（合州人）、庞桂（合州人）、王子羽（大足人）、赵希程（大足人）、赵汝禋（大足人）、景子寅（永川人）、李涛（永川人）
宝庆中（1225—1227 年） 进士年份无考者		胡震（大宁人）
宝庆二年（1226 年）	丙戌	胡天启（重庆人）、雷震庚（永川人）、封寿元（大足人）、王选辰（大足人）、张震（永川人）
端平二年（1235 年）	乙未	陈晰之（铜梁人）、罗仲礼（铜梁人）、东甲龙（铜梁人）、阳炎卯（铜梁人）、伏光祖（铜梁人）、李发明（铜梁人）
嘉熙年间（1237—1240 年） 进士年份无考者		张方成（涪州人）、于震（永川人）、杜梦得（永川人）
嘉熙二年（1238 年）	戊戌	彭大雅（江津人）、张方成（武隆人）、于震（永川人）、杜梦得（永川人）
淳祐元年（1241 年）	辛丑	赵振揆（綦江人）
淳祐四年（1244 年）	甲辰	韦化鹏（綦江人）
淳祐七年（1247 年）	丁未	赵子寅（綦江人）
淳祐十年（1250 年）	庚戌	赵立（重庆人）、邢居仁（江津人）、何光觉（荣昌人）

续表

年份	科名	人名
淳祐中（1241—1252 年）进士年份无考者		马邈（江津人）、梁南郊（永川人）、杜宗泗（铜梁人）、向天觉（永川人）、张善禄（永川人）、梁南邦（永川人）
宝祐元年（1253 年）	癸丑	李子龙（永川人）、蒙化龙（铜梁人）、苏和（铜梁人）、何椿（铜梁人）
宝祐四年（1256 年）	丙辰	刘畕（巴县人）、冯逊（合州人）、高若霖（璧山人）、何梦莘（丰都人）
开庆元年（1259 年）	己未	赵孟坙（合州人）
咸淳七年（1271 年）	辛未	母梦牛（巴县人）
咸淳十年（1274 年）	甲戌	蹇世芳（武隆人）、韩铸（武隆人）、韩俦（武隆人）、韩涛（武隆人）、冯章（彭水人）、文涣（彭水人）、卫汝功（彭水人）、项德（彭水人）
咸淳中（1265—1274 年）具体年份无考者		赵立（巴县人）
进士年份无考者		刘洪章（巴县人）、李畿（荣昌人）、姚东之（荣昌人）、李兴宗（忠州人）、龙泳（梁山人）、石知退（梁山人）、石知几（梁山人）

　　重庆直辖导致重庆所辖区域多变，因此笔者根据重庆各区县方志和《重庆教育志》《四川通志》进行整理和修订时，发现多处可增补和文献资料间记载不一致现象。《重庆教育志》为 20 世纪末重庆市教委组织专家学者历时数年之久编纂的大型地方教育工具书，对于宋代重庆进士已经做出了较为全面的论述。但笔者发现重庆各区县方志对其进行的记载更加完整。因此，在此特做出表2-2 宋代重庆进士题名增补表，以求更加完整地呈现宋代重庆进士情况。

表2-2　宋代重庆进士题名增补表❶

年份	科名	人名
景德二年（1005 年）	乙巳	王文义（巫山人）
熙宁中（1068—1077 年）进士年份无考者		兹成（垫江人）

---

❶　笔者依据重庆市各区县地方志对重庆所辖州县的进士进行总结和整理。据重庆市教育志编纂委员会编纂的《重庆教育志》（重庆出版社，2002 年版）第 10～16 页详列的重庆各州县进士的分布名单，笔者进行参考增补。又依据（清）常明修、杨芳灿纂的《四川通志》的重庆区县科试中式士人状况，并对《重庆教育志》做出局部内容改订。

年份	科名	人名
熙宁七年（1074 年）	甲寅	冯造（涪州人）、卢遘（涪州人）
元丰五年（1082 年）	壬戌	李石庆（云阳人）、李传（云阳人）
元祐六年（1091 年）	辛未	袁师夔（云阳人）
元符三年（1100 年）	庚辰	赵开（安居人）
崇宁年间，进士年份无考者		韩翔（涪州人）、史权（合州人）
政和五年（1115 年）	乙未	尹耕（江津人）、李茂（奉节人）、李公京（奉节人）、姚邦基（大宁人）、李公奕（奉节人）、李袭（奉节人）
政和中（1111—1118 年）进士年份无考者		陈周（江津人）
建炎二年（1128 年）	戊申	袁道明（云阳人）
绍兴元年（1131 年）	辛亥	庹正（铜梁人）
绍兴二年（1132 年）	壬子	李应凤（云阳人）
绍兴九年（1139 年）	己未	白子安（巴县人）
绍兴十八年（1148 年）	戊辰	冉徽之（梁山人）、王汝嘉（垫江人）、张永年（忠州人）
绍兴中（1131—1162 年）进士年份无考者		范明诚（合州人）、宾敷（彭水人）
乾道中（1165—1173 年）进士年份无考者		范器（綦江人）、牟蕃（綦江人）、牟賷（綦江人）、赵之才（綦江人）
乾道八年（1172 年）	壬辰	文章（大足人）
淳熙八年（1181 年）	辛丑	王昂（荣昌人）
绍熙元年（1190 年）	庚戌	王拱（大昌人）
嘉定中（1208—1224 年）进士年份无考者		李涛（永川人）
宝庆中（1225—1227 年）进士年份无考者		胡震（大宁人）
宝庆二年（1226 年）	丙戌	张震（永川人）
淳祐中（1241—1252 年）进士年份无考者		向天觉（永川人）、张善禄（永川人）、梁南邦（永川人）
宝祐四年（1256 年）	丙辰	何梦莘（丰都人）
咸淳十年（1274 年）	甲戌	冯章（彭水人）、文涣（彭水人）、卫汝功（彭水人）、项德（彭水人）

年份	科名	人名
进士年份无考者		刘洪章（巴县人）、李戡（荣昌人）、姚东之（荣昌人）、李兴宗（忠州人）

上述不一致现象包括：

（1）《重庆教育志》记载綦江人宋锡中和李坤殿为绍圣四年（1097年）丁丑科进士，而（清）宋灏、杨铭、伍澄祥等纂的《綦江县志·卷七·选举》的同治二年（1863年）增刻本记载为宋锡和李坤，并记载说明《四川通志》记宋锡中和李坤殿误。因此，在此可明确绍圣四年（1097年）丁丑科进士为綦江人宋锡和李坤。

（2）《重庆教育志》记载綦江人綦毋宁和綦毋常为绍兴二十一年（1151年）辛未科进士，而（清）宋灏、杨铭、伍澄祥等纂的《綦江县志·卷七·选举》的同治二年（1863年）增刻本记载为綦毋宁和綦毋常。

（3）《重庆教育志》记载荣昌人勾龙亶为绍兴二十七年（1157年）丁丑科进士，而（清）文康、施学煌续修，敖册贤续纂的《荣昌县志·卷十·选举》的光绪十年（1884年）增刻本记载为句龙亶。

（4）《重庆教育志》记载铜梁人杨西发、邓巽之为嘉定十六年（1223年）癸未科进士，而（清）韩清桂等修、陈昌等纂的《铜梁县志·卷六·选举制》的光绪元年（1875年）刻本记载为杨西发、邓选之。

（5）《重庆教育志》记载铜梁人乐甲龙为端平二年（1235年）乙未科进士，而（清）韩清桂等修、陈昌等纂的《铜梁县志·卷六·选举制》的光绪元年（1875年）刻本记载为东甲龙。

（6）《重庆教育志》记载巴县人毋梦牛为咸淳七年（1271年）辛未科进士，而朱之洪等修、向楚等纂的《巴县志·卷八·选举》的民国二十八年（1939年）刻本记载为母梦牛。

笔者根据表2-1、表2-2和表2-3，对其中部分区县的士人及第状况进一步加以整理，可大致勾勒出宋代重庆进士科名及第，以及相关活动业绩图谱：

表2-3　宋代重庆各地进士数量分布表

州府军监	分县人数	合计
合州	合州89人，巴县1人，铜梁14人	104人
昌州	昌州36人，永川11人，荣昌13人	60人

续表

州府军监	分县人数	合计
恭州	恭州4人，璧山5人，江津11人	20人
南平军	南平军20人	20人
涪州	武隆6人	6人
黔州	彭水5人	5人
夔州	奉节4人	4人
梁山军	梁山军4人	4人
大宁监	大宁1人，大昌2人	3人
忠州	忠州1人，垫江1人，丰都1人	3人
万州	云阳9人，巫山县3人	12人
开州	0	0
总计	241人	

资料来源：常明，杨芳灿，等. 四川通志：选举（嘉庆）[M]. 成都：巴蜀书社，2021.

（1）大足县宋代进士：廉毅登元丰及第，赵环、郑颛登治平及第。其他获进士科名者尚有姚彦成、张肯堂、宋道真、杨茂、何椿年、邓万、廉操、杨甲、文章、罗翱、陈伯雄、鲜仲文、邵献臣、王登、罗璠、鲜于受、宋国光、郑叔丙、李辰、杨敏叔、赵希枢、薛日图、黄贯、张皋、郑戬、王璠、何永、王子羽（王子渊）、何应龙、赵希程、赵汝裡、王选辰。❶

（2）云阳县宋代先后共有六位进士，分别是：李石庆、李传、袁孝纯、袁师奭、袁道明、李应凤。袁师奭，元祐六年进士，父袁孝纯，兄师允、师文，子袁道明相继登科，乃为乡人的荣耀。学行卓义，乡人重之。

（3）璧山县进士：王大龄，嘉佑进士。蒲谦，绍兴进士。冯时行，绍兴进士。蒲国宝，开禧状元。高若霖，宝祐丙辰进士。❷

（4）奉节县进士：李裳，政和壬辰科。李袭，裳弟；李公京，裳子；李公奕，裳子；李茂，裳孙同为政和乙未科进士。❸ 宋辟荐，廖彦正。以荐辟任南平司录参军，后除都水使者。❹

（5）巫山县进士：王文义，治平进士，巫山人。《郡志》误载为大宁人，景德二年（1005年）乙巳科李迪榜进士。《巫山旧志》载治平（1063—1067

---

❶ 王德嘉. 光绪大足县志：卷七：选举 进士 [M]. 刻本，1877（清光绪三年）.

❷ 寇用平，陈锦堂，卢有徽. 璧山县志：卷七：选举 [M]. 刻本影印，1865（清同治四年）.

❸ 曾秀翘. 奉节县志：卷二十六：选举 [M]. 刻本，1893（清光绪十九年）.

❹ 曾秀翘. 奉节县志：卷二十六：文职 [M]. 刻本，1893（清光绪十九年）.

年）进士。母墓在西城外，有孝感泉可稽。光绪《巫山县志》载："年王文义，景德时人。母疾笃，医药百端（一说割股和药），吁天乞代，疾愈。及母卒，庐墓。乡人悯其贫，日给之食。坟去水远，无以涤祭器。后庐侧忽涌甘泉，人以为孝心所感。事闻。赐以衣帛。"

（6）大昌县进士：姚邦基，字立大，大宁监大昌县人。政和五年（1115年）乙未科何桌榜进士，历承直郎，知尉氏令。康熙《巫山县志》："姚邦基，大昌人，政和进士，为尉氏令。刘豫僭窃，遂匿山林，聚徒以养。豫诛，朝廷寻访隐逸。高宗嘉之，授以京秩。"《宋史》载："承直郎姚邦基者，蜀人也。知尉氏县，秩满不复仕，屏居村落间，授徒自给。"《宋会要辑稿》："（绍兴）九年（1139年）五月二十四日，诏前知开封府尉氏县姚邦基令东京留守司津遣赴行在所。以二京、淮北宣谕方庭实言邦基'顷自解官，遂匿村落，聚徒以学，廉靖守节，不求禄仕'，故有是命。"宋李心传《建炎以来系年要录》又载："绍兴九年十有一月，左承事郎姚邦基特改左奉议郎，楼炤之出使也言邦基不仕伪豫之节，故召对而命之。绍兴十有七年十有一月，左承议郎姚邦基主管台州崇道观。"王洪，绍熙进士，大昌人。绍熙元年（1190年）庚戌科余复榜进士。

（7）梁山县进士：石知退、石知幾（同"几"）、龙泳、冉徽之，绍兴十八年（1148年）王佐榜。❶

（8）江津县进士：据《江津县志》记载，宋代先后出了多位进士：毕申、张弦、尹耕、陈周、李永南、石公恕、马建、冯寿、彭大雅、邢居仁、马邈。

（9）永川县进士：王郁、马观国，俱乾道中登第；王椒、李廷智俱淳熙中登第；张震龙、景子寅、李涛俱嘉定中登第，张震、雷震庚俱宝庆中登第；于震、杜梦得俱嘉熙中登第；张善禄、向天觉、梁南郊、梁南邦俱淳祐中登第；李子（龙延智之孙）宝祐中登第。

一般而言，地方区域中心既是地方的政治、经济、军事中心，也是文化、教育和人才中心，教育发展的起伏、人才分布的变化均与之有密切的关系。今重庆市彭水县在唐宋时期是黔州都督府、黔中郡、黔中道、绍庆府的治所，黔州（治今彭水县域）成为区域中心后，当地学校迅速兴起。在后唐及宋初都设有黔州儒学，这是渝东南地区设置最早的儒学。

黄庭坚，北宋著名书法家、诗人，曾担任"校书郎""国史馆编修"等职，后因卷入新旧党政治纠纷当中，遭遇弹劾，被贬为涪州别驾，遭置黔州（今彭

---

❶ 王尔鉴. 巴县志：卷之九；文苑［M］. 刻本，1761（清乾隆二十六年）.

水）。黄庭坚富有学识与政绩，他的治理使得彭水地区有了很大改善。寓居黔州时，他"闲居不欲与公家相关"，却与当地和尚、居民一起凿井而饮，亲如家人。他十分关注老百姓的生活，在《与秦世章文思书》中说，"今岁春暑异常，不雨欲一月，草木皆有焦色，父老云：久无此旱矣"。在《答李林书》中又称："今岁黔中雪霜早寒，数日来雪欲及摩围之麓，不肖到三年所未有也。"黄庭坚不仅关心老百姓的生活，更关注他们的教育。黄庭坚谪居彭水时（1095—1097年）在书信《与秦世章文思书》中也说："小儿稍能诵读……他日令就黔州应举为乡人矣。"❶他把对彭水的热爱之情也寄托在对儿子的教育培养上，殷切地希望儿子应试科考成功，通过科举走上仕途，能够有所作为，努力改善当地落后的教育局面。黄庭坚的家教书信反映了黔州科举习俗的浓厚。南宋时，黔州就有5人中进士。元代之后，黔州地位逐渐下降，至清初仅为西阳直隶州的一个属县，人才中心已消失。在元明清的科场，仅出现过3名进士、30名举人，远远落后于乌江流域土家族聚居的一般州县。彭水历史时期教育的起伏波动，人才中心的消失与区域行政中心的变化是一致的。

二、宋代重庆科举家族

宋代重庆科举功名获取者具有家族群体优势的鲜明特色，以下从该视角加以聚焦描述，以揭示家庭、家族教育的独特科举作用。

（一）綦江綦氏家族

宋代重科举，科举制度也为知识分子出人头地铺设了较为公平的道路，许多家族将科举入仕作为光宗耀祖、光大门庭乃至巩固家族显赫地位的重要手段，所以出现了科第世家。

在宋代綦江地区，绍圣四年（1097年）出了宋锡、李坤两位进士，往后近200年中共出了20余名进士，其中值得一提的是，綦氏家族为科举名门，先后几代中举，如宣和三年辛丑科何涣榜的綦母贲；南宋绍兴二十一年（1151年）綦江地区原古南镇的綦母宁、綦母常兄弟及綦母宁的儿子綦清卿同榜考取进士。綦氏自此为綦江的名门望族。可见，綦氏家族这种家学的培养观念及方法潜移默化地影响着下一代的思想。

（二）奉节李氏家族

清（光绪）《奉节县志》卷二十八《人物》载："李裳，崇祀乡贤。弟袭，子公京、公奕，孙茂，五人相继登进士，时号'五桂'。"李氏出现了"一门五

---

❶ 彭水县志编纂委员会. 彭水县志［M］. 成都：四川人民出版社，1998：599.

进士"的盛况。在涪州的白鹤梁题刻上，我们还能找到当年奉节李氏"五桂"的实物印证。

李裳，宋政和二年（1112年）壬辰科莫俦榜（殿试榜次特奏名，开考放榜前确定进士）。

李袭，裳之弟，政和五年（1115年）乙未科何桌榜进士。

李公京，裳之子，政和五年（1115年）乙未科何桌榜进士。

李公奕，裳之子，政和五年（1115年）乙未科何桌榜进士。

李茂，裳之孙，政和五年（1115年）乙未科进士。

5名进士均出于李裳一家，且有四人均在公元1115年中同榜进士及第，时称"一门五桂"。恐怕这种时运佳话在家族教育科举史上也是独一无二，或是罕见的。

与"一门五桂"相关联的还有一则与美食相关的有趣故事：

话说夔州府城内有一望族李家，家族的封地田课遍布大江南北，其中以在建始的土地最多，被称为李地主。旺族之家，当然在夔州府城也有产业，家主常年居住在夔府。夔府李家两兄弟，一个叫李裳，一个叫李袭，兄弟二人都是饱学的夔州士子。

宋政和元年，也就是公元1111年春，李氏兄弟二人欲从夔府东路驿道赴京赶考。临行前夜，李员外吩咐家厨做一次宴席，为二位公子送行。家中主厨伤透了脑筋，最后想好了一道菜，将刚刚"开叫"的公鸡和蹄髈腊肉一起炖，最后加上珍珠丸子和三根大葱。

宴席时，仆人送来了这道菜，全家人只见其"红光满面"令人食欲大开，李员外问："这是什么菜？"仆人支支吾吾地说，这叫"炖钵肉"。李员外一听，心中不爽，就说："把主厨李大娘叫过来！"

李大娘来到了桌前，自信地站在那里说："请问老爷有什么吩咐？"

李员外指着那个"炖钵肉"说："你讲讲这道菜是什么意思？"

李大娘说："老爷请看，这三根高葱就是三根'天香'，保佑二位'高中'；这五个珍珠丸子代表着'仁义礼智信'，寓意说员外您教子有方。"

李员外一听，觉得还真是这么回事，接着问："那这鸡和腊肉蹄髈呢？"

李大娘说："这是专门给二位少爷弄的，是'雄鸡一鸣惊天下，脚踏实地走京华'的意思，也是我的一种美好祝愿。"

二位公子一听，连声叫好！齐声吟道："'三炷天香祈上苍，五字丸子送儿郎'，来，父亲，我们二人敬您一杯！"

这一晚，父子三人非常开心，吟诗作对，歌以言志，闹腾一整晚。

第二天，二位公子踏上了赴京赶考的征程。几个月后，二人真的高中进士、光宗耀祖了，至此之后，李家凡有人去应试，都要请李大娘做这一道"炖钵肉"。

因李家一门出了五进士，夔州府官员专程来访，问李员外有什么秘诀，李员外再次请出"炖钵肉"，说每次赶考前都要吃这道菜，这就是秘诀！府官品尝之后也是赞不绝口，随即吟诗道：

> 三炷天香祈上苍，
> 五字丸子送儿郎。
> 雄鸡一鸣家国昌，
> 青云直上登庙堂。

府官还建议将这个菜名改成"员外赶考鸡"，然后在夔州普及，可让更多夔州学子能"位列三甲"！从此这道菜有了一个学名，就叫"员外赶考鸡"。❶

三、重庆科举及第士子举要

在重庆宋代科举考试优胜者之中，颇有表现卓越的前行者。以下特别加以呈现，有助于加深对重庆科举教育、人才选拔以及社会效益的相关认识。

（一）冯时行

冯时行（？—1163 年），字当可。宋宣和六年（1124 年）进士第一人。号缙云先生，巴县（今重庆市北碚区人）。南宋建炎中（1127—1130 年）调奉节尉。绍兴中历江原丞，擢左奉议郎，知丹棱县，绍兴八年（1138 年）召对，奏金人议和不足信，请选大臣重兵镇荆襄，使岳飞得以专力致于江汉间。高宗命擢知万州。时行力主抗金，不附和议，深为秦桧所恶，坐废达 17 年之久。直到秦桧死，才于绍兴二十七年（1157 年）复起用，历知蓬州（今蓬安）、黎州（今汉源）。绍兴三十一年（1161 年）金人背盟，高宗记时行名，召赴行往，时行病不能往，上疏慷慨陈词。后改知彭州（今彭县）。未久擢右朝请大夫、提点成都府路刑狱公事。隆兴元年（1163 年）卒于任。有《易论》2 卷、《缙云文集》43 卷。

冯时行怀抱抗金报国大志，坚定不移，不愧豪杰之士。由于他的爱国思想和为民兴利除弊的实干精神，在提倡民族气节和渴盼良吏的历史时期，冯时行在重庆、四川人心目中自然成了上品。故各地方志纷纷撰写和记述他的事迹，

---

❶ 吴潜. 正德夔州府志：卷五 [M]. 影印本. 上海：上海古籍书店，1961.

歌颂他的德行，如清光绪《四川通志》、明万历《合州志》、清乾隆《合州志》，民国《合川县志》《璧山县志》《巴县志》等。明代兵部尚书兼文渊阁大学士王应熊撰《冯缙云先生传》，赞冯时行"明果敢断，足当大事……授徒讲道，安贫淡如也"。●

关于冯时行，还有一桩清廉轶事，世人传颂。

绍兴九年（1139年），冯时行出任万州知府。一天，冯时行沿着码头行走，看见一个老妇人径直往江心走去寻短见。

冯时行立刻差人将老妇救回，并询问缘由。老妇含泪将自己的不幸和盘托出：原来这位老妇是江边住户，全家靠打鱼为生。因赋税越来越重，丈夫和儿子涉险到远处打鱼，有了收获回来，却被恶霸抢了鱼，还被毒打致死。恶霸有转运判官李炳做后台，没人敢惹。

冯时行安慰老妇："您放心，这件事我管了。"没过多久，冯时行收集到恶霸几年来犯下的罪行，状纸足有一尺多厚，当众宣判：恶霸孙奇虎为患乡里、恶迹累累，上报朝廷，秋后问斩！

百姓心里都感恩冯时行，在上缴赋税之时，少有拖沓，渐渐地，官仓余粮、府库钱财充盈，这让转运判官李炳垂涎不已。

一日，李炳登门拜访："你这两年仓库之中钱粮不少，只要孝敬朝廷，那你我就可扶摇直上。"

"孝敬朝廷？朝廷的赋税已经尽数缴清，难道还有名目？"冯时行明知故问。

"冯大人，这朝廷赋税是缴完了，但还有些名目需要打点。说白了，就是要孝敬秦桧秦丞相。想必你也清楚，前任万州知府政绩平平，为什么顺风顺水、官升一级？"李炳干脆说破其中奥秘。

"冯某绝不会拿百姓的血汗钱来满足一己之私！"冯时行转过身去，厉声喊道："送客！"

李炳以为是冯时行假作清高，接着说："冯大人果然清廉。但是这是历年来地方上的规矩，如果到了时间不送到丞相府，秦丞相是要怪罪的。"

"什么规矩？谁立的规矩？冯某这里，只有百姓和朝廷。朝廷赋税，重不伤民，这是朝廷的规矩；为官一任，两袖清风，这是做官的规矩。"冯时行的话掷地有声。

李炳愤愤而去，连夜写信密告秦桧，说冯时行不识时务、沽名钓誉。秦桧

● 胡汉生，唐唯目. 冯时行考 [J]. 史学月刊，1984（5）：45.

接到密信，趁着残害岳飞等抗金名将之际，找了个"莫须有"的罪名将冯时行削职为民。

　　冯时行被迫离开万州，准备登船回乡。可谁知万州百姓早已在码头恭候多时，默默垂泪。面对此情此景，他千言万语却无从说起，只哽咽说道："诸位乡邻，冯某告辞了！"说完，头也不回，离岸登船，听不见江水滔滔，满耳尽闻百姓呼喊声；看不见群山巍巍，满眼尽是辛酸离别泪。

　　船渐行渐远，慢慢消失在浩浩长江中，但冯时行的清廉却传递了千年，感动了千年……❶

　　冯时行是宋代川东理学流派的重要人物，在理学流播传承中居有一定的地位。《宋史·谯定传》载："定《易》学得之程颐，授之胡宪、刘勉之，而冯时行、张行成则是定之余意出。"又据《宋元学案》卷四十四，绵竹学者张浚亦从谯定学《易》。由于谯定不只是师承于程颐，还从蜀人郭曩氏受象数易学，所以其后学亦有义理派和象数派之分，胡宪、刘勉之、张浚属议理派，冯时行、张行成为象数派。冯视画卦，尝说："《易》之象在画，《易》之道在用。"并以此为标准，认为程颐易学在尽人事、通世道方面虽然精妙，然"往往舍画求《易》，故时有不合；又不会通一卦之体，以观其全，每求之爻辞离散之间，故其误十尤五六"❷他的门人李舜臣发挥其思想说："《易》起于画、理、事、象、数，皆因画以见。舍画而论，非《易》也。"❸其《易本传》就是"专自圣人画卦之意求之"，朱熹《周易本义》就"多取"此书。鉴于其学术地位及重大影响，冯时行在四川、重庆学界知名度很高。他曾应成都兴办地方官学之约，特撰兴学记。

　　冯时行是宋代文学家，被民间称为"巴渝第一状元"。他少年时在缙云山求学，1124年中进士，后因力主岳飞抗金被贬，于缙云山下结庐授课。其诗文作品很多，著有《缙云文集》43卷，被收入《四库全书》。以下为冯时行为郝蒙老作诗一首：

❶　出自微信公众号"鑫然说历史"《不懂规矩的冯时行："巴渝第一状元"冯时行的清廉轶事》。

❷　王应麟. 困学纪闻：卷一 [M]. 北京：商务印书馆，1959：117.

❸　李心传. 丙子学易编之序 [EB/OL]. [2023-03-05]. http://www.360doc.com/content/22/1027/17/73549800_1053517861.shtml.

到垫江先作诗寄郝令君蒙老❶

（宋）冯时行

盛家山前古雀篱，寒烟冷雨别君时。

后来空作相逢梦，此处端成一笑期。

已听歌谣增喜乐，未闻謦咳祇飞驰。

急须倒屣迎徐孺，一榻高悬更为谁。❷

该作品流露出冯时行淡泊名利、寄情山水的情怀，同时体现了其对理学道德精神的追求。

（二）蒲国宝

蒲国宝，南宋开禧中（1205—1207 年）状元，重庆璧山县人，生平不详，著作也散失殆尽，现在只剩下一篇《金堂南山泉铭》。蒲国宝入元不仕，但"饱饫六艺，淹贯经史"，又书法精美，尤善楷书，今重庆市翠云寺内有手书"天池寺"匾额。故世后，葬于璧山蒲元乡蒲坎坝。明清时璧山建有冯、蒲双状元坊，凉亭关石崖上刻有"尝怀抗书冯时行，太息通经蒲国宝"的对联，意思是冯时行是给皇帝上书主张抗金、支持岳飞抗战的状元官员，而蒲国宝则是一位"长太息以掩涕兮"的忧国忧民的状元学者。这也表明蒲国宝与同邑冯时行先后鼎名。王志按蜀人物志作璧山人通志、府志两载之考，王志载明嘉靖中郡守昆明黄凤翔为蒲国宝与冯时行立双状元碑于巴县，学宫又载国宝墓在县西祥里蒲坎坝。❸

为了纪念蒲状元，蒲坎坝更名并升格为蒲元乡（1993 年建镇，2003 年又撤销并入璧城街道，今璧城街道马家桥村，如今俗称蒲元场，蒲元作为官方正式地名已经消失）；还有状元桥（旧址在今小东门桥，当时称为小状元桥，相对应的有大状元桥，旧址在今大东门桥，是纪念冯时行的。如今璧山重修状元桥，位于观音塘湿地公园内，是纪念冯蒲双状元的）；"双状元碑"（璧山境内的旧址分别在大小东门桥头，璧山境外也有，旧址在今缙云山下五里处和重庆市二十六中附近，重庆市二十六中为原巴县文庙旧址）。璧山蒲元场金剑山上有双状元峰和双状元墓，明朝在此修建文庙（祭奠孔子、宣扬忠孝思想，实际是因璧山出现冯、蒲两状元，故选址璧山，也算是纪念冯、蒲双状元）。特附蒲国宝所

---

❶ 郝令君蒙老：垫江县令郝蒙老。令君，县令。

❷ 胡问涛，罗琴. 冯时行及其《缙云文集》研究［M］. 成都：巴蜀书社，2002：141.

❸ 朱之洪，向楚，等. 巴县志：卷十上：人物上［M］. 刻本，1939.

作《金堂南山泉铭》，品其言语精妙。

金堂南山泉铭
蒲国宝

兰陵钱治尝作《南山泉记》，宋仁宗天圣四年，距今盖一百二十有一年也。钱又夸大其言，以谓陆羽作《茶经》，第水之品三十，张日新《煎茶记》又增其七，毛文锡作《茶谱》又增至三十有八，金堂南山泉当不在兰溪第二水下。然前之三人足迹曾不一履此地，宜皆不为所赏鉴。故此泉湮没而无闻焉，方可叹也。

先朝时，家恬户嬉，一时人士，往往多以卜泉试茗相夸为乐事。至靖康后，天下骚然苦兵，生民困于征徭，邑中之黔惴然，以货泉供亿县官，不给为恐，泉之甘否，何暇议耶？黄君才叔，北方之修整士也。绍兴辛酉于南山之南，手披荆棘，锄其荒秽，卓江山景物之会，作屋十余楹，极幽居之胜。而岩窦之间泉之湮者，复达引之庭除，其声涓涓。遇暇日，余率二三宾朋，登君之堂，洗心涤虑，便觉烦暑坐变清凉，酌为茗饮，则又芯甘可爱，诚如治之言者。余以是知物之兴废通塞，亦自有时，何独一泉耶？是不可不铭，铭曰：峡水东注，鹤峰北峙，幽幽南山，为国之纪。自洌彼泉，出于岩底。清新香洁，酌之如醴。吾侪小人，岂曰知味。宜洁而甘，即为佳水。近世钱治，盖尝品第，方之兰溪，不在第二。陆羽既远，无复为纪；日新文锡，兹亦已矣。今之易牙，未知孰是。一泉小物，隐而弗示。不有奖鉴，孰发其闷。勒铭山阿，以告吾类。❶

(三) 杨咸亨

杨咸亨，綦江（今属重庆市）人。隆兴元年（1163年）进士，文采斐然，有所赋诗一首可以为证：

江郊亭新成赋诗二十三韵
（宋）杨咸亨

蜀江千里东南倾，峡门横锁千丈鲸。
吴帆蜀楫过如织，府主四海皆弟兄。
城西门前二十里，客去当送来当迎。
藤梢橘刺密无路，短亭四壁荒榛荆。
春风淡沲酌客处，我陪后乘同郊行。
碧油红旆驻沙尾，连宵急雨鼓不鸣。

---

❶ 朱锡谷. 巴县志：卷四：艺文志　铭 [M]. 刻本，1833（清道光十三年）.

元戎玉皇香案吏，俯仰茆屋无乃轻。

掣山鞭石相原隰，钉头瓦缝粟缕盈。

伟哉幻书此奇观，丹楹画栋光峥嵘。

山长波迥目力短，空濛宜雨高宜晴。

危岚滴翠染窗户，空江倒影翻檐甍。

天藏地设久相待，更为佳处得佳名。

梁间横陈大手笔，龙蛇飞动鬼神惊。

高斋百篇子美唱，岘山千载羊公情。

试呼小队访新馆，壮游始与盛概并。

披云唤月星斗动，放舟闻鹤天水明。

练光渺渺风力壮，叠鼓西上帆东征。

舳舻冠盖两叹息，欢谣昼乱渔樵声。

元戎故是活国手，山河指顾风尘清。

凄凉三峡小游戏，朴斲丹黝安足程。

明堂梁栋要杞梓，天关一柱须公擎。

纷纷故吏万里外，燕雀行庆大厦成。

赋诗抵掌者谁子，夜郎野老杨咸亨。❶

　　杨咸亨惊叹于蜀江和三峡壮丽宏伟的景象，运用浓重的笔墨、精妙华丽的词语向人们展现了一幅蜀江浩浩汤汤、波涛汹涌，三峡雄奇险拔、清幽秀丽的壮美画卷。全诗文笔优美，行文洒脱。

　　（四）度正

　　度正，字周卿，号性善，合州（今重庆市合川区）人，南宋著名理学家，朱熹高足，阳枋业师。早岁从朱熹学。南宋绍熙元年（1190 年）进士，为益昌学官。先后在四川遂宁、广元、成都、嘉定（今乐山）、怀安（今金堂）、重庆为地方官，后至京师为官，官至礼部侍郎。曾于庆元三年（1197 年）问学于考亭，后又曾主教于涪州北岩书院，传布发扬理学，深得朱熹器重。朱子门人叶味道谓之曰："度正，吾党中第一人。"

　　宋嘉定三年（1210 年），知华阳县。嘉定五年（1212 年），通判嘉定军。嘉定九年（1216 年），权知怀安军，迁知重庆府。入朝历官国子监丞、太常少卿，官至礼部侍郎，兼同修国史。度正师从理学家朱熹，为人为官颇能守正，

---

　　❶ 周复俊. 全蜀艺文志：卷一十三 [EB/OL]. [2023-03-06]. https://ctext.org/wiki.pl? if = gb&chapter＝455197.

清代乾隆朝才子、文学家、礼部尚书纪昀在《四库全书总目提要》中言其"正游于朱子之门，文章质实，大都原本经济，不为流连光景之语。其条奏便民诸疏，不下万余言。指陈利弊，明晰剀切，亦可谓留心世务，不徒为性命空谈。诗品虽不甚高，而词意畅达，颇与朱子格律相近"。❶

度正在《重庆到任谢表》中自称"少笃志于诗书"，成年后"奋身于科第，每于簿书之暇，力探问学之源，议论不为空言，诚欲明当世之务，是非考之至理，亦尝先天下而忧"。受当时学术影响，度正在理学上造诣较高，终以理学家名世。著述丰硕，有《周（敦颐）子年谱》，《四库全书总目》"史部·传记类"有存目，又见嘉庆《四川通志》卷一百八十四载其留存作品，有《性善堂集》《性善堂稿》《性善堂草稿》，《永乐大典》收录其中数篇文章。其中尤以《性善堂稿》最具代表性。明人邵经邦《宏简录》："盖蜀中宋末讲学之盛，正亦其一人也。"度正卒于端平二年（1235 年），享年六十九岁。

（五）阳枋

阳枋（1187—1267 年），字宗骥，初名昌朝，合州巴川（今重庆铜梁东南）人，居巴川字溪小龙潭之上，故号字溪。早年师从朱熹门人度正等，学者称大阳先生（巴川阳岊为小阳先生）。端平元年（1234 年）冠乡选，淳祐元年（1241 年）赐同进士出身，历监昌州酒税、大宁理掾、绍庆学官。晚以子炎卯贵，加朝奉大夫，宋度宗咸淳三年（1267 年）卒，年八十一。阳枋一生孜孜力学，至老不衰，著述宏富，有《字溪集》十一卷、附录一卷，载《永乐大典》，又载于《四库全书·集部》。其他尚有作品《易正说》二卷、《书说》一卷、《诗辞》一卷、《中庸说》一卷、《图象问答》一卷、《辨惑正言》一卷、《家训》一卷、《本草集方》一卷、《编类钱氏小儿方证说》，均佚。其行履不见于史传，唯见于《字溪集》附录《纪年录》《有宋朝散大夫字溪先生阳公行状》。

科举考试制度经唐代确立和宋代的改革而日臻完善。这种人才选评制度旨在通过公开考试、鼓励竞争的机制，扩大官吏选拔途径，从中下层吸收大批知识分子参加政府工作，巩固封建王朝的中央集权统治。当时的名臣、名相、学者、文士大都出自科举即是明证。同时，科举考试还推动了文化教育之普及，影响社会风尚，边疆地区也效仿推广，在本地区参与科举选士派举子进京应考，通过科举考试促进文化交流，为中华民族的团结和统一做出一定的贡献。重庆是多民族互融交错地区，这种情形的出现是十分自然且常见的。

---

❶ 纪昀. 四库全书总目提要：卷一百六十二：集部十五 [M]. 上海：商务印书馆，1933：586.

第四节 宋代重庆科举之评议

宋代重庆科举成效上升，造成初兴态势，及第士人的业绩作用可圈可点，不仅为地方社会做出贡献，而且发挥出全国性影响。这些成就的取得是有其历史文化缘由的。

一、宋代重庆科举考试绩效提升

宋代重科举，扩大录取名额及取士范围、鼓励士人应试，因而使许多经济文化处于中等水平的地区科举及第者数量增加，重庆进士人数增加及覆盖面拓广也是由此出现的。社会人士将科举入仕作为光宗耀祖、光大门庭，乃至巩固家族显赫地位的重要手段，所以出现了科第世家。宋代重庆奉节县生员中，有5人中进士，政和二年（1112年）壬辰科李裳，政和五年（1115年）乙未科裳弟李袭，裳子李公京、李公奕，裳孙李茂，呈大家族中举现象。为此，夔州府学前建"五桂楼"以示表彰。❶重庆的一些地方官员及有关机构奖励科举考试。如元祐五年（1090年），夔州郡守王伯庠捐俸建夔州大贡院，不取于民。

科举考试制度保证了中国传统社会官僚队伍的不断循环更新，给中国传统的官僚政治不断补充新的血液，增强了封建肌体的活力。科举制度扩大了对中下层子弟开放的大门，使大量有志于修身、齐家、治国、平天下的庶民子弟获得了报效国家的机会，为中华文明的创造做出了卓越贡献。许多进士以功名身份获得政治地位，在治理中大多做出利国利民的成绩。举例如下（见表2-4）：

表2-4 宋代部分重庆进士官宦任职一览表

姓名	进士科举年份	任职
黄觉	治平二年（1065年）彭汝砺榜进士	著作郎，知巴县
王其昌	熙宁九年（1076年）徐铎榜进士	宣教郎，知黔江县
李迁谔	绍兴四年（1134年）何昌榜进士	通直郎，知内江县
张勤	元符元年（1098年）李釜榜进士	文林郎，知忠州丰都县
勾龙谔	崇宁五年（1106年）蔡蓚榜进士	宣教郎，知清水县

---

❶ 重庆市奉节县教育委员会. 奉节县教育志 [M]. 重庆市奉节县地方志丛书026号，重庆市奉节县印刷厂印，1998：11.

续表

姓名	进士科举年份	任职
杨杲	政和五年（1115年）莫传榜进士	琪之子，从政郎，知乐温县
杨晨	宣和二年（1120年）进士	荆南府教授，辟遂宁府节度推官，进宣教郎
冯时行	宣和六年（1124年）沈晦榜进士	调奉节尉，历江原丞，擢左奉议郎，知丹棱县，擢知万州。历知蓬州（今蓬安），黎州（今汉源）。后改知彭州（今彭县）。未久擢朝请大夫、提点成都府路刑狱
杨早	宣和六年（1124年）沈晦榜进士	从仕郎，大宁监教授
张大中	宣和六年（1124年）沈晦榜进士	中州刑曹，调万州南浦令，果州通判
彭起	宣和六年（1124年）沈晦榜进士	从政郎，施州通判
马楫	建炎三年（1129年）张九成榜进士	授迪功郎
董天成	建炎二年（1128年）张九成榜进士	左从政郎，开州录事参军
王拱、黄尧宾	绍兴元年（1131年）徐复榜进士	奉议郎，知涪州
张三畏	绍兴元年（1131年）徐复榜进士	朝奉郎，知涪州
郁处厚	绍兴八年（1138年）黄公度榜进士	迪功郎，万州司户
张叔约	绍兴十年（1140年）梁克家榜进士	承议郎，军器监利路转运判官
黄汝舟	绍兴十一年（1141年）赵达榜进士	从仕郎，黔州教授
程伯通	绍兴十五年（1145年）邑璋榜进士	左从政郎，广安军岳池令
王宾	绍兴十八年（1148年）王佐榜进士	从政郎，大安军教授
杨晔	淳熙二年（1175年）詹骏榜进士	通直郎，渠州教授
刘甲	淳熙二年（1175年）詹骙榜进士	宝谟阁直学士、太中大夫，工部侍郎兼太子侍讲国史
杨荣祖	淳熙五年（1178年）姚颖榜进士	迪功郎，监四川总领所大军库
史元	淳熙八年（1181年）黄由榜进士	知州
蒲国宝	开禧中（1205—1207年）状元	咸淳中承直郎
仲寅	宝庆二年（1226年）王会龙榜进士	教授
赵立	咸淳中（1265—1274年）进士	湖北提刑使
母梦牛	咸淳七年（1271年）进士	乐源尉、承直郎

资料来源：笔者根据重庆所辖各区县志资料整理而得。

此外，根据相关文献记载，包括宋代在内的重庆历代进士、举人出仕者，其显著者任宰相（一品）1人，六部尚书（正二品，加太保则从一品）23人，翰林承旨 1 人（正二品），左右都（正二品，加太保则从一品）15 人，布政使、巡抚（省行政长官，从二品）27 人，任其他官职者也颇多。他们中的许多人在各自岗位上为社会稳定、民众安居乐业做出了应有的贡献。笔者相信，这对认识宋代，乃至古代重庆进士的社会地位和担当作为，都是有助益的。

二、重庆永川《雁塔题名记》

重庆永川地方资料记述《雁塔题名记》的文献，内称：

> 知涪州军兼管劝农事杨素衣记曰：昌州之士，朴愿而有文。迨元初，予尝旋是邦知之，已素且闻永川虽蕞尔邑，衣冠文物，不咸壮县。后二十三年，子弟简适纤墨绶，视事末几。会有张震龙者策名南官，邑之绛被梁久中等集于县庠，谓简曰：往时吾邦，科贡累不乏人，未意兵燹之后，折秋桂之一枝、破春涛之二级者寥寥无继。于今几无纪矣。久中等实耻之，虽相与励志怀勇，期复旧物而大拊。姓字缺然，无有幸吾友能阐所学以成今名，与吾辈之意相符。今将举告成之杯，补题名之旷。典金欲祸其事之始末，以雪前日之耻。君盍为我图之，简以属予。予谓：士尚志，志之所尚，事无不举，泰华虽高，愚公可移。久中之志，一人而立德，若是异时，久中等率其宗族子弟及其乡间明友，卧薪尝胆于鸡窗萤案之余，饮水食药于朝韭暮盐之苦，孝弟忠信培其本，礼乐诗书扩其华。修其天爵而人爵从之，以知斯文之盛不愈倍于今日乎？久中等知耻，其邦前日得士之少，必能风厉后进使知。耻其学之不立，自今肆业于庠，一息苟怠，胆望塔颜，面有驿色，愤气冲斗，自期益深，椽笔连翩，不减于慈恩之旧；庶几斯塔，所期尤为高明光正。❶

通过科举获得金榜题名、及第折桂，既是个人学习的愿景，也是家族乃至地方社会的荣耀。此雁塔题名文字所记充分反映了这种价值取向。

三、重庆科第显赫象征：状元桥

科举及第在个人是遂平生之志，春风得意；在家族是门楣生辉，喜跳龙门；而在地方同样是显赫风光，受人尊敬。在历史长河中，往往留下了一些纪念性的遗迹，由人凭吊，耐人寻味。

重庆的状元桥用的是科第名称，以宋代状元名桥，又以桥名街，状元桥是街名，在城东下半城干路的两折处，原川东道署前。当川东道署存在的时候，

---

❶ 蓝勇，杨光华，马强. 稀见重庆地方文献汇点：上 [M]. 重庆：重庆大学出版社，2013：31.

由北而南从大十字到道署东辕门前绕莲花街到状元桥街，状元桥街为曲尺型，西口为道署甬壁，南口接县庙街。在转角处外角上，可北经太华楼街到朱十字，东入太华楼巷（原名太亨园巷），在转角处内角上有洗墨池。桥早不存在，且不可考。

在封建社会的科举制度下，承平时虽然三年一会试，但殿试第一也不那么容易，因为中国很大。从四川（含重庆）来说，整个明代只出了一个成都所辖新都市杨慎，整个清代只出了一个成都、内江之间资中市骆成骧。在南宋，重庆巴县就有冯时行、蒲国宝二人考列状元。状元桥可能是二人并指，因为在记载中往往二人并称。巴县文庙中也有双状元碑。清周开丰有诗云："巴国当南宋，冯蒲两状元，遗徽存石碣，可复继高骞。"清代学者龙为霖有诗云："有宋多才子，比肩两鼎元，江山不曾改，红杏尚依垣。"缙云山下五里梁滩坝为冯时行故里，后命名状元乡，有碑镌"状元乡"三字，乾隆修《巴县志》时碑尚存，现在从西南大学站通往北碚歇马镇沙坪坝青木关镇的道路间还有状元碑车站。《大清一统志》中还有冯时行墓的记载，谓在巴县铜锣峡。乾隆旧《巴县志》谓冯时行："绍兴时状元。县东鱼嘴沱，石崖下有南平老人墓，去此五十步，相传即状元墓。"关于蒲国宝的记载，《巴县志》内称："苦竹溪源出鹿角乡，北流经雷家桥龙门湾鲤鱼石。其东有大宅，瓦上皆铸'状元及第'字，传为蒲国宝故居。"又载蒲国宝墓在巴县西祥里镇蒲坎坝。巴县祥里镇已于乾隆二十四年（1759 年）大部划归重庆市璧山县。

第五节　宋代重庆科举初盛的影响因素

由唐至宋，科举制度在重庆逐渐推行开来，从初步发展到"后起之秀"，中举人数明显增加。有唐一代，重庆科举人才可谓寥若晨星，宋代则人文蔚起、贤良迭出。笔者分析认为，科举制度作为"国家抡才大典"，其盛衰固然受国家政治、经济、文化等各方面大政方针的制约，但从地域的角度看，科举考试在各地的实施中，地方各种因素扮演着不可替代的角色。宋代重庆科举初盛成效的出现就是一个典型的例证。

一、科举考试特殊政策："类省试"

宋朝中央政府实行重视发展文化教育的重大方针，为统治阶级培养人才，举行科举考试取得了实际效果。以四川、重庆的地方教育来看，无论是官学，还是私学都发展迅猛。宋皇祐二年（1050 年）田况所撰《进士题名记》："益州自太平兴国以来，登进士第者，接踵而出。天圣、景祐中，其数益倍。至庆历六年，一榜得十八人，皇祐元年，得廿四人，它州来学而登第者，复在数外。"❶ 此处的益州不能仅是指川西的成都，而应该是指巴蜀广袤的山区、丘陵、河谷及平原的城镇乡村。

考试制度是与教育相关的，与官学存在着更紧密的联系。南宋初期在四川、重庆曾实行过"类省试"（简称"类试"）的考试制度，《宋史·选举志二》中称："帝尝封蜀国公，是年，蜀州举人以帝登极恩，径赴类省试，自是为例。"❷ 又《续资治通鉴·宋高宗绍兴五年》载："戊午，诏：'川、陕类省试合格第一名，依殿试第三名例推恩，馀并赐同进士出身，特奏名人令宣抚司置院差官试时务策一道。'"❸ 即通过"类省试"就承认应试者得到相当于"省试"的资格。

南宋建炎元年（1127 年）十二月，因战乱道路阻梗，许多地方的举人难以赴应省试，"遂命诸道提刑司选官，即漕司所在州类试，率十四人而取一人"。类省试经两举之后，因诸路选择考官不精，取舍徇私，责难之声已不绝于耳。于是，绍兴三年（1133 年）十月，又依多数臣僚的请求，"罢诸路类试"，省试仍于礼部贡院统一进行。但四川仍实行类省试，先是在宣抚司所在的州举行，绍兴七年（1137 年）移于制置司所在州举行。类省试合格的举人，可以不再经过礼部"省试"，直接参加殿试。直到宋理宗时（1225—1259 年）四川仍实行类省试。巴渝地区的夔州（重庆奉节区）和昌州（重庆市大足县）先后作过"类省试"的考试场地。

1133 年之后，四川、重庆仍实行类省试有其特定的原因，川陕地区是宋金的第二主要战场，尤其地势险要、经济富庶的四川、重庆，更为兵家必争之地。南宋初，金兵几度进攻关隘，欲涉足川渝腹地而未得逞。但是频繁的战争严重破坏了社会生产，道途阻塞，商旅不行。因此，南宋绍兴四年（1134 年）二月，礼部侍郎陈与义奏称，川、陕道远，恐举人不能如期参加礼部考试，主张在川陕继续实行类省试。六月，宋高宗赵构下诏："川、陕合赴省试举人，令宣抚使于置司州置试院，选差有出身、清强、见任转运使副或提点刑狱官充监试，于逐路见任京朝官内，选有出身，曾任馆学或有文学官充考试官。"诚谕参加类

❶ 熊明安，等. 四川教育史稿 [M]. 成都：四川教育出版社，1993：22.
❷ 脱脱，等. 宋史：选举二（科目下　举遗逸附）[M]. 北京：中华书局，1977：5054.
❸ 毕沅. 续资治通鉴：宋纪一百十六 [M]. 北京：线装书局，2009：704.

试工作的官员们"务在依公，精加考校，杜绝请托不公之弊"❶。四川、重庆属南宋的战略要地，经济发达、文化昌盛、人才济济，南宋统治者全面考虑了上述原因，正确估判了川陕地区在宋金对峙局面下的战略地位，选择了在和平年代依然于川陕类省试的明智决策。因此类省试在这特殊的历史条件下又复活了，它使四川地区的士子们没有因战争而失去应举入仕的机遇。❷

自南宋绍兴五年（1135 年）以后，川陕类省试合格奏名进士，如赴殿试不及，除类省试第一人赐进士及第外，其余均赐同进士出身。即四川诸路州府进士只须类省试合格，不必经殿试即为进士。重庆所辖区域自然也在政策优惠倾斜之列，沾得时运便利。"绍兴元年时张魏公为宣抚处置使，以便宜令川陕举人即置司州类省试。五年始试进士于南省，惟四川即试宣抚司。自七年后又移制置司，迄今不改。"❸"绍兴五年十一月十九日，诏川、陕类试过省第一人，特赐进士及第，与依行在殿试第三人恩例，余并赐同进士出身。仍令川陕宣抚司开具姓名申尚书省给敕……十二年九月十四日，诏川、陕类试正奏名，来行在趁赴殿试不及，赐同进士出身人，与免铨试。"❹

"类省试"是科举考试在地区分布上的特例，或许带有某种偏向，因而曾经波折四起，非议横起，但由于四川、重庆特殊的地理位置、地势地貌的特征，因此仍然得到支持。像正规常态的省试一样，"类省试"的录取人数是按比例配额的。"在南宋的大多数时期内，这两种省试的配额比例相同。但在十二世纪的二十年内，四川省试的配额比例较宽，它的比例达 1/14，而正规省试的比例为 1/17 和 1/16。自 1183 年起四川类试才以 1/16 为率。"❺需要注意的是，这里的四川当然包括重庆所辖区域的行政区划范围。

类省试是宋代科举制度的一个缩影，无论在社会生活中还是在政治舞台上都有不可取代的地位和作用，是统治阶级治理民众的一种方式。四川、重庆类省试中尽管存在各种流弊，屡遭时人的攻击，但它笼络了四川、重庆士子，类省试亦配合了四川、重庆的军事防御建设，有效促进了川渝地区经济文化的稳步提升，使其在较长时间内免于兵燹，呈现相对安定的态势。

---

❶ 李心传. 建炎以来系年要录：卷七十七：绍兴四年六月壬辰条 [EB/OL]. [2023-03-25]. https://ctext.org/wiki.pl?if=gb&chapter=551494.

❷ 穆朝庆. 论南宋科举中的"类省试" [J]. 中州学刊, 1987 (6)：117-120.

❸ 李心传. 建炎以来朝野杂记：甲集卷十三 [EB/OL]. [2023-04-02]. https://ctext.org/wiki.pl?if=gb&chapter=909407.

❹ 徐松. 宋会要辑稿补编 [M]. 北京：全国图书馆文献缩微复制中心, 1988：342.

❺ 贾志扬. 宋代科举 [M]. 台北：东大图书公司, 1995：189.

二、重庆官学的创建

科举是一种取士制度，中国古代学校则以养士为目标，"取""养"之间必有不可分割的关系。科举考生的来源一个是生徒，一个是乡贡。前者接受的是官学教育，后者实为私学出身。但由于私学较之官学而言，更为随意零碎，呈民间办学行为，而且受学者中的大多数并无意，或无缘于科举功名。因此，以下就主要的官学设学维度加以描述。科举考试制度的实施与推行，促进了学校教育的发展，重庆地方政府先后创设学校。宋代实施"崇文抑武"的方针，兴学设教，加强科举。北宋的三次举学运动试图解决学校教育与科举选士间的矛盾或问题，虽然最终都未能从根本上解决，但每一次改革的实施都推动了科举与学校教育的发展。科举制度日渐完备，学校数量不断增加。重庆许多州、县纷纷创办起了地方学校。

宋代重庆官学分府、州、县三级，有层次、等级及水平上的差异。重庆官学培养目标分为两类：一是通过不同层阶官学培养与训练，参加政府统一组织的科举考试，通向仕途，成为封建官吏；二是具备一定的知识素养及能力才干后，从事基层管理工作，成为教育以及其他行业的职场骨干。但无论怎样，儒学经典、文学诗赋的相关知识技能和封建政治观念及社会伦理道德是其中必备要求。重庆官学的兴盛为科举考试储备了人才，提供了民间社会通向科举道路的更多机会。

宋代重庆府学包括重庆市区府学和夔州府学，其中已经有了科举考试的专门场所：学宫文场，又称贡院，为科举考试场所，俗称考棚。如宋元祐五年（1090 年）郡守王伯庠建夔州府贡院于小南门，计屋 110 间，惜绍兴年间毁于洪水。❶ 北宋庆历年间（1041—1048 年）州判何郯在府治东建夔州府儒学，宋治平三年（1066 年）转运判官孔嗣宗重修。南宋绍兴元年（1131 年）始建重庆府文庙和巴县文庙，府、县文庙即官学。府文庙在今重庆第二十九中学处，县文庙在今重庆第二十六中学处。

宋代重庆州学包括涪州（今重庆市涪州区）州学、合州州学和忠州州学。据不完全统计，在北宋、南宋的 300 多年中涪州培养了进士 9 人。这一时期，重庆当地的书院也逐渐成立，为科举考试输送人才。淳祐六年（1246 年），御书由宋代理学家、书院教育家朱熹的《白鹿洞书院教条》颁天下学宫、书院立石镌文。❷ 这时，身居上层社会的官僚可以将子弟送进学宫就读；此外，书院

❶　四川省奉节县志编纂委员会. 奉节县志 [M]. 北京：方志出版社，1995：709.
❷　王疆清，施纪云，等.（民国）涪州县续修涪州志：卷五：建置志 [M]. 影印本. 1928.

的创设为庶民子弟创造了读书的场所。书院作为独特的教育组织，不像官学那样专以官家子弟为教育对象，可以向下层社会开放，学生不受身份和地域限制。因此，无论是官僚家庭，还是市井普通百姓，对于"敦诗书、盛文史、显科名、昭宦迹"都有不同程度的认识。于是，重文尚学在涪州蔚然成风。涪州学宫和同城坐落于长江之畔的北岩书院的创办，无疑为广大读书人打开了方便之门，为涪州的人才培养创造了良好的条件。南宋咸淳元年（1265 年），升忠州为咸淳府，设府治于皇华洲（今忠州区顺溪乡皇华村），知府常福庆在修建学官的同时，创设建州立宏文书院，为忠州设书院之始，地方官学与书院均是高层次教育机构，让众多的读书人看到了科举取士征程上的曙光和希望。

除府学、州学外，宋代重庆在巴县、合州、永川、江津、綦江、长寿、铜梁、黔江、梁山、忠州等地都设有县学和儒学。如北宋景祐年间（1034—1038年）郡太守徐舜俞建合州儒学于涪江之南。因水灾，元祐五年（1090 年）郡守刘象功、石照会、杨廷杰始迁州治南。《江津县志》（卷六）记载：北宋治平元年（1064 年）江津知县郑谔"肇就学治，以饬文教"，在江津治西修建孔庙，创办县学。北宋绍圣三年（1096 年）忠州设学宫（县学）于州屏山麓文庙内。宋窦敫《黔江县修学记》记载：绍兴二十八年（1158 年），黔江县令修复县学。宋宝庆年间（1225—1227 年）夔州刺史何演、教授任元癸建梁山县儒学于县城南。

据统计，宋代四川、重庆建州县学共 95 所，在南宋的四川、重庆州县中，官学的覆盖率达 42%，蜀人号称"虽遐陬荒裔，罔不遍焉"。这表明当时四川、重庆的教育文化已经在全国有举足轻重的地位了。在这种背景下，科举也得到了极大的发展，据统计宋代四川、重庆和江南的进士人数已经占了全国的 80%左右，[1] 而北宋时期四川、重庆进士数居前 10 位中的第 8 位，南宋时期则跃居第 4 位。[2] 例如，宋代蜀籍人士为宰相者达 27 人之多。

在科举盛行的年代，学校教育主要是为科举服务的，无论是官学还是私学，教育内容都与科举紧密相扣。我们从大量的数据中可以看出，学校教育和科举制度的紧密结合，使得一大批人才得以出仕为官。由此可见，宋代重庆学校教育培养了大批经世致用的人才，并通过科举考试走上仕途之路。

---

❶ 肖忠华. 宋代人才的地域分布及其规律 [J]. 中国历史地理论丛，1993（3）：19-44.

❷ 缪进鸿. 长江三角洲与其他地区人才的比较研究 [C] //缪进鸿，郑云山. 中国东南地区人才问题国际研讨会论文集. 杭州：浙江大学出版社，1993：222-223，229.

第三章

元代重庆科举的低落

　　元朝是中国历史上蒙古族统治者建立的统一封建王朝。1206 年，成吉思汗建立政权于漠北，号大蒙古国；1235 年，窝阔台建哈拉和林城（今和林）为国都。通过不断的征服战争，大蒙古国统治了亚洲和欧洲广大地区。1260 年，忽必烈即位，遵用汉法，改革旧制；以开平为上都，燕京（今北京）为中都，将政治中心南移。1271 年，取《易经》"大哉乾元"之义，改国号为大元；次年，升中都为大都。而重庆陷落（1278 年）、钓鱼城失守（1279 年）分别在南宋京城临安陷落（1276 年）之后的第二年、第三年。❶ 由此可见，重庆地区易守难攻，地理区位于一国极具安全性和重要性。南宋景炎三年即元至元十五年（1278 年）二月，重庆被元军攻破，入城时元军遭到激烈抵抗，后元军在重庆大肆屠杀。而合川钓鱼城直到南宋祥兴二年，即至元十六年（1279 年）才被占领。也是在同一年，元军在崖山海战中灭掉南宋，统一中国，结束了自宋代以来多个政权并存、攻伐征战不停的分裂局面。钓鱼城保卫战长逾三十六年，创造了中外战争史上罕见的以弱胜强的战例，因此被欧洲人誉为"东方麦加城""上帝折鞭处"。自此，重庆进入了元朝统治时期，其教育发展尤其是科举考试的发展出现了不同转向。科举考试作为元代重要的选才方式，其走向很大程度上决定了元代教育的动态与发展水平。元代科举考试上承唐宋、下启明清，在中国科举史上地位突出。因此，科举考试的历史在元代显现出新的特点。与"重文教、抑武事"的宋王朝相比，重庆科举整体呈衰落的状态，其中重庆科举考试在经历了宋代书院的初盛之后，较为明显地呈现衰退之势。

第一节　元代重庆科举的历史背景

　　元朝一统天下之后，在全国范围内推行了民族歧视与民族压迫的政策，他

---

❶　重庆市地方志编纂委员会. 重庆市志：第十卷：教育志 [M]. 重庆：西南师范大学出版社，2005：690.

们将全国各族人民划分为蒙古人、色目人、汉人和南人四等。其中，元统治者将南方的汉人和其他各族人民列为"南人"，属四等中的末等，除了南方的汉族和其他各族的统治阶级外，"南人"中的一般劳动人民均被蒙古统治者视为奴隶，受其歧视，任其奴役和剥削。地处西南一隅的重庆各族人民时属"南人"中最边远的部分，因而更受歧视。这种统治政策严重地影响了当时重庆社会经济与文化教育的发展。元代重庆科举就是在这种极具明显民族间差异的政治氛围下举步维艰地传承下来的。

元彻底征服南宋实现全国统一后，鉴于帝国疆域幅员辽阔、人口繁多，为便于管理而实行行省制度。元代实行的行省制度，在地方最高行政机构取消宋时"路"一级行政区名称，改称"行省"或"省"，置中书省总理全国政务，也称都省。具体来说，就是除封建王朝心腹地区即今包括河北、山东、山西及河南、内蒙古部分地区直隶于中书省，以及西域边疆的吐蕃地区由宣政院（初名总制院）管辖外，又于诸路重要都会设立十个行中书省，分别为岭北行省、辽阳行省、甘肃行省、陕西行省、河南江北行省、湖广行省、四川行省、云南行省、江浙行省、江西行省，以分管各地区。有学者称，行省制度乃是"都省握天下之机，十省分天下之治"❶。其实早在元代实现大一统之前的中统元年（1260 年），元世祖忽必烈就考虑到陕西与四川的地理区域接壤，便置陕西四川行省，又称秦蜀行省，统辖陕西五路、南宋四川路故地、治安西路（今陕西西安市）。如此一来，便将陕、川地域加以联合管理。重庆作为蜀地重镇，元朝统治者考虑到其战略地位，于至元十六年（1279 年），置四川南道宣慰司，管辖重庆、夔州两路，绍庆府（治今彭水）、怀德府（治今酉阳）等。次年（1280年），元朝才真正实现对四川全境的统辖管控。及至至元二十七年（1290 年），四川南道宣慰司定治所在重庆路，属四川省等处行中书省。如此一来，重庆便是川东行政中心，其地位的重要性不言而喻。元贞三年（1297 年），陕西、四川分设行省，始置四川行省，署成都，统辖九路、五府，重庆归其管辖，结束了长期以来川东重庆与陕西行政区划并行的历史。此后元代统治者陆续采取了一些恢复和发展的措施，以恢复和振兴川渝地区的经济文化等领域的相关事务。但川渝地区经受了 50 年之久的宋元战争，其社会经济文化均受到了严重破坏，重庆置于四川行省之中也未能幸免。

---

❶　李晓杰. 体国经野：历代行政区划 [M]. 长春：长春出版社，2004：149.

第二节　元代科举制述略

　　忽必烈认识到科举制有利于自己的统治，于是，调整原有保守政策，采用"汉法"，扶持学校及书院。至元十六年（1279 年），元朝灭南宋，南方有些地方的学校为战火所焚坏。但总的来说，由于忽必烈明确以"取其土地人民"为目的，号召南方居民"恪守职业"，多数学校得以恢复并继续开展教学活动。元朝统一之初，作为学校经费来源的学田仍归学校所有，"令本学依寺观例，自行收支，接续养士"❶。

　　元成宗以后的诸帝，在即位时颁发的诏书中，几乎都讲到科举问题，为一些重大的政治事件颁发的诏旨也要提到科举考试。元顺帝即位次年（1334 年）二月，"诏内外兴学校"；三月，就科举和学校等事发布诏令❷。元朝的科举考试的境况，据《元史·选举志》记载："世祖中统二年，始命署诸路学校官，凡诸生进修者，严加训诲，务使在才，以备选用。""至元十九年夏四月，命云南诸路皆建学以祀先圣。""至元二十三年二月诏江南学校旧有学田复给之，以养士……自提举以下设官有差。""至元二十八年，令江南诸路学及各县学内设立小学。选老成之士教之。其他先儒过化之地，名贤径行之所，与好事之家出钱粟赡学者，并立为书院。凡师儒之命于朝廷者，曰教授。路、府、上中州置之。命于礼部及行省及宣慰司者，曰学正、山长、学录、教谕，路、州、县及书院置之。路设教授、学正、学录各一员，散府、上中州设教授一员，下州设学正一员，县设教谕一员，书院设山长一员。凡路、府、州、书院，设直学以掌钱粮。"《续文献通考》记载："至元二十九年四月，设云南诸路学校，其教官以蜀士充之。"以上所述诏令，明确规定了元代地方设学的原则、学校教职员的编制及任命办法等。此皆所举，皆为养才，通过科举考试以备选用。

　　相比较而言，元代科举地位下降，设科举考试选拔人才饱受争议。但是，有一点又让人诧异和惊奇，科举推行异常困顿艰难的元代，对学校教育与科举关系的认识却深刻得多。这种理解识见为明清时期学校办学与科举选才的融合奠基。

---

❶ 庙学典礼：卷一：都省复还石国秀等所献四道学田 [M]．永乐大典本．

❷ 宋濂，等．元史：顺帝纪一 [M]．北京：中华书局，1976：185，820．

一、科举考试设科艰难

元代科举制度的实行阻力重重，设科考试十分艰难，几经周折，其原因是多方面的。首先，从民族传统上来看，蒙古族历来崇尚骑射技术、军事强悍的武力。元代政权中始终存在吏员和儒士之争，不少蒙古贵族和权臣为维护其政治特权，对采行科举制度多方阻挠，他们并不希望通过科举选拔的人才来削弱民族专制权力。他们认为现在的官员人数多、职务少，如果再实行科举选拔官员，会使僧多粥少的矛盾更加突出。南宋遗民基于对科举制度流弊的深刻认识，也对其产生了偏见，甚至将南宋灭亡归罪于科举取仕，"以学术误天下者，皆科举程文之士"❶。由此便在元代初期形成了一股强大的反科举力量。其次，元代怠慢科举的另一理由是举子赃败。元仁宗时重开科举，但科举对入仕并非必要条件，无法规避。于是元统年间和至元初年（1335 年前后）又展开罢废科举之争。纵使持维持科举取士的争辩者许有壬也承认，"举子不可谓无过"；❷ 元代著名理学家吴澄提出科举应试知识没有实用价值，一旦这些读书人通过科举做官了，他们就放弃了应举所学，毫无政务经验，但是他们还是以有科举功名而自视清高。因此，科举考试无法选拔有才能的经世致用人才。

元代中期理学家虞集说："自国朝设科取士，已入官者或不自廉慎，趋学世态，名败身辱。万一不幸败，君子之耻多矣。是皆有愧于显宗者也，先生既殁，予尝识其书，后以勉之，大人君子之相许，如是子之来日方长，仕途方开，非十倍千倍加勉焉不可也。"❸ 因此，忽必烈对儒士的真才实学曾表示怀疑。他认为当时多数儒士的才学基本上停留在书本知识的层面，往往是长于空泛的议论，而短于实际操作能力。此外，出于协调蒙古人、色目人、汉人官僚之间的内部复杂矛盾的政治需要，元初曾一度停止科举取士。统治者和贵族对于汉文化的不认同态度使得科举制在元代处于尴尬的境地。在重开科举之争中，正是蒙古贵族强烈的草原文化思想带来的强大惯性阻碍了科举的发展。

从总体上讲，元代对科举并不重视。近 100 年时间里，仅有 16 次廷试，录取名额区区 1139 人而已，其如此结局的缘由，大概如上所述。

二、民族间存在差异

元皇庆二年（1313 年），离元朝建立全国性统一封建政权已过 42 年，正式

---

❶ 谢枋得. 叠山集：卷六：程汉翁诗集序 [M]. 王皋刻本，1485（明成化二十一年）.

❷ 宋濂. 元史：选举一 [M]. 北京：中华书局，1976：4307.

❸ 虞集. 道园学古录：卷三十九：邓汉杰改汉淳字说 [M]. 钦定四库全书.

举办全国开科考试。元贞元年（1295 年）七月，曾采用汉代察举制作为人才选拔的方式。又过了 10 余年，经中书省大臣极力上书提倡，仁宗才下诏曰：

惟我祖宗以神武定天下，世祖皇帝设官分职，徵用儒雅，崇学校为育材之地，议科举为取士之方，规模宏远矣。朕以眇躬，获承丕祚，继志述事，祖训是式。若稽三代以来，取士各有科目，要其本末，举人宜以德行为首，试艺则以经术为先，词章次之。浮华过实，朕所不取。爰命中书，参酌古今，定其条制。其以皇庆三年八月，天下郡县，兴其贤者、能者，充赋有司，次年二月会试京师，中选者朕将亲策乎。每三岁一次开试。蒙古、色目人，第一场经问五条，《大学》《论语》《孟子》《中庸》内设问，用《朱氏章句集注》。第二场策一道，以时务出题，限五百字以上。汉人、南人，第一场明经、经疑二问，《大学》《论语》《孟子》《中庸》内出题，并用《朱氏章句集注》，复以己意结之，限三百字以上；经义一道，各治一经。《诗》以朱氏为主，《尚书》以蔡氏为主，《周易》以程氏、朱氏为主，以上三经兼用古注疏。《春秋》许用三传及胡氏传，《礼记》用古注疏，疏限五百字以上，不拘格律。第二场古赋、诏诰、章表、内科一道。古赋、诏诰用古体，章表四六，参用古体。第三场策一道，经史时务内出题，不矜浮藻，惟务直述，限一千字以上。或蒙古色目人愿试汉人南人科目，中选者加一等注授。❶

从元仁宗的诏书中可以看到，元代有关科举的所有规定，涉及考试的日期、科目、内容、场次、要求以及中举及第后的待遇等，与唐、宋朝不同的是，科目考试程式体现出民族间的差异。蒙古人、色目人（回族等）与汉人（原金朝所辖北方汉人及其他民族）、南人（原南宋所辖的南方人）是不平等的。从明文规定来看，蒙古人和色目人同试两场，第一场试经问五条，第二场试时务策一道，限 500 字以上，考试的范围与难度较小；汉人与南人同试三场，第一场试明经、经疑二问，经义一道，第二场试古赋、诏诰、章表、内科一道，第三场试经史时务策，限 1000 字以上。考试的范围与难度则相对较大。蒙古人、色目人若愿试汉人、南人科目，中选者可加一等注授官职。显然，从选士初始阶段起，元代的科举就明显地呈现出民族间的差异。至于科试的录取名额，则明确规定"天下选合格者三百人赴会试"。其中，蒙古人、色目人、汉人、南人各取合格者 75 人。这实际上是按种族和地区分配的原则，规定乡试录取名额总数限在 300 人，而由四等人平分秋色。

---

❶ 宋濂. 元史：选举一 [M]. 北京：中华书局，1976：2735.

会试的录取名额，按规定须从乡试考选的 300 人中，"取中选者一百人，其中蒙古人、色目人、汉人、南人分卷考试，各 25 人"❶。具体会试情形虽未可知，此种依种族划分实行分卷考试的做法却有悖公平竞争之常理。再就数量而言，汉人、南人加起来约占全国人口的 90% 以上，而乡举名额与中选进士名额仅占全国总数之一半，因而汉人、南人的考试竞争激烈得多，录取比例小得多。元代科举考试制度中的民族间差异由此可见一斑。其时，重庆士子参加全国会试的情况因资料欠缺而未得其详，但依乡试之例，在按种族和地区分配的原则进行考选的情况下，想必重庆士人入选者所占比重定是微乎其微。

元代科举考试殿试结果分左、右两榜公布，蒙古人、色目人为一榜，又称右榜（元代以右为尊），汉人、南人为一榜，又称左榜，各分三甲。元制："蒙古人、色目人作一榜，汉人、南人作一榜，第一名赐进士及第，从六品，第二名以下及第二甲，皆正七品，第三甲以上，皆正八品。两榜并同。"❷

三、录取标准和考试内容的变化

元代科举取士的录取标准与唐宋时期大相径庭，以经义为重，诗赋为辅，并且侧重考察时务、德行。"若稽三代以来，取士各有科目，要其本末，举人宜以德行为首，试艺则以经术为先，词章次之。浮华过实，朕所不取。爰命中书，参酌古今，定其绦制。其以皇庆三年八月，天下郡县兴其贤者、能者，充赋有司。次年二月会试京师，中选者朕将亲策焉。"❸ 采用朱熹所注"四书"和"五经"作为考试出题的主要来源，也是元代科举对明清科举影响最大的一项变动。

唐宋以来，关于科举考试是以经术为主还是以文学为主的争论，持续不断。元世祖（1260—1294 年）时王恽论明经、保举等，反对罢黜词赋，只用经义。

元皇庆二年（1313 年），君臣商议恢复科举制，李孟便建言："人才所出，固非一途，然汉、唐、宋、金，科举得人为盛。今欲兴天下贤能，如以科举取之，犹胜于多门而进，然必先德行经术，而后文辞，乃可得真材也。"❹ 当时一批儒臣皆持先经术而后文学的观点，《新元史》卷一百八十九《程钜夫传》载：程钜夫与李孟、许师敬等人在具体研议设科办法时说："朱子贡举私议，可损益行之。"又言："取士当以经学为本，经义当用程、朱传注。唐、宋词章之弊，不可袭。"❺ 此言被元仁宗所采纳，结果后来制定的科举诏文中就规定，要选拔

❶ 宋濂. 元史：选举一 [M]. 北京：中华书局，1976：2021.
❷ 宋濂. 元史：选举一 [M]. 北京：中华书局，1976：2018.
❸ 柯劭忞. 新元史：卷十六：本纪第十六 [M]. 上海：上海古籍出版社，2021：174.
❹ 毕沅. 续资治通鉴：元纪十六 [M]. 北京：线装书局，2009：393.
❺ 柯劭忞. 新元史：卷一百八十九：列传第八十六 [M]. 上海：上海古籍出版社，2021：881.

的是"经明行修之士"，考试经问等皆从《大学》《论语》《孟子》《中庸》内设问，用《朱熹章句集注》，要求答卷"义理精明，文辞典雅"；考评"五经"经义也以程朱集注为主要标准；答策则须"不矜浮藻，惟务直述"。❶ 这样，就把诗赋文学基本上排除在科举考试内容之外。元朝重吏轻儒的用人政策，从根本上说是蒙古统治者特殊统治意识渗透的结果，是他们对汉族典章制度认识不深、汉化不彻底的产物。由此带来的影响就是，蒙古贵族在轻视或边缘化选拔汉族官僚的科举制度的同时，对汉唐宋科举制，尤其是宋代科目及荣耀地位予以了改造和冷却处理。

从唐代中叶肇始至元代中期，长达400余年的关于科举设科经术与文学孰优孰劣的争论，终以经术的胜利告一段落，此后明、清两代科举沿用元代成法，也以朱熹所注儒家经典为试题来源以及主要的考试参考内容。

元代规定科考从"四书""五经"中出题，并用朱熹注疏本为依据，这是尊崇程朱理学、以之为官方传统思想的反映，程朱理学控制元、明、清三代的学校与科举的地位由此而确立。

从深层次的文化角度来看，科举制度采用与否，以及民族性的人为差距，是汉族文化与蒙古族文化冲突与融合的体现。元代的科举体现了"蒙体汉用"的特点，即蒙古统治者以蒙古传统草原文化为本治理广大的疆域，只是借用或是利用传统汉家农耕文化来更好地统治农耕文化区，而科举制度便是其中的典型代表，这表明蒙古族并未真正认同科举文化及其背后的儒家文化。元代勉强推行科举，在某种程度上可以认为是一种有利于安抚汉人的政治方略，并在一定范围内改善地方官吏的民族结构，从而达到稳固统治基础的目的。

第三节　元代重庆科举的滑坡

除了蒙古太宗九年（1237 年）实行科举取士，到了皇庆二年（1313 年）十一月的时候，元朝政府才正式下诏，并于延祐二年（1315 年）实施了科举考试。元代科举，仍依前代成例，每三年开试一次。科举考试程序仍分为乡试、会试和殿试自下而上的三级，依次进行严格的考试与选拔。时属四川行省统辖的重庆地区，也照章办理。

由于元代开科取士，终其王朝统一，始终蹒跚而行、踟蹰裹足，又兼之其

---

❶ 宋濂. 元史：选举一 [M]. 北京：中华书局，1976：2020.

他缘由的限制，元代重庆科举考试实情已极难刻画、描摹，笔者只能依据所见的文献资源加以整理。虽是诚惶诚恐，尽力为之，但也绝不是"弱水三千，但取一瓢"。

元代共开科举 16 次，蒙古人、色目人的右榜，汉人、南人的左榜两榜并同，共计取进士 1100 多人。重庆士人经御试（殿试）中试的进士 16 人，同宋代相比，可谓大为逊色。元代重庆科举考试的兴衰由此可略见一斑。现将元代重庆士子经御试而中进士的情况列表统计（见表 3-1），以供参考。

表 3-1　元代重庆进士及第人员状况

年代	科名	人名
延祐元年（1314 年）	甲寅	杨鹤鹏（璧山人）、于韩（江津人）
延祐四年（1317 年）	丁巳	辛兴之（云阳人）
泰定元年（1324 年）	甲子	陈如龙（江津人）
泰定三年（1326 年）	丙寅	李顺（云阳人）
至顺元年（1330 年）	庚午	朱齐（大足人）、宋贤（江津人）
至正元年（1341 年）	辛巳	周必通（江津人）
至正二年（1342 年）	壬午	周道济（云阳人）、宋泽夫（云阳人）
至正十五年（1355 年）	乙未	陈世显（石柱厅人）
至正年间（1341—1368），具体年份无考		刘桢（大足人）
元进士朝代年号无考者（1271—1368 年）		王震一（江津人）、赵时春（铜梁人）、罗涓（大足人）、冉聪（长寿人）

资料来源：重庆市教育委员会编《重庆教育志》，重庆出版社 2002 年版，第 16 页。又依据江锡麒修、陈崑纂《云阳县志·卷七·选举》，清咸丰四年（1854 年）刻本；民国陈毅夫等修、刘君锡等纂《长寿县志卷八·选举》，民国三十三年（1944 年）铅印本；王槐龄纂修《补辑石柱厅志·学校第四》，道光二十三年（1843 年）刻本。笔者有所增补。

根据表 3-1 呈现的有关重庆科举考试进士功名者情况，可以有这样的认识，元代重庆进士分布并不在主城区及周边县城（江津除外），而是主城区西部及东部；长江三峡或连接湘西的县厅表现突出，尤其是以三国名将祭奠筑庙的云阳县最为典型。如果把元代科举开科至正常推行的历届选拔加以考察会发现，虽然各次金榜题名者中时有重庆士子的身影，但却明显汇聚在元代至正年间（1341—1368 年）。其中缘由耐人寻味，可再作思考。

重庆所辖区县地方志的记录，可对表 3-1 中内容有所印证。清道光二十三年（1843 年）刻本《补辑石柱厅志》"学校第四"：石柱厅（今重庆市黔江区）元朝至正乙未科考中进士 1 人，为陈世显，官至万州（今重庆市万州区）州牧。元代万州各县中进士最著者为云阳县。该县有 2 人中举人，4 人中进士，为各县之冠。云阳县元代共出李顺、辛兴之、周道济、宋泽夫 4 位进士。明代嘉靖刻本《云阳县志》："云阳县辛兴之，延祐四年进士，任甘肃行省恭政。李顺，泰定三年进士，任翰林院编修。"❶ 清代刻本较之明代关于云阳县士子进士及第者信息更为全面，这虽然有些离奇诡异，但是大致可信的。

元代相继在四川、云南设立行省，开科取士。四川行省（含重庆）科举考试及第者据《四川通志》记载，有 622 人。四川、重庆经殿试中榜共有 61 名进士，出了文允中一个状元。不过，元代四川、重庆的教育较之宋代有所下滑，以官学和私学办学数量及质量而论都十分明显，这与科举考试绩效水平发生显著性相关。据统计，当时全国进士数量的前 10 位中已经无四川（含重庆）一席之地❷。《元史·儒学传》收录 45 人，也无一是重庆人。而《文翰传》收录了188 人，四川、重庆仅有 6 名在案。元代重庆教育文化的低落是与当时政治、经济形势相关联的。南宋末，重庆饱经战乱摧残，士大夫多避乱江南地区，大量文化人流失；同时，战乱对重庆的经济基础影响甚大，使促进教育文化发达的物质基础丧失。而上述元朝统治者的民族歧视政策则更是雪上加霜，落井下石了。这真可谓"昔日所谓盛者，始扫地无复遗余矣"❸。

科举考试是学而优则仕、贤才政治的人才思想的制度化反映，源自先秦春秋时期儒学教育家孔子的政教观。改革吏治及统治阶级素质提升是唐代实施科举制度的合理诉求。但元代统治者对科举选拔官员的内容及方式产生怀疑，甚为难调。这必然会使统治者对管理人才的质量及知识能力结构要求发生变化。当然，推至更高，又是蒙古族游牧实用文化与汉民族农耕伦理文化之间的隔阂与冲突。在人才政策上，元朝统治者心目中的民族畛域根深蒂固。他们极力维护蒙古、色目贵族在上层统治集团中的垄断地位，排斥汉族官僚进入统治核心。如时人所云："台、省要官皆北人为之，汉人、南人中万无一二，其得为者不过州县卑秩，盖亦仅有而绝无者也。"❹ 在进入上层统治集团的一小部分汉族官僚中，以吏进身者又占了绝大多数，儒士得重用者寥寥，大都只在文化、教育机构中起一种点缀作用，不能尽展抱负。中下级官员当然是以汉族为主，其中也是吏员出职者居压倒优势。蒙古族历来以武治国，崇尚武力，且对于自身的草原文化具有极强的"文化自信"，与以文治国的传统大相径庭，自然对汉文化

❶　陈之良.（嘉靖）云阳县志：卷下：名宦［M］. 据宁波天一阁藏明嘉靖刻本影印. 上海：上海古籍书店，1963.
❷　蓝勇. 西南历史文化地理［M］. 重庆：西南师范大学出版社，1997：104.
❸　虞集. 道园学古录：卷七：东善堂记［M］. 钦定四库全书.
❹　叶子奇. 草木子：卷三：克谨篇［M］. 上海：上海古籍出版社，2012：49.

和儒士持怀疑态度。究其核心，其中体现的是蒙古文化和汉文化以一种不平等的地位进行交流与碰撞的过程。蒙古文化优越感仍然根深蒂固于元朝统治者的思想中。因此，蒙古统治者对于汉文化的态度也只是持"用"的态度，没有离开蒙古文化的"体"。这种文化惯性集中体现在了科举制上，即科举制采用与否取决于它的效用，而且这种效用有即时的特点。蒙古统治者以蒙古草原文化为本治理广大的疆域，只是借用或是利用传统汉家农耕文化来更好地统治农耕文化区，而科举制便是其中的典型代表。

第四节　重庆大夏政权的科举

　　除元朝政府在重庆开科取士外，其他地方割据政权的建立虽昙花一现，但也对重庆当地科举制度的发展做出了贡献。元至正二十三年（1363年），农民起义军明玉珍部在重庆建立的大夏政权，尽管是昙花一现，但仅仅六年就使该地区的经济、文化得到一定发展。特别是对知识分子和教育事业的重视政策，尤其值得称道。

　　义军首领明玉珍非常重视振兴教育，他设立高级学府国子监，让公卿大臣的子弟入学，地方州县也开办学校招收一般子弟入学。他还大力延揽教育人才。刘桢、刘湛就是大夏政权中两位杰出的教育人物。

　　沈仁国《元朝进士集证》记载："刘桢，字维周，大足人，避兵泸州，因家焉。祖德甫。父善卿。维周登至顺元年进士。至正十三年（1353年）任岐山知县，劝农桑，修学校，卓有政绩。后任大名路经历。李喜乱，入居深山。至正十八年（1358年），明玉珍攻完者都，道出泸州，往见之，拜为理问官。二十一年（1361年）四月，拜为参谋，朝夕侍讲，劝明玉珍据蜀称帝……大夏改元天统，以维周为宗伯。天统四年（1365年），玉珍卒，改元开禧，使维周代为右丞相。维周精于《易》数，以修德导其主，一切治令，皆出其裁。蜀人以诸葛称之。"❶

　　刘桢，字维周，重庆大足人，元朝进士。元末，避乱隐居四川南部沱江与长江汇合的名城泸州方山。明玉珍闻其贤，专程拜见，请其出山。刘桢见他如此诚恳，十分感动，便应允相助。从此，刘桢参与了农民军中的一切政事，对明氏割据政权的各项政务决策都起过积极作用。他不仅力劝明玉珍推行仁政，

---

❶　沈仁国. 元朝进士集证［M］. 北京：中华书局，2016：313.

除暴安良，而且为他分巴蜀之地"为八道"，"置府州县官名"，亲自为大夏王国管理教育文化事务和宗庙祭祀礼仪。他创立了翰林院，设国子监以教公卿子弟；地方设提举司、教授所，教养郡县学子。他还采用科举制，设立进士科，举行"乡试"，选拔人才，然后举行"会试"和"廷试"，考选进士若干人，补充了各级政权管理机构的职官。

刘桢的这一切做法，虽然沿袭宋、元设官牧民、育人举士的一套，没有重大创新，但值得注意的是，由于元朝统治者在教育制度和政治制度上推行了一套"种族歧视，南轻北重"的政策，重庆的教育和科举制度处于衰退阶段。刘桢大力创建三级教育体制和科举选才制度，虽受不少局限，但仍然有助于减少门第、地域的隔阂，对于元末重庆区域社会的安定和繁荣以及文化教育的恢复和发展都有积极作用。

第四章
明代重庆科举的发展

明代（1368—1644 年）是我国封建社会后期的大一统专制统治王朝。明中叶以后，商品经济逐步发展，形成资本主义生产关系的萌芽，但封建的自然经济仍占统治地位。这反映在思想意识上，一方面存在着维护封建统治的理学，另一方面出现了早期启蒙思想。在教育上，随着封建专制主义政权的控制加强，封建传统教育走向系统化。与此同时，明末清初出现了一批启蒙思想家，他们对封建理学和宋元以来的教育展开了猛烈的抨击，大力提倡经世致用的实学，形成了一股实学教育思潮，对当时，尤其是近代学校教育有一定影响。明代的官学，中央直属的有国子监、太学、宗学、武学，属地方的则有府学、州学、县学、卫学、儒学和各司儒学等。明代官学的教育内容以程朱理学为主，学校教育徒具形式，成为科举的预备场所。明代重科举，轻学校状况有所改变。学校与科举两者的统一性加强。综合从唐代开科取士至清末废科举的近 1300 年历史中，重庆科举考试在全国地位相对最高的时期即在明代。

第一节　明代科举概述

明代的科举考试制度更为完善，注重形式，规条更加烦琐，而科举地位明显提高，尤其是八股取士的流行，在提高科举考试人才测评的标准化及可信度同时，却导致学校教育转向内容及方法呆板、思想僵化的路径。这会影响人才教育的素质及选拔质量，尤其是阻碍了士人学子实用技术能力的培养和提升。

一、科举必经学校

科举考试制度发展至明代出现重大转折，从荐举、科举的几经周折再到科举永制的最终确认，其中的风雨坎坷、跌爬滚摸，终使封建社会后期统治者深刻认识到科举制度之于政治管理及秩序稳定的作用，利用得当则得贤才辅之，但若运行误差也会产生负面效应。循此思考，明代对于科举制度的把控，探求科举方式和科举规范措施的努力也就可以理喻和意会了。

明太祖朱元璋强化封建专制主义君主集权统治，加强思想文化控制。在大兴文字狱的同时，明王朝对科举考试制度做了更为严格的规定。明代以前，学校是为科举输送考生的途径之一，明代则加强了学校和科举的联系，科举与学校的关系愈益密切，甚至从形式或手续上看，科举必由学校：“曰学校、曰科目、曰荐举、曰铨选。学校以教育之，科目以登进之，荐举以旁诏之，铨选以布列之，天下人才尽于是矣。”❶ 洪武元年（1368 年），朱元璋下旨以“文武二科取士”，令各级地方官“劝谕民间秀士乃智勇之人，以时勉学。俟开举之岁，充贡京师”❷。长达近 300 年的明代科举实幕启于兹。

二、“四书”“五经”成为科举考试主要内容

明代科举考试内容包括经义、诏诰与律令，以及经史和时务策 3 个方面。经义的权重系数较高，以“四书”“五经”作为各级学校必读教材和科举考试的主要内容，而“四书”则以朱熹的《四书章句集注》为标准。永乐年间（1403—1424 年），明成祖朱棣颁布的《四书大全》《五经大全》，成为官学、书院的官方推举教本。其实，《四书大全》的思想观点与朱熹的注本是吻合的，这就完全体现了以程朱理学为中心的官方主流价值引导。可见，作为官方统治思想的程朱理学，不仅被定为中央和地方各级官学教材，而且成为士人科考仕进的必备阶梯。

以历史纵向嬗变的视角分析，元代恢复科举考试时，蒙古贵族为控制汉族士子的思想，曾规定科举试题以程朱理学观点指导考试策文。明承元制，要求更严，规定试卷须“代圣人立言”，即以古代儒家圣人的章句来立论，使考生思想完全束缚在程朱理学和儒家经典之内，很难联系现实社会诸多问题和经济民众生活，无法自由发挥个人见解和实现思想文化的创新性突破。

三、八股文体盛行

明代科举分 3 场举行，每场所试内容和分量，乡试和会试完全相同。第一场试论 1 道，限 200 字以上；经义 4 道，每道题 300 字以上。第二场试论 1 道，限 300 字以上；诏、诰、章、表、内科各 1 道，判语 5 条。第三场试经史时务策 5 道，俱限 300 字以上，但力有未足的可减少 2 道。

❶　张廷玉. 明史：卷六十九：选举志一 [M]. 北京：中华书局，1976：1675.

❷　张廷玉. 明史：卷七十：选举志二 [M]. 北京：中华书局，1976：1695.

明代科举考试一律要用"八股"文体。所谓"八股",即"科目沿唐宋之旧而稍变其试士之法,专取《四子书》及《易》《书》《诗》《春秋》《礼记》五经命题试士。盖太祖与刘基所定。其文略仿宋经义,然代古人语气为之。体用排偶,谓之八股,通谓之制义"❶。据此可知,"八股"特点有三:第一,"八股"文之试题取于"四书""五经"等儒家经典,"四书"已与"五经"并肩携手、双栖双飞,并且逐渐转向由"四书"领衔挂帅的势头;第二,八股文章只能依据朱熹《四书章句集注》"代圣人立言",不能随意阐发己意;第三,八股文章必须采用固定格式的排偶文体,否则不能入仕。明代科举的这一变化,使科举考试更加形式化。

从文学创作角度而论,八股文原属文章写作的一种程式,即把一篇文章分成八个部分:破题(点破题目要旨,共二句),承题(承接破题,进一步说明题意,用三至四句),起讲(总论全篇,属议论开始),入手(将论点逐步铺开);起股(即提比),中股(即中比),后股(即后比),束股(即束比)。后四部分的起股、中股、后股及束股为全篇文章议论中心,规定每一部分必须用两股互相排偶文字,共为八股,并限定字数,故称为八股文,又名制义、时文等。

客观地说,八股文如作为一种文体,或成为指导学生练习作文的一种方法,本无不可。而明代则鉴于当时应考者太多,而考卷内容几乎雷同,只能从形式上定高下,但文无定法,各有不同风格,阅卷者各有所好,很难有统一评分标准。为使评卷标准化,主考人员就仿照唐代诗赋考试时统一规定用韵标准的评分方法,规定科举试卷一律用八股文体,使评卷标准得以统一,如有违反即落第。但唐代诗赋考试只规定用韵而不限内容,策文考试更以内容为主;明代不仅规定八股文形式,将文章程式化,且限定儒家经义为唯一内容。这样,以经义为内容的八股文就成为禁锢思想的文化专制主义工具。

明代科举考试的教条化和僵化,给学校教育带来了消极后果。由于科举只重八股文,使学校教育的重点放在八股文教学。这样,不但史籍、算学、天文学等学科被弃之一边,甚至连经书也被束之高阁了。不少士子为求仕途,不得不把毕生精力用于苦读"四书"、理学著作、诗赋及应试讲义的"闱墨"等应试教材。练习缺乏实用价值的八股文,导致士子们头脑僵化,思想陈旧,脱离实际,不关心也不了解现实问题。唐宋科举考试中一些有精辟见解、切中时弊的考卷,至此已很难出现。思想文化界也逐渐陷入"万马齐喑究可哀"的境地。

---

❶ 张廷玉. 明史:卷七十:选举志二 [M]. 北京:中华书局,1976:1693.

但在事实上，这只是问题的一个方面。与此同时，由于影响人才考试的知识、能力因素的复杂性，应试教育中不排斥素质教育的存在，加上八股文写作中所包容智商测试的因素等复杂关系存在，明代科举考试也确实选拔了一批有才干的人，扩大了统治基础。学校与科举结合，以科举功名作诱饵实在使士人求学心向往之，平添内外驱动力，求学受教的热情和意志均极大。这便造就了不少合格的封建官吏以及各类符合当时社会需要的实用人才。

四、科举考试资格程序烦琐

唐宋时允许考生"怀牒自荐"，只要有才能均可报考。明代规定考生必须入学读书，取得一定学历资格方可报考。所谓"学校储才，以应科举"，就是将学校与科举考试相互结合，自学成才而未取得入学资格者，取消报考资格。这应是科举制度史上的里程碑式变革，其意义是近代学校制度化走向的科学路向，颇有近代学制奠基者、"教育之父"夸美纽斯的设想雏形。

明清两代对应试举子资格均有严格规定。明朝规定："国子生及府、州、县学生员之学成者，儒士之未仕者，官之未入流者，皆由有司申举性资敦厚、文行可称者应之。"但有4种人不准应试："其学校训导专教生徒，及罢闲官吏，倡优之家，与居父母丧者，俱不许入试。"❶ 总之，举子应试资格，一是德行，二是学业，三是出身，并皆得在卷首书其姓名、籍贯、年貌、出身、三代及所习本经。

明代科举考试体系层次很多，程序也日益烦琐。自下而上，由科考、乡试、会试、殿试和庶吉士❷考试等五级考试构成。❸ 例如，明代中央层次考试分两级：一为会试，由礼部主持，共考两场。首场为预考，查核来京应试举子之成绩是否合格，以此考核各省乡试有无舞弊情况。而后为正式会试。会试之名源于元皇庆二年（1313年），有集中会考之意。中试者称贡士，第一名称会元。

---

❶ 张廷玉. 明史：卷七十：选举志二 [M]. 北京：中华书局，1974：1694.

❷ 庶吉士是明代出现的一个仅次于一甲进士而位于二甲进士之上的高科名政治和社会群体，是明代阁臣等高级和重要官员的主要来源之一。洪武十八年（1385年），明太祖把"观政于近侍衙门"的二、三甲进士称为庶吉士，是为有庶吉士之始；永乐后，则主要通过考试的方式在二、三甲进士中进行选拔。

❸ 郭培贵在《明代学校科举与任官制度研究》中将明代科举考试分为科考、乡试、会试、殿试和庶吉士考试等五级考试。他提出："'童生试'仅仅是童生的入学考试，与科举考试无直接关系，所以不能视作科举的一级考试；而正统九年出现的'科考'则是明朝此后200年间确定应试生儒乡试资格的考试，故实为科举考试中最低一级考试。永乐后，庶吉士主要以考试方式选拔，虽还不像清朝那样每科皆考，但有庶吉士的科次已占同期总科次的71.6%，其中直接考选庶吉士的科次占63%；说明此选确已成为明代以殿试为基础的选拔高层次人才的经常性考试，理应视为科举考试体系中一级独立的考试。故明代科举的考试层级应为科考、乡试、会试、殿试和庶吉士考试五级制。"出自：郭培贵. 明代学校科举与任官制度研究 [M]. 北京：中国大百科全书出版社，2014.

二为殿试，经礼部考试合格之贡士赴殿廷由皇帝亲自复试，分三甲钦定名次。有所不同的是：宋代一甲不限名额，前三名称状元、榜眼、探花。元顺帝时限取三名。明承元制，殿试后对一甲三名立即授官。二、三甲之进士尚须参加翰林院馆试，即选拔庶吉士，及格者学习三年，再授重要官职；落第者授予一般官职。清代与明代基本一致，殿试之后，一甲直接授官，状元授翰林院修撰，榜眼、探花授翰林院编修。二、三甲经朝考后授官，成绩优异者授翰林院庶吉士，余者授六部主事、内阁中书、国子监博士，以及知县等官。

五、独重进士

科举入仕成为选拔高级官吏的正途。自隋大业二年（606 年）创立科举制，历经唐宋，一直保留荐举入仕之制。只要有才能或机缘，不论是否科举出身，均能供职中枢。明初因急需用人，不少监生与荐举者受到重用。但自朱棣代替侄子朱允炆掌权柄，拜永乐帝以后，科举考试逐步成为选拔高级官吏之正途，"科举日盛，卿相皆自此出"。至明英宗时，甚至出现非进士不入翰林、非翰林不入内阁的局面。而未经科举的官吏，益受人轻视，往往只能担任低级职务，且难升擢。明中后期，铨选"独重进士"，主要表现为：其一，越来越多的重要和高级官职只能由进士充选或升任；其二，有无进士出身已成为官员能否仕途通达的关键因素之一。明嘉靖朝（1522—1566 年）以后则完全形成了铨选"独重进士"的局面，表现为进士仅凭出身就可稳固地在铨选尤其是升迁中尽占优势。明隆庆朝（1567—1572 年），情形更为严重，不仅进士升迁只问出身、不问政绩，而且还出现了相同的为政表现仅因出身不同则评价完全相反的情况。❶

总之，由于明代科举地位日重，各类学校为追求科举录取名额，常以儒家经典和八股时文为主要教学内容，日课月考，使学校成为科举考试的预备班。甚至连私人所办书院也出现所谓"同学科举"，即由政府规定名额，一些著名书院可选送学生直接参加乡试，纳入科举考试轨道。这就造成大批青年学生知识结构单一，思想僵化，脱离实际，热衷科举功名，轻视自然科学和进步文化。唐宋时期学校教育相对的思想开放和人才辈出现象，至明代因遭层层禁锢而难以再现。著名科学家李时珍、徐宏祖是在抛弃科举后才取得科学上的重大成就。明代科学家宋应星在《天工开物·序》中痛心地指出："卷分前后，乃贵五谷而贱金玉之义，'观众''乐律'二卷，其道太精，自揣非吾事，故临梓删去。

---

❶ 郭培贵. 明代学校科举与任官制度研究 [M]. 南昌：江西高校出版社，1995：453-454.

丐大业文人，弃掷案头，此书于功名进取，毫不相关也。"❶ 当时一些有识之士曾将科举考试之经义八股文比作秦代焚书坑儒，这从一个侧面反映出科举、学校乃至民间私学牵连结合的体系在取得制度化及学校教育地位攀升的同时，也出现了内在的疾患及路向的偏差。

此外，明代以国子监为代表的贡生、贡举科名众多，这其中蕴含着科举的部分因素及内容。这对明代重庆处于改土归流民族政策背景下的科举实施是有格外意义的。

第二节　明代重庆科举状况

明代重庆科举是发展期，在其自我纵向演进中的比较优势客观存在的同时，与四川及其他省份的横向参照中也无逊色。在对明代重庆科举总览背景下，就各地各级科举举业表现加以表述，可以从宏观到具体认识其中的分布及内容。明代重庆科举家族突出是耐人寻味的问题。

一、明代重庆科举整体描述

在元末农民起义之中，朱元璋扫灭群雄，推翻了元朝的黑暗统治，建立起了统一的朱明王朝，开始了我国封建社会历史的新篇章。明王朝在控制重庆地区后，设置重庆府和夔州府。重庆府下辖 3 州：合州、忠州、涪州；15 县：巴县、江津县、永川县、荣昌县、大足县、綦江县、南川县、长寿县、黔江县、铜梁县、定远县、丰都县、垫江县、武隆县、彭水县。夔州府下辖 10 县：奉节县、巫山县、大宁县、云阳县、万县、开县、梁山县、新宁县、达县、建始县。后不断局部调整管辖范围，但总体变化不大，并设置酉阳宣慰司、石柱宣慰司管理少数民族地区，这些措施有助于明王朝加强与巩固这些地区的统治。重庆在明代以前是区域性的军事重镇，在明代则发展成商业城市，在经济重心东移南迁的历史背景下，凭借处于长江中上游的优越地理位置，进行区域性的货物贩运等。明代重庆城市经济已有较大发展，与成都、泸州一起步入全国设有"钞关"的 33 个较发达的工商业城市之列。❷ 同时，在明代，重庆已成为四川粮食产区之一。

---

❶ 宋应星. 天工开物：序 [M]. 北京：商务印书馆，1954：2.

❷ 谭继和，龙凤阳. 社会科学文选二：成都市社会科学研究所建所十周年（1985.02—1990.02）[M]. 成都：成都出版社，1990：323.

　　洪武十七年（1384 年），定科举程式，命礼部颁行各省，由此科举成了士人进入政权机构的唯一途径，而"科举必由学校"。据《明史·选举制》记载："明制，科举日盛，卿相皆由此出，学校则储才，以应科目者也。"❶ 而且，明代的科举考试和学校取消了身份限制，唯一的标准就是品行和学业，这为庶民百姓入仕开辟了一条可能一举成名的道路。明初朱元璋出于政治的需要，将发展教育事业置于治理国家最重要的地位，明代重庆教育也出现了前所未有的盛况，兴办了大批官学和私学，官学学习内容以儒家"四书""五经"为主，办学目的是面向科举考试。科举考试中举人数的多少是衡量地方官政绩好坏的一种标准，所以各级地方官都非常重视办学，重庆地区科举中试者数量也迅速增加。在此将明代重庆各州县科举人才统计如下（见表 4-1、表 4-2），可比较清晰地了解重庆当时的科举情况。

表 4-1　明代重庆各州县科举人才统计一览表

州县名	进士/人	武进士/人	举人/人	武举人/人	五贡/人	其他/人	合计/人	州县名	进士/人	武进士/人	举人/人	武举人/人	五贡/人	其他/人	合计/人
巴县	111		469		158		738	彭水县			10		57	1	68
江津县	36		168		177	10	391	黔江县			1		24		25
长寿县	34	1	110	1	66		212	酉阳司					4		4
永川县	16		72		16	3	107	秀山县							0
荣昌县	15		77		172	2	266	南川县		1	36	3	12	1	53
綦江县	6		26		168		200	万县	5		32		116		153
铜梁县	38		142		137	1	318	奉节县	6	1	33		269	1	310
潼南县	6		8				14	开县	1		19		97		117
合州	47		155	2	127		331	忠州	17		56		101		174
大足县	4		15				19	大宁监	1		9		84		94
璧山县	2		15	2	12		31	巫山县	5		25		219		249
涪州	34		175	1	97	5	312	梁山军	7		34	1	136	1	179
江北厅	16		27		4		47	云阳县	3		29	1	97		130
安居县	17		50		46		113	大昌县	1		5				6
垫江县	9		65		109		183								

❶　张廷玉. 明史：卷六十九：选举志一［M］. 北京：中华书局，1976：1675.

续表

州县名	进士/人	武进士/人	举人/人	武举人/人	五贡/人	其他/人	合计/人	州县名	进士/人	武进士/人	举人/人	武举人/人	五贡/人	其他/人	合计/人
丰都县	4		44		205	1	254								
石柱司			1				1	合计	441	3	1918	11	2710	26	5109

资料来源：李良品、彭规荣《科举制度影响下的明代重庆教育》，载《教育评论》2005 年第 1 期，第 89 页。作者据曾秀翘、杨德坤《奉节县志·卷二十六·选举》，清光绪十九年（1893 年）刻本；张维岳、魏远猷《大宁县志·卷七·人物·科第》，清光绪十一年（1885 年）刻本，对原表数字加以修正。作者认为，导致上述表格数字偏差的缘由应该是所辖地行政管理、区域统辖变化造成的。

表 4-2　重庆历代录用进士及比例

	唐	宋	元	明	清	合计
全国录用进士/人	6077	35612	1135	24877	26747	94448
重庆录用进士/人	3	277	15	442	199	936
占全国进士比例/（%）	0.05%	0.78%	1.32%	1.78%	0.74%	0.99%

资料来源：李良品，彭规荣. 科举制度影响下的明代重庆教育 [J]. 教育评论，2005（1）：88.

表 4-2 为重庆历代录用进士及比例，由此表可知明代重庆录用进士人数在历代中最多，也可从此窥探出明代重庆科举发展迅速的概况。明代是重庆地区在整个科举时代教育最发达的一个朝代，"伟人才士接踵辈出"。从表 4-3 可知，明代重庆府进士人数在四川省全部辖区中居第一位，在 1440 名进士中占 137 名，进士人数占四川省的 9.5%，占西南三省（四川、贵州、云南）的 19.3%。[1] 在当时拥有进士人数前 15 名的州县中的 6 个。此外，明代重庆科举考中的进士数及其比例均为唐宋元清所不及，其比例占全国的 1.78%。重庆位于我国较偏远的西南地区，能有如此成绩实属不易。究其原因，主要在于四川省经济重心的东移南迁。宋明之际是重庆经济地位突变的时期。南宋以来，渝州成为几条漕运通道的汇集点，大量北方和川西大族流寓于重庆，人口发展加快，人口密度在宋代与成都平原相差无几，形成"二江商贩，舟楫旁午"的繁荣景象。在这种经济背景下，南宋绍兴年间，重庆先后设置了重庆府学和巴县儒学，儒学又得以大兴。南宋末年，余玠知重庆府，面对全国各地流民，置

---

[1]　数据由《明代进士题名录索引》和《西南文化历史地理》明代西南三省进士表所载明代进士数与比例计算得出。

"招贤馆"，广招各地人才，"兴学养士"❶，对重庆教育发展起了十分积极的作用。清人感叹"汉魏唐宋因旧志无传，搜罗仅十之一二，有明三百年邑中膺乡荐者四百余人，登礼部者百余人，文章功德彪炳人寰，不可谓非文献之邦"❷，这正是对明代重庆教育地位评价的中肯之言。明代夔州府的教育发展也十分快，其综合教育水平列入了次发达区，表明川东地区与川西地区在教育水平上的差距在缩小。❸

表4-3　明代四川、重庆平均每县进士人数统计表

地区	县数/个	进士人数/人	平均每县进士数
成都市	13	173	13. 3
泸州市	6	63	10. 5
重庆市	13	271	20. 8
德阳市	5	39	7. 8
自贡市	3	118	39. 3
绵阳市	8	56	7. 0
广元市	5	10	2. 0
遂宁市	3	44	14. 7
内江市	9	167	18. 6
乐山市	14	116	8. 3
宜宾市	10	84	8. 4
涪陵市	5	40	8. 0
万县市	10	43	4. 3
南充市	12	165	13. 8
雅安市	8	4	0. 5
达县市	13	47	3. 6
合计	137	1440	10. 5

资料来源：陈国生. 明代四川进士的地域分布及其规律 [J]. 西南师范大学学报：哲社版，1996 (3).

　　从明代重庆进士分布来分析，其基本格局未有明显改变，都是从中央盆地、平原、丘陵部位向四周山区扩散，而且都有向中心城市明显集中的趋势，因这一

❶　熊相. 正德四川志：卷十三：重庆府 [M]. 刻本，1518（明正德十三年）.
❷　霍为棻，王宫午，熊家彦，等. 巴县志：卷一：疆域志 [M]. 刻本，1866（清同治六年）.
❸　蓝勇. 西南文化历史地理 [M]. 重庆：西南师范大学出版社，1997：111.

趋势的形成与交通的杠杆作用紧密相连，所以密集区的分布亦有顺着交通线延伸的特征。明代重庆各县平均进士人数一直遥遥领先于四川各地。

从区域内部来看，嘉陵江中下游的南充、合州、铜梁、巴县等地教育勃然兴起，四个地区形成一个教育中心。这四地共有进士 250 人左右，约占明代四川进士的 18%。其中重庆巴县士子德才兼备，中举者最多。因此特建科贡题名碑以记之。因 "巴为重庆巨邑，士子多质美务学，中选者累科不乏，南安蒋侯诚来令是邑，见科贡题名碑无有，遽然叹曰：'兹非缺典欤。'遂命学管询采明備，将刻诸石，嘱余记之。"❶ 巴县在宋代只出过 7 个进士，处于当时四川拥有进士数州县的落后位置上，而在明代一跃成为四川拥有进士数第 1 位的州县，其发展速度之快，令人吃惊。❷

此外，从重庆内部区域进行对比分析，与上述区县不同，渝东南民族地区教育和科举情况因其地理位置、经济发展的落后而表现出其独有的特性。渝东南民族地区位于山区，地理环境相对恶劣，教育落后，受传统文化中的落后因素影响较大，故明清官学教育及科举考试录用的绝对人数大大滞后于重庆市其他州县。如表 4-4 所示，当时渝东南少数民族聚居司县，在明朝 277 年中居然中进士数为 0，文举仅有 12 名，秀山县一个都没有，石柱司也仅是零的突破，这一现象不得不让人深思。虽然永乐六年（1408 年）酉阳设立宣抚司学，但那毕竟是土司官及其子弟的学校，其他人无法就读。同时，"邵志秀山虽设为县，尚未立学，统入于州"。秀山县于乾隆五十九年（1794 年）才 "设专学"；而石柱 "土司时厅地属夔州府，故学亦隶夔州府学……而试期赴夔，水程八百里，滩险路遥，诸生苦之……（清乾隆）四十四年（1779 年）分学后改赴忠棚考试……"。同时，有明一代，这五县之中书院尚未创设，教育落后必然导致科举人才罕见。❸ 但是，到清朝后，情况大为改善，后面将具体分析。

表 4-4 渝东南土家族聚居地明代科举人数分布表

地名	进士/人	武进士/人	文举/人	武举/人	五贡/人	小计/人
酉阳州					4	4
黔江县			1		24	25
彭水县			10		57	67
石柱司			1			1

---

❶ 王尔鉴. 巴县志：卷之十二：艺文志 [M]. 刻本，1820（清嘉庆二十五年）.
❷ 戴伟，杨欣，丁世忠. 乌江经济文化研究：第二辑 [M]. 重庆：重庆出版社，2005：18.
❸ 李良品，彭规荣. 科举制度影响下的明代重庆教育 [J]. 教育评论，2005（1）：90.

续表

地名	进士/人	武进士/人	文举/人	武举/人	五贡/人	小计/人
秀山县						
合计			12		85	97

资料来源：邵陆纂《酉阳州志·卷之四·选举》，乾隆三十九年（1774年）刻本；王槐龄纂修《补辑石柱厅志·学校第四》，道光二十三年（1843年）刻本；《黔江县志·卷四·选举·进士》，清光绪二十年（1894年）刻本；庄定域、支承祜纂修《彭水县志·卷三·选举》，光绪元年（1875年）刻本；王寿松、李稽勋编著，秀山自治县档案局整理《秀山县志·卷九·士女志第八》，方志出版社第2012年版。

下面以忠州、奉节为例，从两地科举情况管窥重庆科举情况。

明代忠州共考取进士17人，他们或执策台阁，清廉正直，为朝廷所倚重；或掌管地方，明达干练，为百姓所爱戴。其中，嘉靖三十八年（1559年）田登年中进士，历任青阳知县、大理寺司正；万历二十九年（1601年）其子田一甲中进士，历任高安知县、河南道监察御史、陕西兵备副使。父子进士名扬忠州。❶ 除此之外，明代忠州科举中进士、举人者数量颇多，在此列表4-5、表4-6示出，这也足以反映出明代重庆忠州科举的情况。

表4-5　明代忠州进士名表

姓名	中试时间
周琳	天顺丁丑年（1457年）
陈瑞	成化戊戌年（1478年）
李允	弘治癸丑年（1493年）
黎尧卿	弘治癸丑年（1493年）
谢表	弘治壬戌年（1502年）
黄应中	嘉靖壬辰年（1532年）
田登年	嘉靖己未年（1559年）
罗青霄	嘉靖壬戌年（1562年）
周希华	嘉靖乙丑年（1565年）
郑皋	万历甲戌年（1574年）
任道学	万历丙戌年（1586年）
田一甲	万历辛丑年（1601年）

---

❶ 四川省忠县教育委员会. 忠县教育志：一 [M]. 重庆：忠县国营印刷厂印，1993：321.

续表

姓名	中试时间
高倬	天启乙丑年（1625 年）
邱树屏	天启丁卯年（1627 年）
刘大悦	不详
杨一举	不详
李时享	不详

表 4-6　明代忠州举人名表

姓名	中举时间
李文学	洪武甲子科（1384 年）
谢庸	永乐乙酉科（1405 年）
舒容、李暹	永乐戊子科（1408 年）
毛润、饶禄	永乐甲午科（1414 年）
唐凯	永乐庚子科（1420 年）
李茂	宣德丙午科（1426 年）
丁善	宣德壬子科（1432 年）
涂鹗、舒琮、李实、王璧	正统丁卯科（1447 年）
晏原、戚儒	景泰庚午科（1450 年）
周琳、任宏、许杰	景泰癸酉科（1453 年）
孙聪	成化戊子科（1468 年）
易魁、陈瑞	成化辛卯科（1471 年）
古通	成化丁酉科（1477 年）
谢云	成化癸卯科（1483 年）
李允、李一本、毛翔	成化丙午科（1486 年）
黎尧卿	弘治己酉科（1489 年）
李正阳、周英、谢表	弘治辛本科（1501 年）
黄璧	嘉靖壬午科（1522 年）
黄应中	嘉靖乙酉科（1525 年）
陈策	嘉靖戊子科（1528 年）
田有年	嘉靖辛卯科（1531 年）
赵良忠	嘉靖丁酉科（1537 年）
陶仪	嘉靖庚子科（1540 年）

续表

姓名	中举时间
罗青霄	嘉靖癸卯科（1543 年）
周希华	嘉靖丙午科（1546 年）
冉裴、古养敬	嘉靖己酉科（1549 年）
田登年、周遂	嘉靖乙卯科（1555 年）
夏获秋	隆庆庚午科（1570 年）
田丁莘、郑皋、何其高	万历丁酉科（1573 年）
任学道	万历丙子科（1576 年）
雷梦泽、张师厚	万历己卯科（1579 年）
田一甲	万历庚子科（1600 年）
罗成才	万历癸卯科（1603 年）
陈世风	万历壬子科（1612 年）
高倬	万历戊午科（1618 年）
黄瑶、邱素屏	天启丁卯科（1627 年）
黎孔昭	崇祯癸酉科（1633 年）

资料来源：据四川省忠县教育委员会编《忠县教育志》（一），忠县国营印刷厂印 1993 年，第215-216 页。又据侯若源、庆微修，柳福培纂《同治忠州直隶州志·卷九·选举制》，清同治十二年（1873 年）刻本，作者加以修订。

忠州进士人数在重庆占比约为 3.85%，也是重庆地区进士人数前几名的存在。从表 4-5、表 4-6 可看出明代忠州科举进士与举人主要集中在嘉靖朝，这与嘉靖朝存在时间最长有关，同时也是因为其统治者实行派遣京官为地方主考，提升乡试官资格；颁行乡试条约，整顿考场风气等整治科举的措施，使其辐射到重庆地区，促进了重庆科举的发展。

洪武至正德年间，夔州共有进士 18 人，举人 108 人。其中，唐仁、唐锦舟父子先后考中进士，一时成为佳话。其先祖唐瑜是明代著名学者，洪武十二年（1379 年）进士，出身翰林院，洪武十四年（1381 年）任东宫教谕，永乐三年（1405 年）被封为明开国儒臣，后大办乡学，传道授业，启蒙乡人，唐氏家族成为地方名门望族，名人辈出，出现了唐鲲、唐鲤、唐仁、唐锦舟等人才。又据《奉节县教育志》载，明代夔州府主体区域奉节县科举考试，中进士 6 人，举人 41 人，辟荐大挑（清代举人入宦之途，乾隆十七年即 1752 年，承清初拣选定大挑之制。六年举行一次。合四科会试均为及第之举人，于大挑之年，具同乡京官的印结，呈请礼部，由礼部查造清册，咨送吏部验看，由朝廷派员考察挑选。挑选标准重在形貌与应对）1 人，岁贡 69 人。表 4-7 为明代奉节县科举名录表，可见其科举兴盛状况之一斑。

表 4-7　明代奉节县科举名录表

类别	姓名	中式时间
进士	谭宗义	弘治九年（1496 年）丙辰科
	吴英	正德十二年（1517 年）丁丑科
	谭启	万历二十八年（1600 年）庚子科
	邵仲禄	隆庆二年（1568 年）戊辰科
	万邦宁、李瑞春	天启二年（1622 年）壬戌科
举人	陈斌	洪武二十年（1387 年）丁卯科
	卢源、谭祯、张纲	永乐六年（1408 年）戊子科
	康炳	永乐九年（1411 年）丁酉科
	杨杲、何清	永乐十五年（1417 年）丁酉科
	王福	宣德元年（1426 年）丙午科
	王佐	景泰元年（1450 年）庚午科
	朱玉	景泰七年（1456 年）丙子科
	孙修、王孜	弘治二年（1489 年）己酉科
	谭宗义	弘治五年（1492 年）壬子科
	任轨、吴英	正德五年（1510 年）庚午科
	王轩	嘉靖七年（1528 年）戊子科
	杨贡	嘉靖十九年（1540 年）庚子科
	李时	嘉靖二十二年（1543 年）癸卯科
	仝绎	嘉靖二十五年（1546 年）丙午科
	苟自修	嘉靖三十四年（1555 年）乙卯科
	方爱	嘉靖三十四年（1555 年）乙卯科
	邵仲禄	隆庆元年（1567 年）丁卯科
	刘源、向一俊、陈一举	万历元年（1573 年）癸酉科
	周士功	万历十三年（1585 年）乙酉科
	万邦宁、郭如珩、杨四相、郑元鼎、余修	万历四十六年（1618 年）戊午科
	陈时、方重	天启年间
	余修	崇祯十五年（1642 年）壬午科

续表

类别	姓名	中式时间
辟荐 举人大挑	陈恭	具体不详

资料来源：重庆市奉节县教育委员会编纂《奉节教育志》，重庆市奉节县印刷厂印1998年，第66、73页；作者据曾秀翘、杨德坤《奉节县志·卷二十六·选举》，清光绪十九年（1893年）刻本核实，加以编制。

奉节地区科举情况虽不及忠州，但是与彭水、黔江这些无一人中进士的区县相比，情况也好很多，这与其经济发展和文化传统密不可分。"忠州地接巴渝，江达夔巫，控山带水，为东川襟喉扃阃之郡。"❶ 奉节位于四川驿道东路一线，交通便利带动商贸发展，教育与科举自然繁盛。同时忠州是朝官贬谪、流放之所。大量的文人骚客或为官于此，或滞留于此，或流寓于此，聚众讲学、传播理学，从而对重庆教育产生深刻影响。

据《民国江津县志》，江津有明一代，共中榜进士36人，举人168人。"学而优则仕"，部分士子通过科举考试身居要职，如熊诚、李廷春官至御史，江渊官至太子少师、工部尚书，程源官至兵部尚书、大学士，杨彝官至河南按察副使。

此种情况不胜枚举。

二、明代重庆进士

明代，重庆科举人才辈出，进士数量不仅远超宋、清两代，而且比重提高，进士数量几乎占明代四川的三分之一。举例来说，明成化二十三年（1487年），垫江县人陈端登进士，归里后为大通寺作碑记。明代垫江县人登进士的还有杨宗震、胡帛、翟惠、梅一俞、骆任重、陈幼学、李士昌、瞿昶8人❷。大宁县明代登进士的有谭启，中举者9人，分别是胡佑、冉嵩、刘斐、谭宗、孙显、蹇贤、谭巽、谭启、胡民仰。❸

由于重庆区划和区县名称变化较大，尤其是1997年直辖前后，为力求数据完整，特将重庆直辖后划归重庆的涪州、万县和黔江也一并统计入内。一些区县名称与如今相比有些许变化，特在此说明：

（1）忠县与忠州。忠县位于重庆市中部、三峡库区腹心地带。唐贞观八年（634年）唐太宗赐名忠州，1913年设忠县。

❶ 陶璋. 修城记 ［N］. 忠州日报，2022-02-26 （4）.
❷ 四川省垫江县志委员会. 垫江县志 ［M］. 成都：四川人民出版社，1993：9.
❸ 张维岳，魏远猷. 大宁县志：卷七：人物　科第 ［M］. 刻本，1885 （清光绪十一年）.

（2）万县与万州。万州区属重庆市辖区，位于长江上游地区、重庆东北部。原四川万县，重庆直辖后划归重庆，改为万州区。

（3）合川与合州。唐武德元年（618年）复名合州。宋淳祐三年（1243年）为抗蒙兵，在州城之东5公里的钓鱼山筑新城，州治所迁居钓鱼城。至元二十年（1283年）年返回原址。以后，合州辖县陆续划出，至清雍正六年（1728年）成为不再辖县的单州，属重庆府管辖。1913年，合州改名合川县。

（4）巴县与巴南。1929年巴县城区划建重庆市，巴县属四川省。1950年属川东行署区璧山专区，1951年属重庆市，1953年属四川省江津专区，1958年复入重庆市。1994年撤销巴县改置巴南区，并调整行政区划。

（5）江北厅与渝北区。1913年，改清朝时设置的江北厅为江北县，江北县从此得名，属四川省川东道。中华人民共和国成立后，初属川东行署璧山专区，后属江津专区。1976年1月归重庆市管辖，1994年撤江北县建渝北区。

（6）安居与铜梁。安居位于重庆市铜梁区安居镇境内，因境内有大安溪（琼江）而得名，有安居乐业之意。

（7）大宁与巫溪。汉置北井县，宋设大宁监，元升监为州，明降州为大宁县。1914年，因县名与山西省大宁县同名，奉文改县名为巫溪。

（8）梁山军与梁平区。西魏废帝二年（553年），置梁山县，因境内有高梁山得名，是为建县之始。北宋开宝三年（970年），置梁山军，梁山县隶之。元至元二十年（1283年），升梁山军为梁山州，梁山县仍隶之。明洪武六年（1373年），裁梁山州，仍置梁山县。1952年，更名为梁平县。2016年6月，撤县设为梁平区。

（9）大昌与巫山。据《巫山县志》记载，古镇始建于西晋太康初年（280年），名唤太昌县，因避北周文帝宇之"泰"讳，后改名大昌，取"大吉大昌"之意。清康熙九年（1670年），大昌县并入巫山县，后延续至今。

明代重庆进士以巴县最盛，前面已有叙述，在此不加赘言，而位于偏远渝东南民族地区的酉阳、石柱、秀山三县无一人中进士。由此也可看出地理位置与科举文化的密切相关性。

对于明代重庆进士情况，《重庆教育志》❶ 中已有较为详细的叙述，依《重庆教育志》资料所载：重庆府（未直辖前所辖区域）科举中进士者318人，举人1295人。该书对318名及第进士做了翔实的记录，但仍有些失误和不完整情况存在。尤其是对1997年重庆直辖以后新并入的万县、涪州、黔江的士子中试

---

❶ 重庆市教育委员会. 重庆教育志 [M]. 重庆：重庆出版社，2002：10.

情况需加以充实。为此，笔者主要利用以下方志文献完成此项缺憾。

吕绍衣等修，王应元、傅炳墀等纂：《（同治）重修涪州志·卷七·选举志》，同治八年（1869年）刻本；（民国）陈毅夫等修，刘君锡等纂：《长寿县志·卷八·选举》，民国三十三年（1944年）铅印本；福珠朗阿修，宋煊纂：《江北厅志·卷五·选举》，道光二十四年（1844年）刻本；许曾荫等修：《永川县志·卷七·选举志》，光绪二十年（1894年）刻本；侯若源等修，柳福培纂：《忠州县志·卷九·选举志》，光绪十二年（1886年）刻本；符永培纂修：《梁山县志·卷十·选举志》，同治六年（1867年）刻本；韩清桂等修，陈昌等纂：《铜梁县志·卷六·选举制》，光绪元年（1875年）刻本；曾秀翘修，杨德坤纂：《奉节县志·卷二十六·选举》，清光绪十九年（1893年）刻本；江锡麒修，陈崑纂：《云阳县志·卷七·选举》，咸丰四年（1854年）刻本；王安镇等修，夏璜纂：《潼南县志·卷三·贡举》，民国四年（1915年）刻本；故宫博物院编：《四川府州县志·第十一册合州志·卷五·选举志》，海南出版社2001年版。

利用此处的相关资料信息补正，得到表4-8明代重庆府（直辖后）进士题名总统计表、表4-9明代重庆进士补充题名统计表，以清晰呈现明代重庆科举考试的基本史实、情形。

表4-8　明代重庆府（直辖后）进士题名总统计表

年代	科名	人名
洪武十八年（1385年）	乙丑	蹇义（巴县人）
洪武三十年（1397年）	丁丑	张朝贵（长寿人）、蔡添祥（大足人）、冉通（万县人）
建文二年（1400年）	庚辰	舒忠（涪州人）
永乐年间具体年份无考者		胡口（巴县人）、邹仲安（永川人）
永乐二年（1404年）	甲申	陈文友（长寿人）、熊诚（江津人）、袁辆（大昌人）
永乐四年（1406年）	丙戌	吴健（荣昌人）、朱暹（巴县人）、潘礼（铜梁人）
永乐十年（1412年）	壬辰	胡让（巴县人）、汪源（铜梁人）
永乐十三年（1415年）	乙未	白勉（涪州人）、黎民（长寿人）
永乐十六年（1418年）	戊戌	李敬（巴县人）
永乐二十年（1422年）	壬寅	郭道源（万县人）
永乐二十二年（1424年）	甲辰	朱鉴（巴县人）
宣德二年（1427年）	丁未	施庆（江津人）

续表

年代	科名	人名
宣德五年（1430 年）	庚戌	江渊（江津人）、夏铭（涪州人）、张清（巴县人）、冷遂南（铜梁人）
宣德八年（1433 年）	癸丑	潘洪（铜梁人）、张云翰（安居人）
正统元年（1436 年）	丙辰	秦观（铜梁人）、唐亿（铜梁人）、黄以春（云阳人）
正统四年（1439 年）	己未	周天民（长寿人）、陈价（铜梁人）、王俭（安居人）
正统七年（1442 年）	壬戌	李实（合州人）、尹钛（巴县人）、曾昂（合州人）
正统十年（1445 年）	乙丑	杨礼和（江津人）、王宣（长寿人）
正统十三年（1448 年）	戊辰	李英（合州人）、曹辅（铜梁人）、王璧（合州人）、越坚（合州人）、张纯（铜梁人）、涂性（合州人）
景泰二年（1451 年）	辛未	牟俸（巴县人）、伍善（合州人）、刘纪（涪州人）、罗晟（巴县人）、杨塱（江津人）、李人仪（荣昌人）、江朝宗（巴县人）
景泰五年（1454 年）	甲戌	费广（合州人）、贾奭（巴县人）、徐琼（荣昌人）、李稷（合州人）、何渊（巴县人）、刘岌（涪州人）、王宽（长寿人）、朱灏（涪州人）
天顺元年（1457 年）	丁丑	郭澄（涪州人）、胡深（巴县人）、蒋云汉（巴县人）、赵杰（合州人）、李赞（合州人）、李翔（大足人）、周琳（忠州人）、杨大荣（丰都人）
天顺八年（1464 年）	甲申	余玺（巴县人）、刘仁（合州人）、曹卿（铜梁人）、刘淳（巴县人）、莫昌（铜梁人）、陈仲舒（巴县人）、曹廷相（安居人）
成化二年（1466 年）	丙戌	江孟纶（江津人）、萧谦（巴县人）、张善言（涪州人）、王亿（铜梁人）、李文中（荣昌人）、罗珣（巴县人）、杨荣（永川人）、晏辂（巴县人）、廖大智（长寿人）、杨荣（永川人）
成化五年（1469 年）	己丑	陈撰（铜梁人）、张祯叔（巴县人）、刘福（巴县人）、刘规（巴县人）、范聪（荣昌人）、周蕃（长寿人）、陈凤（巴县人）
成化八年（1472 年）	壬辰	钱玉（涪州人）、方显（江津人）、罗九鼎（合州人）、陈嘉谟（巴县人）、赵炯（永川人）
成化十一年（1475 年）	乙未	彭经（长寿人）、刘定昌（綦江人）、冯衡（合州人）、杨钰（江津人）、郭纶（长寿人）、蹇霆（巴县人）、高相（长寿人）、戴锦（长寿人）、龚馑（合州人）
成化十四年（1478 年）	戊戌	黎复登（长寿人）、革从时（巴县人）、黄钟（合州人）、何悌（合州人）、陈钺（巴县人）、明经（巴县人）、王宾（铜梁人）、陈常（长寿人）、古其然（永川人）、陈瑞（忠州人）

年代	科名	人名
成化十六年（1480 年）	庚子	胡积学（巴县人）、汪瀚（开县人）
成化二十年（1484 年）	甲辰	卢锦（长寿人）、牟正初（巴县人）、沈华（长寿人）
成化二十二年（1486 年）	丙午	刘春（巴县人）、王玺（合州人）、黎臣（长寿人）、邹智（合州人）、罗勋（永川人）、蒋恭（巴县人）、王贯（荣昌人）、牟道（巴县人）、周钺（梁山人）、杨孟英（丰都人）
成化二十三年（1487 年）	丁未	陈端（垫江人）
弘治三年（1490 年）	庚戌	朱华（长寿人）、聂贤（长寿人）、谭溥（铜梁人）、王彦奇（云阳人）
弘治六年（1493 年）	癸丑	卢仪（合州人）、姚学礼（巴县人）、李允（忠州人）、夏彦英（涪州人）、黎尧卿（忠州人）
弘治九年（1496 年）	丙辰	田瑛（合州人）、刘台（巴县人）、邹鲁（江津人）、谭宗义（奉节人）
弘治十二年（1499 年）	己未	刘菌（涪州人）、江玠（巴县人）、陈渭（江津人）、王钦（巴县人）、邓相（巴县人）、梁珠（铜梁人）、黄翱（巫山人）
弘治十五年（1502 年）	壬戌	施训（巴县人）、张腾霄（铜梁人）、曹勑（巴县人）、张柱（涪州人）、陈猷（永川人）、谢表（忠州人）、黄元伯（永川人）
弘治十八年（1505 年）	乙丑	张伯相（铜梁人）、安邦（巴县人）、舒表（铜梁人）、詹奎（巴县人）、鲜冕（巴县人）、刘瓒（合州人）
正德三年（1508 年）	戊辰	刘鹤年（巴县人）、夏邦谟（涪州人）、陈翀（铜梁人）、张缙（巴县人）、赵春（巴县人）
正德六年（1511 年）	辛未	黄景新（涪州人）、朱璠（合州人）、赵官（合州人）、喻茂坚（荣昌人）、粟登（巴县人）、陈讲（潼南人）
正德九年（1514 年）	甲戌	刘彭年（巴县人）、王俊民（合州人）、黄景夔（涪州人）、张庠（潼南人）
正德十二年（1517 年）	丁丑	牟泰（巴县人）、王瑄（潼南人）、吴英（奉节人）
正德十六年（1521 年）	辛巳	罗洪载（永川人）、李章（长寿人）、杨彝（江津人）、罗尚爱（巴县人）、傅仲霖（长寿人）、李纶（巴县人）、王鸣凤（巫山人）、陈让（潼南人）
嘉靖朝，进士年份无考者		李尚德（合州人）
嘉靖二年（1523 年）	癸未	陈谟（巴县人）、夏国孝（涪州人）、阳佐（长寿人）、王伦（安居人）
嘉靖五年（1526 年）	丙戌	任辙（巴县人）、王嘉宾（合州人）

续表

年代	科名	人名
嘉靖八年（1529 年）	己丑	曹汴（巴县人）、高懋（铜梁人）
嘉靖十一年（1532 年）	壬辰	赵民顺（巴县人）、黄应中（忠州人）、柳英（巫山人）
嘉靖十四年（1535 年）	乙未	江中跃（巴县人）、李文进（巴县人）、田登年（忠州人）
嘉靖十六年（1537 年）	丁酉	余善寿（长寿人）
嘉靖十七年（1538 年）	戊戌	谭棨（涪州人）、马麟（巴县人）、刘起宗（巴县人）、胡尧臣（安居人）、冷河（荣昌人）、余善继（长寿人）
嘉靖二十年（1541 年）	辛丑	梁汝璧（江津人）、黄封（云阳人）
嘉靖二十三年（1544 年）	甲辰	李临阳（江津人）、文方（合州人）、欧阳震（巴县人）、张志学（长寿人）、刘应箕（巴县人）、王顺德（合州人）、李廷春（江津人）、周世远（江津人）、左旦（大足人）、罗文蔚（綦江人）、崔奇勋（万县人）
嘉靖二十六年（1547 年）	丁未	任惟均（巴县人）、陈善治（巴县人）、李诗（江津人）、李郁（安居人）
嘉靖二十九年（1550 年）	庚戌	寋来誉（巴县人）、张师价（巴县人）、罗纬（巴县人）、牟寋（巴县人）、谭皋（涪州人）、张佳允（铜梁人）、张佳胤（铜梁人）
嘉靖三十二年（1553 年）	癸丑	杨世第（长寿人）、刘起蒙（巴县人）、李伯生（巴县人）、罗廷唯（永川人）、张国珍（永川人）、夏镗（大足人）
嘉靖三十五年（1556 年）	丙辰	曹大川（巴县人）、蒋宏德（巴县人）、黎元（涪州人）、杨宗震（垫江人）、胡帛（垫江人）
嘉靖三十八年（1559 年）	己未	邓之屏（巴县人）、王堂（涪州人）、雷孔文（大足人）、田登年（忠州人）
嘉靖四十一年（1562 年）	壬戌	董原道（巴县人）、刘世曾（巴县人）、任惟镗（巴县人）、寋达（巴县人）、徐尚（涪州人）、罗青霄（忠州人）、谭启（大宁人）
嘉靖四十四年（1565 年）	乙丑	傅宠（巴县人）、高启愚（铜梁人）、赵可怀（巴县人）、周希华（忠州人）、瞿羽惠（垫江人）、古之贤（梁山人）
隆庆二年（1568 年）	戊辰	张仲欢（合州人）、刘世赏（巴县人）、魏仕贤（巴县人）、詹贞吉（巴县人）、文作（涪州人）、徐元吉（巴县人）、曹大野（巴县人）、邵仲禄（夔州人）、傅时望（万县人）
隆庆五年（1571 年）	辛未	王道成（巴县人）、帅祥（安居人）、刘养充（涪州人）、卢一麟（巴县人）
万历年间，进士年份无考		周师召（安居人）、苟文辉（合州人）、魏宇鹿（合州人）
万历二年（1574 年）	甲戌	苏雨（巴县人）、郑皋（忠州人）、文德（涪州人）

年代	科名	人名
万历五年（1577 年）	丁丑	杨明凤（巴县人）、汪言臣（巴县人）、杨芳（巴县人）、况上进（涪州人）、冯生虞（大足人）
万历八年（1580 年）	庚辰	王南（永川人）
万历十一年（1583 年）	癸未	黄应聘（江津人）、刘养志（江津人）、何伟（涪州人）
万历十四年（1586 年）	丙戌	龚文选（长寿人）、曹愈参（涪州人）、赵家相（巴县人）、任学道（忠州人）
万历十七年（1589 年）	己丑	张与可（涪州人）、杨景淳（涪州人）、周维新（巴县人）、张似渠（巴县人）、胥从化（巴县人）、杨为栋（綦江人）
万历二十年（1592 年）	壬辰	李作舟（合州人）、倪斯蕙（巴县人）、廖如龙（江津人）、邹廷彦（巴县人）、卞承宪（江津人）、余自强（铜梁人）、熊应占（荣昌人）、郭维祯（巫山人）
万历二十三年（1595 年）	乙未	张义质（铜梁人）、周达（安居人）、方叔忠（潼南人）
万历二十六年（1598 年）	戊戌	刘时俊（荣昌人）、梅一俞（垫江人）
万历二十九年（1601 年）	辛丑	胡世赏（合州人）、李为梁（江津人）、陈显道（铜梁人）、骆任重（垫江人）、田一甲（忠州人）、张孝（江北厅人）
万历三十二年（1604 年）	甲辰	凌伯曾（永川人）、胡继升（铜梁人）、陈幼学（垫江人）
万历三十五年（1607 年）	丁未	熊应捷（荣昌人）、康新民（合州人）
万历三十八年（1610 年）	庚戌	杜长春（綦江人）、欧阳调律（合州人）、李达（安居人）
万历四十一年（1613 年）	癸丑	周以谦（安居人）、王应熊（巴县人）、王祚昌（合州人）、晏春鸣（铜梁人）、李显（江津人）、胡芳桂（巴县人）、高任之（铜梁人）、王策（合州人）、王大受（合州人）
万历四十四年（1616 年）	丙辰	吴嘉宾（巴县人）、王任杰（合州人）、喻思恂（荣昌人）
万历四十七年（1619 年）	己未	周长应（江津人）、李养德（铜梁人）、余昌祚（铜梁人）、李长德（铜梁人）、刘五纬（万县人）、黄世泽（巴县人）、余文晋（长寿人）、曹延谘（巴县人）、李士昌（垫江人）
天启年间，进士年份无考		吴道兰（永川人）
天启二年（1622 年）	壬戌	张顺孙（铜梁人）、黄近朱（长寿人）、贾元勋（巴县人）、何凉（合州人）、程宇龙（合州人）、万邦宁（奉节人）、李瑞春（奉节人）
天启五年（1625 年）	乙丑	田大本（定完人）、陈四宾（铜梁人）、苟之祥（巴县人）、向鼎（涪州人）、余有祐（梁山人）
天启七年（1627 年）	丁卯	邱树屏（忠州人）

续表

年代	科名	人名
崇祯元年（1628 年）	戊辰	刁化神（江津人）、马士骅（铜梁人）、童思圣（巴县人）、刘起沛（涪州人）、李长庚（长寿人）、吕大器（潼南人）
崇祯四年（1631 年）	辛未	李芳联（长寿人）、刘潜（荣昌人）、倪于义（荣昌人）、余原（梁山人）
崇祯七年（1634 年）	甲戌	彭琯（永川人）、任元极（巴县人）、郭起科（铜梁人）、冯仕仁（梁山人）
崇祯十年（1637 年）	丁丑	李之华（巴县人）、徐方来（铜梁人）、高射斗（梁山人）、何纶（梁山人）
崇祯十三年（1640 年）	庚辰	龚懋熙（江津人）、陈正（涪州人）、杨乔然（长寿人）
崇祯十五年（1642 年）	壬午	邓淑夔（荣昌人）、顾经祖（巴县人）、李庚齐（长寿人）、但贵元（长寿人）、李选（安居人）、徐维鼎（巴县人）
崇祯十六年（1643 年）	癸未	程玉成（江津人）、朱耀先（合州人）、凌夫惇（永川人）、程源（江津人）、傅学禹（巴县人）、吕潜（潼南人）、瞿昶（垫江人）
年份无考		赵伦（大足人）、刘大悦（忠州人）、杨一举（忠州人）、李时亨（忠州人）、陈聚奎（铜梁人）、陈禹（铜梁人）

表 4-9 明代重庆进士补充题名统计表

年代	科名	人名
洪武三十年（1397 年）	丁丑	冉通（万县人）
建文二年（1400 年）	庚辰	舒忠（涪州人）
永乐年间具体年份无考者		胡口（巴县人）、邬仲安（永川人）
永乐二年（1404 年）	甲申	袁辋（大昌人）
永乐十三年（1415 年）	乙未	白勉（涪州人）、黎民（长寿人）
永乐二十年（1422 年）	壬寅	郭道源（万县人）
正统元年（1436 年）	丙辰	唐億（铜梁人）、黄以春（云阳人）
景泰五年（1454 年）	甲戌	朱灏（涪州人）
天顺元年（1457 年）	丁丑	周琳（忠州人）、杨大荣（丰都人）
天顺八年（1464 年）	甲申	曹廷相（安居人）
成化二年（1466 年）	丙戌	廖大智（长寿人）、杨荣（永川人）
成化八年（1472 年）	壬辰	钱玉（涪州人）、方显（江津人）、罗九鼎（合州人）、陈嘉谟（巴县人）、赵炯（永川人）

年代	科名	人名
成化十四年（1478年）	戊戌	陈瑞（忠州人）
成化十六年（1480年）	庚子	汪瀚（开县人）
成化二十二年（1486年）	丙午	周钺（梁山人）、杨孟英（丰都人）
成化二十三年（1487年）	丁未	陈端（垫江人）
弘治三年（1490年）	庚戌	王彦奇（云阳人）
弘治六年（1493年）	癸丑	李允（忠州人）、夏彦英（涪州人）、黎尧卿（忠州人）
弘治九年（1496年）	丙辰	谭宗义（奉节人）
弘治十二年（1499年）	己未	黄翔（巫山人）
弘治十五年（1502年）	壬戌	谢表（忠州人）、黄元伯（永川人）
正德十二年（1517年）	丁丑	吴英（奉节人）
正德十六年（1521年）	辛巳	王鸣凤（巫山人）、陈让（潼南人）
嘉靖朝，进士年份无考者		李尚德（合州人）
嘉靖二年（1523年）	癸未	王伦（安居人）
嘉靖十一年（1532年）	壬辰	黄应中（忠州人）、柳英（巫山人）
嘉靖十六年（1537年）	丁酉	余善寿（长寿人）
嘉靖二十年（1541年）	辛丑	黄封（云阳人）
嘉靖二十三年（1544年）	甲辰	崔奇勋（万县人）
嘉靖二十六年（1547年）	丁未	任惟均（巴县人）、陈善治（巴县人）、李诗（江津人）、李郁（安居人）
嘉靖三十二年（1553年）	癸丑	夏镗（大足人）、罗廷唯（永川人）
嘉靖三十五年（1556年）	丙辰	杨宗震（垫江人）、胡帛（垫江人）
嘉靖三十八年（1559年）	己未	田登年（忠州人）
嘉靖四十一年（1562年）	壬戌	罗青霄（忠州人）、谭启（大宁人）
嘉靖四十四年（1565年）	乙丑	周希华（忠州人）、瞿羽惠（垫江人）、古之贤（梁山人）
隆庆五年（1571年）	辛未	帅祥（安居人）
万历年间，进士年份无考		陈策（武隆人）、周师召（安居人）、苟文辉（合州人）、魏宇鹿（合州人）
万历二年（1574年）	甲戌	文德（涪州人）
万历五年（1577年）	丁丑	杨明凤（巴县人）、汪言臣（巴县人）、杨芳（巴县人）、况上进（涪州人）、冯生虞（大足人）
万历八年（1580年）	庚辰	王南（永川人）

年代	科名	人名
万历十四年（1586 年）	丙戌	任学道（忠州人）
万历二十年（1592 年）	壬辰	郭维祯（巫山人）
万历二十六年（1598 年）	戊戌	梅一俞（垫江人）
万历二十九年（1601 年）	辛丑	骆任重（垫江人）、田一甲（忠州人）、张孝（江北厅人）
万历三十二年（1604 年）	甲辰	陈幼学（垫江人）
万历四十一年（1613 年）	癸丑	王大受（合州人）
万历四十七年（1619 年）	己未	曹延谘（巴县人）、李士昌（垫江人）、刘五纬（万县人）、余昌祚（铜梁人）
天启年间，进士年份无考		吴道兰（永川人）、高倬（忠州人）
天启二年（1622 年）	壬戌	万邦宁（奉节人）、李瑞春（奉节人）、贾元勋（巴县人）
天启五年（1625 年）	乙丑	高倬（忠州人）、余有祐（梁山人）
天启七年（1627 年）	丁卯	邱树屏（忠州人）
崇祯四年（1631 年）	辛未	余原（梁山人）
崇祯七年（1634 年）	甲戌	冯仕仁（梁山人）
崇祯十年（1637 年）	丁丑	高射斗（梁山人）、何纶（梁山人）
崇祯十六年（1643 年）	癸未	瞿昶（垫江人）
年份无考		赵伦（大足人）、刘大悦（忠州人）、杨一举（忠州人）、李时亨（忠州人）、陈聚奎（铜梁人）、陈禹（铜梁人）

表 4-9 明代重庆进士补充题名统计表是在《重庆教育志》基础上，根据上述各区县方志对重庆直辖后其他区域科举情况加以补充编制而成的。然而，由于未查得黔江地区的相关史料，故只能空缺，是无进士还是没有记录不得而知。此外，由于重庆直辖后，涪州、万县、黔江被划归重庆，而《重庆教育志》没有黔江和万县进士的记载，涪州进士也没有全部记录，因此，笔者根据区县方志将万县和涪州进士补充完整，而黔江在明代无一人得中进士。如果其中存在各区县方志记载与《重庆教育志》不一致或有争议的现象，则以各区县方志为准，这些争议或不一致现象包括：

（1）曾秀翘修，杨德坤纂：《奉节县志·卷二十六·选举》，清光绪十九年（1893 年）刻本记载奉节人万邦宁、李瑞春为万历壬戌科进士，但万历年间无壬戌年，故将其列入天启二年壬戌科中。

（2）吕绍衣等修，王应元、傅炳墀等纂：《（同治）重修涪州志·卷七·选举志》，同治八年（1869 年）刻本记载明代进士文德为万历甲戌孙继皋榜进士，而《重庆教育志》记载其为万历八年张懋修榜进士。

（3）吕绍衣等修，王应元，傅炳墀等纂：《（同治）重修涪州志·卷七·选举志》，同治八年（1869年）刻本记载明代进士况上进为万历丁丑沈懋学榜进士，而《重庆教育志》记载其为万历乙丑焦竑榜进士。

明代重庆通过科举产生了众多才华出众、品学超群的杰出人物，大都身居要职，吏部尚书蹇义、翰林院编修江渊、廉吏御史牟俸、翰林学士江朝宗、文学家贾元勋、贤良忠臣夏邦谟、著名哲学家邹智、易学大师来知德；在朝担任御史及尚书以上职务者还有李实、喻茂坚、张佳胤、王应熊、喻思恂、程源等数十位。❶可谓"科名鹊起，人文蔚盛"。重庆有事迹可考的762名进士、1574名举人中，99.65%的官员都是廉洁奉公、爱民尽职的清官、好官，体现了儒家仁孝忠信、礼义廉耻、智勇守节的道德情操。❷这一比例数字有如此之高是令人生疑的，但从整体上而论，明代重庆进士出仕并为社会做出贡献者颇多，这应该是不争的事实。以下选取部分重要人物，制成明代重庆部分进士官宦出仕表（见表4-10），中试进士、举人在各自岗位上勤政为民，造福百姓，为国家富强、社会进步付出了辛劳和努力，更加体现了科举选才、用才的实效功能。

表4-10　明代重庆部分进士官宦出仕一览表

姓名	进士科举年份	任职
蹇义	洪武十八年（1385年）	初授中书舍人，升任吏部右侍郎，后任命为吏部尚书
朱暹	永乐四年（1406年）	兵科给事中
李敬	永乐十六年（1418年）	御史
胡□	永乐年间	翰林院检讨
朱鉴	永乐二十二年（1424年）	铜仁府知府
张清	宣德五年（1430年）	浙江布政使
尹钲	正统七年（1442年）	御史
牟俸	景泰二年（1451年）	金都御史，巡抚
江朝宗	景泰二年（1451年）	翰林院编修，后升翰林院侍读
贾奭	景泰五年（1454年）	副都御使、巡抚
蒋云汉	天顺元年（1457年）	福建布政使
胡深	天顺元年（1457年）	思州府知府

---

❶ 戴伟，杨欣，丁世忠. 乌江经济文化研究：第二辑［M］. 重庆：重庆出版社，2005：183.
❷ 出自微信公众号"巴渝轶事录"，2023年3月12日发布熊笃《重庆历代进士举人汇考》。

续表

姓名	进士科举年份	任职
刘淳	天顺八年（1464 年）	汉中府知府
陈仲舒	天顺八年（1464 年）	大理寺少卿
晏辂	成化二年（1466 年）	两浙运使
张祯叔	成化五年（1469 年）	佥都御史、宁夏巡抚
刘福	成化五年（1469 年）	贵州按察使
刘规	成化五年（1469 年）	山西道御史巡按山东
陈嘉谟	成化八年（1472 年）	山东副使
蹇霆	成化十一年（1475 年）	御史
革从时	成化十四年（1478 年）	晋宁州知府
陈钺	成化十四年（1478 年）	光禄寺正卿
胡积学	成化十六年（1480 年）	贵州提学
刘春	成化二十二年（1486 年）	礼部尚书
蒋恭	成化二十二年（1486 年）	户部侍郎、云南巡抚
牟道	成化二十二年（1486 年）	御史
刘台	弘治九年（1496 年）	广东提学
江玠	弘治十二年（1499 年）	学政
邓相	弘治十二年（1499 年）	云南布政使
施训	弘治十五年（1502 年）	陕西参议
曹勑	弘治十五年（1502 年）	刑部员外
安邦	弘治十八年（1505 年）	吏科给事中
詹奎	弘治十八年（1505 年）	吏部郎中
鲜冕	弘治十八年（1505 年）	御史副使
刘鹤年	正德三年（1508 年）	云南参政
张缙	正德三年（1508 年）	佥都御史、浙江御史
赵春	正德三年（1508 年）	御史参政
粟登	正德六年（1511 年）	太仆寺卿
刘彭年	正德九年（1514 年）	副都御史、贵州巡抚
牟泰	正德十二年（1517 年）	河东运使
罗尚爱	正德十六年（1521 年）	太常博士
陈谟	嘉靖二年（1523 年）	知府
任辙	嘉靖五年（1526 年）	副都御史、贵州巡抚

续表

姓名	进士科举年份	任职
曹汴	嘉靖八年（1529年）	浙江参政
赵民顺	嘉靖十一年（1532年）	长沙府知府
江中跃	嘉靖十四年（1535年）	兵部员外
马麟	嘉靖十七年（1538年）	大理府知府
刘起宗	嘉靖十七年（1538年）	湖广提学
欧阳震	嘉靖二十三年（1544年）	御史
刘应箕	嘉靖二十三年（1544年）	副都御史、大同巡抚
任惟均	嘉靖二十六年（1547年）	山东参政
陈善治	嘉靖二十六年（1547年）	御史副使
蹇来誉	嘉靖二十九年（1550年）	云南金事
张师价	嘉靖二十九年（1550年）	山东参政
罗纬	嘉靖二十九年（1550年）	御史
牟蓁	嘉靖二十九年（1550年）	知县
刘起蒙	嘉靖三十二年（1553年）	扬州府推官
李伯生	嘉靖三十二年（1553年）	大理评事
曹大川	嘉靖三十五年（1556年）	刑部侍郎
蒋宏德	嘉靖三十五年（1556年）	长沙府知府
邓之屏	嘉靖三十八年（1559年）	广东参政
董原道	嘉靖四十一年（1562年）	河东运使
刘世曾	嘉靖四十一年（1562年）	兵部侍郎、云南巡抚
任惟镗	嘉靖四十一年（1562年）	云南临安府知府
蹇达	嘉靖四十一年（1562年）	太子太保、兵部尚书、蓟辽总督
傅宠	嘉靖四十四年（1565年）	云南按察使
赵可怀	嘉靖四十四年（1565年）	兵部尚书、巡抚
刘世赏	隆庆二年（1568年）	湖广布政使
魏仕贤	隆庆二年（1568年）	工部郎中
詹贞吉	隆庆二年（1568年）	湖广参政
徐元吉	隆庆二年（1568年）	知县
曹大埜	隆庆二年（1568年）	金都御史、江西巡抚
王道成	隆庆五年（1571年）	户科给事中
卢一麟	隆庆五年（1571年）	贵州副使

续表

姓名	进士科举年份	任职
苏雨	万历二年（1574 年）	湖广佥事
杨明凤	万历五年（1577 年）	御史、兖州府知府
王言臣	万历五年（1577 年）	湖广道御史巡按
杨芳	万历五年（1577 年）	户部侍郎、湖广巡抚
周维新	万历十七年（1589 年）	柳州府推官
张似渠	万历十七年（1589 年）	御史
胥从化	万历十七年（1589 年）	吏部郎中
倪斯蕙	万历二十年（1592 年）	南京户部侍郎
邹廷彦	万历二十年（1592 年）	户科给事中
张孝	万历三十二年（1604 年）	按察使
王应熊	万历四十一年（1613 年）	东阁大学士
胡芳桂	万历四十一年（1613 年）	黄州府知府
吴嘉宾	万历四十四年（1616 年）	吏部侍郎
黄世泽	万历四十七年（1619 年）	礼部员外
刘五纬	万历四十七年（1619 年）	无锡县知县
贾元勋	万历四十七年（1619 年）	承天府知府
刘起沛	崇祯元年（1628 年）	行人司行人
任元极	崇祯七年（1634 年）	知县
李之华	崇祯十年（1637 年）	推官
顾经祖	崇祯十五年（1642 年）	以岁贡廷试赐进士
徐维鼎	崇祯十五年（1642 年）	以岁贡廷试赐进士
傅学禹	崇祯十六年（1643 年）	翰林院庶吉士

资料来源：根据重庆各区县志资料整理而得。

需要指出的是，这些进士的功名仕宦只是其中的部分展现，在整理与理解时，应与后面进士及第人物举要结合认识，互相同构为网状结构，从而形成相对完整图谱的形象。

三、明代重庆举人

明代重庆举人颇多，或出仕任官，或为人师表、著书立说，为社会风化、地方教育以及社会治理做出了特殊贡献。因此将明代重庆举人情况在列表的基础上进行相关文字说明，是很有必要的。表 4-11 为明代重庆未直辖前举人题名统计图。

表 4-11 明代重庆府（未直辖前区域）举人题名统计表

起止年代	人数
洪武年间（1368—1398 年）	29 人
建文年间（1399—1402 年）	16 人
永乐年间（1403—1424 年）	213 人
宣德年间（1426—1435 年）	45 人
正统年间（1436—1449 年）	48 人
景泰年间（1450—1457 年）	93 人
天顺年间（1457—1464 年）	42 人
成化年间（1465—1487 年）	160 人
弘治年间（1488—1505 年）	84 人
正德年间（1506—1521 年）	56 人
嘉靖年间（1522—1566 年）	229 人
隆庆年间（1567—1572 年）	32 人
万历年间（1573—1620 年）	224 人
天启年间（1621—1627 年）	60 人
崇祯年间（1628—1644 年）	86 人

资料来源：重庆市教育委员会. 重庆教育志 [M]. 重庆：重庆出版社，2002：26.

由表 4-11 可知，明代重庆府举人共 1417 名，其中嘉靖、万历、永乐年间最盛。

重庆直辖后，涪州、万县、黔江被划归重庆，因此，表 4-11 缺乏涪州、万县、黔江的举人统计，笔者据《（同治）重修涪州志》可得，明代涪州举人 175 名；据《（光绪）黔江志》可得，明代黔江举人 1 名，为永乐癸卯科朱端；据《（同治）增修万县志》可得，明代万县举人 25 名[1]。在此特将明代涪州、万县举人题名节录表 4-12、表 4-13 列出，以求全面完整地呈现明代重庆举人情况。

---

[1] 李良品，彭规荣. 科举制度影响下的明代重庆教育 [J]. 教育评论，2005（1）：89. 其中记录万县举人为 32 人，笔者查询《（同治）增修万县志》可得，明代万县举人 26 人，可能由于方志版本不同或士人迁徙或户籍问题导致偏差，特此说明。

表 4-12　明代涪州举人题名节录表

姓名	中式时间
舒忠	建文元年（1399 年）己卯科
何清	永乐九年（1411 年）辛卯科
邹文昌、白勉、陈素、万琳	永乐十二年（1414 年）甲午科
吴广、景伦、冷润、蒲琛	永乐十五年（1417 年）丁酉科
徐福、朱灏、钱广	永乐十八年（1420 年）庚子科
王旭、张玺	永乐二十一年（1423 年）癸卯科
刘文宣	宣德元年（1426 年）丙午科
周必胜、夏铭	宣德四年（1429 年）己酉科
查英、宋成	宣德七年（1432 年）壬子科
石显	正统三年（1438 年）戊午科
张佳、冉惠、陈裕	正统六年（1441 年）辛酉科
张政、汪瀚、王琏、刘岌、周钦、贺有年、周清、刘纪	景泰元年（1450 年）庚午科
石珠、杨春、刘智懋	天顺三年（1459 年）己卯科
周典	天顺六年（1462 年）壬午科
张善吉、周昌	成化元年（1465 年）乙酉科
陈常、陈贯、樊芳、钱玉、周相	成化四年（1468 年）戊子科
陈本与、夏友缙	成化七年（1471 年）辛卯科
何申由、熊琏、汤志崇	成化十三年（1477 年）丁酉科
杨孟瑛、熊永昌、胡裕、吴蒙	成化十六年（1480 年）庚子科
文献、周礼	成化十九年（1483 年）癸卯科
陈良能、夏友红	成化二十二年（1486 年）丙午科
程驯、周震、黄景新、周冕	弘治二年（1489 年）己酉科
夏彦英、周茂	弘治五年（1492 年）壬子科
胡廷实、任寅、梁珠、张柱	弘治八年（1495 年）乙卯科
刘臣	弘治八年（1495 年）戊午科
夏邦谟、周谦	弘治十七年（1504 年）甲子科
方斗、刘用良	正德二年（1507 年）丁卯科
黄景夔、潘利用	正德五年（1510 年）庚午科
张佑、张模	正德十四（1519 年）己卯科

续表

姓名	中式时间
夏国孝	嘉靖元年（1522 年）壬午科
徐凤、夏国瞻	嘉靖四年（1525 年）乙酉科
刘承武	嘉靖十年（1531 年）辛卯科
陈宗尧、张挺、谭启、何如章	嘉靖十六年（1537 年）丁酉科
夏子云、毛自修、张信臣	嘉靖十九年（1540 年）庚子科
罗文璨	嘉靖二十二年（1543 年）癸卯科
蒋三远、钱节	嘉靖二十五年（1546 年）丙午科
谭臬、夏用清	嘉靖二十八年（1549 年）己酉科
周汝德	嘉靖三十一年（1552 年）壬子科
黎元、张建道、朱之桓	嘉靖三十四年（1555 年）乙卯科
文羽麟、徐尚、王堂、夏子谅、张匪	嘉靖三十七年（1558 年）戊午科
夏可渔、文作、汪之东	嘉靖四十年（1561 年）辛酉科
朱之蕃、张仕可、曾所能	嘉靖四十三年（1564 年）甲子科
包能让、张武臣、邓明选	隆庆元年（1567 年）丁卯科
张建功、冉维藩、刘养充、赵芝垣、 林起凤、沈宪、陈光宇	隆庆四年（1570 年）庚午科
袁国仁、文德	万历元年（1573 年）癸酉科
丁承钦、况上进	万历四年（1576 年）丙子科
张同仁、曹愈参、朱之聘、夏可清	万历七年（1579 年）己卯科
何伟、陈直、刘进、张与可、皮宗诗、张铸	万历十年（1582 年）壬午科
郑明选、夏子婴	万历十三年（1585 年）乙酉科
杨景澶、何以让、张大业、陈策	万历十六年（1588 年）戊子科
李作舟、程羽鹭、董书伦	万历十九年（1591 年）辛卯科
袁鼎、沈甫学	万历二十二年（1594 年）甲午科
刘养栋	万历三十一年（1603 年）癸卯科
文冉淳、陈画	万历三十四年（1606 年）丙午科
夏可雷、朱震宇	万历三十七年（1609 年）己酉科
文英	万历四十六年（1618 年）戊午科
向鼎	天启元年（1621 年）辛酉科
刘廷让、陈计安	天启四年（1624 年）甲子科
刘通、陈计长、陈正、刘起沛、何应跃、夏道帷	天启七年（1627 年）丁卯科

续表

姓名	中式时间
罗若彦、文可茹、文而章、陈大元	崇祯三年（1630年）庚午科
潘腾珠	崇祯六年（1633年）癸酉科
张公斋、韩吕范、陈计明、夏道曙	崇祯十五年（1642年）壬午科

资料来源：（同治）重修涪州志：卷七：选举志［M］．刻本，1869（清同治八年）．

表4-13　明代万县举人题名统计表

姓名	中式时间
黄希贤	永乐三年（1405年）乙酉科
宋信、李景行、许志敏、周恩聪	永乐六年（1408年）戊子科
李华	永乐九年（1411年）辛卯科
向靖、陶文靖、张斌	永乐十二年（1414年）甲午科
牟佐、张观	永乐二十一年（1423年）癸卯科
赵瓒	宣德元年（1426年）丙午科
张试荣	宣德七年（1432年）壬子科
魏纪	景泰元年（1450年）庚午科
崔奇勋	嘉靖二十二年（1543年）癸卯科
傅时望	隆庆元年（1567年）丁卯科
孙应乔、沈良	万历元年（1573年）癸酉科
江鲤腾	万历三十七年（1609年）己酉科
刘五纬、沈鸿儒	万历四十六年（1618年）戊午科
刘仲奇、刘禹	天启四年（1624年）甲子科
沈良方	崇祯九年（1636年）丙子科
孙乔芳	崇祯十五年（1642年）壬午科

资料来源：四川省教育委员会．四川省志：教育志：第一辑　普通教育［M］．未刊本，1995（成都内部交流）．

重庆直辖前，涪州、万县、黔江不属重庆，这里分析的是直辖后重庆科举状况，因此对这三地的科举情况更要多加注意，其中涪州、万县，特别是涪州科举表现优良，这与其特殊的地理位置和经济状况息息相关，因此，史籍或文人有评价涪州"文风齐两蜀""文治蒸蒸，比于齐鲁"。

四、明代重庆五贡

贡士、贡生是介于学校、科举之间的特定士人群体，其科举考试及入仕的倾向更明显。五贡是科举制度中五种贡生之总称，即恩贡、副贡、拔贡、岁贡、优贡。以五贡资格而获官者，均属正途出身。对这一群体的研究在科举史中是少见的。重庆明代情况此处作一增述。明代未直辖前重庆五贡题名共2710人，人数十分可观，但各地区情况不一。

其中江津、荣昌和奉节人数最盛，分别为168人、172人和269人，分别占比6.20%、6.35%和9.93%，特将江津、荣昌和奉节明代五贡题名节录列出，以此为例，管窥当时重庆科举盛况。

其中，江津和荣昌在重庆直辖前就已属重庆管辖。江津、荣昌明代五贡题名节录见表4-14、表4-15，希望有助于对重庆直辖前科举五贡情况的了解。

表4-14 明代江津县五贡题名节录表

类别	时间	姓名
贡别无考	洪武朝	古澄、周于德、袁昭、张璧、赵侨、周廷举、王真、古隆、笱子云、傅文仲、田珏、王斌、徐朝宗、爰添济、刘致中
	建文朝	龚有贤、尹聪、杨旭、董永毓、李慎、蔡纯、李英岷、徐有贤、朱玉、李元生、卢立中、龚峃、李为垣、李周
	永乐朝	龚有贤、尹聪、杨旭、董永毓、蔡纯、李慎、徐有贤、李英岷、朱玉、李元生、龚岱、卢立中、李周、李为垣
	正统朝	郑佝、董道著、陈珪、余珍、万立朝、李友文、龙禧、江深、丁齐、熊刚、李春新、李载阳、袁绣、李为宏、周性、李泽、易刚、李泽、雷匐、刘志刚、李为章、蔡旭
	成化朝	王简、李松、袁珠、李直、王懋、李廷杰、龚恕、熊公逊、吴崇、杨瑞、王友宣、李君培、王仕正、田春、杨镇、王明道
	弘治朝	周勋、李汲
	嘉靖朝	周之藩、周世杰、江辉、周仲德
	万历朝	龚云锦、王运煜、廖如春、李河、李为藩、王于成、王立极、周怀、周礼山、周之臣、江炳、程大猷
	崇祯朝	李自毓、戴任重、杨淑先、杨淑元、王纶世、刁奇勋、龚三级、李为冕、周基、周恬、龚三益、何嵩、龚勋、刁禹谟、李颊、袁凤彩、夏之玙、龚懋勋、江尔发

资料来源：故宫博物院. 四川府州县志：第十一册：江津县志 卷十 选举志 [M]. 海口：海南出版社，2001.

表4-15　明代荣昌县五贡题名节录表

类别	时间	姓名
岁贡	洪武朝	王铎、易子文、黄弼、朱惟安、罗珮、祝毅
	永乐朝	陈昭、马必才、雷泽、王昺、吴宪、周冕、敖仲仁、余琏、刘亨、陈昂、范缙、胡宁、李庸、张璐、李斌、王巽、张旭
	宣德朝	熊义、胡济、张友清、彭里、张义、吴安、邓广志、闻喜
	正统朝	郑纪、杨理、秦郁、王勉、冯玉、陈中、龚敬、苟诚、王洪、王佐、李琛、华嵩、陈玉、罗纯、张谦、刘暖、李冕、樊荣、孙益、罗通、刘焕、冷奎、陈隆、柴棻
	天顺朝	胡琛、吴昌
	成化朝	蒋凤、胡毓、吴清、吴簿、刁瑷、胡直、申甫、王修、张翔、吴振、陈怡、张端、刘沪、刘允、张经、吴应周、程相、粟万钟、徐绍、陈贡、郑滋、何澜、蔡荣、刘教、程谟、陈嵒、王宽、林中选、谢敏
	弘治朝	李仁、吴钺、杜元、李豸、金兰、王玺、李茂、王辅、谭卿
	正德朝	王相、何顺、陈性、严福、王文价、王惠、郝鸣、李夔、吴稷、华阜、袁冕
	嘉靖朝	刁有存、郝端、李旸、郑达、胡荣、程文瀚、童谟、李麟、吴九龄、程泗仰、郝训、胡渊澄、喻祐、杨伦、喻应龙、柴克、敖品、王宾礼、喻祯、芮成
	天启朝	刁梁、萧音、刘守谦、罗才、杨可栋、杨廷诰、吴名、李尚醇、吴任、梅成元、梅时元、喻思忱、萧荣、喻衍庆、喻应桐、喻思恒、范维垣、喻翠庆
	崇祯朝	喻崧庆、喻文昌、喻思超、喻簠庆、喻翼庆、喻襄年、喻椿年、喻振庆
恩贡	年份无考	喻祐、喻思慎、敖维诠
拔贡	年份无考	喻应豸、喻摲庆、敖仲麟、敖维铨、敖维镗、喻禧年、喻符庆、李彦奇

资料来源：文康，施学煌，敖册贤. 荣昌县志：卷十：选举 ［M］. 增刻本，1884（清光绪十年）.

而奉节为重庆直辖后才所属重庆管辖，其明代五贡题名见表4-16：

表 4-16　明代奉节县五贡题名节录

类别	时间	姓名
岁贡	年份无考	陈思聪、訾鼎、向春、钟琼、王纶、周浩、王执中、谭政、黄以翰、曾周、吴晰、谭亨、钟英、赵彦宁、李维善、龚进、李拱、向友谅、向赞、李杰、蒲严、牟景全、李睿、王冠、黄瑄、冉晖、李材、李瓒、陈进、冉成、谭缙绅、王翱、钟富、王相、郭显荣、邓元、赵祥、冉瑞、黄玉、王衮、黄文宣、幸文、冉钺、龙腾、王燦、吴勋、李元、王恩、冉翀、谭卿、谭裴、曾庆、杨大周、赵恩、吴从周、黎藩、刁息、王梦龄、王万化、钟凤来、蒲钺、谭时中、牟兴辅、李一阳、刁体道、黄金辂

资料来源：曾秀翘，杨德坤. 奉节县志：卷二十六：选举 [M]. 刻本，1893（清光绪十九年）.

古代中进士、举人难度颇大，自然人数不多，科举士子更多的是成为贡生。明代奉节、江津和荣昌五贡人数最盛，士子成为贡生后，终于有了做官资格，后外派任职，一般当儒学训导、学正或教谕，也成为社会、国家治理的地方中坚力量。

第三节　明代重庆的科举家族

科举家族是指几代或数代连续获得科举功名的家族。高层次的大族无不以科举成名，以科甲相望而仕官相继，从而兴族、昌族俨然为一方之望。历史地考察，对于富于进取精神的科举家族而言，科举成为他们保持旺盛生命力的内在源泉。突出的科举成绩是家族的重要财富，是家族的"无形资产"，也是家族地位与实力的象征。科举家族既是努力争取的赛跑者，而且还是科举招牌的广告者。

自商周时期开始，由于官员的世袭继承，世家门阀诞生。世家控制着政坛，普通庶族及寒门士子缺乏晋阶机会，上层贵族的碌碌无为、奢靡享受，导致社会腐朽衰退。自隋唐科举制度诞生后，世家门阀受到削弱，发生了变动。科举制度讲究唯才是举，不问出身，大量普通人有了上升的台阶。从唐太宗大开科举之门，到武则天设立殿试，这短短几十年间，朝中庶族出身的官员大大增加。一个平民通过读书和科举成为官员，那他就脱离了草莽平民的身份，获得了社会阶层优势资源，可为子嗣提供充足的学习条件。他的子嗣依托祖先搭建的平台，会有更大机会通过科举走上仕途，并平步青云，踌躇满志，得遂平生之志。下一代又会重复这个过程，在这样滚雪球般的走势下，科举家族诞生了。科举家族通过培养更多的族人科举入仕，造成几代族人同朝为官的景象。

与以往历朝门阀势大难制的情况不同，宋朝少有强盛不衰的世家，这是因为依靠科举选士崛起的家族中的世家子弟对于平民虽然占有一定优势，却没有将差距拉大到近乎垄断功名的地位，在不断有平民上位的情况下，很难有一个家族长盛不衰。家族的兴盛需借助科举的世代登第来实现和维持，一旦科举成绩不佳，家族的富足地位可能马上便遇见危机。因此，若是一个家族长期在竞争中失利，不能在朝堂中取得话语权，那么衰落也就不可避免。一个家族衰落，就会有另一个家族崛起。科举制度将以往世家大族长期垄断政权的格局打破。元明清时期的科举制度虽有所改革，世家的格局却一直维持着。

明代重庆因科举考试而崛起的大家族主要有蹇氏家族和刘氏家族。

一、蹇氏家族

蹇氏家族原先只不过是重庆的普通百姓人家而已。蹇义发迹之后，其曾祖蹇继祖、祖父蹇均寿、父蹇源斌三代，皆因蹇义之故，被追赠为荣禄大夫、少师兼吏部尚书。❶ 由此，蹇氏家族跃升为重庆名门望族，且终明之世未曾衰落。明代前期，重庆四大旺族为蹇、简、黎、王，后期为蹇、曹、牟、刘。可知，蹇氏家族始终坚挺，未见松动，且属重庆名门之魁。

蹇氏家族之所以能成为重庆地区的名门望族，与科举制度息息相关。自隋大业三年（607 年）创立科举以来，尤其是宋代以后，科举都是选官从政的最主要途径。蹇义本身的经历，即生动地体现了科举制下"朝为田舍郎，暮登天子堂"的"风雨雷电，山川变色"景观。在明代，虽然门荫依然是仕途升迁的方式，但科举选士的重要地位也是无可动摇的。"明制，科目为盛，卿相皆由此出，学校则储才以应科目者也。其径由学校通籍者，亦科目之亚也，此外则杂流矣。然进士、举贡、杂流三途并用，虽有畸重，无偏废也。荐举盛于国初，后因专用科目而罢。铨选则入官之始，舍此蔑由焉。"❷ 在明代的这种政治人才与科举教育本属一体、同根连枝的场景下，蹇氏家族若要改变家庭门楣，进一步维持其门第兴盛，而不至于昙花一现，则其子弟非经科举而入仕不可。

蹇义（1363—1436 年）明初六朝元老，字宜之，初名蹇瑢。明重庆府巴县（今属重庆市主城区）人。洪武十八年（1385 年）进士，初授中书舍人，因谒见皇帝时奏对语言诚实可信，深得太祖朱元璋嘉奖，特赐名为"义"，从此便改名蹇义。明惠帝朱允炆继位后，升任为吏部右侍郎。"靖难之役"后，被明

---

❶ 王尔鉴，等.（乾隆）巴县志：卷七：选举封赠［M］. 刻本，1760（清乾隆二十五年）.

❷ 张廷玉. 明史：卷六十九：选举志一［M］. 北京：中华书局，1976：2085.

成祖朱棣任命为吏部尚书。永乐二年（1404年）又兼领太子詹事，对太子循循善诱，深得皇帝及太子欢心。永乐七年（1409年），成祖北巡，让他辅佐太子监国，一切军事大事皆倚仗他处理。永乐十七年（1419年）奔父丧归里，皇帝及太子皆遣官赐祭。明仁宗朱高炽即位后，他进位少保，得冠服、象笏、玉带赏赐，后升少师。明宣宗朱瞻基即位，对他更加倚重，让他内参馆阁，外预军机。宣德三年（1428年），特赐银章，上刻"忠厚宽宏"。宣德七年（1432年），吏部言蹇义历少师九年，降敕褒谕，该年生日，赐钞万缗。宣宗赐其免死牌，又在重庆赐府邸一座，按王爵规格建造，中堂由宣宗御书匾额"一个臣"，门联"祈天永命天官府，与国休戚国老家"。该府邸后称"天官府"。

蹇义于明英宗朱祁镇即位当年病逝，病情危急时，蹇义说："陛下初嗣大宝，义独寡佑，不能效分寸裨益。然区区犬马之诚，所望于圣明者，惟望敬守洪武成宪，始终不渝。"明英宗悼叹："属时国有大事，悉停诸祀。"特赐钞万缗，命工部治丧葬，赠特进光禄大夫、太师，谥"忠定"，并赐葬巴县故里（即今重庆北部新区大竹林镇五云村，为蹇氏家族墓葬群，见图4-1）。

图4-1　今重庆北部新区大竹林镇五云村蹇氏家族墓葬群

后人以其住地、官名、姓氏等在重庆城内命名的天官府、蹇家桥、蹇家巷等沿袭至今。《明史》有关蹇义的记载道："为人质朴正直，仁孝并忠于朋友，善于处理与同僚朋友的关系，不曾一语伤人。"杨士奇曾说："张咏的不近玩好，傅尧俞的待人以诚，范景仁的不设城府，蹇义兼而有之。"明成祖称赞蹇义："秉心正直，淳良笃实，裨益国家。"后大学士杨溥写《蹇忠定承恩堂记》，黄淮写《蹇忠定退思斋记》，以此纪念蹇义的功绩，表达敬佩之情。以下对两篇纪念文章加以转录。

蹇忠定承恩堂记❶

皇上嗣登大宝，嘉念苍生，期底雍熙，图任老成，人弥纶治化，少师吏部尚书蹇公义实为之冠，宣德七年秋诏，有司略曰，予有辅臣，粤自先朝，伟著德望，暨于今启，沃居多予于庶，政咨焉予于庶，官审焉克允克谐实，惟其人欲新厥居以称予优礼之意，其绘图以进明日，有司以图进，弗称又明日更为图进，弗称上乃自规画授有司，乃卜地于都城东南厥位，惟阳厥土惟刚拣材于肆厥木，惟良厥石惟贞陶瓴惟坚乃卜，日之吉鸠工并作袤高以平筑，虚以实引绳缩版以垣厥，周乃建厥堂翼之，以室乃辟厥路重之，以门甓之甃之涂之沐之，不踰月告成。祀先有庙，礼宾有馆，庖有厨，汲有井，有库有廏以储以牧，轮奂咸美，百用俱备，复命大臣燕饮以落之，肴核酒醴咸出。大官公谓翰林学士杨溥曰："昔晋献文子成室，诸大夫落焉，当时善颂善祷者见称于君子，子何以语我溥不敢以不敏辞，乃酌而祝曰，惟天佑国家，乃贲以贤哲，简俾平格复锡以寿，若周之毕公策名，文武之世相成，王相康王永光，周室公历四朝，进位师保享高年，辅圣天子丕隆太平之运。溥于斯为国家贺又酌而祝曰："明盛之世，惠归之德君，子享多福而民咸乐其乐，是以锡马蕃庶书日三接，乃惟康溥于此为天下苍生贺又酌而祝曰，福善之报，为有德于民者为盛古，古昔名臣辅君致治，实功允德，孚达神明，身被光荣，泽流子孙，與国同久。"诗曰："惟其有之，是以似之，溥于斯为公贺。"公酌而复曰："圣天子之恩笃不敢忘。"子亦可谓善颂者矣，谨名其堂曰"承恩堂"，请书此以为记。

蹇忠定退思斋记❷

少保吏部尚书蹇公，名其燕休之所曰，退思以予旧，尝同在外制，相知为深而以记见。属今之为轩阁斋室者，往往托趣于云山泉石、华竹禽鱼，公独以退思为名，其度越于人远矣。夫天下事物之理，至著之中而有至微者存况夫，是非得失，屈伸取舍，千变万化，所以困心而衡虑者，非思莫能究其极，而适于中思而谓之退者，进非不思也。特退而细绎，省审加致其详云耳，譬诸水鉴演漾荡激，则鉴多失其真，待其波静水止而鉴焉，则妍媸具见，故进而思，不若退思之为得也。且世之人品类不同，而所思不能无异，农之思易，田畴工之思利，器用贾之思较，赢缩趣便巧，以求逞其欲而已。士君子立身行道，其所

---

❶　黄廷桂，等. 四川通志：卷之四十二：艺文记 [M]. 刻本，1733（清雍正十一年）.

❷　黄廷桂，等. 四川通志：卷之四十二：艺文记 [M]. 刻本，1733（清雍正十一年）.

思宜何如哉，然仕有大小，而所思不出其位，犹农工商之不相为谋，宰执大臣以身任天下之重，其所思则志其大而谋其细，缓其末而急其本，故禹思天下有溺犹己溺之稷，思天下有饥犹己饥之伊尹，思致君为尧舜之君，致民为尧舜之民。周公思兼三王以施四事，其有不合者，仰而思之，坐以待旦见于传记者，章章如是，少保公之退而思者，同乎否乎？公为人宽厚和平，沉静寡欲，言动有常度，历事太祖太宗垂四十年，人无间言，今上皇帝倚任益隆，决大议临大政不动声色，而人服信，能以禹稷伊周为心者矣，或曰公之退思云者，取退思补过之义，子言博而不切，何居曰然予所论皆公职，分当为之事。方今朝廷清明，海宇宁谧，圣天子既以二帝三王为己任，而为大臣者，又以禹稷伊周自期，由是礼乐彰而法度，振道德，仁义之泽洋溢乎，四表不惟，无过之可补，以求底于无思无为而后已，顾不伟欤，拳拳愚忠，盖有望焉是为记。

蹇义忠厚宽宏，辅佐太子，裨益国家，威望崇高，使得其父也颇受敬重，对于蹇源斌，有《谕祭吏部尚书蹇义父源斌文》，以称颂纪念：

谕祭吏部尚书蹇义父源斌文（永乐十七年）

皇帝遣行人雷诚谕祭尚书蹇义父源斌之灵曰："惟尔性质敦厚，器宇温淳，笃志好善，仪式乡闾用生贤子辅弼，予治敬恭，夙夜益慎益动，推恩锡爵荣及尔身，方期尔优游暮景，乐此太平，胡乃一旦奄然遐逝，虽然生死者人世之常，而尔生有宠褒，殁有令誉，夫复何恨，兹特遣人谕祭，尔其不昧，尚克享之。"❶

历史嬗变，以是由古至今，由前至后，延续交替，不绝如缕，而之于家族或个体关系延续而言，也是如此。祖、父、子的承袭相依，承接赓续，绵延兴旺，成为常理规则。然而，由后人荣耀祖先、光大门楣的情形同样是存在的，两者互动，恰是科举家族稳固深厚的力量之一方面。上述祖父子孙各代科举家族的生成机制及人物功名摘桂衔接关系是足以充分反映在蹇氏家族之中的。

长子：蹇英，有诗名，荫封尚宝司丞，官至太常少卿。

次子：蹇芳，应武举入仕，正统十一年（1446 年）卒。

三子：蹇芸，荫封尚宝司丞。

四子：蹇荃，明仁宗驸马，洪熙元年（1425 年）擢升尚宝司丞，命食其禄，进学于家。早夭，公主亦早夭，合葬蹇义家族墓群。

侄：蹇贤，永乐六年（1408 年）举人，任监察御史，执宪公平，累官湖广

---

❶ 霍为棻，王宫午，等. 巴县志：卷四之上：艺文志 [M]. 刻本，1867（清同治六年）.

布政，有冰蘖声，祀乡贤。

孙：蹇霆，蹇芸之子，蹇义之孙，成化十一年（1475 年）乙未科进士，由侍御出为宪佥，官陕西陇西牧，刚方清俭，不自矜高，洁己勤民，故人乐与游。致仕归，睦族赡民，祀乡贤。

孙：蹇霖，蹇英之子，据《蹇氏族志》记载为进士，科数不可考，《巴县志》无记载，存疑。

孙：蹇达（1542—1608 年），字汝上，更字汝循，号理庵，明初名臣蹇义六世孙，嘉靖壬戌进士，明朝名将，政治人物。嘉靖四十年（1561 年）考中举人，嘉靖四十一年（1562 年）考中第三甲进士。授颍上县令，历任河南祥符知府、礼部主事、礼部员外郎、山东按察司佥事、安庆知府、平阳知府、山东提学佥事、湖广按察使。官至右都御史兼兵部尚书，两任总督蓟、辽、昌平、保定四镇军事，主政明朝时期的兵部，是我国历史上的抗倭名将，为我国古代国防呕心沥血，无愧于"民族英雄"的称号。

万历三年（1575 年）擢拔为平阳知府。万历十三年（1585 年）闰九月，任右都御史巡抚顺天。万历十六年（1588 年）七月，擢升大理寺卿。次年十月，擢升户部左侍郎，十二月改任兵部左侍郎。万历十八年（1590 年），接替张国彦任蓟辽总督。蹇达上任后整修边备，调整部署，辽东边防明显好转。由于整顿范围未波及世镇辽东、根深蒂固的李成梁，受到河南道御史林祖等言官的不断责难，蹇达多次请辞，未受批准。万历二十年（1592 年），蹇达被召回京，协理京营军政，保留蓟辽总督职位。万历二十一年（1593 年），回乡守制，在籍听勘。万历三十年（1602 年），蹇达被重新起用，任都察院右都御使，总督蓟、辽、昌平、保定四镇军事。万历三十二年（1604 年），因功升兵部尚书，仍旧担任蓟辽总督。万历三十五年（1607 年），兵部给事中宋一韩以"纵敌"弹劾蹇达，蹇达上书请辞未果。万历三十六年（1608 年），由于愤于当时的阉党专政，郁郁而终，年 66 岁。万历四十一年（1613 年）赐祭葬，次年赠少保。

蹇氏子孙中，在科举一途上有所进展，是在蹇义孙辈——蹇芸之子蹇霆。❶蹇霆为成化乙未进士。"官陕西晚州牧，洁己勤民。致仕归，睦族赡贫。祀乡贤。"❷ 还有蹇英之子蹇霖，据《蹇氏族志》其为进士，❸ 但何科不详，《巴县志》亦无相应记载，是否曾为进士存疑。但蹇霖之子蹇贤为"永乐戊子举人，

---

❶ 出自蹇氏同宗自治会制《蹇氏族志》，1981 年第 23 页。

❷ 王尔鉴，等.（乾隆）巴县志：卷九：人物志 励业 [M]. 刻本，1760（清乾隆二十五年）.

❸ 出自蹇氏同宗自治会制《蹇氏族志》，1981 年第 20 页。

任监察御史，执宪公平，累官湖广布政，有冰蘗声。祀乡贤"❶。

此外，《巴县志》还载有景泰庚午科举人蹇惠，官南安州知州，其事迹则不详。❷

蹇义后裔中，文风最盛者，要数蹇芸一支。除蹇芸之子外，其第八代蹇廷相❸、第九代蹇来誉、第十代蹇达均为进士出身。❹

从全国地域分析，明代重庆并不是文教特别发达之地，能有如此科举家族成就实属不易。蹇义之后，蹇氏子孙出仕者如蹇霖、蹇贤、蹇达等亦多为清廉正直之士。诗书传家、廉洁自持的门风，正是蹇氏家族历经明代两百多年风云变幻而能长盛不衰的要诀所在。

蹇义是重庆历史上第一位以科举入仕并身居宰执之位的名人。其身后蹇氏家族由寒门庶民一跃成为明代一个重要名门望族，诗书传家，对于重庆的文化教育也产生了积极影响。蹇氏家族的崛起给了重庆士人学子以重要的示范作用。以进士论，蹇义之前，巴县籍人士能得意于科场者非常稀少。唐代无一人登科，宋代仅有 7 人，元代无一人登科，至明初洪武年间，仅有蹇义 1 人。但蹇义以后，巴县籍进士数量迅速增加。永乐时期，便已有 4 位进士，景泰时就已增至 5 位。考虑到永乐一共 22 年，而景泰前后总共只有 8 年，这个增长幅度是相当惊人的。此后如嘉靖、万历时期，巴县籍进士也都在 10 人以上。整个明朝，巴县籍进士共有 112 位，其数目远远超过前代。可见，由于蹇氏家族的影响，重庆地区的文教事业在明代有了极大发展。❺ 明代重庆蹇氏家族能够从一个普通的平民家族发展为重庆地区的名门之首，并在全国形成相当的影响力，科举制度的作用在其中不可忽视。❻

重庆古莲花池遗址与蹇氏家族也渊源颇深。

现今重庆渝中区仍有莲花池遗迹。莲花池的确是很著名的。远在明初，是马氏的别墅，后来属于蹇氏。明代蹇氏是重庆十分显赫的家族。到了明末才属王应熊，名为涵园。王应熊，字非熊，一字春石。神宗万历四十一年（1613年）进士，很为思宗所倚重。崇祯六年（1633 年）特旨擢礼部尚书兼东阁大学士。因为未经廷推，屡为给事中、御史等攻击。思宗虽然不问，应熊终因此乞

---

❶ 王尔鉴，等.（乾隆）巴县志：卷九：人物志　励业［M］. 刻本，1760（清乾隆二十五年）.
❷ 王尔鉴，等.（乾隆）巴县志：卷七：选举　举人［M］. 刻本，1760（清乾隆二十五年）.
❸ 《蹇氏族志》记载蹇廷相为进士，但《巴县志》仅记载为廪生，故而存疑。
❹ 王尔鉴，等.（乾隆）巴县志：卷七：选举　进士［M］. 刻本，1760（清乾隆二十五年）.
❺ 王尔鉴，等.（乾隆）巴县志：卷七：选举　进士［M］. 刻本，1760（清乾隆二十五年）.
❻ 傅剑. 明代重庆蹇氏家族研究［D］. 重庆：西南大学，2014：34.

休归里。涵园就是这时经营的。崇祯十七年（1644 年）三月，义军李自成破北京，思宗自缢。五月，福王即位于南京，以应熊为兵部尚书兼文渊阁大学士，总督川、湖、云、贵军务，开府贵州遵义。清世祖顺治四年（1647 年）清兵入重庆。明王朝大势已去，降将候天赐遣使招降应熊，应熊斩其使，遁入仁怀土城，抑郁病卒。

应熊经营的涵园，根据记载，亭榭台阁俱全，有上下二地，都种芙蕖，所以称莲花池。上池旧基周围七十九丈，长十七丈，宽二十二五尺，下池旧基周围九十一丈，长二十九丈，宽九丈五尺。石上镌"曲池"二字。现在看到的正六角形池，当然不是原物，是后来另修的，情况待考，过去围以石栏杆，还有石门，横额有题字和上下款，在大浩劫中才拆去。王应熊死后归周姓。清康熙四十六年（1707 年）年重庆城内改编为二十九坊，莲花坊是其一。嘉庆二十一年（1816 年）年建字水书院，周钟、周镛捐为院址。书院废后，巴县高等小学堂迁此，后又为巴县县立女校。

莲花池过去既为人重视，题咏也很多。明刘道开《涵园》云："兴废何常为甚嗟，此园当日擅繁华。无人敢觑移来石，有鸟偷衔落去花。竹树几坡堪种菜，鼓吹一部旧藏蛙。百年未满三更主，何事先生认作家。"《涵园一相国王应熊别墅》云："倪园草木未全荒，又见王园作牧场。滕髯昔游忘地主，寒痴有托赋《山羊》。虽然一代推金谷，那有千年永保疆。地下若逢巴蔓子，岂宜侈说我篑笡。"倪园，指乡贤倪斯蕙的别墅巴字园。王园作牧场，自注云："降寇刘维凤牧马王园。"滕髯，指应熊幕僚滕伯伦（名待考）。寒痴，指寒达之子宗伊，字海峤，见山羊入园，作《山羊赋》。篑笡，自注云："公曾题曰'吾篑笡谷'。"应熊确不尊重巴蔓子墓，如何形云诗所云。清龙为霖《莲花池》云："少时游此地，常爱水中莲，胜事可长在，回头四十年。"❶

二、刘氏家族

巴县刘氏，有明一代世以科第显赫，成为重庆一大旺族。民国《巴县志》辑前志中相关内容编成《诸刘传》，刘氏撰有《科第志》，明朝大学士、万历四十一年（1613 年）进士王应熊为序云：

科第志，志刘氏科第也。刘氏族有谱矣，复勒斯于塾，以昭云礽而奋之也。巴之世家，国初称忠定寒氏，成、弘以后，泽寝微而文简刘氏最著。又牟氏、

---

❶ 彭伯通. 古城重庆 [M]. 重庆：重庆出版社，1981：66-67.

曹氏、寒氏，科第号为蝉联。而刘氏子孙，累叶弥衍，文简登鼎甲，位卿相，兄弟皆冠贤书。苏子瞻云，"兄弟并窃于贤科，衣冠或以为盛事"，将无同。縣是一门七叶俱兴，九朝两榜时荐，冠盖为式，里间比于高阳；羔雁成群，求材必在新甫。二龙出守，市存棠棣之碑；两疏归来，家有竹林之禊。虔刀如拭，魏笏长传。迄今题雁者若而人；绾绶者、偕计者若而人；诸生中崭露头角者，若而人。龙驹凤雏，云间竞爽；芝兰玉树，榭砌联葩。何其盛也！

里人称为大袖刘氏，一称桂园刘云。辟之曹风，君子咏其带弁之仪；韩相高门，标以梧桐之树矣。王子为之序曰：

世家方于乔木者也，蟠踞厚者，条始繁泽之自根及叶也；壅溉多者，丛愈茂泽之自叶流根也。刘氏之先，典则燕贻，多孝友洁白之行；仕于朝者，敦尚节廉；赋政四方，皆有遗爱；形诸金石，积善余庆，昌厥苗裔，不亦宜乎？夫木畏再实，而况其屡也？壅之溉之，不在世德作求者哉！若夫元成企齐于令声，茂先励志于高矩，亦各言其撰也。❶

刘氏入渝前，其祖辈刘荣八在祖籍兴国州（今湖北地区）为承事郎。元末，刘荣八之子为避陈友谅之乱携三子举家外迁，长子落户重庆巴县，次子移居重庆万州，三子返迁原籍。重庆巴县刘氏家族在明代是仕宦之家，从六世刘规到十世刘世曾等连续 5 代 10 位进士。刘规有 5 子，其中刘春、刘台皆中进士，后辈科第延续不绝，迄于清初，刘氏成为巴渝首屈一指的世族。明代巴县西柳市里刘氏家族人才辈出，子嗣先后考中秀才、举人、进士，有任翰林学士，有就职州、县地方官，政绩显著者，不断升迁。刘氏家族竟然出了 9 个翰林、18 个正副都尉史，在民间有"九翰十八都"之称。

据 1939 年刻本《巴县志》卷十载：

"明史称县刘氏世以科第显，刘氏自撰科第志县人王应熊为叙，谓巴之世家。明初称寒氏，成弘以后，泽寝微。又牟氏、曹氏，科第亦号蝉联。惟刘氏子孙，则累世弥衍长。刘氏为宋木师刘之苗裔，元至正闲有珉一者始来迁，三传曰升，升生克明，克明生刚，刚以下九传至如汉。前志各为之传，而以刚孙春为取显，虽盛科第，实世箸名，德盖巴之世家经献，乱后寒及牟曹迁流转徙，悉去县籍，刘氏廑存复显，清初然三百年乔木，故家久亦替矣今，据前志汇次诸刘山殿明一代人士，道开为刚八世孙当明之，道开子如汉登科出仕在清顺康

---

❶ 霍为棻，王宫午，熊家彦，等. （同治）巴县志：卷四之上：刘氏科第志序 [M] //刻本，1867（清同治六年）.

之世。"

刘氏世系见图 4-2❶：

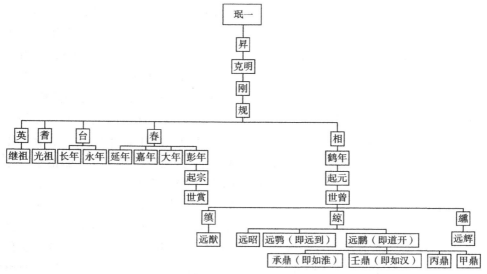

图 4-2 刘氏世系图

刘规，字应乾，成化五年（1469 年）进士，次年授浙江余姚县知县。成化十年（1474 年），刘规父刘刚卒。刘规回家守制（丁外艰）满后，改为湖北麻城县知县，后历云南道、山西道监察御史。为官山西道时，巡按山东，因弹劾参政不法之事，反被其中伤，谪贬为郁林州判官。成化二十三年（1487 年），迁为新淦知县，不久以孝养老母杨氏为由辞官而归。教子有法，既贵，犹勤训饬，故春、台二子联元鼎甲，科第绵延不绝。巴渝世族，首推刘氏。寿七十有三，有墓表，载《艺文》。祀乡贤。《麻城县志》页三："刘规，字应乾，巴县进士，宏治间麻城知县，优礼耆旧，政尚德化，有蒲鞭示辱之风。二子春、台相继登第。府志，祀名宦祠。"❷

刘规有子五人，长子刘相，次子刘春，三子刘台，另有侧室所出二子刘耆、刘英。有女六人。刘规教子有方，刘春、刘台皆中进士，科第延续五代不绝，使刘氏成为巴渝首屈一指的世族。

正德三年（1508 年）九月十四日，刘规卒。此时，正值他的儿子刘春为礼部尚书，刘台为广东布政使左参政，一为朝廷二品尚书，一为地方从三品大员，

---

❶ 向楚，等. 巴县志：卷十中：人物 [M]. 刻本，1939（民国二十八年）.

❷ 《麻城县志：卷之十三》引府志，误作弘治年间任，《麻城县志：卷之十二：文秩表》作成化年间任。

刘氏家势至隆。特命加赠其父刘规为资政大夫、礼部尚书，又命工部派遣官员治葬事、礼部到其家谕祭，时任首辅杨廷和为刘规撰写了墓表，并加赠刘春祖父刘刚为礼部尚书，李东阳为其撰写了神道碑铭。

巴县刘氏以七世子孙刘春科举及第最为显著。刘春，字仁仲，号东川，规次子，成化癸卯解元，丁未榜眼，累官礼部尚书，赠太子太保。刘春于成化十九年（1483 年）中四川乡试第一名，解元。成化二十三年（1487 年），夺得天下第二人，进士摘桂后，入明代选才、育才、储才之地的翰林院，授翰林院编修。明宪宗提出翰林官的资格："必文学核博，操履端慎，方为称职。"❶ 孝宗登极（1488 年），参与编修《宪宗实录》。二月，孝宗巡视国子监，刘春参加了自翰林检讨以上的随班陪祭。弘治四年（1491 年），升翰林修撰。弘治六年（1493 年），充殿试掌卷官。弘治八年（1495 年），充会试同考官。弘治十三年（1500 年），充东宫讲读官。弘治十五年（1502 年），升左春坊左谕德。弘治十六年（1503 年），以纂修《大明会典》成，升翰林侍读学士。诏修《通鉴纂要》。弘治十七年（1504 年），以母亲七十大寿，请归省。弘治十八年（1505 年）冬，还朝。武宗即位（1506 年），以曾任东宫讲读，升学士，参与纂修《孝宗实录》。正德二年（1507 年），充顺天府乡试考官。正德三年（1508 年）四月，首开武举，刘春充任考试官。武举有记录也自此始，其中很多规定条款都为首创，且最为折中。十一月，父亲去世，刘春回乡守丧。三年后还朝，升吏部右侍郎。正德八年（1513 年）升礼部尚书。第二年，充会试主考官。正德十年（1515 年），母亲去世。武宗特遣礼部主事余才经纪其事，仍给驿归乡。三年后，起为南京吏部尚书，刘春上疏请辞，武宗不允。正德十六年（1521 年），由吏部尚书改礼部尚书，入内阁，专典诰敕，不久又掌管詹事府事务。詹事府的主要职责是辅导、教育太子。刘春七次上疏尽辞，才获批准。

刘春在任吏部时，"古朴登进，人才多所裨助"。在任礼部时，两次遇到郊祀大典，一遇会试，贡院"旧格整饬一新"。"凡举动皆为久远计，不务目前。"皇帝宠信西僧，有一西僧欲占用甘州地区老百姓的土地，且请朝廷批准派遣官员督建寺庙。当时，正是关中闹饥荒。刘春力言不可，词语激烈，此事才罢。刘春为礼部尚书之时，每次勋戚大臣们病故，皇上遣官谕祭，主丧之家都要出事金相谢，且为贯例，习以为常，而刘春却说："以尚书而受其私，岂惟轻己，如国体何！"他便带头拒绝所有酬谢。由此不难看出刘春为官清廉有法度。

刘春与修《通鉴纂要》成，按例当加官晋级，但当时正值刘瑾柄权，欲拉

❶ 尹直. 謇斋琐缀录二［EB/OL］.［2023-02-03］. http://read.nlc.cn/OutOpenBook/OpenObject-Book?aid=892&bid=205215.0.

拢史官，遂邀请纂修官全到他家，刘春与大家约定，遂无一人前往，刘瑾大怒，以书中字画浓淡不匀为由，夺去史官们的封赏，且不得升级。处理事情宽和而有原则，人们看不见他的喜怒。但遇正义所在则毅然争之，不达目的不罢休。他为官三十年，"忠清严谨，宽简敦朴"，以至三部僚属及文武科门生皆对他敬爱如亲人一般。他曾对后进学子们说，做人为官"拳拳不欲失秀才风味"。刘春诗文力追古人，晚年更加"简劲"，正如他的为人。刘春的字画师承欧体而自成一家。同乡马侍郎曾说："吾馆阁中缜密者为某某，疏突者为某某，敏达者又某某，至粹然集于一人如出于一日者，惟吾东川先生乎。"刘春卒于正德十六年（1521 年）六月三日，赐谥文简，赐谥诰文曰："勤学好问曰文，一德不懈曰简"。刘春别号东川，有《东川刘文简公集》二十四卷传世。刘春墓志由首辅杨廷和撰写，称其"位虽显，而未究其用"，殊为痛惜。著有《凤山集》若干卷。❶

刘春弟刘台，字子畏。少有神童名，13 岁时能日记《春秋》万言，下笔即成文章，被其师夸为"才如天马"。弘治九年（1496 年）进士。授刑部主事。万历初，改御史。巡按辽东，坐误奏捷，奉旨谯责。父规，其兄刘春历仕明代四朝，仕途与孝宗、正德二帝相始终。因上疏劾张居正，廷杖除名。居正复诬以他事，远戍广西。至浔州暴卒。天启初，追谥毅思。有《精忠堂稿》。

弘治五年（1492 年），刘台举乡试第一，中解元，获得魁首桂冠。弘治九年（1496 年）中殿试进士十四名，后任职广东提学。刘氏兄弟相继中解元，又举进士，一时传为美谈。

杨廷和作诗《赠刘春刘台》称："君家兄弟好文章，经学渊源有义方。夺锦两刊乡试录，凌元双立解元坊。大苏气节古来少，小宋才名天下香。从此圣朝添故事，巴山草木也生光。"刘台中进士后，并没有如其兄一般进入翰林院。彼时，浚县素为难治，缙绅多不愿往。浚县威宁伯王越闻知刘台名望，于是拜请吏部尚书屠滽，荐授刘台为浚县知县。刘台治理浚县公正廉明、铁面无私，时浚县有"夜不闭户，路不拾遗"之风，民间亦有刘青天之民谣加以颂扬。刘台关心学宫育才，亲临县学亲授浚县学子《春秋》课业，浚县登科第者接踵连绵，为官三年满考，上司组织考核为最优等，于是拜礼部仪制司主事，不久，转入吏部稽勋和文选清吏司，秩满升吏部考功员外郎，由是声名日盛。弘治十六年（1503 年），晋郡王以藩王礼求取恤典，刘台上奏阻止与宦官刘瑾相逆。是时，刘台守义不屈，被左迁为泰州同知。刘台父亲刘规得知此事后，喜曰：

---

❶ 彭伯通. 重庆题咏录［M］. 重庆：重庆出版社，1985：49.

"吾儿素有真气，今果然矣。"❶

谢迁，浙江余姚人，成化十一年（1475年）进士第一，即状元，累官太子太保、兵部尚书兼东阁大学士。而在成化六年（1470年），刘规授为余姚知县。刘春师从谢迁治三礼，后来，刘春举乡试第一、进士第二。其弟刘台再立解元，又举进士。谢迁诗曰：

赠刘春刘台
谢迁

绣衣遗老未成翁，金匮仙郎早录功。

家有甲科传世屡，郡名重庆与堂同。

蓬莱绝顶天仍近，滟滪高时峡始通。

莫学相如夸汉史，上林词赋待才雄。❷

刘春子刘彭年，正德九年（1514年）进士，巡抚贵州右副都御史。刘彭年子刘起宗，嘉靖十七年（1538年）进士，辽东苑马寺卿。刘起宗子刘世赏，隆庆二年（1568年）进士，广东左布政使。刘春哥哥刘相子刘鹤年，正德三年（1508年）进士，云南布政使，以清誉闻。刘鹤年子刘世曾，嘉靖四十一年（1562年）进士，巡抚云南右副都御史，有征缅功。

据统计，巴县刘氏在明代共出进士11位，刘规一支更是五代进士家族，这一方面与重庆文教事业在明代得到极大提升相关，另一方面进士家族及形成的家学渊源对于地方文化发展、社会向学风气引领也有推动作用。

刘氏后人不忘先祖家训，刘规在儿子刘春点为榜眼后，也写诗激励并给予很高的期望："吾年廿五以生汝，今汝离怀廿五年。对策御阶夸独步，传胪金殿喜争先。皋夔事业诸书载，周召勋名万古传。寄语汝曹力珍重，寸心期不负苍天。"❸ 此作为寄托高中之情于书信的诗歌，全篇虽洋溢喜庆得意之感，然严父之尊亦赫然在纸，谆谆诲教，勉勉期许，尽显舐犊情深。

重庆城内曾有举人坊、天宠荣街坊、都宪坊、功靖西南坊、刘春榜眼坊、兄弟解元坊、阁学坊、内侍清臣坊，俱为旌表刘氏历世显宦。如今重庆城内的刘氏牌坊早已不在，刘春榜眼牌坊初建于明朝万历年间（1573—1620年），清道光二十二年（1842年）改建重庆府文庙时重建榜眼牌坊于庙左，辛亥革命时尚存。辛亥革命以后，因年久失修，才拆除了，但基座还在。直到重庆建市，

---

❶ 王立言. 明诗三百首［M］. 天津：百花文艺出版社，2018：3.
❷ 彭伯通. 重庆题咏录［M］. 重庆：重庆出版社，1985：47.
❸ 彭伯通. 重庆题咏录［M］. 重庆：重庆出版社，1985：48.

开辟马路，榜眼牌坊的基座彻底消失。由此可见其家族在地方社会的知名度和在重庆教育历史上的重要地位。

自唐宋推行科举制度以来，全国各地几乎所有的望族谱牒中，都列有"科名录"，详细地记录了本家族在科举上的骄人业绩，并尽力阐发科举功名对家族的不凡作用。其间不乏人名和科名，还详细地记载了有关史实。在明清两朝，巴县刘氏所受皇恩旌表牌坊和皇恩诰敕封赠林立，不乏可圈可点之处，以下为皇恩浩荡下的奖励：

（1）旌表牌坊：12处（重庆城内10处，北碚2处），旌表12人。

绣衣坊——重庆崇因寺左园内，为刘规夫人邓氏立。

刘春榜眼坊——在府文庙左，明朝万历十六年（1588年）为成化丁未科榜眼礼部尚书刘春立。

兄弟解元坊——重庆朝天门月城内，为刘春、刘台立。刘春，成化癸卯科（1483年）解元，弟刘台弘治壬子科（1492年）解元。

阁学坊——重庆储奇门十字街，万历年间为东阁学士刘春立。

天宠荣街坊——重庆在杨柳街中茗门，万历九年（1581年）为都御史刘起元立。

都宪坊——重庆神仙口十字街，万历十年（1582年）为都御史刘世曾立。

功靖西南坊——重庆杨柳街中茗门，万历十四年（1586年）为云南巡抚兵部侍郎刘世曾立。

内侍清臣坊——重庆凤凰台，为刘世赏立，书外藩极品，旌表刘世赏山东监察御史、湖广左右布政使，祖刘彭年湖广左右布政使，父刘起宗户科给事中。

两朝恩命坊——重庆翠微坊，为都御史刘翱立。

三品京堂坊——重庆陕西街翠微坊，为大同巡抚都御史刘应箕立。

以上载民国《巴县志·卷二下》。

另节孝牌坊：重庆北碚区天府镇文星场之一，清同治八年（1869年），为刘文魁妻颜安人立；北碚文星场之二，为刘继仲妻周安人立。

（2）皇恩诰敕封、赠：受皇恩诰封赏男20人、女9人。

四世：刘克明，因重孙刘春赠礼部尚书。

五世：刘刚，字弘毅，性英敏，能吟咏，尤工楷法，浙江台州府赤城驿丞，临海知县，均有政声，因孙刘春赠资政大夫、礼部尚书，妻杨氏赠夫人。

六世：刘规，进士，官至监察御史山东巡按，因子刘春先封翰林院编修阶文林郎，再封侍讲学士阶奉直大夫，后赠资政大夫、礼部尚书，崇祀乡贤，妻邓氏赠夫人。

七世：刘相，因子刘鹤年封户部主事，敕永德郎，赠参政。

刘春，举解元，进士榜眼，官至礼部尚书、东阁学士，赠太子太保，谥文简公，崇祀乡贤。

刘台，举解元，进士，官至吏部员外郎，广东布政使司左参政，崇祀乡贤，蹇氏诰封宜人。

八世：刘鹤年，字稚新，号云皋，正德戊辰进士，官至云南参政、云南布政使，因子刘世曾封资政大夫，赠都察院右都御史，崇祀乡贤。

刘彭年，字维静，号培庵，正德甲戌进士，官至贵州巡抚右副都御史、湖广左右布政使，贤育才，兴利除害，所至有声，致仕归乐，志琴书，启迪后学，乡里推重，寿八十余，祀乡贤。

刘延年，荫国子生，官至礼部仪制郎中，因父刘春而受荫封都察院左副都御史。

九世：刘起元，廪生，因子世曾而封资政大夫、都察院右都御史。

刘起宗，进士，授文林郎，官至辽东苑马寺卿，崇祀三省名宦，本郡乡贤。

十世：刘世曾，进士，云南巡抚右都御史兼兵部侍郎，替理军务兼督川贵兵饷晋征战缅甸，功升正一品。诰晋公阶资政大夫，崇祀滇省名宦，本县乡贤，黄氏、陈氏均封夫人。

刘世赏，字功甫，号文川，自少篇文颖异，姜凤阿、茅鹿门器之，隆庆戊辰科（1568 年）进士，初司李西安，擢御史，风裁峻整，不阿权贵，历任河南按察、湖广布政，居官二十余年，清慎如一，处家温俭，后人罕及，卒于官，祀乡贤。

十一世：刘缥，因父刘世曾荫袭锦衣卫百户。

刘综，解元，字冠儒，号东旭，举万历己酉乡试第一，才瞻学博，弱冠有声，深自韬晦，居家孝友，蹑履笃实，远近钦服，惜其早逝，卒赠太常寺少卿，崇祀乡贤，入郡志孝友人物传。

刘翱，参政，因子应箕封都察院右佥都御史。

十二世：刘道开，举人，授贵州思南府推官未任，因子诰封微仕郎、通议大夫、翰林院庶吉士又太常寺少卿，晋赠资政大夫都察院右副都御史。

刘应箕，进士，巡抚大同地方赞理军务、都察院右副都御史，崇祀乡贤，母杨夫人、妻曹氏都封为安人又恭人。

十三世：刘如汉，顺治己亥进士，授翰林院庶吉士微侍郎，官至巡抚江西地方兼理军务、都察院右副都御史，崇祀乡贤，妻包氏、杨氏诰封夫人。

廿世：刘廷玠，举人，知县，诰封朝议大夫，谥敦敏。

三、曹氏家族

曹氏也是重庆巴县一大望族，人才辈出，光耀门楣。曹氏家族最有名的当属曹汴。曹汴妻为邓氏，子曹大川、大埝及孙曹延裕均为进士。

曹汴（1499—1588年），明重庆府巴县人，字自山，家中排行第四。曹汴出身于官宦之家，父亲曹勅为刑部员外郎，母亲罗氏封为安人，祖父曹文德被赠予刑部主事，曾祖父曹天华被赠予徵仕郎。曹汴自小入国子监读书，专修《易经》。参加四川省乡试名列第八考上举人，后参加会试名列第二百三十六考上贡士。嘉靖八年（1529年）考中进士二甲第四十四名，赐同进士出身，选庶吉士，后改任户科给事中，升任浙江参政。曹汴为官期间处理政事刚正不阿，因揭发张璁、桂萼骄横妄为而违背圣意，被贬官，后升任浙江参政，最后告老还乡。曹汴为人孝顺，善工文章，撰写有《重庆府重修庙学碑记》《重建涂山禹庙碑》《重庆府城垣记》《巴县建常裕库记》等文。

曹大埝，字仲平，重庆府巴县人。治《易经》，由巴县县学童生中式四川乡试第六十二名举人，会试中式第十四名。年34岁中式隆庆二年（1568年）戊辰科三甲第一百四十一名进士。授户部给事中，次年改陕西乾州判官。万历元年（1573年），担任山西提学佥事。1578年，任湖广佥事、光禄寺少卿。1581年，任应天府府尹。二十年后，任都察院右佥都御史、江西巡抚、右副都御史。

获得科举功名的家族，经过数代的经营，往往累积了丰厚的财富；再加上拥有家学传统、良好的教育等，使得他们在科举竞争中更易胜出。科举家族以科举功名维系，我国"学而优则仕"的传统因子深刻蕴含其中。

第四节　明代重庆科举及第士子举要

明代科举功名颇受重视，完全纳入官僚的政治体系当中，显宦实权源于翰林出身者十之八九。但八股取士的考试难免存在束缚思想、磨灭个性、抑制创造性的弊端，因此有举业盛而学术微之评判，然而作为一场知识兼智能测评的比拼大赛，入选中榜者的毕竟是一批社会中的英才文士，其发挥诸多方面的效应亦颇为突出。其中更不乏执政清廉而又学有建树的士子，考诸重庆情形，亦为如此。需要说的是，想要罗列明代重庆所有进士的业绩贡献，既不可能，也无必要。以下就所收集材料的信息以及人物的历史作用或社会影响两个维度一举其要者述之，以达到从样本推及全体的效果。当然，为了避开交叉重复之困惑，对以上述科举家族的人物不再介绍。

一、明代重庆进士举要

进士功名在科举制中为顶层上限，而且历代中央集权政府都以此为铨选之重心。这既体现了封建统治人才需求的阶层水平，同时也迎合了社会士人的高攀向上愿景，故各地进士的业绩影响也是最为显著、丰富的。这其中自然就包括重庆。

令人惊讶的是，明代重庆进士卓尔不群、声名远播，作为显赫者颇为突出。这与此期重庆科举发展下进士人数的急骤提升是符合若契的。以下选择叙述。

（一）明代重庆进士的代表人物

1. 江渊

江渊（1400—1473 年），明代工部尚书，字世用，号定庵，明重庆府江津县杜市里（今属重庆市）人。明宣德五年庚戌科（1430 年）进士，入选翰林院庶吉士，授编修。正统十四年（1449 年），瓦剌军进攻明朝，明英宗率 50 万军亲征，在土木堡（今河北怀来）惨败，英宗被俘，史称"土木堡之变"。在十分危急的情况下，江渊与于谦等人力主固守京师，得到明成王朱祁钰赏识，升任刑部左侍郎，参与军事，协助于谦等击退瓦剌军，保卫了京师，事后，朱祁钰被拥立为皇帝，即明代宗。景泰年间，他深得皇帝信任，先后任刑部左侍郎兼翰林学士、太子少师、工部尚书等职。景泰八年（1457 年），已获释回京的明英宗发动"夺门之变"，上台后，将江渊谪戍辽东，直到明宪宗即位后，江渊才被赦免还乡，并赐府第（住宅）于江津县城狮子街，"褒嘉忠勋，载在史册""崇祀乡贤"，❶ 由皇帝亲书"北极勋臣府，西川相国家"刻石于大门上，竖批"江渊府"，就是现在的江公享堂，也是重庆市政府首批省（市）级文物保护单位。1473 年，江渊病逝于江津，后葬于九龙铺临峰山下。江渊善作诗，著有《观光集》《锦荣集》。

2. 李实

李实（约 1413—1485 年），明右都御史兼湖广巡抚，字孟诚，号虚庵，明代重庆府合州（今重庆市合川区）人。明正统七年（1442 年）进士。正统十四年（1449 年）"土木堡之变"，英宗弟朱祁钰被于谦等拥立为皇帝，抗击瓦剌

---

❶ 故宫博物院. 四川府州县志：第十一册：乾隆江津县志卷之十一　士女志 [M]. 海口：海南出版社，2001.

军。在京师危急的情况下，他在其任职的淮安、扬州募兵二万北上勤王。北京保卫战获胜后，他向明代宗自荐，以礼部右侍郎身份出任和议全权正使，前往瓦剌军营中谈判，向瓦剌首领也先宣读皇帝诏书，斥其入侵京师及俘虏英宗罪责，迫使其送还英宗，同意和议。事后，升任右都御史兼湖广巡抚，任职期间清正廉洁、政绩斐然，深得官民赞扬。英宗发动"夺门之变"后，被罗织罪名，罢职，遣回重庆合州。宪宗成化年间，宪宗诏复其职，但他已重病缠身，于成化二十一年（1485 年）辞世，葬于合州城西。

3. 江朝宗

江朝宗（1425—1506 年），明翰林院侍读学士，字东之，号乐轩，明重庆府巴县（今属重庆市璧山区）人，明景泰二年（1451 年）考中进士，经礼部考选为庶吉士，参加撰修《大明一统志》，书成，升翰林院编修，后升迁翰林院侍读学士，兼东宫侍讲，参加经筵讲授，并两次主持选拔贡士的考试。成化十五年（1479 年），因受政治风波牵连，贬职广东市舶提举。任内，廉洁自律，克己奉公，誉满乡里。在广东数年间，从不阿谀权贵，曾多次被推举主持祭祀孔子典礼。后因年老乞退，恢复学士衔。江朝宗善书法，著述颇丰，编纂《英庙实录》《重庆府志》，著有《乐轩集》《蜀中人物记》。辞世后弘治帝朱祐樘谕旨四川布政使司祭奠追悼，并由重庆著名学者蒋云汉撰写墓表，高度评价其一生不凡业绩和崇高人格。

谕祭翰林院侍读学士江朝宗文（弘治十七年）

皇帝遣四川布政使司左布政谕祭于翰林院侍读学士江朝宗曰："尔以辨博之学、敏达之才擢秀科甲，蜚英词苑，史局著编摩之绩，经延多启沃之言，暨晋秩于宫僚，遂超登于翰佐，屡持交柄，简别惟精载与芳章，擢用伊迩，乃由横累，暂投散于外司，旋复原衔，许归休于故里，方膺寿祉胡遽考，终讣音来问良，深悼惜特复尔禄以酬往芳，谕祭尔灵，用慰冥漠九原不昧尚克歆承。"❶

4. 邹智

邹智（1466—1491 年），字汝愚，号立斋，合州（今重庆市合川）人。少时"家贫，读书焚木叶继暑者三年"❷。成化二十二年（1486 年）乡试第一。次年入京会试登进士第，翰林院庶吉士，上疏言事，"欲兴天下之利，革天下之弊"。抨击权奸坐遭危祸，"口劾公卿，裁量人物""为天下传诵"。《四库全书

---

❶ 霍为棻，王宫午，等.（同治）巴县志：卷四之上：艺文志 [M]. 刻本，1867（清同治六年）.

❷ 张廷玉，等. 明史：卷一百七十九：邹智传 [M]. 北京：中华书局，1974：4755.

总目提要》内称："其诗文多发于至性，不假修饰之功，虽间伤朴遨，而直气流溢。其感人者，固在文字外矣。"

他主张吏治清明，"欲正天下衙门，当自大衙门始"，强调"扶阳抑阴"，希望朝廷选用正直官吏。后因上疏劾权贵，受陷下狱，出狱时写《辞朝》诗说："尽披壮胆知何日，望尽衣裳只此时。但愿太平无一事，孤臣万死更何悲！"为国为民的耿耿忠心溢于言表，贯于字里行间。因此，他得到了"直声遍天下"的美誉。谪贬广东石城千户所吏目，卒于官所任内。❶

邹智《立斋遗集》卷四《奉石斋先生》《送提潘先生宪陕西序》载，"闻陈献章讲道新会，往受业，自是学益粹"。从思想渊源上讲，邹智属于白沙学派。白沙主"静"，所以邹智也说："盖'复'生于静者也，生于动者也，今人心无时不动，若作用之初，便从'复'起，则所谓静者，何处得来？当以涵养本源为先。"不过邹智注重个人修养，并没有走到"物我两忘"的地步。他推宋人胡瑗"德行为先，文艺为下"的观点，并进一步发挥说："德也者，得之于心之谓也；行也者，行之于身之谓也。使人而无心也，则可以无德；使人而无身也，则可以无行。"任何人都有心和身，因此，任何人都存在德和行的问题。德行是统一的，而且正如人之身体和精神对于人存在的价值一样，德行是不可少的。邹智将德行培养及实践与人的生理心性联系起来，使其德行观建立在坚实的物质基础之上。邹智善诗文，著有《立斋遗集》，今存词一首，附录于后。

水调歌头　送苏伯诚词

（明）邹智

微雨歇烦暑，轻风迎晚凉。

携手伏波桥上，平水正苍茫。

千峰归鸟纵横，两岸飞花下上，恰好是斜阳。

把酒为君舞，君当倾几觞。

道路难，功业远，岁华忙。

莫负良天美景，终古恨空长。

先生玉府神仙，小子石城居士，烂醉两何妨。

阿真何处在，焚起紫貌香。❷

这首词为邹智送别友人苏伯诚而作。苏葵，字伯诚，广东顺德县人，官庶

---

❶　谭兴国. 蜀中文章冠天下：巴蜀文学史稿［M］. 成都：四川人民出版社，2001：289.

❷　邹智. 立斋遗集：卷五　集部　别集类第 1259 册［M］. 台北：台湾商务印书馆股份有限公司，1986.

吉士后，升江西提学，累官至福建布政使。与邹智一样，曾为太监董让陷害。邹智殒后，苏葵痛吊："九天杲日真能照，三月冰山不久寒。人事晦明吾默卜，子方应及潞公还。"邹智与苏伯诚惺惺相惜，皆性情耿介，不谄权贵。邹智在词中，将苏葵称为玉府神仙，而自谦石城居士表现了邹智对苏伯诚的钦佩敬重，二人是可烂醉无妨的亲近友人，可见关系亲近。

5. 王应熊

王应熊，重庆府巴县人，字非熊。明万历四十一年（1613年）进士。天启中，历官詹事，丁忧归。崇祯三年（1630年）召拜礼部侍郎。博学多才，熟谙典故，擅长诗文。周延儒、温体仁为首辅，王应熊皆援以力助。崇祯六年（1633年），制曰："朕惟帝王勤思三五，期至治之有成，先必典学，就将懋缉熙于闉间，朕不承大历寅念，前修稽古准。今夙宵靡敦讲筵，肇举七载于兹，特俞太傅成国公朱纯臣知经筵事。尔同少傅兼太子太傅吏部尚书建极殿大学士温体仁、吴宗达，礼部尚书兼东阁大学士钱士升、何吾驺，同知经筵事太子少保礼部尚书兼翰林院学士李康先等充经筵讲官，实愿闻制治之良规。从来理欲危微，几易淆于争胜，与夫贞邪消长，辨容混于杂投，以至民生国计之安危，吏治边防之得失，折衷繁要。虽资策书于当几镜核源流，每藉权舆于古昔，尚其交秉一德备，殚忠谟抉。前事为后事之师，启乃心作予心之牗，使朕志皎如白日，即治理燦在目前，庶收作砺之功，不负为霖之托，钦哉故论。"[1]擢礼部尚书兼东阁大学士，充经筵讲官。周延儒再为首辅，力请召王应熊。南明福王立，改兵部尚书，兼文渊阁大学士，总督川湖云贵军务。孙可望破遵义，应熊遁入永宁山中，卒于贵州毕节。

明崇祯年间（1628—1644年），王应熊曾造访曲水寺，留诗《曲水寺》一首，诗曰：

曲水寺
（明）王应熊

朱明初丽日，曲水北含烟。

浅藻浮鸀鹭，深林响杜鹃。

禅枝松缀子，僧饭豆边田。

一宿谁云少，犹能免俗牵。[2]

王应熊在诗中对于鸀鹭、杜鹃、松树等进行了生动的描写，动静结合，以

---

[1] 福珠朗阿，宋煊，黄云鹄.（道光）江北厅志：卷七：艺文志［M］. 刻本，1844（清道光二十四年）.

[2] 梁申威，等. 禅诗奇趣［M］. 太原：山西人民出版社，2006：219.

生动的辞藻描写了曲水寺山灵水秀、峰秀石怪、清雅别致的景象。

6. 喻茂坚❶

喻茂坚，重庆府荣昌人，字汝砺、月梧，号心庵，明成化十年（1474年）出生于重庆府荣昌县（今重庆市荣昌区）坛坡滩。正德二年（1507年）参加乡试中举人。正德六年（1511年）参加会试和殿试，中三甲第三十二名进士，授安徽铜陵知县，后历任浙江临海知县、福建道监察御史、陕西巡按和大理寺卿、刑部侍郎等职，官至刑部尚书。他一生刚正不阿、清廉传家，以己身为表率，教导后世子孙行正路、做正事，成就顶天立地、堂堂正正的高尚人生。嘉靖四十五年（1566年），喻茂坚病故，享年92岁。隆庆元年（1567年）诏追赠刑部尚书喻茂坚为太子少保祭二坛，命有司治葬。

正德十四年（1519年），喻茂坚任福建道监察御史，正值明朝统治由盛而衰的转折时期。正德皇帝（明武宗朱厚照）怠于国事政务，喜好游猎，朝政全掌握在宦官刘瑾等人手中。在刘瑾的怂恿之下，正德皇帝下旨南巡。皇帝的轻率举动，引起朝臣们的激烈反对，朝臣纷纷上疏谏止，喻茂坚也毅然上疏力谏，表现了他正直敢言的性格。

嘉靖元年（1522年），喻茂坚任陕西巡按，负责调查总兵李隆唆使军兵杀害巡抚许铭一案。他秉公执法，将大有背景的总兵李隆绳之以法，并上疏建议在这里复设总督一职。喻茂坚的这一奏疏为人传诵，人称"中兴第一疏"。

喻茂坚曾先后任真定知府、河间知府、贵州左参政、福建按察使、浙江右布政使和陕西左布政使，足迹遍及大半个中国。嘉靖二十四年（1545年），喻茂坚奉旨查办楚愍王朱显榕被世子朱英耀刺杀一案。他以国为重，不徇私情，秉公处死世子朱英耀，受到嘉靖皇帝的赞赏。当时世人皆称喻茂坚"汉廷老吏，当代法家"。

嘉靖二十七年（1548年），喻茂坚升任刑部尚书。他就任不久，便发生了内阁首辅夏言被正受嘉靖皇帝宠信的奸臣严嵩倾陷之事，严嵩激嘉靖皇帝杀夏言以取而代之。在量刑时，喻茂坚敢于与炙手可热的严嵩硬碰，援引《大明律》中"议贵""议能"两条，请免夏言死罪，并向嘉靖皇帝进谏，"人可以杀，但国体宜惜"，请嘉靖皇帝从尊重国格出发，不要做明朝近两百年来第一个杀宰相的皇帝。嘉靖皇帝不听，于当年十月将夏言处死，并以喻茂坚为夏言开脱之名，降罪喻茂坚，除将喻茂坚与左都御史训斥一顿，还罚他们的俸禄以示惩戒。被罚停俸后，喻茂坚的日子过得十分清苦，但他依然心系天下百姓。为

---

❶ 内容摘自微信公众号"天下清官"《喻茂坚：心系百姓　还民公道》。

避免更多的冤狱错案发生，喻茂坚多次上疏，最终得以重修明代大法典《问刑条例》，并增加了严惩官吏等内容。嘉靖皇帝（明世宗朱厚熜）召见他，对新法规提出疑问，喻茂坚对答如流，有理有据，嘉靖皇帝对喻茂坚很满意，命内侍官给他送去金帛奖励。喻茂坚却宦囊空空，连给内侍官的赏钱也难以凑出。内侍官心怀不满，便到嘉靖皇帝面前去搬弄是非，恶意中伤喻茂坚。嘉靖皇帝听闻，感慨地赞誉道："喻茂坚乃天下清官也！"喻茂坚见朝政已被严嵩及其党羽把持，朝堂已无正义可言，便在完成《问刑条例》等编纂工作以后，毅然请辞，告老还乡。嘉靖二十八年（1549 年）冬，喻茂坚辞官，从京城回到家乡荣昌。

喻茂坚回乡后并没有养尊处优，而是在家乡建了一座尔雅书院，"以诗书课后生"。喻茂坚 85 岁那年，尔雅书院落成。

喻茂坚是一代法学名家，在这座书院里，他把自己的法治理念和为学为官思想传授给喻氏家族的子弟。晚年，他曾留给后世子孙两副对联：一是《垂训联》，一是《训示联》。

垂训联
衍祖宗一脉真传，克忠克孝；

教子孙两行正路，惟读惟耕。

训示联
事五尺天而天知，存方寸地而地知，为人父母无愧；

领千钟粟以粟养，读万卷书以书养，在我子孙自修。

喻茂坚以这两副对联作为家规家训，教育子孙耕读为本，忠孝传家；正身率下，憎爱不偏；贵名节，重家声；奉公勤政，报国恤民。

喻氏家规家训注重文化教育，要求子孙以耕读为本，鼓励大家认真读书，考取功名；注重德行修养，教导子孙后代忠孝两全，孝敬父母，忠君爱国，如有犯者，视其轻重责惩不贷；注重遵纪守法，《喻氏家规家训》中有一条，"毋习伪以欺，毋好讼以胥戕，毋侮国宪典以自罹于辟"，核心内容就是教导子孙要尊崇法律，不要违法乱纪。

喻茂坚的家规家训对后世子孙影响深远。几百年来，优良的家规家训培育出许多优秀的喻氏族人。据《喻氏族谱》记载，仅明清时期重庆喻氏族人取得功名的就有 322 人，涌现出一批清正廉明、秉公执法的好官。喻茂坚的曾孙喻思恂当了御史，同样不畏权奸，以"劾权珰魏忠贤疏"名传天下；喻茂坚的另一位曾孙喻思憇，也以主审魏忠贤阉党一案而名留青史。❶ 好家风的养成往往需要几代人的积淀和努力。1642 年，喻氏后人、明末著名易学家喻国人将喻茂坚的《垂训联》和之前已有的家规进行补充、深化，又撰写家训 6 条，形成相对完整的喻氏家训：注重文教，以耕读为本；注重养德，以忠孝为范；注重法纪，以知敬畏为基……富含独特家族精神的家训涵养出了荣昌喻氏独特的家风，使荣昌喻氏后裔人才辈出。

7. 刘时俊

刘时俊，号勿所，又号梦胥，重庆府荣昌人，万历二十五年（1597 年）丁酉科举人，万历戊戌科（1598 年）三甲第 154 名进士，任安徽庐江知县，任内改巫神庙宇为大观书院，压抑地方豪强，保障民众生计，后调安徽桐城知县，治理地方秩序，维护鳏寡弱势群众利益，设计修纂《桐城县志》。离别赴江苏吴江县任知县，士绅百姓专立"去思碑"。刘时俊机敏聪慧，军事才能突出。天启元年（1621 年），奉命赞军务，驻佛图关时，以功加兵部右侍郎，崇祯二年（1629 年）追赠兵部尚书，辞世后，祀荣昌乡贤祠。

刘时俊文采斐然，针砭时弊，著有《明崇节辨贤说》《祛邪友正说》《搜根窟说》等文章，传诵一时，颇受欢迎。以下录其一篇，以领略其内容之一斑。

明崇节辨贤说❷

盖闻俎豆非虚文绰楔，为盛典彰徵，既往与起将来激俗维风兹焉，首务自世风既降，公道难凭，高爵可以贿赂求厚禄，可以夤缘得独，此乡贤爷宦之典谓宜事定于盖棺，论公于身后维持宇宙，此一线为饩羊耳。至于节妇孝子之举，犹宜至慎至公以服人心，以表乡闾乃今富贵之家，钻求得举单寒之族涅减无积，本县查明与以来入名宦祠者二百余年，祗一人岂中间，更无一循吏哉询之父老，云六十年丙尚有知县李迁梧，尤堪俎豆而前，此竟无人首议或友议，及于所不必议者，何也？本官存时止，公平正大恩施百姓，未有煦煦小惠，巧结力能，首事者之心口，而其子孙又无力钻求故也，及查乡贤不啻夥矣，其中内行纯备表正乡邦者诚多然，亦赖显子孙之力以不至湮没，至於表表人物如徐师曾、杜伟孙从龙，国人诸大夫皆曰贤而不得厕於其间，何也？其子孙或微而不振，或有待而不即钻水，故隐而不举，举而不行，行而不能，改数重之关节，故也至於节妇闾有真者，然真而不举者尚多，若孝子义民尤大，冒滥公心何在，薄俗

❶ 姜春勇. 成风化人 [M]. 北京：光明日报出版社，2021：125.

❷ 文康，施学煌，敖册贤.（光绪）荣昌县志：卷之二十一：艺文志 [M]. 刻本，1884（清光绪十年）.

可知，今举李迁梧於名宦又议，举徐师曾杜伟孙从龙於乡贤，於以阐发幽光，登崇令德一倡，众和人心翕然，则风俗之还惇，仁贤之奋起，未必不始於今日也，至若孝子节妇，本县方秘访，确查以图振刷人心，挽回薄俗，今看贵学，所议诸款，期於秉正，持么辨贤，崇节庶祀典，无羞于岁时之举，旌扬有符於月旦之评，则不惟潜德，表扬后人，知所效慕而公道昭著人心，亦无徽不死矣。

刘时俊针砭时弊，对当时公道难评、高爵当道的社会风气进行了抨击，同时也感到忧虑，如此这般，世风日下，越发不堪。因此，举贤才、正精神、正民俗成为重中之重，以仁贤散发幽光，必能促使贤才奋起，自能去邪，致风气渐盛。这体现了刘时俊对社会公正公平的良好风气的期待和重视，其中也可见刘时俊敏锐的洞察力和优越的思维能力。

（二）其他进士

进士是科举折桂顶尖成功者的群体，群体由个体组成。而且，个体间存在差异，不仅是学业的，更是人生整体的，其中社会作用效应更是其突出部分。由此而论，突出进士群体中卓越者的同时，有必要去展示其他部分进士的业绩或作为。在当代新史学研究方法新趋势下，这不仅是尽量还原历史的努力，也是人物评价的公允性取向诉求。

冉通，万县人。洪武三十年（1397 年）丁丑科夏榜二甲第三名进士。后任兵科都给事中，以刚正敢言著称，面折廷诤，颇有直声。好学问，虽政务缠身，读书不辍。

袁辆，字原少，一作袁傑，重庆大昌县人，明建文四年（1402 年）壬午科举人。明永乐二年（1404 年）甲申科进士，殿试为第三甲第三百四十二名，钦定资格正八品，赐同进士出身。历湖广黄陂县知县，性情颖敏，清慎有为。正德《夔州府志》载："袁辆，大昌人。十岁能文，日记数千言。父疾笃，旬日绝饮食，虽汤药不能入。后得其医而愈，寻出不见。众讶为神，亦以为孝所感。永乐间，中应天府乡试，登进士，为黄陂知县。"

白勉，一作蒋勉。明永乐十三年（1415 年）乙未科进士。擢刑部侍郎，练达刑名，兼匡济才。及卒，得赐谕祭，有刚方清介之褒，乡人荣之。葬于故里石鼓溪。

夏铭，明宣德五年（1430 年）庚戌榜进士，任江西道监察御史，持宪公平。夏铭精于理学，著《四书启蒙》行世。

张清，字子澄，重庆府巴县人，治《春秋》，宣德五年（1430 年）庚戌科进士，历浙江省布政使，素清苦，非客至不御酒肉，人号为"菜张"，浙俗侈靡，教民以节俭，以疾卒于任内。

冷遂南，字光远，重庆府铜梁县人，宣德四年（1429 年），四川乡试解元。宣德五年（1430 年），参加会试，得贡士第五十八名，殿试登进士第三甲第六十名。官至户部主事。

陈价，重庆府铜梁县人，州学童生，四川乡试举人第二十四名。明正统四年（1439 年），参加己未科会试，得贡士第三十五名，殿试登进士第三甲第十二名。初任临湘县知县，兴学育才劝农耕织，政绩卓著，后升任河南巡按监察御史、陕西都御史、甘肃巡抚等，累官至资政大夫、都察院御使。成化三年（1467 年），受民乱牵连，贬居赤水。为人谦谨和易，胸襟洒落，诗文流畅典雅，名实茂著，有诗文刻印流播，弟陈侨、子陈揆，相继榜登科第。

贾奭，字希召，重庆府巴县人，治《书经》，年 29 岁中式景泰五年（1454 年）甲戌科第二甲第八十七名进士。天顺二年至五年（1458—1461 年）任浙江省慈溪令，为政清廉，政声大著，历都御史、巡抚。为人正直不屈，自居官迄休老，始终一致，祀乡贤。

刘岌，字凌云，明景泰五年（1454 年）甲戌科孙贤榜进士。清慎谦和，居官恂恂，历仕两朝，眷注独厚。官礼部尚书加太子太保致仕，终养涪州。卒葬白里金装岩，年八十五。明沈德符《万历野获编》、施显卿《古今奇闻类记》载有其老年得子、失而复遇之事，以为厚德之报。

蒋云汉，重庆巴县人，天顺元年（1457 年）丁丑科进士，历官福建布政。天顺元年（1457 年）授户部主事。在户部时，户部尚书年富所知事有难处者，必以属之。曾监收畿内刍粟，贪污者无所容，于是扬言欲狙击蒋云汉，蒋云汉的亲人劝他少假借者，蒋云汉笑曰："我命在天，岂此辈所能害也？"执法不变。继往徐州监仓，夜梦白面大耳冠巾者来见，曰："我薛公之神也，赠汝剑，设有他虞击之言。"忽有鬼物拥随。蒋云汉如其言击之，辄仆既觉，莫知所谓。明日，舟经济宁下闸，急湍冲覆，见者谓不可救矣。顷之，蒋云汉手击舟底，声闻于外，人趋救之舟，即自正乃知神所佑。德望兼隆，清苦自娱，予告归，一室萧然，祀乡贤。

牟俸，巴县人，景泰初进士。授御史，巡按云南。天顺元年（1457 年）出为福建金事。成化初，迁江西按察使，政尚严厉，入为太仆卿。成化八年（1472 年）以左金都御史巡抚山东。岁浸，请发济南仓储减价以粜，令临清关税收米麦济赈。倡称："今救荒者止救其饥，不谋其寒。纵得食，终不免僵死，乞贷贫民布棉。"帝皆嘉纳。俸又檄发东昌、济宁仓粟十万余石为军士月粮，而以德州、临清寄库银易米赈济。❶ 牟俸署理山东 5 年，尽心荒政，救活饥民不可胜数。在山东期间，牟俸的济民抑富行为使得土豪们"怨谤纷然"，与山东布政使陈钺产生了矛盾。陈钺向掌权的宦官汪直诽谤牟俸。成化十四年（1478年），牟俸被打入锦衣卫专设的诏狱。半年后，牟俸被谪戍湖广。次年，牟俸客逝于寓所。

曹卿，字廷爵，重庆府铜梁县人，国子生，四川乡试第十九名，天顺八年（1464 年）三甲第九十六名进士。成化九年（1473 年），任监察御史。成化十年（1474 年），被指责奏事不实，贬谪为邳州（今属江苏徐州）判官。但他并不以贬职而怠工，修学校及州署，兴利除害，百废俱举。《邳州志》赞道："苟能其官，官无大小，不虚也。"因政绩显著迁潞州（今山西长治）知州，以判官之职入祀名宦祠，曹卿事迹载入《邳州志》《淮安府志》。

莫昌，字隆远，重庆府铜梁县人，国子生，四川乡试第三十三名，天顺八年（1464 年）三甲第一百一十二名进士，曾任南京户部郎中，成化十七年（1481 年）擢陕西右参议。

王亿，重庆府铜梁县人。国子生，四川乡试第三十六名，会试第二百七十三名，明成化二年（1466 年）三甲第二百零二名进士，任监察御史。成化十三年（1477 年），擢升湖广按察副使。子王宾（1453— ）为明成化十四年（1478年）三甲第一百九十三名进士。

李人仪，重庆府荣昌县人，明景泰二年（1451 年）进士，景泰五年（1454年）擢升两京监察御史。后因上书弹劾权臣，贬谪湖北襄阳县知县，有善政。

李文中，重庆府荣昌县人，字宗道，由县学生中式四川乡试第十名举人，会试中式第二百九十三名。年 28 岁中式成化二年（1466 年）丙戌科三甲第二百一十五名进士。颇有威望。

张桢叔，巴县人，成化五年（1469 年）己丑科进士，浙江藩使、宁夏巡抚，廉政节俭，有父风，以直言谪官风气为时所重，祀乡贤。

陈揆，字季同，重庆府铜梁县人，陈价子，国子监监生，四川乡试第四十一名，成化五年（1469 年）二甲第七名进士，官至副都御使。

陈瑞，字辑五，忠州人，明成化七年（1471 年）辛卯科中进士，弘治（1488 年）官拜给事中，后迁光禄寺正卿。原在溪龙滩河有墓。在忠州存诗一首。

---

❶ 张廷玉. 明史：卷一百五十九：列传第四十七　牟俸传［M］. 北京：中华书局，1974：4570.

题严颜桥诗

(明) 陈瑞

炎汉运未终，蜀井火再红。

何人续东汉，大耳隆准翁。

刘璋本昏聩，况坐山之穷。

孔明溯流上，不曾折一弓。

巴州有老将，初不臣枭雄。

守陴誓不降，斫头继曼公。

桓侯一兵子，而有国士风。

长跪以请曰："将军勿矒矒。

刘主非汉贼，取蜀岂江东。

得蜀可延汉，失汉总愚忠。"

将军起用命，佐蜀见奇功。

至今城东涧，一桥尚如虹。

严家桥又名严颜桥，《忠县志》载："严颜桥，桥建于东涧上。相传为汉严颜故里，故名。桥阔一丈，长约五丈有奇，望之俨若长虹。"桥上历代文人题咏甚多。陈瑞在诗中对严颜的大义凛然、视死如归大加赞颂，表达了对严颜的崇敬之情。

陈策，重庆府忠州人，字胪三，明成化十七年（1481 年）辛丑科进士，任杭州府推官，事无巨细，悉亲治之。岁饥，为民请粟，所全活者甚众。

蒋恭，字肃之，重庆府巴县人，成化二十三年丁未科（1487 年）三甲第一百五十七名进士，正德十二年（1517 年）擢右副都御史，历侍郎。

姚学礼，巴县人，字以立，性忠侃。弘治壬子京闱亚元，癸丑（1493 年）进士，授南京御史，历官云南副使。正德元年（1506 年），疏谏得罪宦官刘瑾等，遭廷杖削籍。瑾诛，任云南按察使佥事，以敢言忤逆，祀乡贤。

梁珠，铜梁人，弘治十二年（1499 年）己未科进士，累官至大理寺卿，阉宦刘瑾以荐大九卿，讽致门下，珠正色斥之，吏部恐珠不免，因推云南大理府知府珠莅任，清廉慈惠寻以不善，趋承忤部使者意拂衣，士民为建生祠，脱靴志遗爱。正德五年，瑾伏诛延臣交章，荐珠勒擢云南巡抚，诏下而珠已卒，追赠后职祀乡贤。

黄翱，重庆府大昌县人，弘治十二年（1499 年）己未科进士，律己严密，为政宽平，学行重于乡邦，操履著于中外。明正德末为江苏丹阳县主簿，实意任职一毫不贪，历任九载，深得民心，上官复奏留职二年。

　　江玠，重庆府巴县人，号铁峯，弘治十二年（1499 年）己未科进士，历官陕西参政，谦恭谨密，政尚平恕，廷推清官第一，致仕归，寿九十四，祀乡贤。

　　张腾霄，字凤骞，重庆府铜梁县人，四川乡试第四十二名，会试第一百五十七名，明弘治十五年（1502 年）二甲第七十九名进士，曾任户部郎中。正德五年（1510 年），任贵州按察司佥事。

　　施训，明弘治壬戌科（1502 年）进士，历官陕西恭议，忠公廉洁，督边饷，调遣有法；事继母，以孝称，有微疾，躬调药饵，不假手妻孥，母劳，止之。曰："非是，儿不安也。"母卒，哀痛如所生，祀乡贤。

　　鲜冕，重庆府巴县人，弘治乙丑科（1505 年）进士。明正德初任山西安邑县知县，莅官行政，以爱民为心，清操冰节，颇有古循吏之风。

　　舒表，字民望，又字国中，号月川，重庆府铜梁县人。国子生，四川乡试第四十二名举人，会试第八十一名，明弘治十八年（1505 年）二甲第八十三名进士。授户部主事、升户部员外郎。正德十一年（1516 年），任陕西按察司佥事。正德十六年（1521 年），任贵州按察副使。为官吏治精明，卓有治声。

　　张缙，重庆府巴县人，字元素，明正德戊辰科（1508 年）进士，官至杭州府知府，廉正自持，在任八年，节缩财政，节省民财数十万。迁都御史巡抚浙江，平定民变匪患，两浙得安，祀乡贤。

　　夏邦谟（1485—1566 年），涪州人，字舜俞，号松泉。幼年颖悟，弱冠登第。正德三年戊辰（1508 年）吕柟（一作栅）榜进士，授户部主事兼户部考功稽勋、德州仓正等职，掌管户口、财赋、官吏考核。在任期间，因持论公正，对收支严加监督、核审，禁止地方官员损公肥私而遭嫉恨，贬为两淮运判。正德十二年（1517 年），移知通州（今南通），建南望江楼。不久，转任道州（今湖南道县）同知，推行"一条鞭法"。历任云南参议，湖广、浙江、江西副使，云南参政，福建按察使，右都御使等职，参与、主持平息内乱五次，勋绩茂著，所至有声。嘉靖二十六年（1547 年）后，任工、户、吏三部尚书加太子少保，查田亩，裕税赋，纳群言，拒馈赠，小心缜密，清白自守，深受世宗倚重。权贵忌恨，不断寻隙攻讦，嘉靖三十年（1551 年）被罢官。晚年居涪州，与杨升庵赋诗唱和。卒，年八十一，葬云里郝家坝，世宗两次谕祭，勒碑墓前。《中国历史文化名城大辞典》（人民日报出版社 1999 年版）等有载。

　　任辙，重庆府巴县人，嘉靖丙戌科（1526 年）进士，知河南许州，岁旱，多方赈恤，务俾所得曲为调停民困，以复苏。后调任云南大理知府，历迁贵州巡抚，边陲奠安，卒于任，祀乡贤。

　　王鸣凤，字时瑞，重庆府巫山县人，国子生，治《诗经》。正德十六年

（1521 年）五月十五日殿试，中辛巳科进士。《巫山县乡土志》对其生平业绩有所剖画："王鸣凤，幼颖悟，过目成诵，为文丰畅，年二十四登进士第。任南京大理寺评事转寺副，廷无冤民，升山西金事。剖狱，人服其精明。署学政，士类悦服。升太仆寺少卿。德量汪洋，人莫测其涯涘。"

高懋，号赢山，重庆府合州铜梁县人。四川乡试举人第四十八名，会试第三百一十三名，嘉靖八年（1529 年）三甲第一百三十五名进士，历官监察御史，转贵州参政，便谢政归里，淡然有山水之思，遂不复出。卒，祀乡贤祠。

柳英，重庆巫山县人，明嘉靖十一年（1532 年）三月十五日殿试，中壬辰科林大钦榜第三甲第二十六名，正八品，赐同进士出身。《嘉靖十一年进士登科录》："贯四川夔州府巫山县，民籍，国子生，治《诗经》，字子钟，行二，年三十五，正月初七日生。曾祖文。祖琳，监生。父茂株。母黄氏。慈侍下。娶向氏。四川乡试第三十八名，会试第十七名。"《广东通志》载："柳英，字子钟，巫山人。丰姿奇秀。嘉靖壬辰科进士，嗣擢广东布政使。入境行李萧然，惟一苍头自随。数月，与时抵牾，拂衣去。粤中称廉介必曰柳布政云。后以荐举，历光禄寺卿。"康熙《巫山县志》："奉旨批：'甘棠遗爱，七省清操。'时传天下清官第一。"光绪《巫山县志》载："柳布政使墓，在治东龟山上，碑石现存。"21 世纪初，因三峡移民搬迁以至江水淹没，佚失。又据柳氏后裔德成先生查考，其葬地疑在今巫山县城南岸建平乡柳坪村。

柳英长于诗文创作，《重游咸平寺》诗曰：

> 复到曾游寺，山青面面同。
> 僧多飞锡去，鹤已逐云空。
> 古树聊遮屋，危廊不蔽风。
> 感兹长太息，惆怅夕阳红。

刘起宗，重庆府巴县人。明嘉靖十七年（1538 年）戊戌进士，为官 20 余年，所到之处皆持廉守正。他精于理学，著有《圆中图说》。刘起宗充分认识到兴学设教的作用，在任宁国（今安徽宣城县）知府时，曾创修书院、陉阳水西精舍，聘请名师，置学田，培育英才，服务地方社会。

马麟，重庆府巴县人，明嘉靖戊戌（1538 年）进士，知太仓州嘉定县（今属上海市），兴修水利，民用不扰，世享其利。后迁南京户部员外郎，著有《淮关志》八卷。

刘应箕，重庆府巴县人，明嘉靖甲辰（1544 年）进士，初知浙江余姚县，廉正有声，历迁阳和兵备，拜金都御史，晋副宪巡抚山西大同府。学识渊博，著有《款塞录》《击辕集》等，卒后祀乡贤。

胡尧臣，重庆府安居县（现重庆市铜梁区安居镇）人。明嘉靖十七年（1538 年）进士，授大理寺评事，升任浙江佥事。时总督胡宗宪将杀浙江淳安县县令海瑞，尧臣向宗宪从容进言说："海瑞不善于侍奉上官，论其政事，如初而为政，最好的官也比不过他。"宗宪认为有理，杀意乃消。任浙江布政使时，海盗王直招集倭寇，盘踞岛屿，与内地奸民勾通为患，尧臣以计招讨，依法惩处了首要分子，官拜副都御史，至河南巡抚。后辞官回乡，深居简出，待人以礼，人称"石壁先生"。万历十六年（1588 年）曾作《圣水寺灵异记》，传诵一时。死后崇祀乡贤。❶

周世远，江津县南笋西里人，嘉靖甲辰（1544 年）进士，历官山西布政，居官廉明，仁慧清慎，洁己屡经荐列，建有生祠，祀乡贤。

任惟钧，重庆府巴县人，明嘉靖丁未（1547 年）进士，性行刚峻，为政清严，令澄县，继知上蔡，并有政声。后迁御史嗣，擢山东参政，以正义自持，不趋权势。同期名流杨椒山重其为人，惟全句，椒山作诗挽之。

张佳胤，避雍正帝讳，又作佳印、佳允，字肖甫，铜梁人。嘉靖二十九年（1550 年）进士，知陕西（今河南）滑县，擢户部主事，改职方，迁礼部郎中。以风霾考察，谪陈州同知，历迁按察使。隆庆五年（1571 年）冬，擢右佥都御史，巡抚应天十府，调南京鸿胪卿，就迁光禄，又进右副都御史，巡抚北直隶保定。万历七年（1579 年），起故，巡抚陕西，入为兵部右侍郎。

张佳胤以平叛治乱、治理能力及智慧胆识著名，屡建功业政绩，受到嘉奖重用。其中尤以平定浙江民乱为代表。明史《张佳胤传》中有明确记载：

万历十年春，浙江巡抚吴善言奉诏减月饷。东、西二营兵马文英、刘廷用等构党大噪，缚殴善言。张居正以佳胤才，令兼右佥都御史代善言。甫入境，而杭民以行保甲故，亦乱。佳胤问告者曰："乱兵与乱民合乎？"曰："未也。"佳胤喜曰："速驱之，尚可离而二也。"既至，民剽益甚。佳胤从数卒徉问民所苦，下令除之。众益张，夜掠巨室，火光烛天。佳胤召游击徐景星谕二营兵，令讨乱民自赎。擒百五十人，斩其三之一。乃徉召文英、廷用，予冠带。而密属景星捕七人，并文英、廷用斩之。二乱悉定。帝优诏褒美。寻以左侍郎还部，录功，加右都御史。未几，拜戎政尚书，寻兼右副都御史，总督蓟、辽、保定军务……越二年卒。赠少保。天启初，谥襄宪。❷

❶　朱纯清. 铜梁历代名人录［M］. 重庆市铜梁区党史地方志办公室，2016.
❷　张廷玉. 明史：张佳胤传［M］. 北京：中华书局，1974：6701.

罗廷唯，字会甫，别号贯溪，重庆府永川人。明嘉靖三十二年（1553年）癸丑进士，嘉靖三十四年（1555年）任河北枣强县县令，创建太原书院，并筹集2500斛粮食，在书院中建仓存贮。师生中有人缺粮，春天可向书院借贷，秋收后偿还，不计利息。罗廷唯学识渊博，才艺出众，作品甚多，在不同领域均有影响。著作主要有《贯溪文集》《琴音古选》《枣强邑略》《葵心亭纪闻》《衰萃汉相如子云集音释》等。

邓之屏，重庆府巴县人，字惟邦，号后江，嘉靖己未（1559年）进士，以孝行受人称颂，从父令从游高棨，得其亲传，出知瑞州府，擢苏松兵备道裁冗费，抑贪墨，不阿谀权贵，迁广东参政。致仕归，结诗文社，讲经义而终卒，后祀乡贤。

江中跃，字峨东，明嘉靖乙未（1535年）进士，年才十六，以诗文名闻乡里。官兵部主政，迁员外，笔墨捷敏，乞诗文者踵相接，对客挥毫，略不加点，竞叹异才，卒年三十二，闻者惋惜。

高启愚，字敏甫，铜梁人，明嘉靖乙丑（1565年）第三甲进士，授翰林院编修，累官国子监祭酒、翰林院侍读学士、礼部右侍郎。明万历十二年（1584年）恐谗言踵至，非清明之朝所宜，遂辞归故里，善属文，工书法，尝修邑志，有良史之才。

傅宠，重庆府巴县人，明嘉靖乙丑（1565年）进士，历官云南按察使，廉平正直，遇疑狱多平反。中年后返归故里蛰居40余年，接物和易，教子严正，子孙世袭其家法，以忠厚著称，祀乡贤。

赵可怀，重庆府巴县人，字宁宇，明嘉靖乙丑（1565年）进士，由山东汶上县令擢御史，历迁兵部侍郎，调抚保定、陕西、福建兴利除弊，众民戴服。晋兵部尚书，赵可怀居官四十余年，历抚五省，清贫如秀才时，朝论乡评，群相推重，时人叹谓："渝州人物，惟曹自山赵宁宇，不愧典型。"卒，赠太子太保，赐祭葬。祀乡贤。

詹贞吉，重庆府巴县人，字德宇，明隆庆戊辰（1568年）进士，万历二十年（1592年）以右参议分守新镇，性情澹泊，简易，与民休息，心力交殚。莅黔10余年，清廉自奉，离去时行橐萧然，惟图书数箧而已。他一生历贵州、云南、浙江、湖广四省监司，所至肃静安民。

邵仲禄，字孟廉，号养斋，奉节人。明隆庆二年（1568年）戊辰科进士，补浙江省江山令，治行卓异。历容台、京兆，俱被眷倚。后升任都察院右副都御史、兵部左侍郎。万历中擢江西巡抚，未至任而卒，赠谥少司马。所著有《四书易经讲义》《乡范》诸书，名闻乡里。

文作，涪州人，隆庆二年（1568 年）戊辰科罗万化榜进士。任山西闻喜知县，倜傥有才略。以治功擢武选郎，任云南大参。分守临沅时，罗雄（今云南罗平县）土舍弑父据险，潜谋不轨，奉檄剿之。贼党再叛，复平之。上闻，升广西布政使司，加一品服俸。卒葬长里。

刘养充，涪州人，隆庆五年（1571 年）辛未科张元忭榜进士，官至广东道监察御史。任职贵筑（今贵阳市）时，土司构乱，以巨万贿送私室，悉绝之。后转临巩（今兰州附近）兵备，补筑长城百里，衣惟布衣，边饷丝毫无所减。边人感其廉肃，钦附甚众。以积劳卒于边，余图书数箧而已。卒时，途悲巷哭，虽毡裘之伦，亦遣使致吊。归葬白里螺迥坝。

帅祥，字履卿，重庆府安居县人，年三十四岁中式隆庆五年（1571 年）辛未科三甲第一百二十六名进士。他任渭南县知县，清正廉洁，性格平和，体贴百姓疾苦，遇有灾情，力请免民赋税。审案认真，无有冤抑；对有才能的人，态度和蔼，乐意接近，当地各级官员争相上奏称赞之。擢升为侍御，整饬风纪，属吏惮之。帅祥官至都察院右金都御史，陕西巡抚，政绩斐然。

文德，涪州人，万历二年（1574 年）甲戌科孙继皋榜进士，授湖广麻城（今湖北麻城）令，有善政。后官至监察御史，巡按山西，有直声。典晋试亦得士心。崇祀山西名宦祠。然终于场屋，不竟其用，人咸惜之。卒葬长里大坝。

况上进，涪州人，万历五年（1577 年）丁丑科沈懋学榜进士。仕至江南道监察御史。卒葬白里陶家坝。《明史》列传第一百零九李祯传、列传第一百十二蔡国珍传载其弹劾兵部左侍郎李祯庸鄙、吏部尚书蔡国珍八罪之事。

汪言臣，字葵瀛，明万历（1577 年）丁丑科进士，选庶吉士，改监察御史巡按，为官治理坚定峻风，裁洁操守，县邑饥荒，诏发粟赈之，全活甚众，再巡广东，民用欣服，一时伟之。逝后县祀乡贤。

杨芳，重庆府巴县人，字以德，万历丁丑（1577 年）进士，补宜黄县令，期年大治，转调浙江鄞县，善诉讼，兴学设教，收回寺僧所侵学田，归还书院及私学。禁溺女等陋习，刁风平息，后遂无犯者。任职给事中，累迁至户部侍郎、湖广巡抚。

何伟，涪州人，万历十一年（1583 年）癸未科朱国祚榜进士。官慈溪令、岭东参议升贵州参政。分守贵筑时，以征苗筹饷功擢方伯，因母老乞归。卒葬白里石二坵。著有《何伟诗文集》（亦称《何氏家训诗文集》）。

曹愈参，字右清，号方夔，重庆涪陵人。万历十四年（1586 年）丙戌科进士。历官南京兵部郎中，升陕西副使、山西右布政使。万历三十九年（1611）任昌平兵备道，停矿税，捕盗贼，除强暴，清营蠹，军民怀德，建生祠祀之。万历四十二年（1614年），以都察院右佥都御史、巡抚云南。有"一路福星"之谣。万历四十七年（1619年）病卒，葬于涪州葛树溪。

张与可，涪州人，明万历己丑（1589年）科进士，历任河南归德府知府、按察司副使，于乡多义举。天启间（1621—1627年），涪州龟龙关滩势汹汹，常覆舟，捐俸凿削，患稍息；沙溪沟春水暴涨，冲溺无算，倡捐建桥，州牧韩邦哲（湖北黄州举人）额以"永赖"二字。卒葬白里双石桥。

胥从化，重庆府巴县人，明万历九年（1581年）解元，万历己丑（1589年）进士及第。万历二十二年（1594年）知湖南永明县，赋税改民解为官解，培植学校，创修《永明县志》。

倪斯蕙，字尔澹，号禹同山人，重庆府巴县鱼嘴镇人。明万历二十年（1592年）壬辰科进士。历官蒲圻县令、南京太常寺少卿。官南京户部侍郎时，因与阉党不合，乞休致仕。归里后，葛巾野服，与文士往来唱和。生平所作《保蜀援黔疏》《新建东岳庙记》，影响广泛，声名远扬。

郭维祯，巫山人。明万历二十年（1592年）壬辰科三甲第九十一名进士，与著名文学家、性灵派领袖袁宏道（1568—1610年）为同科题名。万历四十一年（1613年）三月，升陕西兵备副使。天启二年（1622年）三月，改任云南按察司副使分巡金沧道。

余自强，四川铜梁人，《明进士题名碑》误作佘自强，据《四川总志》《顺天府志》补。万历二十年（1592年）进士，历任中宪大夫、延绥巡抚、都察院右副都御史，陕西巡抚，政声翕然，著有《治谱》一书，今有"余自强撰明崇祯十二年呈祥馆重刊本"，收录《历代珍稀司法文献》。

陈显道，重庆府合州铜梁县人，明万历二十九年（1601年）三甲第一百七十一名进士，历任吏部稽勋司主事。万历四十年（1612年），任吏部验封司主事，继任吏部考功司郎中。

胡继升，重庆府铜梁县人，明万历三十二年（1604年）三甲第二百零五名进士。万历四十四年（1616年）任江西道御史，巡盐两浙。明天启元年（1621年），巡按北直隶真定府。天启三年（1623年），升任太仆寺少卿。

晏春鸣，重庆府合州铜梁县人，明万历四十一年（1613年），登进士三甲第七十七名。天启元年（1621年）选任御史，同年六月，授广东道监察御史。天启七年（1627年），奏请广东税制改革，以解决辽东兵饷。崇祯二年（1629年），升任山西副使。崇祯三年（1630年），升任为陕西右参政（从三品）。官至太仆寺卿。

吴嘉宾，重庆府巴县人，号滟石，少时清标玉立，弱冠研读圣贤书，中万历丙辰科（1616年）进士。初任湖广德安府推官，治尚严明，阅补江西南昌府推官，后迁南京吏部主事，性端严，门无宾客。吴嘉宾擅长诗文，著有《滟石集》。

佘昌祚，重庆府合州铜梁县人，明万历四十七年（1619年）三甲进士，官刑部都给事中，明末战事起转北直隶顺德府（今河北邢台市）知府。父佘自强亦为进士出身。

李养德，字涵初，重庆府铜梁县东郭乡人，明万历四十七年（1619年）己未科二甲赐进士出身。历任工部屯田司主事、光禄寺正卿、工部尚书加太子太保。李养德文思敏捷，办事干练，操守廉洁，老成持重。著有《秋英墅诗》十三卷，崇祯年间（1628—1644年）卒于铜梁故里。今重庆市铜梁区博物馆藏有西郭乡出土的"工部尚书李养德印"。

陈四宾，字逵门，重庆府合州铜梁县人，天启五年（1625年）三甲进士，从此年至崇祯元年（1628年）任江苏松江府上海县知县。

高倬，字枝楼，重庆忠州人。天启五年（1625年）进士。初任浙江省德清县知县，调婺州府金华县知县。崇祯四年（1631年），转授御史。崇祯十一年（1638年）五月，迁南京太仆卿。太仆故驻滁州，滁为南都西北门户。请募州人为兵，保障乡土。1643年2月，擢右佥都御史，福王立南京，拜倬工部右侍郎。

向鼎，涪州人，字六神，天启五年（1625年）乙丑科佘煌榜进士。官长兴令、潼关参政，刚直不阿，多治绩。岁旱，尝代涪民输一年赋捐建水塔，遇贼变而止。卒葬文里东青驿。

刘定昌，重庆府綦江人，号君邦，进士功名及第，綦江自宋末至元代科第功名无显著者，自定昌登科后有所改变。刘定昌仕途畅通，官至户部云南清吏司主事，历职甚久，大展贤才，以老乞归，殁后祀乡贤。

杨为栋，重庆府綦江人，号禹肩，进士及第，任浙江绍兴府上虞县知县，历工部主事员外郎，转刑部郎中，出知浙江台州府，升云南按察司兵备副使，"才宏识敏，吏畏民怀，始终一节"，诰授中宪大夫。

李文进，重庆府巴县人，举进士，授衢州府推官，为人英毅有节概，遇事侃侃敢言，选任给事中。

罗文蔚，重庆府綦江人，字潜山，进士功名出身，两任知县。后补南京户部、山西清吏司主事，旋转员外郎。罗文蔚约己谨严，守法奉公，官至河南巡宪、湖广兵宪，所至皆有政声。

杜长春，重庆府綦江县人，字君泰，进士及第。初任湖广蕲春县知县，清廉勤劳,士民甚爱慕之,旋授承天府司理,郁郁不得志,遂乞归籍,至江陵而卒。四川巡抚傅宗龙亲书墓志铭。

二、明代重庆举人及其他及第人物选粹

举人作为科举及第系列第二层阶,也是"天子门生"的脱颖而出者,在王朝中枢看来虽是不显赫的辈分,但在民间的广泛影响力仍不容小觑。以下略举其中重庆举人功名获得者数人,以对其存在加以反映。

舒容,字仲和,明代忠州戊子(1408 年)举人。赋性聪敏,气宇轩昂,好为诗歌。登科后出任浙江嘉兴、湖南常德、安徽安庆等地州判,卓有能声,继迁任湖北武昌司马。年致七十仕归,武昌名流刘习之为舒亲书"致政荣归"四字,以弘其行。以下录其诗歌四首。

严颜桥

城东流水响潺潺,构屋横遮碧玉环。
忠郡几番更太守,桥名依旧區严颜。
挥毫有客工吟咏,乘驷何年任往还。
千载忠魂昭不泯,独留壮烈在人间。

巴王祠❶

何事萧墙起忿争,扶危曾借楚王兵。
剑光射斗奸凶殄,勇气冲霄祸乱平。
民乐耕桑安壤土,兵收戈甲罢征营。
三城旧址今何在,长与将军播令名。

紫极晚烟

玉虚元观翠屏山,烟锁荒台尽日闲。
缭绕几回缠树顶,轻盈一段护花颜。
时浓时淡长空里,年去年来夕照间。
欲访炼师何处去,至今未睹鹤飞还。

---

❶ 巴王祠又名土主庙,在忠州城东门外,建时无考。明万历中知州贺国祯、倪伯鳀重建,康熙甲戌年(1694 年)知州武烈重修,道光五年(1825 年)知州吴友篪率众再修。又名忠贞祠,门外有汉丁房双阙。为纪念巴蔓子周时刎首留城、精忠守土、卫国安民,与严将军先后辉映,因改临江为忠州,共戴为土主。

玉镜天成

岷江佳景萃忠州，百炼寒光湛碧秋。

城里楼台波里看，市中人物水中游。

临流俯视观无定，坐石盘桓乐未休。

借问矶前吟咏客，仙姬尚见往来否？

余清，重庆府巴县人，明永乐癸卯（1423 年）举人，正统中知黄州府，持廉秉公，政平讼简，军民畏。辞世后，祀乡贤。

王骥，字博德，重庆府荣昌县人，明正统年间（1436—1449 年）中乡试举人后，任云南石屏州（今云南石屏县）儒学学正。他严肃认真地从事教育工作，以身示范，发挥言传身教的作用，深得学宫生童学子好评。

黄辅，重庆府巴县人，成化年间（1465—1487 年）乡试中举，任四川南安州（今四川省乐山市）学正。后寓居广通（今云南禄丰县），开设私塾，招收生徒，教导有方，不少考中地方官学，又摘冠科举功名，出其门下的成才有作为者众多。

杨德修，重庆府长寿县人，明弘治年间（1488—1505 年）举乡试及第，任湖北松滋县训导。他启发教育学生方法得当，工作勤恳，无论天冷凛冽、天热酷暑，从不中断讲学授徒。

董尽伦，重庆府合州人，明万历辛卯（1591 年）举人，授清水令，屡立战功，赠光禄寺卿，祀合州乡贤。

李仁亨，铜梁人，号竹野。明万历年间（1573—1620 年）中乡试举人，后任湖南善化县（今湖南长沙县）知县时，特别关心学校建设，注重培养人才。在任贵州思州（今贵州岑巩县）知府期间，又集资倡捐，为府学购置田产，以修复、加强办学条件，并改善师生生活。

邓元忠，重庆府巴县人，明万历壬子（1612 年）举人，初任湖南益阳县知县，爱民礼士，清介自持。后迁河南汝宁同知，以不阿权贵，返归故里，孝友端谨，乡里称道。

李默，重庆府垫江县人，明崇祯癸酉（1633 年）举人。李默具有军事才能。在重庆发生匪患时，他招募兵士，请兵巴州守城，赴援破贼。太守王行俭闻其才，请襄战守城，慨然率妻子至渝。与俭及巴令王锡日夜披坚执锐，躬冒矢石，城破被执缚于演武场，愤骂不屈，举家殉难。

明辅，重庆府巴县人，举人，明英宗天顺初任蒲城县儒学教谕，有师范之行，善教能诗，迁升国子学录。明正德年间（1506—1521 年）任职广州府通判。

黄榜，重庆府綦江人，举人，初任陕西西安府澄城县知县，贞廉矢志，抚字殚心，积有贤劳，从容告老。《陕西通志》载："黄榜知澄城，勤于民事，置学田，立义仓，又造木牛滚锄，以劝耕当事，皆称其才。"

张崇儒，重庆府巴县人，字德庵，举人，知河南河津县，颇有政绩，受县人推崇，性沉静简朴，不炫才，不忤物。乡里有善举，乡民踊跃倡力能为其立碑，以纪其德。

李文相，重庆府綦江人，监生，任云南右卫知事，廉洁自守，刚正不阿，退职返归，家徒壁立，乡人重之。

罗为卿，重庆府綦江人，拔贡，初任云南三泊县知县，升曲靖府马龙州知州，后由同知调贵州都匀府麻哈州知州，所至以廉能著称。

蔡碧修，重庆府綦江人，监生，任康宁卫经历，升同知，监修皇陵有功，升御史。

以上对明代重庆及第代表人物做了选择性推介，以此为样本，反映科举成功人士的群体风采及社会责任担当。当然，这种选择虽有一定的客观依据，但求其高度客观性要求是很难的。这只是重庆科举人物图的显著而微者而已。故谚有云"弱水三千，只取一瓢"，或许正是这种韵味。

第五节　明代重庆科举发展的缘由探讨

明朝重庆科举考试中贤良选出，录用进士人数在历代中最多，人数达442名，比例占全国的18%，"伟人才士接踵辈出"，是清代进士人数的2倍多。由此可见，明代是重庆在整个科举时代教育最有成就的一个朝代，特别是进士数量几乎占明代四川全省1368名中的1/3，中举1900余人及荣登礼部440余名、"文章功德彪炳人寰"，何也？这是耐人寻味的。

一、统治者和官吏的大力倡导

明朝统治者十分重视发展地方教育。甚至可以认为，明初教育事业的发展，超过了以前历史上任何一个朝代。朱元璋一面重视兴办学校，一面急于开科取士。洪武三年（1370年），他下诏曰："自今年八月始，特设科举，务取经明行修、博通古今、名实相称者。朕将亲策于廷，第其高下而任之以官。使中外文臣皆由科举而进，非科举者毋得与官。"❶ 明太祖"科举必由学校"之文教政策，促进了学校教育的发展。学校教育的发展与兴旺，人才培养的多少与优劣，与统治阶级的重视与否关系密切。

由于科举考中人数的多少是衡量地方官政绩的一种标志，所以各级地方官都非常重视办学。明朝在重庆的诸多为官者之所以能声名烈烈、功德巍巍，是因为他们在大兴学校、大办教育方面有许多善举。例如，明太祖洪武八年（1375 年）知县田子真重修巴县儒学；洪武八年（1375 年）知州赵友能重建合州儒学；洪武四年（1371 年）知府盛南金重建夔州府儒学；洪武七年（1374 年）知县郑凯重建巫山县儒学；洪武十二年（1379 年）知县桂仲权于元代旧学址重建万县儒学；永乐十一年（1413 年），沈定为涪州知州，兴学校，课农桑；万历二十二年（1594 年），知州陈大道始创修学宫。他们对明代重庆教育的发展做出了一定贡献。

二、交通的改善与经济重心的转移

自秦时郡守李冰修筑都江堰、消除当地水患以来，成都平原就成为超越关中的天府之国，四川的中心也一直在成都一府，直到唐宋之后，以重庆为中心的川东一带才迅速发展起来，成为可以与成都平原媲美的另一大核心。据不完全统计，宋代夔州府进士 21 人，明代涌现进士 29 人、举人 194 人。明代，随着整个中国政治经济中心的东移南迁，长江成为传输川米、马钢、蜀麻、蜀布、吴盐的重要水路，重庆经济地位迅速提升。它不仅成为几条漕运通道的汇合点，形成"二江商贩，舟楫傍午"的繁荣景象，而且北方和川西的众多大族流寓于此，人口发展加快，人口密度增大，"兴学养士"之风形成。巴县出现了"有明三百年邑中膺乡荐者四百余人，登礼部者百余人"的"人文蔚盛"的可喜局面。明代，随着经济重心的转移，夔州府教育发展十分迅猛。在这片地僻民贫的土地上，英才辈出，政治经济重心转移的作用不可低估。

这里的交通条件包括软条件和硬条件。软条件如宋、元之后全国经济重心的东移南迁，改变了长江川江段的交通地位。硬件条件如元代开通了四川驿道的东大道，有利于重庆州县经济的发展。众所周知，发达的交通必然促进经济的繁荣，而经济的繁荣也必然要促进教育的迅速发展，也为文化发展和名人集聚创造了有利条件。重庆历来占"控两江之会，漕二川之粟"之地利，重要的交通地位及发达的交通运输促进了商贸的发展，明代的重庆已是"商贾云集，

---

❶ 张廷玉. 明史：志第四十六：选举志二 [M]. 北京：中华书局，1974：2112.

百物萃聚……水牵运转，万里贸迁"。涪州依托其"会川蜀之众汇，控瞿塘之上流"的特殊地理环境，交通发达，商贸繁荣，为明代川东经济中心。涪州"文风齐两蜀""文治蒸蒸，比于齐鲁"。科举场上英才辈出，累计达 300 余人。处在四川驿道东路一线上的各州县，其进士数也远超邻近的州县。如荣昌 15 人、永川 16 人、璧山 2 人、巴县 111 人、长寿 34 人、垫江 9 人、梁山 7 人、万县 5 人、云阳 3 人、奉节 6 人、巫山 5 人，共计 213 人，几乎占重庆 31 个州县进士总数的一半。❶

三、重教勤学的文化传统

重庆的学校教育为科举的发展提供了人才保障。科举是一种取士制度，中国古代学校则以养士为目标，"取""养"之间必有不可分割的关系。明清两朝统治者认识到科举与教育互相依存的密切关系，所以十分重视发展地方教育，这无疑促进了学校教育的发展。朱元璋于洪武二年（1369 年），"诏天下府州县皆立学"，"朕惟治国以教化为先，教化以学校为本。京师虽有太学，而天下学校未兴。宜令天下府州县皆立学，延师儒，授生徒，讲论圣道，使人日渐月化，以复先王之旧。"❷ 洪武二十六年（1393 年）又规定了官员考课之法，对于儒学生员的考核，以乡试考中举人的数量为依据。中举人数的多少成了衡量地方官政绩好坏的一个标志，所以各级地方官都非常重视办学，明代重庆的学校教育尤其是官学教育出现了前所未有的繁盛景象。有专家认为：明代教育事业的发展，超过了历史上任何一个朝代。❸

地方教育的发展为当地培养了大批人才，也为科举选拔人才提供了充分的条件。据《华阳国志》载："汉景帝时，文翁为蜀郡守，遣张叔、司马相如诣京师受业，还教乡里，巴郡亦立文学。"又据徐中粹《夔州府重建州学记》载："夔州府学建于宋庆历兴学时期（1044 年）。"《四川通志》云："夔州西南之陋，当天下学者翕然响劝之时，此邦之人，尚不识书生。庆历诏郡县立学……于是人渐知读书。"到治平三年（1066 年）时，夔州"郡之人喜闻乐从，奔走入学，惟恐后时……四远之人，执业而就学者，交足在境"。明代时，绝大多数州县均立儒学、书院，私塾更是遍布城乡。重教勤学的传统，使重庆地区"少文学"的面貌得以改变，使"士愿而好学"习俗得以传承与发扬。重庆籍人创办书院不乏其例。弘治初年（1488 年）丰都县人杨孟瑛创建平山书院；弘治十

---

❶ 李良品，彭规荣. 科举制度影响下的明代重庆教育 [J]. 教育评论，2005（1）：88-91.

❷ 张廷玉. 明史：卷六十九 [M]. 上海：上海古籍出版社，1986：184.

❸ 孙培青. 中国教育史 [M]. 上海：华东师范大学出版社，2002：232.

二年（1499 年）户部给事中刘秋佩辞官回乡后在武隆县高垭白云关佛寺创办白云书院。至于明代自行设馆，招收学童之塾师，更是不胜枚举。他们对重庆人"向学"风气的形成、教育的发展及人才的培养功不可没。❶

四、南北分卷与定额取士

随着时代的变迁，科举制度也在不断完善，为维护公平、提升效率、激励士子向学之心，明代进行了一系列的改革，南北分卷和定额取士是明代科举考试在制度上的发展和完善。

处于文化比较发达地区的南方士子远比身在文化相对落后地区的北方士子具有更多的出头机会。据日本学者檀上宽统计，从明惠帝建文元年（1399年）至明成祖永乐二十二年（1424 年）之间的 9 榜进士中，共录取进士 1938名，其中南直隶、浙江、江西、湖广、福建、广东这些南方省籍进士达 1621名，占总数的 83.6% 之多；广西、贵州、云南、四川等西南部省份的进士共 92名，占 4.7%；而北直隶、河南、山东、山西、陕西等北方省籍进士总共有 225名，占 11.6%。❷ 虽然南方士子入选的概率比较大，但其中不乏为了及第而专注于背诵文辞者，这些人并没有真才，顶多是一个知识的储存者。时人对这种弊端有着深刻认识。如俞廷辅上疏朝廷："进贤之路，莫重于科举，近年宾典之士，率记诵虚文，为出身之阶，其实才十无二三，使之临政，往往束手无为，职事废惰，民受其殃。"❸ 明廷认识到仅凭文词取士的弊端，洪熙元年（1425年）九月令会试分南北取士，"科举之士须南北兼收，南人虽善文词，而北人厚重，近累科所选北人，仅得什一，非公天下之道，自今科场取士，南取六分，北取四分，尔等其定公议，各布政司名数以闻"❹。南北卷的提出者是大学士杨士奇，他认为"自古国家兼用南北士，长才大器多出北方，南方有文多浮"。❺杨士奇向仁宗提出解决矛盾的方法是"试卷例缄其姓名，请今后于外书南北二字，如一科取百人，南取六十，北取四十，则南北人才皆入用矣"。到景泰五年（1454 年）时，明廷根据给事中徐廷章的建议，对南、北、中卷的区域范围进行明确划分。"南卷，应天及苏、松诸府，浙江、江西、福建、湖广、广东；北卷，顺天、山东、山西、河南、陕西；中卷，四川、广西、云南、贵州及凤阳、

---

❶ 李良品，彭规荣. 科举制度影响下的明代重庆教育 [J]. 教育评论，2005（1）：88-91.

❷ 檀上宽. 明代科举改革的政治背景：南北卷的创设 [J]. 东方学报，1986（3）.

❸ 杨士奇. 明仁宗实录 [M]. 台北："中央研究院" 历史语言研究所校印，1965：289-290.

❹ 杨士奇. 明仁宗实录 [M]. 台北："中央研究院" 历史语言研究所校印，1965：289-290.

❺ 李默. 孤树裒谈：卷四 [M]. 重刻本，1601（明万历辛丑年）.

庐州二府，滁、徐、和三州也。"❶ 从科举选官的角度，明廷对南、北、中卷进行了明确的划分，这就使得举子们在各自区域范围之内进行竞争，就北方士子而言，竞争范围缩小，增加了更多入仕机会。南北分卷是明代科举在发展中处理弊端的一次重大举措，成为明代乃至科举发展史上的一件大事。南北分卷促进了北方文化教育事业的兴盛，使得长期以来经历战火蹂躏的北方地区出现欣欣向学状况。学校教育的繁荣，增强了北方地区对明王朝的向心力，加强了中央对边疆地区的控制。

南北卷确保了南北机会均衡，定额取士更是将这种机会均衡制度化、精细化，是南北分卷取人的深化。取士不仅划分了范围，而且还使每一科所取的士额划分有了标准。会试取士额明初无定数，少者如洪武二十四年（1391 年）辛未科只录取了 31 人，多者如洪武十八年（1385 年）乙丑科、永乐二年（1404 年）甲申科皆多至 472 人。当时录取，额数多寡是以应试者的学识决定，增损不一，皆临期奏请定夺。定额取士是在成化十一年（1475 年）乙未科后，"率取三百名，有因题请及恩诏而广五十名或百名者"。❷ 自是科以后，明廷每科录取一直基本稳定在 300 名。以后各科最高没有超过 400 名，一般在 300 名、320名、350 名左右徘徊，这就意味着每隔三年，都有着固定数额高层职位供士子们角逐，这对长期以来及第希望不大的北方士子来说是一个令人振奋的消息，激励着他们向更高科名努力。

定额取士与南北卷相辅相成，共同构成了明代进士录取的特色。成化乙未科而后，明廷一直保持着定额 300~400 名取士，并且南北平均分配，对文化教育相对发达的南方适当给予比较多的名额，同时又确保了北方地区的取士额。从区域公平角度来分析，制度上有了根本性转变。明代科举进士取士不仅是南北分卷，而且还根据文化的繁荣程度进行南北配额，在照顾了北方士子的同时，也给予南方士子更多的机会。随着时代的发展，对于南北取士额的数量，嘉靖年间礼部又有严格规定，"至于会试，则分为南、北、中卷，取之各有定数，所司不得增损"。❸

总之，经过南北榜激烈区域冲突之后，明朝逐步确立了南北分卷和南北限额取士之制，合理地解决了在各地文化差异较大情况下从全国范围内公平选拔人才的问题。会试南北分卷之后，南方士子和北方士子在各自区域内进行排名竞争，确保了明廷在选拔高级人才时南北区域平衡。成化乙未科之后，确定了

---

❶ 张廷玉，等. 明史 [M]. 北京：中华书局，1974：2116.
❷ 王圻. 钦定续文献通考 [M]. 上海：商务印书馆，1935.
❸ 明世宗实录 [M]. 北京：中华书局，2016.

进士每科限额300人，虽然在实际执行中，因为个别权臣的干政对录取额有所增损，但随着权臣的消亡最终回归公平，政治公平维护了明朝政治稳定与国运长远。科举选拔了一大批经世致用之才，维护了朱元璋所建立的专制主义中央集权制度。

五、社会环境相对稳定

明代重庆地区局势相对和平，因此经济得以显著发展，前面已有论述，在此不多赘言。相对平稳的社会环境给予重庆教育和科举发展良好的平台。然而，从明末开始，重庆就饱受战争动乱侵扰。四川盆地由于其易守难攻的地形、丰富的资源储备、优越的农业条件和高超的手工业水平，战乱时常常成为中原士人的避风港。但是也正是由于这些有利条件，自古巴蜀之地也受到众多内外野心家的觊觎：或是被本地豪强闭关自守，或是被外来势力突破占据，所谓"天下未乱蜀先乱、天下已治蜀后治"。

四川是明末李自成起义军的主要活动地区，清军入关后直到康熙三年（1664年）才最后平定。康熙十三年（1674年）三藩之乱，四川又是清军与吴三桂军队交战的主战场。连年战火，社会动荡不安，人民生活得不到保障，更不用说求取功名了。自咸丰至光绪年间，重庆科举与清末科举制度一起在曲折进程中嬗变向衰落。咸丰年间起，太平天国发展壮大，一些省份的科举考试都受到了不同程度的影响，甚至停考。同治元年（1862年），停考六省，包括云南、贵州、江南、四川、浙江和陕西，重庆的科举自此一蹶不振。而后外敌侵略和新思想的传播更对科举制度产生了重大影响。如上种种，战争因素和新思想的传播致使清代科举的前行阻力重重。因此，相对比而言，明代重庆的科举成绩较清代更加突出也就不难理解了。

第五章

清代重庆科举的制度化（上）

清顺治元年（1644 年）清世祖爱新觉罗·福临入关，定都北京，逐步统一全国。到了 18 世纪乾隆王朝后期，人口增至 3 亿左右，是当时亚洲东部最强大的封建大一统中央集权制国家。

顺治末年，清军控制了四川大部分地区。康熙二年（1663 年），清总督李国英在重庆补筑通远门城墙，加强城防，巩固了清朝在重庆的统治。

明末清初，张献忠农民起义军控制四川，建立大西政权，但未能建立巩固的根据地，对地方政区少有建置变动。清代仍置四川行省，设巡抚驻成都。顺治十四年（1657 年），又增设总督，驻防四川阆中；康熙元年（1662 年），改设重庆府；康熙七年（1668 年）改设为川湖总督，移至湖北荆州；康熙九年（1670 年）川湖总督转向重庆；康熙十九年（1680 年）复改为川陕甘总督，又迁往陕西西安。由此可见，清代四川、陕西、重庆、湖北这四个内陆省行政区划管理纠葛纷杂，彼此相依，犬牙交错，并不稳定平静。

清代在今重庆直辖市辖区内先后置重庆府、夔州府、忠州直隶州、黔彭直隶厅（酉阳直隶州）、石柱直隶厅。这一行政区划的版图范围及名称从清初延续至清末，基本未变。

这里探讨的是封建社会最后一个王朝的重庆科举考试，这时期的重庆科举既呈现出体制的完备、规章的严密，又存在着空疏无实、徒具形式、机械僵化及教条主义的严重弊端，预示着传统科举行将更改、步入近代改制转型的历史征兆。

清代是中国科举制度发展的最后一个阶段，也是它的鼎盛时期。这是就全国科举考试而言的，但中国地域辽阔，各地差异很大，表现或变动状况极其不同。科举考试状况尤为如此。清代重庆科举考试的功名成就弱于明代，在全国区域间的横向位置与自身纵向变化的实况均是这样的，由此显示出两者的一体化或高度统一。但需要指出的是，这种不平衡性，并不影响清代科举制度的完备周详和环节要求的严格，这或许可以用制度化来形容表述。

重庆科举作为科举制度在西南内陆地区推行的一个缩影，基本反映出这一有深远影响的人才选拔制度在巴渝大地的发展轨迹及其特征。揭开重庆科举的面纱，不但可以领略到巴渝文化丰富的内涵，还可从中对古代西南内陆区域政治、经济、民俗风情窥见一斑，同时对西部大开发中富有地域特色的文化建设，教育改革，人才资源的培育、选任及使用等方面也都有一定的理论与现实意义。

第一节　清代科举制概述

清以少数民族入主中原，故特别重视以科举考试制度作为笼络汉族士大夫的手段和控制思想文化的工具。早在入关之前，皇太极即已接受中原文化而改革官制，并采取科举考试选官制度，从汉族儒生中选取生员，授以官职。入关后，承认明朝科举功名及第者进士、举人及秀才的身份和地位。虽然科举制度在各个朝代的规定有所不同，但核心诉求均一致，即如下文所示，选举天下英才，且以德行为先：

古者选举之法有二，乡学所升谓之选士，用为乡遂之吏，其位止庶士，而选用之权在司徒。国学所升谓之进士，命为朝廷之官其位曰士，而爵禄之权在司马。选于乡学者，庶民子弟之秀者也，选于国学者，公乡大夫元士之子及司徒所论乡学选士之秀，升之学而曰俊士者也，乡学则司徒以三物而德性为重，国学则乐正崇四术而乐德为首。为首孟子所谓修天爵而人爵从之，是已自世风不古，士或诡行以干禄乡里，推择尤虞多私而选举之法随时更变，其亦有不得已焉者乎我。朝准古酌，今设科贡两途以取士，尤虑野有遗贤，间有博学宏词，孝廉方正，山林隐逸之荐举以补科贡所不及，所以网罗英才至矣，顾士子或不思根柢，经述明体达用。❶

从清代科举发展的整体脉络来看，除优待八旗子弟而另设科场发榜外，余皆沿明之制。清初统治者曾采取汉人和满人分别考试的方式，"八旗以骑射为本，右武左文。世祖御极，诏开科举，八旗人士不与"。❷ 赵尔巽《清史稿·志八十三·选举志三》：清顺治八年（1651 年），因吏部多次上疏，才举行第一次八旗乡试。所以，在顺治年间（1644—1661 年）的进士题名榜中，出现了满

---

❶　江津县志编辑委员会. 江津县志：卷十：选举志 ［M］. 成都：四川科学技术出版社，1995.

❷　赵尔巽，等. 清史稿：志八十三：选举志三 ［M］. 北京：中华书局，2015.

榜、汉榜之分。然而，由于八旗子弟的教育缺乏深厚的文化积累，相应的读书人数非常有限，往往不敷取中计划数额。康熙六年（1667 年），恢复八旗乡试、会试，并将八旗满、蒙士子与汉人同场考试，终结了八旗子弟单独乡试、会试的成例，将其完全纳入科举考试统一的体制内范畴。❶

清代科举制度大体仿明制，而其考试办法及防范措施较前代更为繁复而周密。科举考试以层阶纵向递升，可分为童试、乡试、会试、殿试，以及朝考等环节序列。以下分述之。

一、童试

童试，又称童生试，包括县试、府试、院试，是为取得生员资格的入学考试。参加童试的人，称儒童或童生。一个儒童，在通过县试、府试和院试之后，取得童生资格。童生通过提学道的考试后获得生员，又称为庠生，也称秀才、相公、茂才、文生，始能入府、州、县学进学修业。他们在地方儒学中，继续钻研"四书"，并依自己的兴趣爱好，专门选学"五经"。学校教官会给他们讲授，并有月课和季课加以考评检查。每 3 年在学生员要参加一次岁考和科考，以检查其学业的好坏，并决定是否可升增广生员、廪膳生员，能否参加乡试。而学业成绩属劣等者，则会分别受到处罚，甚至被取消生员资格。生员的出路并非单一，除参加乡试、会试，走一般的科举之路外，学行皆优者可选拔入国子监。贡入国子监的生员享有两条出路：一是在学期间，经学校推荐，可直接参加顺天府乡试；二是入监肄业后，经祭酒等核实，其优秀者可送吏部铨选得官。且由贡生入官者与举人、进士一样被视为正途。国子监作为朝廷所设的最高学府，成为明清两代王朝"科举必由学校"中的重要环节。特别是清代康熙王朝以后科举制走向成熟后，其学习内容、教学、管理、考核、奖惩，无不充盈着为科举考试服务的浓厚色彩。❷

（一）生员的考选

"生员"一词来源久远，明末清初教育家顾亭林在《日知录》中说：

生员犹曰官员，有定额故谓之员，《唐书·儒学传》云，国学始置生七十二员，取三品以上子弟若孙为之；太学百四十员，取五品以上；四门学百三十员，取七品以上。郡县三等，上郡学置生六十员，中下以十为差；上县学置生

❶ 李润强. 清代进士群体与学术文化［M］. 北京：中国社会科学出版社，2007：34.

❷ 龚笃清. 明代科举图鉴［M］. 长沙：岳麓书社，2007：230.

四十员，中下亦以十员为差。此员之名所始，而明制亦略仿之。❶

清代科举制有关生员考试有着严格规定，据《城口厅志》所载礼部"则例"的规定如下：

—州县考试童生，俟学政文到，先期晓谕报名州县录取后，送知府直隶州知州考试。其厅、州、县试原卷合钉封贮，于学政按临之日，解送提调，候院试取进后，连三卷逐一磨对，如笔迹、文理不符者，即行查究。

—童生考试，以同考五人互相保结取行，优廪保出结识认，查照格眼册式。令各童生亲填年貌、籍贯、三代。每名下仍开廪生认保姓名，并各结状黏送，不得有顶冒倩代，假捏姓名，匿丧冒籍，及家系优隶，身遭刑犯等弊，容隐者五人连坐，廪保点革治罪。其府州县考时，亦令本籍廪生一体保结认识，由教官先造各廪生名册，申牒府州县，于点名时，将廪生亲到与否填注册内。府州县考毕，仍将某廪生认保某生造册，一并申送学政查核。

—考试文童，于认保廪生之外，设立派保。令各该教官按照廪生补廪之次第，与童生县府考取名次之先后，挨次分派，俾派保廪生同认保互相觉察，勿任童生私自识认，致滋弊端。

—凡出身不正，如门子、长随、番役、小马、驿递、马夫、皂隶、马快、步快、盐快、禁卒、仵作、弓兵、吹手之子孙，均不准应试。至民壮一项，原与兵丁一律拔补，应令其专习武艺，不得承差别项公事。门斗一项，为教官传唤生员之人，铺兵铺司一项，专司递送公文，自非贱役可比，其子孙应准其应试。如由民壮、门斗改充他役，及其先曾充当皂隶等役者，仍不准应试，以杜冒滥。并责成各该廪生，如有变易名色，隐匿冒考者，听该廪生查明检举，其地方官勒令廪生认保，及廪生扶同保结者，一体照例治罪。

—生员所犯有应戒饬者，地方官不得擅自扑责，会同教官具详学政，照例在于明伦堂戒饬。如地方官擅自扑责者，严行参处。旧例罚俸九个月，谨接嘉庆五年吏部议，准今酌议加重。嗣后应戒饬之生员，地方官擅自叱责者，降二级留任；因而致死者，降二级调用；系故勘致死，照例治罪。其恃符违禁、豪横不法、犯应除革者，申详督抚、学政批革，审讯定拟治罪。

—生员不得充当书吏，入伍食粮。不准入伍，专指文生。其武生不在此例。及开设牙埠，违者照违制律斥革。其书吏牙行有欲考试报捐者，应先将书吏牙行注销，朦混捐考者，亦以违制论。地方官不得强令生员充当社长，凡领催甲

<hr>

❶ 顾炎武. 日知录：集释：卷十七［M］. 上海：上海古籍出版社，2012.

长总甲图差之类，一应杂色差徭，均例应优免。倘于本户之外，别将族人借名滥充者，仍将本生按律治罪。❶

　　明初生员只有一种，名目繁多的生员称呼随着生源数量大增而出现，出现了廪膳生员、增广生员、附学生员。《明史·选举制》中对此做了解释：

　　生员虽定数于国初，未几即命增广，不拘额数。宣德中，定增广之额：在京府学六十人，在外府学四十人，州、县以次减十。成化中，定卫学之例：四卫以上军生八十人，三卫以上军生六十人，二卫、一卫军生四十人，有司儒学军生二十人；土官子弟，许入附近儒学，无定额。增广既多，于是初设食廪者谓之廪膳生员，增广者谓之增广生员。及其既久，人才愈多，又于额外增取，附于诸生之末，谓之附学生员。凡初入学者，止谓之附学，而廪膳、增广，以岁科两试等第高者补充之。❷

　　古代对生员的德行和学识也有严格要求，并规定名额，通过严格的考试制度考核选拔人才，以期诸生皆当上报国恩，下立人品，养成贤才，以供朝廷之用。据文献记载：

　　"顺治九年，题准刊立卧碑，置于明伦堂之左，晓示生员。"

　　朝廷建立学校，选举生员，免其丁粮，优其廪膳，设学院、学道、学官以教之。各衙门管以礼相待，全要养成贤才，以供朝廷之用。诸生皆当上报国恩，下立人品。所有教条开列于后：

　　——生员之家，父母贤智者，子当受教。父母愚鲁或有非为者，子既读书明理，当再三恳告，使父母不陷于危亡。

　　——生员立志，当学为忠臣清官，书中所载忠清事迹，务须互相讲究，凡利国爱民之事，更宜留心。

　　——生员居心忠厚正直，读书方有实用，出仕必作良吏。若心术邪刻，读书必无成就，为官必取祸患。行害人之事者，往往自杀其身，常宜思省。

　　——生员不可干求官长，交结势要，希图进身。若果心善德全，上天知之，必加以福。

　　——生员当爱身忍性，凡有司官衙门不可轻入。即有切己之事，只许家人代告。不许干与他人词讼，他人亦不许牵连生员作证。

---

❶　朱华忠，唐光荣. 城口厅志：卷之十：学校志 [M]. 点校本，重庆：重庆出版社，2011.
❷　张廷玉. 明史：卷六十九：选举志一 [M]. 北京：中华书局，1974：2102.

　　——为学当尊敬先生。若讲说，皆须诚心听受，如有未明，从容再问，毋妄行辨难。为师亦当尽心教训，勿致怠惰。

　　——军民一切利病，不许生员上书陈言。如有一言建白，以违制论，黜革治罪。

　　——生员不许纠党多人，立盟结社，把持官府，武断乡曲。所作文字，不许妄行刊刻。违者听提调官治罪。❶

　　这些条规内容虽然对地方官学中生员的为人、求学以及教师的教学等提出了具体要求，但其实质是禁止学生过问社会现实问题，限制他们自由结社和发表言论的权利，使其具备"忠臣清官"的素质和操守。

　　应该肯定地说，上述"卧碑"是清代前期颁发于官学、书院的学规章程，作为规范生员求学深造以及参加后续乡试、会试士子的行为规范和品行要求，被学校教育奉为管理准绳或道德教科书，广为流行。从其内容分析，是教育培养政治管理人才的范本，反映了科举选士经由学校培养的实施路径与运行方案。这些条规在清代众多原始文献中均被收入，如载入清光绪敕撰《钦定大清会典事例》卷三百八十九，光绪己亥年（1899 年）御制本第 1～2 页中。同样见诸重庆地方志资料，从《城口厅志》描述可知，偏远如巴楚深山沟壑纵横之中的重庆城口都在县学、书院中推行。

　　裁定学额，额设廪生七名，增生七名。旧制廪生每名岁支饩粮银九两六钱，遇闰加银八钱，因钱粮不敷，原未领支。康熙二十四年（1685 年），奉文廪生饩粮银请复三分之一，每名岁支银三两二钱，遇闰加银二钱六分六厘六毫。康熙五十年（1711 年），奉文本处地丁银内扣留支给。对生员进行严格考核，以遴贤才，礼部"则例"对此做如下规定：

　　——生员考案一等，文理平通，准补廪，无缺，附青社先补增，无增缺，青社先复附。如在本案未经截止期内，有廪增缺出，仍准挨补。原廪增停降者俱收复。二等文理亦通，增补廪，附青社补增，无增缺，青社先复附。如在本案未经截止期内，有增生缺出，仍准挨补。原停廪降增者准复廪，增降附者准复增候补。其因丁忧曾开增缺，由本案二等收复者，遇有廪缺与二等实增，一体按名序补。凡帮补新增，及候补虚增，不准补廪。三等文理略通，原停廪者，准收复候廪。其丁忧起复、病痊考复、缘事办复，及原增降附者，亦准收复。

❶　朱华忠，唐光荣. 城口厅志：卷之十五：选举志［M］. 点校本，重庆：重庆出版社，2011：106-107.

青社准复附，廪已降增者，不准复。四等文理有疵，照例停廪，不作缺，限六月送考定夺。原系停降者不准限考，姑照旧青衣发社者不准复，仍同附增各扑责。五等文理荒谬，廪停作缺、原停廪降增、增降附、附降青衣、青衣发社、原降增降附者，以次递降。六等文理不通，廪膳十年以上，及进学未及六年者发社，余俱黜为民。

——考列五等之廪增附生，俱不准其科试录遗。其由廪增考列五等者，照例罚令对读，不准收复，俟下次岁试。视其考列等第，照例办理。

——各省由廪增附报捐职官及贡监等项，如未验照之先，接到咨文，即以接到咨文之日扣饩开缺；如咨文未到，先行验照，即以验照为开缺之日。

——各直省岁科两考，廪增帮补，各以年半为限。岁考之年，正月初一日起，至次年六月三十日止，所出之缺，归于岁案帮补。自七月初一日起，至第三年十二月三十日止，所出之缺，归于科案帮补。遇有闰月，在应补岁案期内岁案帮补，即以六月十五日止，如在应补科案内科案帮补，即以七月十六日起。如岁科两案限内，俱有闰月，岁案帮补仍以六月三十日止，科案仍以七月初一日起，使两案帮补，不致多寡悬殊。至岁科考册报部日期，均以试毕后两月出咨为限。其廪增册岁科两试，亦令解册，二次均以载缺后两月出咨为限。如遇有地方情形实在不同，应行酌量变通之处，另行咨部核议。❶

（二）由生员转贡生

明清时期中举概率很低，能否考取带有很大的偶然性。很多生员通过乡试、会试、殿试的正途希望十分渺茫。由此如何有效解决地方府州县官学无法考中举人的生员入仕问题，给他们提供出路，从而稳定地方儒学生员队伍，使其能安心向学，便成了一种困惑或挑战。为此，明太祖朱元璋创立了贡生制度，荐举选拔生员中的优秀群体，他们被贡入国子监读书，肄业后可以直接铨选任职或继续参加科举考试。明代的这种折中变通方案为清代所承袭利用。按照礼部"则例"所述，其具体规定如下：

清代入京师中央官学国子监修业的称监生。监生初由学政考选、皇帝特许，分举监（选自会试落第的举人）、贡监（选自地方学校的生员）、荫监（三品以上官员或勋戚之子弟，分为官生和恩生）、例监（向政府捐资纳粟之家的子弟）。贡监也称贡生，"择府、州、县学诸生入国子学"并要通过考试，合格者才能入学。贡生分恩贡（遇庆典或先贤后代中有廪生选入国子监的生员）、岁贡（每三年十二月考选入国子监的生员）、拔贡（每十二年由省学政考选，送朝廷以京官和知县任用）、副贡（乡试备取生，直接入国子监）。还有靠捐纳攫取"功名"的"例贡"，俗称"捐班老爷"。

贡生考贡、出贡都有严格的规定，采取考察和考试相结合的方式，世祖御极，诏开科举，八旗人士不与，按礼部则例所述：

——岁贡以各学廪膳生员食饩年久者，挨序考补。八旗满洲蒙古汉军及直省府州县卫，或一年二贡，或一年一贡，或三年两贡，或二年、三年、四年、五年、六年一贡，提调官将应贡之生，起送学政考准后造册报部。

——岁贡以一正二陪，严加考选，正贡不堪，许给予衣顶告老，次取陪贡，一陪不堪，更及二陪，务于挨序之中，仍寓遴才之意。如陪贡有意趋避，并无实在患病等情，而托故不到者，即将该生应贡之处永行扣除。

——岁贡正陪依食饩年分为序，同补者以考案先后为序。除停廪未复者、缘事开粮者、服阕及告病给假过限不补者，俱扣算作旷外，其余不论虚廪实廪，俱准起送停降考复。缘事办复者，以文到日为始。准其接算降增而复补廪者，准前后通算，就中较其粮数，以年月最久者为正，其次以是为差。如有隐匿停降，及受贿、让贡、争贡诸弊，即行斥革起送官一并查究。

——廪生出贡，学政于考准之日填给贡单，令其收执。情愿赴监肆业者，取本籍地方官文结，并亲赍贡单投验。倘无单呈验，除驳回外，将遗漏给单之该学政参处。

——廪生考贡，概令无须远出，岁科两试，各就本棚投考。除本年考本年者无论外，其有下年始轮出贡，而计下年按临不复至者，准其豫考；有本年应贡而计本年按临不及者，准俟下年补考；给发贡单时，仍按应贡本年填注。如有实因患病事故致误本棚考试者，无论豫考、补考，均以学政按临之期，定限一年，令其就便随棚投考。违者不准出贡，其廪缺一并开除，仍将次贡考补，并于册内声明报部。至各省岁科并考之处，其出贡年分，各该学政就道里远近，酌量核定。

——凡遇恩诏，以本年正贡改作恩贡，次贡之生作为岁贡，其不值正贡之府、州、县、卫学，准以次贡作恩贡，再次贡作岁贡，于应贡年分举行。

——举报优生，由该学教官采访文行兼优之生，豫行密保学政，随时体察，按棚造册报部。三年任满，就原报册内，会同督抚核其堪升太学者保题，大省册过五六名，中省册过三四名，小省册过一二名，宁缺勿滥，由部汇题核覆，令其赴部。❶

---

❶ 朱华忠，唐光荣. 城口厅志：卷之十五：选举志 [M]. 点校本，重庆：重庆出版社，2011：107-108.

生员转贡生在科举中层阶关系多元，关联及作用复杂，且因人而异，实难简易评述。

二、乡试、会试

乡试、会试是科举考试的主干部分，最富特色。清代乡试、会试取士定额。乡试名额，顺治初定额从宽，顺天、江南皆160余名，浙江、江西、湖广、福建皆逾百名，河南、山东、广东、四川、山西、陕西、广西、云南则90余名，递降至贵州最少为40名。

清顺治十四年（1657年），规定国子监监生分南卷、北卷。直隶八府、延庆、保安二州，辽东、宣府、山东、山西、河南、陕西、四川、广西为北卷；江南、江西、福建、浙江、湖广、广东为南卷，视人数多寡定中额。康熙年间，先后增加直省中额。康熙五十年（1711年），又各增五之一。乾隆元年（1736年），顺天皿字分南卷、北卷、中卷，奉天、直隶、山东、河南、山西、陕西为北皿；江南、江西、福建、浙江、湖广、广东为南皿，各中额39名。四川、广西、云南、贵州另编中皿，十五取一。

会试中额，清初沿明制，分南、北、中三卷，预定中额为400名。其中，江西、浙江等省为南卷，取233名；山东、陕西等省为北卷，取153名；四川、云南等省为中卷，取14名。因分卷录取无法兼顾省份，各省被取中人数多寡不定，有的边远省份名额甚至无法保障。康熙五十一年（1712年），取消南北官民字号等分卷考试（惟按各省及满洲、蒙古、汉军分编字号）。清代会试中式无定额，往往根据应试人数多寡，而请旨钦定中额。考前由礼部统计当年实际应试人数，每科根据实际应试人数及前三科中式人数，由皇帝钦定本科中额人数，然后再按各省的大小、人数的多寡，分配名额，同时兼顾到文化大省和人才稀缺的边远省份。❶

乡试、会试取士中额的依据，归纳起来大概有如下几方面：视省之大小；参加应试人数的多寡；各省区文化水平之高低；照顾边远省份，保证有一定的名额。按照这些因素，定出应试者人数和录取人数的大致比例。

（一）乡试

清代科举考试中的乡试，又称秋试、秋闱、省试、观场、大比、乡荐。

清代乡试每三年举行一次，逢子、午、卯、酉年为开科之年，为正科；遇国家庆典加科，为恩科。恩科分为万寿恩科和登极恩科。若庆典适逢正科之年，

---

❶ 李润强. 清代进士群体与学术文化［M］. 北京：中国社会科学出版社，2007：66.

则以正科为恩科，而正科或于先一年预行，或于次年补行。如恩科与正科合并举行，称为恩正并科，按两科名额录取。考期常在阴历八月，恰为秋意浓厚、荷叶莲蓬映日、丹桂吐蕊飘香之时，故称"秋闱"。由清廷特派考官主持。凡本省文、武生员或贡生经乡试前的选拔在省提督院由省学政主持举行考试，经过博弈竞争，中试者称举人，又称孝廉、乙科、乙榜、发解、乡荐、一第、一命、乡贡、登贤书、经魁，举人有文、武之别，其中以文举人占绝对优势。又有新中式、下第、坐监、署教和正、副榜之分。中举士子第一名称"解元"，第二名称"亚元"。

举人除可参加"会试"以外，尚可入仕，任府、州、县学教官或知县。

（二）会试

清代举人的来源是多样的，按地域和出身，可分为顺天举人、各省举人、八旗举人、在官举人、特赐举人等五种。这些举人在有生之年，都有资格参加礼部的会试，考取进士。但是，举人参加会试，并非可随意入考，按照规定，举人须先呈文申请，经各级地方官审核无误后，发给咨部文书，在规定日期之前赴礼部投呈报考，方能参加会试。清代举人会试的申请咨文，是在县试的"认保"、府试的"派保"和院试的"联保"基础上，对士人身份的再次清查，以保证士子的所谓"身家清白"，预防士子的冒籍、抢替等作弊行为；同时，也为日后进士的选取进行了最高级别的身份认证，即举人虽然来源多样，但其出身必须限定在一定的身份之内。❶

明代会试定为三年一科，于乡试的次年进行。《明史》中说：

> 子、午、卯、酉年乡试。辰、戌、丑、未年会试。乡试以八月，会试以二月，皆初九日为第一场，又三日为第二场，又三日为第三场。❷

清代继续明代之制，乡试的次年（逢辰、戌、丑、未年）春季在京应礼部考试者为会试，故称"礼部试"或"礼闱"。又因是在阴历二月举行，公历在阳春，三月春意盎然，鲜花绿叶摇曳，绿树草木复苏，已是一派春天气象，故又称其为"春闱"。若乡试有恩科，会试亦加恩科。参加会试的举人又称公车。近代《马关条约》的签订，导致民族危机加剧、国事日危，康有为联合各省举人上书变法，史称"公车上书"。

各省举人都具备身份资格参加会试，由清政府派正、副大臣任主考官，称

❶ 李润强. 清代进士群体与学术文化［M］. 北京：中国社会科学出版社，2007：25-26.
❷ 张廷玉. 明史：选举志二：卷七十［M］. 北京：中华书局，1974：2109.

"总裁"，主持考试过程各环节。主考官人选 2~7 人不等，一般为内阁大学士、学士，六部尚书、侍郎，都察院左都御史等要职。同考官初用 20 人，后定为 18 人，称"十八房"，由翰林院、进士出身的京官担任，具体负责试卷评阅等事项。经过此番竞选，中式者称贡士，亦称中式进士，第一名称"会元"。

会试考试共三场：

第一场，二月初九日，试"四书"三题、"五经"每经四题，考生任选一经，文用八股，称"制艺"或"时文"。

第二场，二月十二日，试论一篇，判五道，诏、诰、表选作一道。其后屡有变更，但仍以"制艺"为重。

第三场，二月十五日，试经史时务策五道。

三、殿试

殿试，又称廷试。科举考试中的殿试始于宋太祖开宝年间，其直接诱因就是知举官李昉在取士过程中的徇私不公行为引发落第举子的不满。宋代进士科考试竞争非常激烈。宋太祖开宝六年（973 年），参加省试的举子共计 364 人，最终只录取合格进士 10 人、诸科 28 人，总数仅为 38 人，几近于 1/10 的比例，淘汰率甚高。此榜 10 名进士中，居然有被公认是"材质最陋"的武济川，而他恰好是知举官李昉的同乡。落第进士徐士廉带头击登闻鼓。太祖闻讯，决定亲自在讲武殿举行复试。他任命御史李莹等为考官，择已中及未中进士、诸科 195 人重新考试，复取进士宋准以下 26 人、诸科 105 人。而原先录取的人中有 10 人被黜，其中就包括武济川，❶ 此举开创了殿试制先河，宋太祖建立殿试制度，亲自复试省试所取正奏名进士，主要目的就是要保证科举考试的公平原则。自此，殿试正式成为科举考试的最高一级。

清制定期于每年的阴历四月二十一日在保和殿举行殿试，由皇帝对会试取录的贡士亲自策问考试，取录者称"进士"，进士又称甲科、甲榜、两榜、登龙门。进士分一、二、三甲 3 个等次：一甲赐进士及第，第一名称"状元"，第二名称"榜眼"，第三名称"探花"，合称为三鼎甲；二甲赐进士出身，第一名称"传胪"；三甲赐同进士出身。武进士一、二甲分授一、二、三等侍卫；三甲授营卫、守配等职。

四、朝考

殿试传胪后三日，于保和殿举行进士朝考，专为选庶吉士而设，其前列者

---

❶ 龚延明. 中国古代职官科举研究 [M]. 北京：中华书局，2006：363.

曰人选，亦曰馆选。即对二甲进士再一次殿试，结合原殿试成绩授予官职，成绩最优者授翰林院庶吉士，称为"点翰"。其后名次，依次以京官、知县、县儒学教官任用。商衍鎏曾经历清末科举殿试胜出，金榜题名一甲三等，荣登探花功名出身，他对朝考由明至清变迁历程做如下追忆：

> 清每科皆选庶吉士，初亦同明制选而后试，无一定之额，顺治三年丙戌科殿试后次第引见，选择年貌合格者一百余人于内院复行考试，如殿试例，题用奏疏、律诗各一。顺、康两朝之选庶吉士，因地取才，递有增减，累科沿之，皆选而后试者。至道光年间朝考方法有所改变，道光二十一年辛丑科并定朝考卷分一、二、三等，自是庶吉士皆试而后选矣。选用之法，合复试、殿试朝考、等第之高下统计，等第中尤以朝考为重，三试高列者用庶吉士，此通例也。❶

五、武举

武举又称武科，是古代科举制度中专为选拔武学专业高技艺人才而设置的特定科目。武举始创于周武则天长安二年（702 年），废止于清光绪二十七年（1901 年），共存在 1200 年之久，是古代科举制度的组成部分。

（一）武举时间

武生员的考试为每年春季。武举的乡试于子、午、卯、酉年的文举乡试之后举行，具体时间为阴历十月初九、十二、十五日各试一场。武会试于乡试后的第二年阴历四月，统一在京城举行。

（二）武举资格

参加武举考试的主要是武学学生和"通晓兵法、谋略出众"、精通骑射、出身清白之人。

（三）武举程序

武举有四个环节衔接而成，阶梯上升：考选武生员→考选武举人→考选武进士。武殿试为武举考试最高一级考试，清代武殿试由皇帝亲自主持。每一级考试都分三场进行，第一场和第二场称为"外场"，主要测试考试者的射技和臂力，射技有马射和步射之分，臂力测试主要有开弓、舞刀、掇石。第三场称为"内场"，主要进行文化测试，考试内容为策和论两类。考试的权重比例以前者为主。

---

❶ 商衍鎏. 清代科举考试述录及有关著作 [M]. 天津：百花文艺出版社，2003：158.

六、科举考试内容、组织方法及管理条规

科举考试内容、组织方法及管理是依托于科举制的系统设计的，但无疑对科举制整体而言是丰富和充实的，也是一种充要条件。

（一）科举考试的内容

清代科举取士和学校教育基本上沿袭明代旧制，以八股文作为考试的主要文体，以"四书"文句为题，如"八比""制艺""经民""时文""时艺"等。从最低级的童生到科举顶层的殿试，即县、府、院试，乡试，会试，以及生员拔取贡生等各个步骤都需要考八股文，国家通过考八股文取才，个人通过写作八股文入仕。两者相互呼应，同气连枝，达到个体愿景与王朝利益的高度统一。

清嘉庆十年（1805年）谕："乡、会试三场，并设经文、策对，原与制艺并重。然必须……先阅头场，后阅二、三场。"❶ 前已述清代乡试、会试共考三场，头场八股文，二场经义，三场策论。"五经"义，往往仿"四书"文，亦用八股文式。主司阅卷，专重头场，而轻二、三场；凡头场卷子未能选中，二、三场卷子多不再看，可见，中式与否，主要取决于八股文。由此，各级学校师生竞相讲习八股文。

这在当时被称为"敲门砖"，此敲门砖，及第则舍之❷。士子如何利用"敲门砖"去叩开荣华富贵之门，考官又如何衡文？这便是每一位应试者最关注的问题。文人学士莫不幼而习之，长而诵之，为研探八股文的写作秘诀而惨淡经营，呕心沥血。❸

清朝统治者对于科举考试存在内容体裁空虚无实、脱离实际的弊端，一直有所察觉，并力图纠正。例如，康熙二年（1663年）一度下诏废用八股文，仿唐制改为首场考五道策文，二场考"四书""五经"各一篇，另增考五条判语和一道表文。但仅实行两科考试即罢，康熙帝为此曾毫不隐讳地说："非不知八股文为无用，特以牢笼人才，舍此莫属。"乾隆三年（1738年）兵部侍郎舒赫德批评八股文为"徒空言而不适于用，此其不足以得人者一；墨卷房行，辗转抄袭，肤词诡说，蔓衍支离，以为苟可以取科第而止，其不足以得人者二"。但是，清王朝为维护统治集团的长治久安，乾隆帝亲自指派桐城派大师、文学家

---

❶ 托津，等. 近代中国史料丛刊：三编第六十七辑：钦定大清会典事例卷二百七十九　礼部　贡举内帘阅卷（嘉庆朝）[M]. 台北：文海出版社，1992：2153-2154.

❷ 冯班《钝吟杂录》："教我则曰：'此敲门砖，及第则舍之。'"又见：梁章钜. 制艺丛话 [M]. 陈居渊校点，陈居渊注解. 上海：上海书店出版社，2001：21.

❸ 龚延明. 中国古代职官科举研究 [M]. 北京：中华书局，2006：423-424.

方苞从明清两朝八股时文中精选部分名家作品，编定《钦定四书文》，并下谕旨："国家以经义取士，将使士子沈潜于四书、五经之书，含英咀华，发摅文采。"受时代风气影响，以经义为内容、八股文为形式的科举考试，已成为不可逾越的规范程式，且越演越烈。

清代科举考试具有机械繁琐的特点，最突出的表现是考试命题，其中有大题、小题之分。所谓大题，包括连章题、全章题、数节题、一节题、数句题、单句题、排句题。所谓小题，包括截上半句题、截下半句题、截上句后半句下句前半句题；承上题，冒下题，承上冒下题（例如，《论语·述而》："子所雅言，诗书执礼，皆雅言也。"命题时，以"皆雅言也"为承上题，"子所雅言"为冒下题，两者相加则为承上冒下题），上全下偏题（例如，以"子所雅言诗书"为题，即前为全句，后为半句），下全上偏题（例如，以"执礼皆雅言也"为题，即后为全句，前为半句）。此外，尚有半面题，上下俱偏题；在截搭题中又分长搭、短搭，还有有情搭、无情搭、隔章搭等。

在一般情况下，府、州、县及院试常出小题，乡试、会试出大题。为顺应士子应考急需，嘉庆年间（1796—1820 年）出现《小题正鹄》等选本，选录各种代表性小题为士子摹仿学习。这样，学校教育和个体自修学习都会陷入钻牛角尖的死胡同之中。更有甚者，考官故意割裂经书文句，加以重新组织命题。这种现象在明代末期已经登台亮相，至清代则更为严重，八股时文命题常常细微隐僻，强裁句读，破碎经文，使严肃的考试命题成为奇巧离奇乃至滑稽有趣的文字游戏。嘉庆朝鲍桂星任河南省学政，以割裂文句命题而闻名于世，被士人写诗逐题讽刺。俞樾，任职学政时乡试命题，割裂太甚，含糊词义，被人弹劾为过于戏侮、有碍风化、几酿成大祸就是显证。这种过分割裂命题的方式，足以反映科举考试已走向陈腐僵化。

由于科举考试不尚实学，且相因成习，社会士林风气暮气沉沉，空泛无实，记诵模仿，脱离现实，缺乏创新。汪廷珍主持江西学政期间有如下追忆："童生中多有文理颇顺，问以四书古文，不能记忆；五经、三传，竟未识面。又有十一二岁童子，五经尚未开卷，而试牍闱墨，成诵已多。"❶ 他为之扼腕叹息，称："败坏人才，莫此为甚。"❷ 受此影响，科举考试选拔的经世致用朝廷能吏比例降低，而吴敬梓笔下《儒林外史》描述的"范进式"举人和头脑呆板冬

---

❶　鲁小俊. 古代书院教育面临的主要问题及应对举措：兼论其对当下高校人才培养的启示［J］. 新文科教育研究，2023（1）：136.

❷　鲁小俊. 古代书院教育面临的主要问题及应对举措：兼论其对当下高校人才培养的启示［J］. 新文科教育研究，2023（1）：136.

烘、民生经济生疏的官员必然联翩出现。

殿试只试对策一篇。殿试对策有一定格式，起始以"臣对：臣闻"开篇，收用"臣俯拾刍尧，上尘天听，不胜战栗之至。臣谨对"。不写题目，不许点句钩股，而头场经义要自己点句钩股。禁止添注涂改。写时低二格写，空上二字留为抬头之用。❶ 策文限千字左右，但也有超过者。殿试策既可考察应试者的治世能力，又能为朝廷提供解决问题的方法，故廷试以之决进士先后名次。

除了上述科举层阶考选递开，依次获取相应功名的科举常科之外，尚有清代帝王特诏举行的制科。清代制科主要有博学鸿词科、经济特科等，荐举后仍须廷试，分等以定去取。此属选拔特殊人才之特举。除此之外，翻译科亦为清代特定之科目。翻译科专为满洲文、蒙古文与汉文之翻译而设，应试者以八旗士子为限，亦分童试、乡试、会试，与文武科相同。但这种科举类型参与者人数比例较低、对象群体狭小。此处不拟细述。

（二）科举考试组织方法

清代科举考试组织方法有明确规定，并形成制度。

（1）童试。童生试一般由府、州、县现任者主持，日期通常在二月，政府出示通知。应考童生向所辖地衙署礼房报名，填写姓名、籍贯、三代履历。报考童生须五人联保，并由本地一名廪生作担保人，具保结，证明考生确系本地籍贯，身家清白，非娼优皂隶子孙，未居父母之丧，方准应考。考试分四场或五场：第一场为正场；第二场为招覆，亦称初覆；第三场为再覆；第四、五场为连覆。每场一天，黎明前点名入场，限时交卷，受卷官收一卷发一牌。积30人开门一次，收一牌放一人。

（2）乡试、会试。乡试由省学政、清廷所钦点考官分别主持。由于该层阶选拔考试为封建王朝取士抡才大典中的重心部分，清政府从中央到地方均十分重视，对考官有严格规定。乡试和会试主考官均为两人，名曰总裁，以进士出身的大学士、尚书以下副都御史以上的官员，由部提请派充之；同考官，乡试四人，会试八人。主考和同考官专主衡文，曰内廉官；在外提调、监试等曰外廉官。并以大员总摄场务，乡试曰监临，由各省巡按、御史、巡抚充任会试曰知贡举，由礼部侍郎充任。清代乡试、会试分三场，每场三日，按例定八月初九日为第一场，试以《论语》文一、《中庸》文一、《孟子》文一、《大学》文一，以及五言八韵诗一。十二日为第二场，试以《易》《诗》《春秋》《礼记》

---

❶ 龚笃清. 明代科举图鉴 [M]. 长沙：岳麓书社，2007：496.

"五经"文各一。十五日为第三场，试以策问五道。三场都是先一日入场，后一日出场。

乡试应试者试卷做成后，即呈递受卷官。采用明代旧制，加以弥封编号，交誊录所，以朱笔抄录，用以防弊，称为朱卷，经校对无误即送考官审阅批卷。朱卷经考官批阅后，择其佳卷，随时向主考官呈荐。主考官决定取中之卷，对号启封，各书姓名于朱墨卷上，然后依照本省名额及前后次序正式发榜，即谓"正榜"。"正榜"所取的，即为本科中式举人。另外，还取中"副榜"举人若干名，称谓"副贡生"。其中正、副榜比例关系较为稳定，大约每正榜5名，取副榜1名。后者在下届考选中可不应岁科试，而径应乡试。凡考中的举人，应谒见荐卷考官（称"房师"）以及主考官（称"座师"）；新中举人，自称"门生"，拜主考为"座主"。

（3）殿试。殿试为科举考试的最终阶段，是明清两代科举考试的最高一级，属于两代传承、联系最密切的部分。殿试之前数日，由礼部奏请皇帝钦点读卷官和执事官。至殿试之日，会试中式的举人携带笔、墨、砚等考具，于黎明袍服冠靴按中式名次于奉天殿丹陛排立，再经点名、散卷、赞拜、行礼等种种礼节，至近10时始颁下策题，诸中式举人行五拜三叩头，礼毕分列序立。礼部等官将题纸分发给中式举人，他们便各就试案写作。对策策文虽不限长短，但常例都在2000字左右，字必正体，文必到行，破体贴书，悬为厉禁，故应试字自成一体，称为"院体"。有学者就明代后期殿试情形作了呈现：

"应试中式举人对策完毕，到东角门交卷而出。受卷官收到考生卷后，送弥封官。弥封盖上长条形"弥封关防"印后，将试卷转送东阁的读卷官处。读卷官阅卷后，以规定的符号在卷面上加以标识，以分等级再轮阅他人之卷，就各桌上互看，谓之转桌。各人看后也在卷后本人姓下加以区分等级的标识。最后总核，多由首席读卷官担任。其他人随同参加意见。"❶

上述明代所实施科考殿试的后阶段环节为清代所沿用，并持续至清末科举废止，才算了结、退场。

（三）科举考试的管理条规

清代科举选士，德行第一，为体现公平效率、稳定秩序、选拔真才实学之人，遂立法度规矩，以儆效尤。

考试条规：

①凡出身低贱，如理发匠、成衣匠、道士、巫医、妇仆、乞丐以及三代中

---

❶ 龚笃清. 明代科举图鉴 [M]. 长沙：岳麓书社，2007：473.

有妇女淫乱者，不准应场考试；②考生入场时，应接受成差搜身检查，除可带韵本外，其他不准带入考场；③文体规定写八股文，帖诗规定写五言六韵，墨卷成文；④文字不准触犯历代帝王、先圣先贤名讳，违者除名，重者治罪。

清代对考试制定了极为严厉的刑律，以防止科场弊端，规定：若有行贿受赂、买卖关节者，按其情节轻重，分别科以杀头、遣戍、坐牢、革职或降级处分。但考试中，私人托情，阴通关节者却无法杜绝。❶

清代科举不仅步步设防、层层互制、严密防范、用心细密，在科场案发之后的处分也远远超过前代，仅在顺治十四年（1657 年）顺天乡试案和同年江南乡试案、康熙五十年（1711 年）江南乡试案、乾隆十七年（1752 年）顺天乡试案、咸丰八年（1858 年）顺天乡试案这几个科场大案中，就有 37 人被处死，其中包括最高一级的时任大学士的满族人一品官员。上述种种措施反映出统治者确实希图重在以文章来衡量举子士人的考选命运，即由应举者考场上的考试表现定取舍，其不遗余力地整顿及治理亦可证明清政府中枢集团是认真对待科举制度，并竭力谋求其公正与信度的，两者结合在一起，推行于士林社会，也有较大影响。

第二节　清代重庆科举状况

清代重庆科举是清政府设计科举制的一个实践地域活动，其中含有些许自身的特色，但大一统政治体制下的科举地方性差异是不明显的。作为区域科举的个案应是全国科举整体的一部分，这里表现的是一般与个别的关系。一般之于个别，个别之于一般，两者的辩证关系同样是存在的。

一、清代重庆童试

重庆童试作为取得生员资格的入学考试，是士子科举之路的起点，重庆对童试的时间、地点和管理制度都有明确规定，以忠州为例：

忠州童试，间隔三年一试，由知州主持，考试经史、时务、八股文、试帖诗。录取者再参加重庆府试。雍正十一年（1733 年），忠州升为直隶州，领丰都、垫江、梁山县，由四川布政使司在忠州设试院，钦命学政亲临主持考试，录取生员，州属童生不再参加府考。乾隆四十四年（1779 年）起，石柱厅（属

---

❶ 綦江县隆盛区教育办公室. 綦江县隆盛区教育志 [M]. 1993.

夔州府）之童生在忠州试院寄考。据统计，清道光年间至光绪三十二年（1906年）废科举止，忠州童试录取文生员 164 人、武生员 40 人，合计 204 人。长寿县考录名额，顺治四年（1647 年）至十四年（1657 年）每年录取生员 20名；顺治十五年（1658 年）至康熙八年（1669 年），每年录取生员 5 名；康熙九年（1670 年）至光绪初年每年录取生员 8 名。后来考生越来越多，名额略有增广。

童试取录的文、武新生员，须给学官缴纳、例赠银两。据民国《忠县志·学校志》记载："按原有学田岁入甚微，非所以赡学官也。学官禄薄不能供斋庑，专恃岁科两试文武新生填册之费。新生须赴学署填册，始能申送复试。新生取进，例给学官册费。斤斤需索，论于市道，丰者数百两，贫士亦必数十两，多方筹集，始能填册复试。甚有告贷无门，竟被阻遏数月之后，乃能筹纳追赴学政于数百里外，请求复试。"真可谓"青衿一袭，债累终身"。

二、清代重庆举人与贡生

举人和贡生的界限及相互关系是复杂难辨的。本书作为对地方科举史的探索，不拟详述。表 5-1 为清朝重庆未直辖前举人统计表，重庆直辖后，涪陵、万县、黔江被划归重庆，因此，表 5-1 中缺乏涪陵、万县、黔江的举人，笔者据同治《重修涪州志》得出，清代涪陵举人 209 名；据光绪《黔江志》可得，清代黔江举人 8 名，分别为顺治丁酉科李曦、康熙癸卯科汤学尹、康熙丙午科朱祚光、道光己亥恩科陈其杓、道光丙午科龙辉廷、同治庚午恩科程中衢、光绪壬午科罗兆麟、光绪癸巳恩科刘继之；据同治《增修万县志》得出，明代万县举人 45 名。特将清代涪陵、万县、忠州举人题名节录表 5-2、表 5-3、表 5-4 列出，以求全面完整地呈现清代重庆举人情况。

表 5-1　清朝重庆府（未直辖前区域）部分举人题名统计表

起止年代	人数
顺治元年至十八年（1644—1661 年）	13 人
康熙元年至六十一年（1662—1722 年）	176 人
雍正元年至十三年（1723—1735 年）	93 人
乾隆元年至六十年（1736—1795 年）	331 人
嘉庆元年至二十五年（1796—1820 年）	119 人
道光元年至三十年（1821—1850 年）	159 人
咸丰元年至十一年（1851—1861 年）	4 人

起止年代	人数
同治元年至十三年（1862—1874 年）	22 人
光绪元年至三十四年（1875—1908 年）	166 人

资料来源：重庆市教育委员会. 重庆教育志 [M]. 重庆：重庆出版社，2002：27.

表 5-2　清朝涪陵部分举人题名一览表

时间	姓名
顺治十七年（1660 年）	陈命世
康熙二年（1663 年）	徐仰廉
康熙八年（1669 年）	何诜虞、文景藩、文自超、黄来咨
康熙二十三年（1684 年）	向玺
康熙二十六年（1687 年）	何洪光、高于松
康熙二十九年（1690 年）	周偑、何铨、张元俊
康熙三十二年（1693 年）	周成举
康熙三十八年（1699 年）	廖翻、何鈇、周崇高、何义先
康熙四十一年（1702 年）	石钧、王琏
康熙四十四年（1705 年）	向远鹏、沈昌文、何鍠
康熙四十七年（1708 年）	陈珏、陈坚、冉洪瑨、熊禹后
康熙五十年（1711 年）	何行先、何鈺、汤偕、夏瑨、周琪、陈果
康熙五十二年（1713 年）	向远翔
康熙五十三年（1714 年）	陈峙、赵鹠、吴昉、陈岱
康熙五十六年（1717 年）	罗洪声、文洽、陈凯
康熙五十九年（1720 年）	刘普、邹舆、黄世达、任国宁
雍正元年（1723 年）	（恩科）夏韬、何有基、夏崐、夏东、何达先、易肇文、姚绍虞、陈于锦
雍正十年（1732 年）	杨洪宣、李天鹏、彭宗谷
乾隆元年（1736 年）	（恩科）陈于端、何裕基、周煌、沈宾
乾隆三年（1738 年）	陈于翰、周铣、兰伯龄
乾隆六年（1741 年）	黄坦、周鎁、张景载、黄基、张克类、文正、邹锡畴、徐玉堂、陈烈、何镡
乾隆九年（1744 年）	夏舳
乾隆十二年（1747 年）	张一载

续表

时间	姓名
乾隆十五年（1750年）	罗昂、陈朝易、向峀、周镜、徐玉书、李栋
乾隆十七年（1752年）	（恩科）陈于午、陈于藩、陈源、张獂
乾隆十八年（1753年）	潘鸣谦、郑崐、黄士鸿、张元鼎、李文进、王德溥
乾隆二十一年（1756年）	何沛霖、陈朝书、熊如麟、袁拱所
乾隆二十四年（1759年）	何启昌、周兴沅、陈鹏飞、张永载、刘爵、陈朝诗
乾隆二十五年（1760年）	潘元会（恩科）
乾隆二十七年（1762年）	潘喻谦、汤辂、刘国贤
乾隆三十年（1765年）	郭沂、何榕
乾隆三十三年（1768年）	周兴涪、文楠、毛振翿、周兴洛、张克栻
乾隆三十五年（1770年）	（恩科）周兴岱
乾隆三十六年（1771年）	周宗岐、夏疑、熊德芝、李映阁、熊德藩
乾隆四十二年（1777年）	熊德芸、谭钫、蔡茹征
乾隆四十四年（1779年）	（恩科）陈夔让、袁钜、何浩如
乾隆五十一年（1786年）	夏墀、曹世华、石为标
乾隆五十三年（1788年）	陈永图、陈鹏志、王玉成、扬映南
乾隆五十四年（1789年）	张进、向玉林
乾隆五十九年（1794年）	（恩科）陈煦、汤荣祖、周兴岳、彭学洪、周兴岷、彭应槐、马宗渭
乾隆六十年（1795年）	向士珍
嘉庆三年（1798年）	刘藜照
嘉庆五年（1800年）	陈廷达（恩科）
嘉庆六年（1801年）	陈伊言、刘邦炳、陈昉
嘉庆九年（1804年）	周汝梅、蒋与宽
嘉庆十二年（1807年）	周国柱、周朴、陈葆咸
嘉庆十三年（1808年）	邹枬（恩科）
嘉庆十五年（1810年）	舒廷杰、向宣
嘉庆十八年（1813年）	彭应棕、石燦回、向澄
嘉庆二十一年（1816年）	石彦恬、何轩、熊稷、黎潐
嘉庆二十三年（1818年）	（恩科）陈韶、周廷式
嘉庆二十四年（1819年）	谭道街
道光元年（1821年）	（恩科）冯罗征、陈鸿飞、夏恺、周克恭、周廷桢

时间	姓名
道光二年（1822 年）	潘廷尊、潘问孝、陈元儒
道光八年（1828 年）	高登跻、陈曦、熊楠
道光十一年（1831 年）	邹棠
道光十二年（1832 年）	（恩科）陈章夏、陈炳、刘铭、陈鎏
道光十三年（1833 年）	李化南
道光十七年（1837 年）	周廷纪
道光十九年（1839 年）	周熙尧
道光二十年（1840 年）	陈光载、彭光焯
道光二十三年（1843 年）	白蓝田
道光二十四年（1844 年）	魏方容
道光二十六年（1846 年）	陈绍虞、彭炅之、陈天谌
咸丰二年（1852 年）	陈冠衡、车致远、王应元
咸丰五年（1855 年）	周本铨、潘文樾
咸丰八年（1858 年）	吕毓林、文人蔚、付炳埠、周本铀

资料来源：重修涪州志：卷七：选举志［M］．刻本，1869（清同治八年）．

表 5-3　清朝万县部分举人题名一览表

时间	姓名
顺治十七年（1660 年）	刘履泰
康熙二年（1663 年）	郭象崇
康熙十一年（1672 年）	程册
康熙二十三年（1684 年）	程豫
康熙二十五年（1686 年）	黄通
康熙二十六年（1687 年）	刘鹏翥
康熙二十九年（1690 年）	黄通
康熙三十二年（1693 年）	杨棠
康熙三十五年（1696 年）	陶仁明、方昶、黄维屏、袁世德
康熙四十一年（1702 年）	钟常正、程元楫
康熙四十四年（1705 年）	程元骧
康熙四十七年（1708 年）	刘勋
康熙五十年（1711 年）	刘溶、李正华

时间	姓名
康熙五十二年（1713 年）	陆轼、程元梁
康熙五十六年（1717 年）	江珆、赵其昌、罗洪声
雍正元年（1723 年）	何淳
雍正四年（1726 年）	程崏
雍正十三年（1735 年）	严圣义
乾隆三年（1738 年）	黄峋
乾隆三十年（1765 年）	刘汉宽
乾隆三十六年（1771 年）	赵荣义
乾隆三十九年（1774 年）	程训
乾隆五十一年（1786 年）	曹芳六
乾隆五十七年（1792 年）	陈一书
嘉庆三年（1798 年）	赖勋
嘉庆五年（1800 年）	刘兆藜
嘉庆十五年（1810 年）	陈二士
嘉庆十八年（1813 年）	万峰青
道光元年（1821 年）	陈新之
道光八年（1828 年）	王子珍
道光十二年（1832 年）	幸德昭、易瀚
道光十七年（1837 年）	陈光烈
道光二十三年（1843 年）	廖联奎
道光二十九年（1849 年）	许家楫
咸丰八年（1858 年）	左斗才
咸丰九年（1859 年）	陈善
同治三年（1864 年）	何永卓、王燮文、谭云鹏

资料来源：张琴等修，范泰衡等纂. 增修万县志：卷二十五：士女志 选举［M］. 刻本，1866（清同治五年）.

表 5-4 清代忠州举人表

姓名	中举时间
熊飞雄	顺治二年乙酉科（1645 年）
冉鸣谦	康熙二年癸卯科（1663 年）

续表

姓名	中举时间
罗忠、王珏	康熙五年丙午科（1666 年）
秦洪业、贺勋	康熙八年己酉科（1669 年）
程鼎	康熙十一年壬子科（1672 年）
黄道旭	康熙二十三年甲子科（1684 年）
黄道晖	康熙二十六年丁卯科（1687 年）
罗珏、任典谟	康熙二十九年庚午科（1690 年）
胡俊	康熙三十二年癸酉科（1693 年）
李国凤、成文运	康熙三十五年丙子科（1696 年）
朱帜	康熙四十一年壬午科（1702 年）
王琬	康熙四十四年乙酉科（1705 年）
杜炳、傅超	康熙五十年辛卯科（1711 年）
何淮、杜薰、成文迥、胡维英、成宗发	康熙五十二年癸巳科（1713 年）
杜煜	康熙五十六年丁酉科（1717 年）
陈永清、邹旋	康熙五十九年庚子科（1720 年）
范希大、胡泽溢、熊文佐	雍正二年补癸卯科（1723 年）
刘伸、杜鹤翔	雍正四年丙午科（1726 年）
李桐	雍正七年己酉科（1729 年）
吴世彦、彭宗古	雍正十年壬子科（1732 年）
熊文夔、邹锡彤、叶大成	雍正十三年乙卯科（1735 年）
彭斑、吴维英	乾隆元年丙辰科（1736 年）
陈汝昂	乾隆六年辛酉科（1741 年）
罗毓明	乾隆十二年丁卯科（1747 年）
王嘉英	乾隆十五年庚午科（1750 年）
杜鹤翼、牟学礼	乾隆十七年壬申恩科（1752 年）
吴学凤	乾隆十八年癸酉科（1753 年）
熊文稷	乾隆二十一年丙子科（1756 年）
钟正坤	乾隆二十四年己卯科（1759 年）
王恕、刘士屿、刘浔、彭时清	乾隆二十五年庚辰恩科（1760 年）
郭屏山	乾隆三十三年戊子科（1768 年）
吴蕴珍	乾隆三十五年庚寅恩科（1770 年）
罗天章	乾隆三十九年甲午科（1774 年）

姓名	中举时间
成学宦	乾隆四十五年庚子科（1780 年）
吴莹理	乾隆四十八年癸卯科（1783 年）
贺廷杖、彭廷梧	乾隆五十一年丙午科（1786 年）
刘从瑜	乾隆五十七年壬子科（1792 年）
邓嵩高	嘉庆五年庚申科（1800 年）
熊履青	嘉庆十五年庚午科（1810 年）
冯有翼、周原骆、冯云	嘉庆十八年癸酉科（1813 年）
贺鹤云	道光二年壬午科（1822 年）
谭光金	道光十五年乙未科（1835 年）
何勋伟	道光十七年丁酉科（1837 年）
何荣棻	道光二十年庚子科（1840 年）
张旭荣	道光二十九年己酉科（1849 年）
冯葆元	咸丰八年戊午科（1858 年）
黄嘉祥、叶云魁	咸丰十一年辛酉科（1861 年）
何荣樾	同治元年壬戌恩科（1862 年）
柳恩庆	同治三年甲子科（1864 年）
彭宗毅	同治六年丁卯科（1867 年）
陶景靖、谭光禄	同治九年庚午科（1870 年）
莫腾辉	同治十年辛未恩科（1871 年）
王元庆	光绪元年乙亥科（1875 年）
任国铨、何荣楠	光绪五年己卯科（1879 年）
吴开南	光绪十一年乙酉科（1885 年）
冯承泽	光绪十四年戊子科（1888 年）
陈光祖、秦家穆	光绪十五年乙丑恩科（1889 年）
樊学甫	光绪十九年癸巳科（1893 年）
冯承铖	光绪二十年甲午科（1894 年）
陈光绩	光绪二十三年丁酉科（1897 年）
沈树槐、何尔灯、邓左武	光绪二十八年补庚子、辛丑恩正并科（1902 年）
余上卿	光绪二十九年癸卯恩科（1903 年）
李际康	光绪三十二年丙午科（1906 年）

资料来源：侯若源等修，刘福培纂. 忠州县志：卷之九：选举志 [M]. 刻本，1886（清光绪十二年）.

表5-2、表5-3和表5-4依据同治《重修涪州志》和同治《增修万县志》以及光绪《忠州县志》对《重庆教育志》中的清代重庆举人情况进行了补充，希望对清代重庆举人状况能够进行更加清晰、全面的呈现。当然，还有些材料对新划入重庆直辖市的清代科举及第信息从不同方式有所反映。这是有必要保留的资源。但鉴于写作中尽量避免烦乱、冗杂的困惑，于是将其列入重庆武举功名成就之后，依次加以展现，要说明的是，改土归流民族政策后，渝东南少数民族及第的科考情形是应予以关注的。

除进士、举人外，五贡也是科举的重要科名。表5-5为清朝重庆府（未直辖前区域）五贡题名统计表。

表5-5 清朝重庆府（未直辖前区域）五贡题名统计表

分类 人数 府（县）名	岁贡	恩贡	拔贡	优贡	副贡
重庆府	60人	20人	19人	3人	19人
巴县	108人	19人	14人	2人	22人
江津县	70人	18人	11人	1人	3人
长寿县	41人	42人	13人	1人	9人
永川县	61人	10人	5人		4人
荣昌县	62人	14人	6人		2人
綦江县	72人	15人	4人		4人
南川县	68人	13人			
铜梁县	102人	27人	11人		8人
潼南县	57人	6人	3人		3人
合州	101人	13人	11人		7人
大足县	29人	11人	7人		2人
璧山县	95人	19人	14人		6人
定远县	49人	13人	9人		2人
涪陵	111人	16人	2人		28人

资料来源：重庆市教育委员会. 重庆教育志 [M]. 重庆：重庆出版社，2002：29.

从表5-5整体来看，重庆府各地五贡中岁贡最多，恩贡次之。岁贡为定期选送，每年或每两三年从各府、州、县学中选送生员升入国子监就读。凡遇皇帝登基或其他庆典颁布"恩诏之年"，除岁贡外，加选一次，称为恩贡。因此清代重庆五贡以各府、州、县选送为主。

然而，重庆地域管辖范围存在直辖前后的差异，又会指向其中所包括内容的不统一。也就是说，对新划入重庆直辖市的涪陵、万县、黔江五贡举业者情况存在漏缺。以下列举忠州情形，以做部分补充。

清代重庆忠州贡生频出，岁贡 128 名，恩贡 18 名，拔贡 12 名。以下将具体情况制成表 5-6：

表 5-6　清代重庆忠州贡生题名统计表（年份无考）

类别	人名
恩贡	刘如春、廖健、王纳章、苟履端、陈汝映、伯晋品、陈皡、彭遇春、朱衣绅、刘大来、彭绳楷、周鼎、罗锦堂、李毓、张从忍、秦肇益、王鉴光、蒋逢源
副贡	黄绰、成文迥、朱文元、贺廷拭、马天爵、谭明伦
岁贡	王登位、邹之英、龚世臣、杜允、马良、陶钟鼎、王仕登、陶睿、韩之云、彭景贤、田应魁、高翔、何渊、雷灭、任显谟、熊宣、郭上玉、周心濂、叶菥、周训、宋熏、张凤融、彭洪翥、何治、杜照、刘世忠、王佐、范珣、罗珬、陶熏、李灵凤、熊宽、杜鹤鸣、邓永思、蒋俊、熊寅、刘仕瑄、易协吉、杜鹤龄、陈文、赵大成、苟泽霖、罗佩章、罗璟、彭泽、汤懋昭、胡鹤、李樽、苟履贞、彭轼、张奇、刘奠邦、龚再铎、刘职、王昌年、范桐、刘广宏、朱文炳、何琏、周文郁、罗文学、何子俟、成宗洙、朱文霱、王嘉谟、张尔最、彭祖佑、周思恒、龙锦、陈注浑、履谦、彭长春、彭榆、杜玥、陈金声、刘以任、晏东阳、黄文运、范东山、吴时让、曾闻、邓宏锐、周光禧、萧文思、廖彬、贺加祐、杨忠、牟作锦、阮正绪、彭维清、李德赅、黄许进、刘志昆、吕芳声、邓洪愿、唐瑄、胡国瑞、阮正纲、黄锡龄、龚廷赞、程思明、何联科、陶然乐、田种玉、田邦英、田晓春、王万邦、萧师周、柳星焕、柳绍权、冯襄、罗焕云、刘琢章、冯绍业、邓德溥、程腾凤、冯德骐、刘大槐、刘庆飏、冯以洁、张天和、罗海鹏、牟严、伯受中、何映辰、刘焕章、陈廷瑞、彭文晖
例贡	熊应雄、周光昶、周起鄷、冯大兴、冯有年、王文院
优贡	郭如林、彭钟骏
拔贡	汤镛、陈汝会、袁光诚、刘大奎、周光旺、刘梦兰、戴其福、冯璞、陈攀凤、李士荼、陈树菱、何荣樟

资料来源：侯若源等修，刘福培纂. 忠州县志：卷之九：选举志 [M]. 刻本，1886（清光绪十二年）.

清代忠州科举成绩得益于当地对于文化教育的重视，并采取了一系列措施，包括修建学宫、重建魁星楼、重振白鹿书院。当地对于文化教育的振兴，营造向学的文化氛围，真正潜移默化地影响了社会和百姓，特别是莘莘学子努力向学，科举才会不断得到推进。

三、清代重庆的进士及殿试试卷

进士尤其是殿试的进士层次排名是科举考试中的"折桂攀枝"象征，最为动人，具有社会轰动效应。清代重庆士子在竞争角逐中表现不俗，具体状况根据所阅材料，下文将重庆进士及第人物制成表格，并以重庆士子殿试试卷的内容为例进行具体说明。不过，这里特别需要指出的是，清代重庆较诸此时北方的山西、河北，江南的浙江、江苏、福建而论，其科举家族并不突出，因此，不专列标题予以集中探讨，而是将相关内容分别在不同场合加以叙述。进士中的名列前茅者是通过殿试考选出来的，考试的试卷能反映士子的文采及其他的一些素养。

（一）清代重庆进士

数年前出版问世、由重庆市教育委员会组织编写的《重庆教育志》❶ 对进士情况列了详表加以介绍，而对其余各项内容仅罗列统计了分类的数字。笔者据嘉庆年间编纂的《四川通志》做了补充，力图反映今属重庆行政区的涪陵、万县、黔江三个地区的相关信息，但该部方志编修于 1817 年，下限时间是 1814 年，离科举制度废止尚有 90 年左右，在此仍然不全面。这样就只有再利用其他史志资料做补充说明。为此，笔者主要利用以下方志文献完成此项缺憾。

常明修、杨芳灿纂：《四川通志·选举志一·进士》，第 130-138 页，清嘉庆二十二年（1817 年）刻本（对 1814 年以后重庆各地中科第情况无法勘校，增添）；（清）庄定域修，支承祜等纂：《彭水县志·卷三·选举》，光绪元年（1875 年）刻本；（清）魏崧等修，康作霖等纂：《南川县志·卷七·选举志》，咸丰元年（1851 年）刻本；（清）连山等修，李友梁等纂：《巫山县志·卷二十四·选举》，光绪十九年（1893 年）刻本；（清）吕绍衣等修，王应元、傅炳墀等纂：《（同治）重修涪州志·卷七·选举志》，同治八年（1869 年）刻本；民国陈毅夫等修，刘君锡等纂：《长寿县志·卷八·选举》，民国三十三年（1944 年）铅印本；（清）福珠朗阿修，宋煊纂：《江北厅志·卷五·选举》，清道光二十四年（1844 年）刻本；（清）许曾荫等修，马慎修等纂：《永川县志·卷七·选举志》，光绪二十年（1894 年）刻本；（清）张琴等修，范泰衡等纂：《增修万县志·卷二十五·士女志　选举》，同治五年（1866 年）刻本；（清）侯若源等修，刘福培纂：《忠州县志·卷九·选举志》，清光绪十二年

---

❶ 重庆市教育委员会. 重庆教育志 [M]. 重庆：重庆出版社，2002：22-27.

（1886 年）刻本；（清）符永培纂修：《梁山县志·卷十·选举志》，同治六年
（1867 年）刻本；（清）韩清桂等修，陈昌等纂：《铜梁县志·卷六·选举志》，
光绪元年（1875 年）刻本；曾秀翘修，杨德坤纂：《奉节县志·卷二十六·选
举》，清光绪十九年（1893 年）刻本；（清）胡邦盛纂修：《开县志》科第，乾
隆十一年（1746 年）刻本；王安镇等修，夏璜纂：《潼南县志·卷三·贡举》，
民国四年（1915 年）刻本；王寿松、李稽勋编著，秀山自治县档案局整理：
《秀山县志·卷九·士女志　第八》，方志出版社，2012；王槐龄纂修：《补辑
石柱厅志·学校第四》，道光二十三年（1843 年）刻本；（清）文康、施学煌
续修，敖册贤续纂：《荣昌县志·卷十·选举》，光绪十年（1884 年）增刻本；
（清）宋灝、杨铭等修，伍瀊祥等纂：《綦江县志·卷七·选举》，同治二年
（1863 年）增刻本。此处的相关资料信息分别引用补正，得到清代重庆进士题
名总统计表（见表 5-7）、清代重庆进士题名补充统计表（见表 5-8），以清晰
呈现清代重庆科举考试的基本史实、情形。

表 5-7　清代重庆进士题名总统计表

年代	科名	人名
顺治十五年（1658 年）	戊戌	何缙（梁山人）
顺治十六年（1659 年）	己亥	刘如汉（巴县人）
顺治十八年（1661 年）	辛丑	李桓（彭水人）
康熙三年（1664 年）	甲辰	高宗励（梁山人）
康熙十二年（1673 年）	癸丑	文景藩（涪州人）
康熙二十七年（1688 年）	戊辰	王升（巴县人）、高人龙（梁山人）
康熙三十年（1691 年）	辛未	赵羽清（永川人）
康熙三十三年（1694 年）	甲戌	刘锴（江津人）、杨棠（万县人）
康熙三十六年（1697 年）	丁丑	王嗣衍（长寿人）、成文运（忠州人）、李国凤（忠州人）
康熙三十九年（1700 年）	庚辰	高元吉（梁山人）
康熙四十五年（1706 年）	丙戌	陶仁明（万县人）
康熙四十八年（1709 年）	己丑	龙为霖（巴县人）
康熙五十一年（1712 年）	壬辰	易简（丰都人）
康熙五十二年（1713 年）	癸巳	杜薰（忠州人）
康熙六十年（1721 年）	辛丑	王恕（安居人）、赵云龙（荣昌人）
雍正元年（1723 年）	癸卯	何有基（涪州人）
雍正二年（1724 年）	甲辰	凌尔焗（永川人）

年代	科名	人名
雍正五年（1727年）	丁未	黄之玖（长寿人）
雍正六年（1728年）	戊申	李同梅（长寿人）
雍正八年（1730年）	庚戌	陈中（长寿人）、李作梅（长寿人）、杜煜（忠州人）
雍正十一年（1733年）	癸丑	张兰清（长寿人）、任国宁（铜梁人）、谭泽（奉节人）、何有基（涪州人）、任国宁（涪州人）
乾隆元年（1736年）	丙辰	李为栋（巴县人）、邹锡彤（涪州人）
乾隆二年（1737年）	丁巳	周煌（涪州人）、高继光（巴县人）、张煦（涪州人）、杜鹤翔（忠州人）
乾隆四年（1739年）	己未	刘为鸿（涪州人）、罗惜（巴县人）
乾隆十年（1745年）	乙丑	罗醇仁（合州人）、陈斗（垫江人）
乾隆十三年（1748年）	戊辰	林承模（江津人）、潘廷飓（江津人）
乾隆十六年（1751年）	辛未	周文权（江津人）、徐玉书（涪州人）
乾隆十七年（1752年）	壬申（恩科）	邹锡畴（涪州人）
乾隆十九年（1754年）	甲戌	刘天成（大足人）、谢兴岐（璧山人）
乾隆二十二年（1757年）	丁丑	刘志（璧山人）、陈于午（涪州人）、王如涛（长寿人）
乾隆二十五年（1760年）	庚辰	陈于际（长寿人）、王家驹（江津人）
乾隆二十六年（1761年）	辛巳（恩科）	张衡猷（铜梁人）、杨长佐（江津人）、陈于畴（垫江人）
乾隆二十八年（1763年）	癸未	陈鹏飞（涪州人）
乾隆三十年（1765年）	乙酉	敖馨祖（荣昌人）
乾隆三十一年（1766年）	丙戌	王汝璧（铜梁人）、张永载（涪州人）、李廷芳（长寿人）
乾隆三十四年（1769年）	己丑	卢耕心（江北人）
乾隆三十六年（1771年）	辛卯（恩科）	周兴岱（涪州人）
乾隆三十七年（1772年）	壬辰	王汝嘉（铜梁人）、文楠（涪州人）、熊德芝（涪州人）、冉广燏（酉阳人）
乾隆四十年（1775年）	乙未	周宗歧（涪州人）
乾隆四十三年（1778年）	戊戌	秦涟（梁山人）
乾隆四十六年（1781年）	辛丑	魏傚祖（永川人）
乾隆四十九年（1784年）	甲辰	张锦（巴县人）

年代	科名	人名
乾隆五十二年（1787 年）	丁未	杨彦青（巴县人）
乾隆五十五年（1790 年）	庚戌（恩科）	霍来宗（巴县人）、潘履谦（涪州人）
乾隆五十八年（1793 年）	癸丑	刁思卓（梁山人）
乾隆五十九年（1794 年）	甲寅	张孔训（恩赐进士）（江北人）
乾隆六十年（1795 年）	乙卯（恩科）	韩鼎晋（长寿人）、马胜道（恩赐进士）（江北人）
嘉庆四年（1799 年）	己未	蹇兹善（江津人）、赖勋（万县人）、崔永福（石柱厅人）
嘉庆六年（1801 年）	辛酉（恩科）	陈煦（涪州人）、张廷达（涪州人）、石多梅（永川人）、冉永淦（石柱厅人）
嘉庆七年（1802 年）	壬戌	陈铭（綦江人）、陶斯咏（长寿人）、陈永图（涪州人）、刘兆藜（万县人）、司为善（巫山人）
嘉庆十年（1805 年）	乙丑	何增元（璧山人）、陈伊言（涪州人）、奚大壮（潼南人）、程伯銮（垫江人）
嘉庆十三年（1808 年）	戊辰	刘邦柄（涪州人）、李源（江津人）、刘又向（垫江人）、邹枬（涪州人）
嘉庆十四年（1809 年）	己巳（恩科）	张进（涪州人）
嘉庆十六年（1811 年）	辛未	罗世德（永川人）、李苢（长寿人）、李存固（丰都人）、李樏（恩赐进士）（荣昌人）
嘉庆十九年（1814 年）	甲戌	周立瑛（南川人）、卢尔秋（垫江人）
嘉庆二十一年（1816 年）	丙子	邹枬（涪州人）、袁垣（江津人）
嘉庆二十二年（1817 年）	丁丑	董承熙（垫江人）、李惺（垫江人）
嘉庆二十四年（1819 年）	己卯	李彬然（长寿人）、刘宇昌（璧山人）
嘉庆二十五年（1820 年）	庚辰	陈昉（涪州人）
道光二年（1822 年）	壬午	李郁然（长寿人）
道光三年（1823 年）	癸未	曾毓璜（铜梁人）
道光六年（1826 年）	丙戌	罗衡（合州人）、贺鹤云（忠州人）
道光十二年（1832 年）	壬辰（恩科）	王朝楠（璧山人）、陈燨（涪州人）
道光十三年（1833 年）	癸巳	陈镕（涪州人）、黄钟音（巴县人）、雷仑（垫江人）
道光十四年（1834 年）	甲午	蒋恢纶（璧山人）

年代	科名	人名
道光十五年（1835 年）	乙未	伍辅祥（綦江人）、陈堃（开县人）、肖秀棠（垫江人）、林映棠（奉节人）
道光十六年（1836 年）	丙申	敖右贤（荣昌人）、伍濬祥（綦江人）、韦杰生（南川人）
道光十八年（1838 年）	戊戌	段大章（巴县人）、刘余庆（石柱厅人）
道光二十年（1840 年）	庚子（恩科）	龚瑛（巴县人）、李义得（垫江人）
道光二十一年（1841 年）	辛丑	陈洪猷（綦江人）、郭先本（合州人）、张宗世（奉节人）、王达琮（秀山人）
道光二十四年（1844 年）	甲辰	沈西序（开县人）、秦时英（忠州人）
道光二十五年（1845 年）	乙巳	陈崑（开县人）、敖肜臣（荣昌人）、张正椿（奉节人）
道光二十七年（1847 年）	丁未	伍奎祥（綦江人）
道光三十年（1850 年）	庚戌	李嗣元（江津人）
咸丰三年（1853 年）	癸丑	徐忠锐（潼南人）、敖册贤（荣昌人）
咸丰六年（1856 年）	丙辰	邵涵（永川人）、徐昌绪（丰都人）
咸丰十年（1860 年）	庚申	范垣（巴县人）
同治元年（1862 年）	壬戌	吴鸿恩（铜梁人）
同治三年（1864 年）	甲子	陈昌（铜梁人）
同治四年（1865 年）	乙丑	崔焕章（巴县人）、卢秉政（巴县人）、傅炳墀（涪州人）、周淦（涪州人）、向时鸣（铜梁人）、毛凤五（涪州人）、汪范畴（长寿人）
同治七年（1868 年）	戊辰	韩树猷（长寿人）
同治十年（1871 年）	辛未	邹峰（巴县人）、李先平（永川人）
同治十三年（1874 年）	甲戌	陈昌（铜梁人）
光绪三年（1877 年）	丁丑	严泽（巴县人）
光绪六年（1880 年）	庚辰	戴宾周（垫江人）、何荣楠（忠州人）
光绪九年（1883 年）	癸未	施纪云（涪州人）、周垣（涪州人）、姜子成（铜梁人）
光绪十二年（1886 年）	丙戌	尹殿飏（秀山人）
光绪十五年（1889 年）	己丑	李滋然（长寿人）、杨佩芬（秀山人）、江俶（秀山人）、甘作赓（云阳人）
光绪十六年（1890 年）	庚寅	秦家穆（忠州人）
光绪十八年（1892 年）	壬辰	吴思让（秀山人）
光绪二十年（1894 年）	甲午	王永庆、黄秉湘（永川人）

年代	科名	人名
光绪二十一年（1895 年）	乙未	邹增祜（涪州人）、黄秉滩（永川人）
光绪二十四年（1898 年）	戊戌	施恩（涪州人）、方正（涪州人）、李稷勋（秀山人）
光绪二十九年（1903 年）	癸卯	萧湘（涪州人）、李肇律（云阳人）、华宗智（长寿人）
光绪三十年（1904 年）	甲辰	张名振（长寿人）

清代重庆进士补充题名统计表（见表 5-8）是在《重庆教育志》基础上根据《四川通志》和上述各区县方志补充而成的。由于重庆直辖后，涪陵、万县、黔江被划归重庆，而《重庆教育志》没有黔江和万县进士的记载，涪陵进士也没有全部记录，由此只能根据区县方志将万县和涪州的进士情况补充完整。此外，其中存在各区县方志记载与《重庆教育志》不一致或有争议的现象，均以各区县方志为准，上述争议或不一致现象包括：

（1）许曾荫等修，马慎修等纂：《永川县志·卷七·选举志》，光绪二十年（1894 年）刻本记载永川人凌尔焰为雍正二年甲辰科进士，而《重庆教育志》记载其为雍正元年癸卯科进士。

（2）吕绍衣等修，王应元、傅炳墀等纂：《（同治）重修涪州志·卷七·选举志》，同治八年（1869 年）刻本记载涪州人张永载为乾隆三十一年（1766 年）丙戌科进士，《重庆教育志》记载为张二载。

（3）陈毅夫等修，刘君锡等纂：《长寿县志·卷八·选举》，民国三十三年（1944 年）铅印本记载李廷芳为乾隆三十一年（1766 年）丙戌科进士，《重庆教育志》记载为李芳。

（4）福珠朗阿修，宋煊纂：《江北厅志·卷五·选举》，清道光二十四年（1898 年）刻本记载卢耕心为乾隆三十四年（1769 年）己丑科进士，《重庆教育志》记载为卢耕。

（5）吕绍衣等修，王应元、傅炳墀等纂：《（同治）重修涪州志·卷七·选举志》，同治八年（1869 年）刻本记载涪州人陈爔为道光十二年（1832 年）壬辰恩科进士，《重庆教育志》记载为陈曦。

（6）文康、施学煌续修，敖册贤续纂：《荣昌县志·卷十·选举》，光绪十年（1884 年）增刻本记载荣昌人敖右贤（《重庆教育志》记载为朱右贤）为道光十六年（1836 年）丙申科进士。

（7）宋灏、杨铭等修，伍濬祥等纂：《綦江县志·卷七·选举》，同治二年（1863 年）增刻本记载陈洪猷为道光二十一年（1841 年）辛丑年进士，《重庆教育志》记载为陈洪犹。

表 5-8　清代重庆进士题名补充统计表

年代	科名	人名
顺治十五年（1658 年）	戊戌	何缙（梁山人）
顺治十八年（1661 年）	辛丑	李桓（彭水人）
康熙三年（1664 年）	甲辰	高宗励（梁山人）
康熙二十七年（1688 年）	戊辰	高人龙（梁山人）
康熙三十年（1691 年）	辛未	赵羽清（永川人）
康熙三十三年（1694 年）	甲戌	杨棠（万县人）
康熙三十六年（1697 年）	丁丑	成文运（忠州人）、李国凤（忠州人）
康熙三十九年（1700 年）	庚辰	高元吉（梁山人）
康熙四十五年（1706 年）	丙戌	陶仁明（万县人）
康熙五十一年（1712 年）	壬辰	易简（丰都人）
康熙五十二年（1713 年）	癸巳	杜薰（忠州人）
雍正二年（1724 年）	甲辰	凌尔焰（永川人）
雍正六年（1728 年）	戊申	李同梅（长寿人）
雍正八年（1730 年）	庚戌	杜煜（忠州人）
雍正十一年（1733 年）	癸丑	谭泽（奉节人）、何有基（涪州人）、任国宁（涪州人）
乾隆二年（1737 年）	丁巳	杜鹤翔（忠州人）
乾隆十年（1745 年）	乙丑	陈斗（垫江人）
乾隆二十六年（1761 年）	辛巳（恩科）	陈于畴（垫江人）
乾隆三十年（1765 年）	乙酉	敖馨祖（荣昌人）
乾隆三十一年（1766 年）	丙戌	张永载（涪州人）、李廷芳（长寿人）
乾隆三十四年（1769 年）	己丑	卢耕心（江北人）
乾隆三十七年（1772 年）	壬辰	冉广燏（酉阳人）
乾隆五十五年（1790 年）	庚戌（恩科）	霍来宗（巴县人）、潘履谦（涪州人）
乾隆五十八年（1793 年）	癸丑	刁思卓（梁山人）
乾隆五十九年（1794 年）	甲寅	张孔训（恩赐进士）（江北人）
乾隆六十年（1795 年）	乙卯（恩科）	马胜道（恩赐进士）（江北人）
嘉庆四年（1799 年）	己未	赖勋（万县人）、崔永福（石柱厅人）

续表

年代	科名	人名
嘉庆六年（1801年）	辛酉（恩科）	石多梅（永川人）、冉永淦（石柱厅人）
嘉庆七年（1802年）	壬戌	刘兆蔡（万县人）、司为善（巫山人）
嘉庆十年（1805年）	乙丑	程伯銮（垫江人）
嘉庆十三年（1808年）	戊辰	刘又向（垫江人）、邹枬（涪州人）
嘉庆十六年（1811年）	辛未	李存固（丰都人）、李檲（恩赐进士）（荣昌人）
嘉庆十九年（1814年）	甲戌	卢尔秋（垫江人）
嘉庆二十二年（1817年）	丁丑	董承熙（垫江人）、李惺（垫江人）
道光六年（1826年）	丙戌	贺鹤云（忠州人）
道光十二年（1832年）	壬辰（恩科）	陈燨（涪州人）
道光十三年（1833年）	癸巳	雷仑（垫江人）
道光十四年（1834年）	甲午	蒋恢纶（璧山人）
道光十五年（1835年）	乙未	陈塑（开县人）、肖秀棠（垫江人）、林映棠（奉节人）
道光十六年（1836年）	丙申	敖右贤（荣昌人）
道光十八年（1838年）	戊戌	刘余庆（石柱厅人）
道光二十年（1840年）	庚子（恩科）	李义得（垫江人）
道光二十一年（1841年）	辛丑	陈洪猷（綦江人）、张宗世（奉节人）、王达琼（秀山人）
道光二十四年（1844年）	甲辰	沈西序（开县人）、秦时英（忠州人）
道光二十五年（1845年）	乙巳	陈嵓（开县人）、敖彤臣（荣昌人）、张正椿（奉节人）
道光二十七年（1847年）	丁未	李宗羲（开县人）、伍奎祥（綦江人）
道光三十年（1850年）	庚戌	李嗣元（江津人）
咸丰三年（1853年）	癸丑	敖册贤（荣昌人）
咸丰六年（1856年）	丙辰	邵涵（永川人）、徐昌绪（丰都人）
同治元年（1862年）	壬戌	吴鸿恩（铜梁人）
同治三年（1864年）	甲子	陈昌（铜梁人）
同治四年（1865年）	乙丑	傅炳墀（涪州人）、周淦（涪州人）、向时鸣（铜梁人）、毛凤五（涪州人）、汪叙畴（长寿人）、汪范畴（长寿人）
同治七年（1868年）	戊辰	韩树猷（长寿人）
同治十三年（1874年）	甲戌	傅承宪（南川人）、陈昌（铜梁人）

年代	科名	人名
光绪六年（1880 年）	庚辰	戴宾周（垫江人）、何荣楠（忠州人）
光绪九年（1883 年）	癸未	施纪云（涪州人）、周垣（涪州人）、姜子成（铜梁人）
光绪十二年（1886 年）	丙戌	尹殿飚（秀山人）
光绪十五年（1889 年）	己丑	李滋然（长寿人）、杨佩芬（秀山人）、江俶（秀山人）、甘作赓（云阳人）
光绪十六年（1890 年）	庚寅	秦家穆（忠州人）
光绪十八年（1892 年）	壬辰	吴思让（巴县人）
光绪二十年（1894 年）	甲午	黄秉湘（永川人）
光绪二十一年（1895 年）	乙未	邹增祜（涪州人）、黄秉潍（永川人）
光绪二十四年（1898 年）	戊戌	施愚（涪州人）、方正（涪州人）、李稷勋（秀山人）
光绪二十九年（1903 年）	癸卯	萧湘（涪州人）、李肇律（云阳人）、华宗智（长寿人）
光绪三十年（1904 年）	甲辰	张名振（长寿人）

清代重庆举子得中进士可谓光耀门楣、光前裕后，更是对自己多年寒窗苦读的认可和回报。一个家族有一人得中进士就实属不易，清代重庆还有兄弟、父子皆得中进士的实例，这既显示了家族对于科举考试的重视，也说明家庭教育和家族文化传统的熏陶功不可没。在此特选择重要实例加以介绍。

1. 父子三进士

铜梁古镇的文化氛围浓厚，人才辈出，自宋至明清中举者多达 200 余人，更有父子皆进士的家庭，被世人称赞，传为佳话。

王恕（1681—1742 年），字中安，号楼山，重庆府铜梁县人。康熙六十年（1721 年）进士，改翰林院庶吉士。雍正元年（1723 年），吏部以员外郎缺员，请以庶吉士拣补，恕与焉。旋自员外郎迁郎中。考选广西道御史。转兵科给事中。雍正九年（1731 年）升江南、江安粮道，乾隆元年（1736 年）升广东按察使。乾隆四年（1739 年）升广东布政使。乾隆五年（1740 年），任福建巡抚，有政绩。诸如选拔人才、奖优惩劣、治奸肃匪、赈济灾民、减轻人民赋税、储粮备荒等。乾隆七年（1742 年），由于在广东按察任内承办白大年奸情一案，删改供词，下部议处，寻议降调，到京候旨。上密询王恕为人，新任福建总督刘于义奏言："恕廉洁，官员百姓俱称其安静和平，绝无扰累之处。惟不能振作。"寻补浙江布政使。旋卒。恕治事不苟。初授湖北粮道，押运赴淮，以船户挟私盐，自请总督纠劾。任江安粮道，整饬漕务尤有声。充福建乡试监临，武生邱鹏飞以五经举第一，士论不平，奏请覆试。寻察出实使其弟代作，吏议降调，上特宽之。王恕"好奖拔士类，尤嗜少陵、昌黎、义山三家诗；所著诗、古文词、奏议甚多，汇成《楼山诗集》。楼山，即恕少时读书地，因名其集云。"此外，王恕还著有《省身录》六卷。《清诗别裁集》《国朝全蜀诗钞》录有其诗。《清史稿》《四川通志》《锦里新编》《铜梁县志》有传。

王汝嘉，字士会，号榕轩，重庆府合州铜梁县人。乾隆三十年（1765年）乡试第一名中举人，乾隆三十七年（1772年）第三甲进士，选翰林院庶吉士，散馆授编修。乾隆四十年（1775年），授检讨。乾隆四十七年（1782年），翰林院掌修国史，授四库全书馆编修（总阅官15人，重庆籍的有周煌；缮书处分校官179人，王汝嘉是唯一的重庆籍），参与编撰《四库全书》。王汝嘉一生著述甚富，惜多散佚，后修《合川县志》，未竟而卒。父进士、福建巡抚王恕，弟进士、安徽巡抚王汝璧。子赓，嘉庆年间举人，官资州学正，终涿州知州。赓孙璀官兵部主事。

王汝璧（1741—1806年），字镇之，王恕六子，铜梁县安居乡（今铜梁区安居镇）人。年幼时好读书，聪明能干，尚书钱陈群称汝璧为奇才，许女为妻，并分割宅院让其居住。乾隆二十七年（1762年）壬午科举人，乾隆三十一年（1766年）丙戌科张书勋榜二甲第二十七名，赐进士出身。以主事用，分吏部。乾隆三十六年（1771年）正月补官，十一月迁吏部员外郎。乾隆三十八年（1773年）截取记名，以繁缺知府用。乾隆四十年（1775年）四月升礼部郎中，经吏部奏请留用。八月补吏部郎中。乾隆四十四年（1779年）丁忧回籍。乾隆四十七年（1782年）服阕。乾隆四十八年（1783年）七月，仍补吏部郎中。八月授直隶顺德府知府。乾隆四十九年（1784年）调任保定知府。乾隆五十五年（1790年）因负责审理建昌县盗犯马十等行劫钱铺一案，经巡视西城的御史拿获，随同行劫之王二入奏。上以汝璧于劫盗重情案悬多时，并未亲鞫，命解任质询，并将案犯马十交军机大臣严审。旋经审明，革去汝璧职务，发往军台效力。寻恩准赎罪，降补同知。乾隆五十六年（1791年）署直隶宣化府同知。乾隆五十八年（1793年）三月授正定知府。乾隆五十九年（1794年）升大名道道台。嘉庆四年（1799年）二月，擢山东按察使；十月，偕山东布政使全保，参奏德平知县叶芳浮夸冒收漕粮，酿成重案，请将知县革职，并自请处分。汝璧接案后亲自查询，一面以三百里速度上奏朝廷。皇上曰：全保、汝璧皆是朕提升启用之人，对地方重要事件，何以玩忽职守？即传旨严厉申斥，降二级调用，后又得旨准予抵销。嘉庆五年（1800年）迁江苏布政使。嘉庆六年（1801年）二月任护理巡抚。十二月授安徽巡抚。在任巡抚期间，正值颍州府阜阳县驿口桥集边境地区奸匪严重。嘉庆七年（1802年）五月，汝璧准下属酌营查询，移拨弁兵，增设督捕同知一员，巡缉缉捕；八月，汝璧根据湖广总督吴熊光等奏请朝廷，妥善解决了湖广要从安徽调兵来，以及安徽赈灾、太湖赈灾减征皇粮事宜。将瞒报迟报民众灾情的太湖知县高薰业和安庆府知府樊晋交部议处。十二月，宿州匪徒闹事，汝璧带兵征剿，征剿净尽，撤兵归伍。嘉庆八年（1803年）闰二月，朝廷因汝璧年老体衰，召回京师，授以内阁学士兼礼部侍郎。十二月授礼部右侍郎。不久，复授安徽巡抚。嘉庆九年（1804年）八月，汝璧奏请清查安徽省仓库粮食库存，分别追补亏空，定限四年补齐。朝廷准奏，着令安徽布政使邱洪四年完成。十二月授兵部左侍郎。嘉庆十年（1805年）调刑部右侍郎，夏奉旨出使河南，因暑热得眼疾，请求休养。嘉庆十一年（1806年）在京邸病故，葬钱塘小湖山。著有《铜梁山人诗集》，分长水、藤花、居来、坳堂、居庸、恒山、具区等卷。又撰《易林注》《汉书考证》《夏小正传考》《星象勾股》数十卷，《脂玉词》《莲果词》各二卷。

　　王汝璧是巴渝籍诗人中存诗较丰的一位，其《铜梁山人诗集》存诗一千二百首，且有自己鲜明的风格特色，对当时诗坛有一定影响。王汝璧是巴渝文学领域一位较有代表性的文学家，不仅诗作丰富，亦有自身的文学主张和见解，在诗学方面有一定的成就。如王汝璧所作《永年道中作》：

　　荒祠古瓷狸卧钟，野花向日斑斑红。泥人兀坐寂无语，白杨猎雪生旋风。野翁持珓向空掷，阴阳衍伏谁能穷。龙神社鬼祷已数，饥蚪帖壁无神工。麦苗种种似秃鬝，高田兆拆如龟穹。井园有地亦渐涸，安得神漤飞流淙。百钱一夫竞缟辕，十亩已费千钱佣。老人抱瓮仰太息，桔槔谋拙难为功。语瓮归慰尔父子，九重宵旰殷宸衷。既宽尔赋贷尔粟，渥恩次第如云浓。巫修祓禊待甘雨，秋田黍菽犹能丰。系以作歌告而牧，何以除莠安良农。

　　王汝璧关心农民受灾情况，并进一步提出了给农民减轻赋税、提供贷款等解决方法，帮助他们渡过难关。诗人把百姓放在了首位，能设身处地地为老百姓着想，以百姓之忧为忧。诗人心中有百姓，不仅关心民生疾苦，同时也表现了对百姓生活的关切。

　　2. 兄弟三进士

　　道光年间，綦江伍氏绍曾公之子，有伍浚祥、伍辅祥、伍奎祥同胞兄弟三人，在十二个年头内相继考取进士，这在当时朝廷上下以及川、黔一带，颇为引人注目，他们曾被赞誉为"古南（邑中）三凤"而被传为盛事佳话。同治帝曾下旨在旌善亭与官厅之间建立伍氏"兄弟进士"牌坊，用以表彰伍氏的文风。三兄弟在中得进士后，曾托人为兴宁爱敬堂送去了"进士匾"，原乡族人将其挂在祠堂上厅正中，直到"文化大革命"期间才被销毁。伍濬祥之子懋怀、懋辑，孙积淙均为诸生。积淙之子善从曾于民国期间赴日留学庆应大学经济科。奎祥之子懋郇为廪生，曾任云南禄丰、河阳、平夷、浪穹等县知县。另一子懋邰，则为贵州府经历，署理龙泉县知县。

伍浚祥（1807—1877年），字琼甫，幼聪颖，年十六，即以府案籍邑庠。道光十一年（1831年）辛卯恩科举人，道光十六年（1836年）丙申恩科进士。初授户部主事，咸丰元年（1851年）升贵州司员外郎，记名御史。咸丰二年（1852年），父绍曾公卒于京邸，浚祥丁忧归乡，即不复出。尝开善堂，创诸义举。晚年先后主讲江津东川、綦江瀛山两书院。著有《怀园诗草》。

伍辅祥（1810—1883年），字翰屏，道光十四年（1834年）甲午科经魁举人，道光十五年（1835年）乙未科进士。咸丰三年（1853年），由工部郎中改陕西道监察御史，奉旨巡视东城；寻转京畿道，擢升吏科给事中。列谏院期间，他屡上奏折，吁请革除四川盐政积弊，归灶化解盐枭，勘划川黔疆界，消弭边境械斗纷争，参劾整饬赃官蠹吏，清理庶狱。他亲历鸦片战争及太平天国运动，忧心国势日颓，遇事侃侃直陈，言之未尝避忌；貌威重而心实慈良，体恤民瘼，顾念时局，叹恨承事非人，朝政腐败无可救药，后即急流勇退，以病假归蜀。晚年，前后主讲泸州及綦江两地书院，尤喜奖掖后进。著作有《玉屏山堂文稿》《玉屏诗钞》。书法似唐人孙过庭，文尚清真。

伍奎祥（1812—1862年），字七桥，号纬东。道光十七年（1837年）丁酉科举人，道光二十七年（1847年）丁未科进士。即分发山西，历署阳高、垣曲知县。为政清廉自厉，勤理民事，其秉公持正，惩恶扬善，拔取寒士，尤为三晋士民爱戴。咸丰二年（1852年）丁忧南归，遂归伏田间，不乐仕进。晚年思乡，五十善终。有诗传世《送陈均甫同年赴山左大营》：

> 喜闻飞将自天来，万里乘风气壮哉。
> 帏幄密勤元老绩，韬铃快展故人才。
> 甲摞蜀国千军勇，鞭指秦关六扇开。
> 欲效平原作豪饮，马蹄无那羽书催。
> 年来岭寂隐蓬蒿，苦忆军前战鼓劳。
> 回首北行尘滚滚，惊心东去浪滔滔。
> 闲居愧我成樗木，伟略期群拥节旄。
> 此别不须离索感，举头时见七星高。

此诗为伍奎祥送陈均甫赴山左大营所作，诗中无一点伤感之怀，而是充满豪情壮志，激励陈均甫可以有广阔舞台施展抱负、创造功绩，其中隐含伍奎祥自身豪爽自在，勇猛无畏的壮志豪情。

（二）清代重庆殿试试卷选粹

在清朝统治的 200 余年间，重庆府（指未直辖前重庆所管辖的行政区域）士子科举中进士者 98 人，武进士 20 人，也可谓人才辈出。

重庆图书馆藏有雍正八年（1730 年）至光绪二十四年（1898 年）共 37 本清代巴蜀殿试卷。殿试科场共计 23 科，包含 2 次恩科。按照今日行政区划，属于四川籍考生的殿试卷 25 份，属于重庆籍考生的殿试卷 12 份。其中二甲进士 12 名，三甲进士 25 名。科举殿试所考为经史时务策，其策问题目都是关系国计民生的具体事务，考生所撰对策也更加具有针对性、策略性和可操作性，绝不是一般的八股文所能相提并论。表 5-9 为重庆图书馆藏清代巴蜀重庆籍殿试卷基本情况，从中我们可管窥殿试策问以经世致用的实学之问为主，涉及政绩考核、民生之治、治军理财等各个方面。

表 5-9　重庆图书馆藏清代巴蜀重庆籍殿试卷基本情况

序号	姓名	籍贯	科考履历	殿试时间	殿试年龄	殿试策问	殿试名次
1	李作梅	重庆长寿县（今属重庆长寿区）	由学生应雍正七年（1729 年）乡试中式；由举人应雍正八年（1730 年）会试，中式	雍正八年（1730 年）庚戌科	二十九岁	明良交泰，臣邻公忠，吏治循良，士风朴茂	第三甲第一百五十九名
2	李为栋	重庆府巴县（今属重庆主城区）	由监生应雍正十三年（1735 年）乡试，中式；由举人应乾隆元年（1736 年）会试，中式	乾隆元年（1736 年）丙辰科	二十六岁	用中之道，风俗之本，造士之术，养民之方	第二甲第三十四名
3	罗惜	重庆巴县（今属重庆主城区）	由拔贡生应乾隆三年（1738 年）乡试，中式；由举人应乾隆四年（1739 年）会试，中式	乾隆四年（1739 年）己未科	三十九岁	裕民、言官、河工、吏治	第三甲第一百二十三名
4	萧秀棠	忠州垫江县（今属重庆市垫江县）	由廪膳生应道光二年（1822 年）乡试，中式；由举人应道光十五年（1835 年）会试，中式	道光十六年（1836 年）丙申恩科	五十一岁	经史、考绩、刑罚、戢暴	第三甲第九十六名

续表

序号	姓名	籍贯	科考履历	殿试时间	殿试年龄	殿试策问	殿试名次
5	韦杰生	重庆府南川县（今属重庆市南川区）	由副榜贡生应道光十四年（1834年）乡试，中式；由举人应道光十六年（1836年）恩科会试，中式	道光十六年（1836年）丙申恩科	四十四岁	念典、考绩、恤刑、诘奸	第三甲第六十六名
6	朱奂	重庆府合州（今属重庆市合川区）	由附学生应道光二十六年（1846年）乡试，中式；由举人应道光二十七年（1847年）会试，中式	道光二十七年（1847年）丁未科	二十一岁	通经、善俗、富国、诘奸	第三甲第十七名
7	陈昌言	夔州府万县（今属重庆市万州区）	由增生应同治九年（1870年）乡试，中式；由举人应光绪二年（1876年）会试，中式	光绪三年（1877年）丁丑科（补殿试）	二十二岁	传心、课吏、屯田、型方	第三甲第六十名
8	屈光烛	重庆府荣昌县（今属重庆市荣昌区）	由附学生应光绪十一年（1885年）乡试，中式；由举人应光绪十二年（1886年）会试，中式	光绪十二年（1886年）丙戌科	二十五岁	典学、治军、略地、理财	第三甲第二十名
9	江偲	酉阳州秀山县（今属重庆市秀山土家族苗族自治县）	由廪生应光绪五年（1879年）乡试，中式；由举人应光绪十五年（1889年）会试，中式	光绪十五年（1889年）己丑科	三十五岁	救荒、理饷、绥边、植桑	第三甲第二十三名
10	谢临春	夔州府开县（今属重庆市开州区）	由廪生应光绪十一年（1885年）乡试，中式；由举人应光绪十二年（1886年）会试，中式	光绪十五年（1889年）己丑科	二十九岁	备荒、理财、足兵、养蚕	第三甲第六十一名

序号	姓名	籍贯	科考履历	殿试时间	殿试年龄	殿试策问	殿试名次
11	邹增祐	重庆府涪州（今属重庆市涪陵区）	由廪生应光绪十七年（1891年）乡试，中式；由举人应光绪二十一年（1895年）会试，中式	光绪二十一年（1895年）乙未科	三十八岁	经武、理财、崇俭、治水	第三甲第八十四名
12	马桢	重庆府巴县（今属重庆市主城区）	由廪生应光绪十四年（1888年）乡试，中式；由举人应光绪二十四年（1898年）会试，中式	光绪二十四年（1898年）戊戌科	四十四岁	举贤、治兵、怀远、理财	第三甲第六十六名

资料来源：谭小华，刘威. 重庆图书馆藏清代巴蜀殿试卷述略 [J]. 三峡大学学报：人文社会科学版，2019（41）4：3-5.

重庆士子殿试所撰文章，的确有高屋建瓴之策，不仅渗透着实事求是的思想，而且对当时社会治理、国家政策制定等方面也具有重要的现实借鉴意义。图5-1为清代重庆巴县进士李为栋殿试卷，后述文本为乾隆皇帝策问以及李为栋对策的具体文本，其中可见古代统治者以治民为本，对培养选拔人才的重视，以及科举士子积极建言献策、参与国家治理的决心。

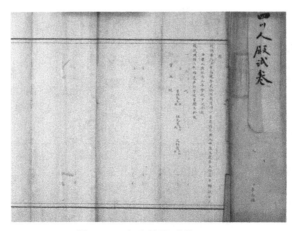

图5-1 李为栋殿试卷（1）

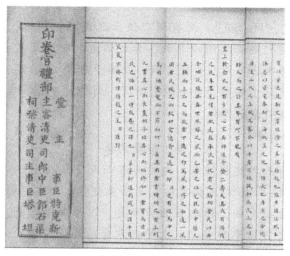

李为栋殿试卷（2）

资料来源：任竞. 清代巴蜀籍考生殿试卷选粹［M］. 重庆：重庆出版社，2017：22-23.

清乾隆元年（1736 年）丙辰科

殿试策问　清高宗弘历

奉天承运，皇帝制曰：朕惟治法，莫尚于唐虞，尧舜相传之心法，惟在"允执厥中"。当时致治之盛，至于黎民，于变时雍，野无遗贤，万邦咸宁。休哉，何风之隆欤！朕缵承祖宗丕基，受世宗宪皇帝付托之重，践阼之初，孜孜求治。虽当重熙累洽之余，而措施无一日可懈，风俗非旦夕可淳，士习何以端，民生何以厚，不能无望于贤才之助。兹际元年首科，朕特临轩策问，冀尔多士，启予不逮。

夫用中敷治，列圣相传。然中无定体，随时而用，因事而施。宜用仁，则仁即中，仁非宽也；宜用义，则义即中，义非严也。或用仁而失于宽，用义而失之严，则非中矣。何道而使之适协于中耶？《诗》称"不竞不絿"，《书》称"无偏无党"，果何道之从耶？

政治行于上，风俗成于下，若桴鼓之相应，表影之相从。然夏尚忠，商尚质，周尚文，其后各有流弊。惟唐虞淳厚，后世莫能议焉。其悉由于允恭、温恭之德致之然耶？抑"五典""五礼"之惇庸，"五服""五刑"之命讨，亦与有助耶？朕欲令四海民俗咸归淳厚，其何道而可？

国家三年一大比，士宜乎得人。然所取者，明于章句，未必心解而神悟也；习于辞华，未必坐言而起行也。朕欲令士敦实学，明体达用，以劻相我国家。何以教之于平素，何以识拔予临时，科举之外，有更宜讲求者欤？

意者，衣食足而后礼义兴，凡厥庶民，既富方谷，足民即所以训士欤？《书》称"土物爱，厥心臧"，又有谓"沃土之民不材"者，何欤？夫民为邦本，固当爱之。爱之则必思所以养之，养之必先求所以足之。朕欲爱养足民，以为教化之本，使士皆可用，户皆可封，以臻于唐虞之盛治，务使执中之传不为空言，用中之道见于实事。多士学有所得，则扬对先资，实在今日。其直言之，勿泛勿隐，朕将亲采择焉。

李为栋殿试卷

臣对：臣闻帝王之建极绥猷，久于其道而天下成化也。所贵以不朽之政，为善世宜民之大经；尤贵以不偏之心，为措正施行之大本。以无思无虑者，养清明于深宫。而主德之纯，推之百为皆准矣。以无偏无党者，湔风尚于朝廷，而致治之降，垂之万世无弊矣。以立贤无方者，大鼓奋于胶庠，而渐摩观感，奕冀犹相劝勉矣。以所欲与聚者，勤抚绥于黎庶，而丰亨豫大，比户皆敦纯厚矣。惟因应化裁，本神明以为运量，斯危微精一之传可接也。惟澡被精勤，本端穆以为感孚，斯刑政礼乐之治有功也。惟朴械、菁莪，本作育以资选建，斯文章经济之直儒蔚起也。惟井疆、徭赋，本休息以资爱养，斯山海陬澨之化日倍长也。唐虞之帝德广运，三代之王猷允塞，于以平章百姓，诚和万民，上足以赞天地化育之功，下足以臣民君师之仰，致宇宙昭其太和，日月钦其复旦，岁时乐其丰稔者，未始不由于此。钦惟皇帝陛下奉三无私，立九有极，体乾元而资始，刚健中正，咸归纯粹，以精永锡，类于孝思，礼乐尊亲。悉彰继述之善，其咨其微，励精勤于惇大。经天纬地之谟，出以优优，如纶如綍，殚教养以生成。击壤歌衢之属，闻之謞謞，因膏特沛，蠲十余年之逋赋，以熙和万民。看花村蔀屋，欣逢有脚阳春，延访维殷，罗十五国之奇才，以布列庶位，喜秋实春华，迭被无私化雨固已。阶蓂厨箑，献祥瑞于中天；沼凤郊麟，萃休和于大顺矣。乃盛德大业，极荡荡难名，而望道视民，犹乾乾不息。爰进臣等于廷，而策以措施各当值道。风俗归厚之由，士习何以克端，民生何以咸遂，虽古之悬鞀设铎，何以加兹。臣至愚极陋，岂复有管窥之见，得稍助圣明于万一。顾盛世重熙累洽之化，沐浴已深，而衡庐则古称先之余，对扬有志，恭承清阁下逮，敢不毕虑殚思，各抒一得，以为拜献先贤乎。

伏读制策有曰："中无定体，随时而用，因事而施。"至哉，圣言诚义理精微之极致也！夫帝王所以与杂霸异治术者，彼狃于一偏而帝王主于一中也。中为天下之大本，天地于以立心，万物于以托命者也。则所以位天地、育万物者，自不外此。顾同一行也，前人是而后人非，同一理也，于此得而于彼失。此非有二中也，时有古今、事有常变，欲经营敷布，从俗从宜，则不得执泥以为中，而又非参半以为中也。宽猛迭施，刚柔并济，固卓然见秉中而治矣。有时全用乎仁，参之以义，则恩不洽；有时全用吾义，参之以仁，则法难行。所为无方无体，而仍归执极不迁者也。而所以允执厥中者，有本有原：《诗》曰"不竞不絿"，由于"圣敬日跻"；《书》曰"无偏无党"，由于"皇建有极"。我皇上志气如神而固我悉化，庄敬日强而倚著不形，由是播为政治，惇大而不弛者，中之仁；振励而不亢者，中之义。上有建中之政，而天下不自为风俗矣。大抵风俗之隆，莫隆于唐虞，此非独运会然也。本允恭、温恭之德，而复有曲礼以敦庸，服刑以命讨，相助以成风俗，诚有如制策所云者。然则治源之澄，风化之端，不可不急讲也。我皇上端拱垂裳而声教所讫，至于海隅日出，罔不率俾，此其故何也？一人作肃而万国凛其冠裳，一人作睹而四方神其视听，盛德之感不隔形骸也。而况民失其性，则五典常昭；民漓其天，则五礼备举；民纰其质，则五服有章；民昧其初，则五刑有用。以神明之精粹者，端风俗之原复；以悬之象魏者，矫风尚之非由。是不识不知，以顺帝则，直与唐虞之含哺击壤同，其浑灏岂至如夏忠、商质、周文之狃于一偏，而及其久也，遂流而为弊乎。

制策又曰：欲令士敦实学，明体达用，以劝相国家，何以教之于平素，识拔于临时。所以造士者何其计之周且切乎！昔先王之教士也，司成、乐正有其官，胶庠、术序有其地，《诗》《书》《礼》《乐》有其时，三升、两屏有其法。而论秀之典，亦未尝绳以资格，或以德进，或以事举，或以言扬，至曲艺皆试之，则所以识拔者途何广也。我国家崇儒重士，于教士、取士之方不惟不善，其或未能心解神会、坐言起行者，大抵以兔园册为青紫径，而误于所趋也。则莫若仿苏湖鹿之意，分年分班，使文章与经术兼成，而专其任于学臣，兼其任于封疆大吏，精其教于书院，而分其教郡邑庠生。则士之甫授一经者，皆以得与其教为荣，而俗之所归，即士之所趋也。已至科目之制，自古未易，盖特此以得人，庶几十之七八，况六年选拔，不比糊名之试，罗贤之典，自不必求多于外，而士之致用已绰然矣。且夫教士之法，不可以教民也。盖恒产无而恒心有者，惟士为能，民则无恒产，遂无恒心矣。

圣策所以殷殷于足民也，今试，人其野而遗秉滞穗，则利及于寡妇矣；入其室而尊酒肥羜，则爱及于父舅矣。孟轲之言曰："菽粟如水火，民焉有不仁者。"而其实政惟是，易田畴，薄税敛，食时用，礼数大端也。古帝王之司牧于民者，党庠序术，即在井里市廛中，而诗书琴瑟，必俟诸农桑畜牧，而后其为事有序，而其为易从也。若夫沃土而不材者，则又富而不教之，故《国语》曰"民劳则思，思则善心生"，此正可以教沃土之民矣。今夫天下至大，天下之人至众，使必家为之给，人为之计，其势有所不能。我皇上轸念元元，有孚惠心，宜其僻壤，胥登仁寿矣。其或有游惰之民，未尽充豫者欤，是在承流宣化者之劝相劳民，以与含哺鼓腹，共盛世熙皞之风而已。要之，以允执厥中、继天立极而上出之为政者，下应之即为风。土得之而道一风同者，民被之而饮和食德，胥是道也，抑臣更有进焉。中之为用极繁，变而不穷，而所以善其用者，贵神明之有主。则凡实其心而表里相孚，恒其心而始终如一者，实万世臣民之福，非一时教养之谋也。臣草茅新进，罔识忌讳，干冒宸严，不胜战栗陨越之至。臣谨对。

资料来源：任竞. 清代巴蜀籍考生殿试卷选粹 [M]. 重庆：重庆出版社，2017：84-88.

如上述乾隆皇帝与巴县籍考生具体对策为本，乾隆元年（1736 年）丙辰科，乾隆皇帝策问如何培育人才、教化民众。巴县籍考生李为栋建议育才教民需具体问题具体对待，育才需"专其任于学臣，兼其任于封疆大吏，精其教于书院，而分其教郡邑庠生"，教民则要实政惟是，"易田畴，薄税敛，食时用"，惠民安民，民欣其劳则善生，则民治社会安定。"育材造士，为国之本。"❶ "国家以科目网罗天下之英隽，义以观其通经，赋以观其博古，论以观其识，策以观其才。"❷ 科举制度尤其是殿试之问策与对策，将国家治理的实际问题作为策问题目，在士子与统治者的思维碰撞中，既达到选才的目的，更为问题的解决开阔了思路，引发了讨论，这的确体现了我国古代的管理与选才智慧。

殿试传胪后三日，于保和殿举行进士朝考，专为选庶吉士而设。清代重庆也有科举人才通过朝考得以进入翰林院。例如綦江人陈洪猷，17 岁中秀才，24 岁参加了考选，以文行兼优成为拔贡生，由四川省学政贡入京师国子监学习，道光二十年（1840 年）三年期满即顺利考中举人，并出任内阁中书，第二年即28 岁时更上一层楼，联捷进士。陈洪猷在高中进士后，又顺利通过朝考，进入翰林院学习。在翰林院学习期间，陈洪猷还参与了《大清一统志》的编修和《五口通商章程》的拟定。道光二十四年（1844 年），陈洪猷翰林院庶吉士毕业后，即下放任广西灵川知县。

四、清代重庆武举

重庆不仅文科举出身的人才兴盛，也有不少士子通过武科考试得以获取功名。重庆市教育委员会编的《重庆教育志》（重庆出版社 2002 年版）在第 25-26 页对重庆武举情况进行了介绍。但由于重庆直辖后，涪陵、万县、黔江被划

---

❶ 权德舆. 全唐文：第 05 部卷零四八三：进士策问五道 [M]. 北京：中华书局，1983：1347.
❷ 脱脱. 宋史：卷四百一十九 列传：第一百七十八 曾从龙传 [M]. 北京：中华书局，1977：3865.

归重庆，而《重庆教育志》没有黔江和万县进士的记载，涪陵进士也没有全部记录，因此笔者根据以下资料进行补充。制成清朝重庆府武进士题名汇总表（见表 5-10）和清朝重庆府武进士题名补充表（见表 5-11），希望能对清代重庆武进士情况进行相对清晰的呈现。

朱之洪等修，向楚等纂：《巴县志·卷八·选举》，民国二十八年（1939年）刻本；（清）连山、李友梁：《巫山县志·卷二十四·选举》，光绪十九年（1893年）刻本；（清）吕绍衣等修，（清）王应元、傅炳墀等纂：《（同治）重修涪州志·卷七·选举志》，同治八年（1869年）刻本；（清）韩清桂等修，陈昌等纂：《铜梁县志·卷六·选举志》，光绪元年（1875年）刻本；（清）谢必铿，李柄灵编：《垫江县志·卷七·选举志》，清光绪二十六年（1900年）刻本；王安镇等修，夏瑛纂：《潼南县志·卷三·贡举》，民国四年（1915年）刻本；王寿松、李稽勋编著，秀山自治县档案局整理：《秀山县志·卷九·士女志　第八》，方志出版社，2012；故宫博物院编：《四川府州县志·第十一册·江津县志·卷十·选举志》，海南出版社，2001。

表 5-10　清朝重庆府武进士题名汇总表

年代	科名	人名
康熙九年（1670 年）	庚戌	程于中（江津人）
康熙二十九年（1690 年）	庚午	马世麟（巫山人）
康熙三十年（1691 年）	辛未	韩良辅（巴县人）
康熙四十二年（1703 年）	癸未	韩良弼（合州人）
康熙五十一年（1712 年）	壬辰	韩良卿（合州人）、夏勇（涪州人）
康熙五十二年（1713 年）	癸巳（万寿恩科）	王联举（安居人）、孙荣祖（荣昌人）
雍正二年（1724 年）	甲辰	雷勋（荣昌人）
雍正八年（1730 年）	庚戌	戴宗麓（长寿人）、刘升东（璧山人）、张珌（云阳人）
乾隆元年（1736 年）	丙辰	李锦（巫山人）、李铨（巫山人）
乾隆十年（1745 年）	乙丑	刘仕伟（梁山人）
乾隆四十六年（1781 年）	辛丑	李恺（长寿人）
乾隆四十九年（1784 年）	甲辰	翁大猷（合州人）
乾隆五十八年（1793 年）	癸丑	段琨（巴县人）
嘉庆七年（1802 年）	壬戌	汤裕昆（垫江人）
嘉庆十三年（1808 年）	戊辰	雷开泰（巴县人）、陈玉堂（合州人）

续表

年代	科名	人名
同治十年（1871 年）	辛未	陈鸿宾（潼南人）、杨焕奎（秀山人）
同治十三年（1874 年）	甲戌	张廷举（铜梁人）
光绪三年（1877 年）	丁丑	殷献民（潼南人）
光绪六年（1880 年）	庚辰	余藻（涪州人）
光绪九年（1883 年）	癸未	潘从福（涪州人）、王翰臣（潼南人）
光绪十三年（1887 年）	丁亥	李清湘（垫江人）
光绪二十年（1894 年）	甲午	何炳烈（涪州人）
光绪二十一年（1895 年）	乙未	汪洋叙（涪州人）

表 5-11　清朝重庆府武进士题名补充表

年代	科名	人名
康熙九年（1670 年）	庚戌	程于中（江津人）
康熙二十九年（1690 年）	庚午	马世麟（巫山人）
雍正八年（1730 年）	庚戌	张珌（云阳人）
乾隆元年（1736 年）	丙辰	李铨（巫山人）
乾隆十年（1745 年）	乙丑	刘仕伟（梁山人）
嘉庆七年（1802 年）	壬戌	汤裕昆（垫江人）
同治十年（1871 年）	辛未	杨焕奎（秀山人）
同治十三年（1874 年）	甲戌	张廷举（铜梁人）
光绪六年（1880 年）	庚辰	余藻（涪州人）
光绪九年（1883 年）	癸未	潘从福（涪州人）
光绪十三年（1887 年）	丁亥	李清湘（垫江人）
光绪二十年（1894 年）	甲午	何炳烈（涪州人）
光绪二十一年（1895 年）	乙未	汪洋叙（涪州人）

清代重庆武进士 31 人，其中包括韩良卿、韩良辅、韩勋父子兄弟皆中武举的实例，其中韩勋不仅带兵平定噶尔斯、乌蒙倮战乱，还为雍正皇帝献治理之策"古州苗寨接郡县，请视湖广例，得与内地兵民联姻，使彼此感喻，习知礼义，可臻善良"。从中我们也可看出科举所选拔的武学人才的知识结构和质量要求并不完全单一，中举之士不乏有文韬武略的人才，不仅具备忠义英勇、运筹帷幄的军事才能，也熟悉社会治理原则。

清代重庆除武进士外，武举人也颇多。据《重庆教育志》，清代重庆武举人共320人（见表5-12），笔者根据以下方志资料进行了补充，希冀清代重庆武举情况得以更清晰的呈现：朱之洪等修，向楚等纂：《巴县志·卷八·选举》，民国二十八年（1939年）刻本；（清）王尔鉴修：《巴县志（嘉庆）·卷七·选举志》；（清）宋灏、杨铭等修，伍濬祥等纂：《綦江县志·卷七·选举》，同治二年（1863年）增刻本；（清）连山等修，李友梁等纂：《巫山县志·卷二十四·选举》，光绪十九年（1893年）刻本；（清）吕绍衣等修，（清）王应元、傅炳墀等纂：《（同治）重修涪州志·卷七·选举志》，同治八年（1869年）刻本；（民国）陈毅夫等修，刘君锡等纂：《长寿县志·卷八·选举》，民国三十三年（1944年）铅印本；（清）文康、施学煌续修，敖册贤续纂：《荣昌县志·卷十·选举》，光绪十年（1884年）增刻本；（清）福珠朗阿修，宋煊纂：《江北厅志·卷五·选举》，清道光二十四年（1844年）刻本；（清）王德嘉修：《（光绪）大足县志·卷七·选举·进士》，清光绪三年（1877年）刻本；（清）许曾荫等修：《永川县志·卷七·选举志》，光绪二十年（1894年）刻本；（清）魏崧等修，康作霖等纂：《南川县志》，咸丰元年间刻本；（清）张九章修，陈藩垣等纂：《（光绪）黔江县志·卷四·选举·进士》，清光绪二十年（1894年）刻本；（清）张维岳修，魏远猷纂：《大宁县志·卷七·人物志》，光绪十一年（1885年）刻本；（清）谢必铿，李柄灵编：《垫江县志·卷七·选举志》，清光绪二十六年（1900年）刻本；（清）侯若源等修，刘福培纂：《忠州县志·卷九·选举志》，清光绪十二年（1886年）刻本；（清）符永培纂修：《梁山县志·卷十·选举志》，同治六年（1867年）刻本；（清）韩清桂等修，陈昌等纂：《铜梁县志·卷六·选举制》，光绪元年（1875年）刻本；曾秀翘修，杨德坤纂：《奉节县志·卷二十六·选举》，清光绪十九年（1893年）刻本；江锡麒修，陈崑纂：《云阳县志·卷七·选举》，咸丰四年（1854年）刻本；（清）胡邦盛纂修：《开县志》科第，乾隆十一年（1746年）刻本；王安镇等修，夏璜纂：《潼南县志·卷三·贡举》，民国四年（1915年）刻本；王寿松、李稽勋编著，秀山自治县档案局整理：《秀山县志·卷九·士女志　第八》，方志出版社，2012；邵陆纂：《酉阳州志·卷四·选举》，乾隆三十九年（1774年）刻本；王槐龄纂修：《补辑石柱厅志·学校第四》，道光二十三年（1843年）刻本；故宫博物院编：《四川府州县志·第十一册·江津县志·卷十·选举志》，海南出版社，2001；故宫博物院编：《四川府州县志·第十一册·合州志·卷五·选举志》，海南出版社，2001（见表5-13）。

表5-12 清代重庆府（直辖前区域）武举人题名统计表

起止年代	人数
康熙元年至六十一年（1662 年—1722 年）	85 人
雍正元年至十三年（1723 年—1735 年）	15 人
乾隆元年至六十年（1736 年—1795 年）	63 人
嘉庆元年至二十五年（1796 年—1820 年）	119 人
道光元年至三十年（1821 年—1850 年）	29 人
咸丰元年至十一年（1851 年—1861 年）	1 人
同治元年至十三年（1862 年—1874 年）	4 人
光绪元年至三十四年（1875 年—1908 年）	4 人

资料来源：重庆市教育委员会. 重庆教育志 ［M］. 重庆：重庆出版社，2002：28.

表5-13 清代重庆府武举人题名一览表

年代	科名	人名
顺治朝，年份无考		李宫墙（梁山人）、冯之铨（梁山人）
康熙八年（1669 年）	己酉	熊国佐（巴县人）、刘之卫（长寿人）、刘斌（荣昌人）、程于中（江津人）
康熙十一年（1672 年）	壬子	曹长祚（巴县人）、刘志道（长寿人）、蒋时毅（永川人）、何登福（忠州人）、何现瑞（合州人）
康熙二十年（1681 年）	辛酉	王翼（巴县人）、吴麟趾（巴县人）、邹述麟（巴县人）、王廷翼（巴县人）、蔡斌（巴县人）、苗茂荣（巴县人）、李英（永川人）、李天秩（梁山人）、赵国玺（奉节人）、王文彬（合州人）
康熙二十三年（1684 年）	甲子	胡炳（巴县人）、杨弘策（巴县人）、杨苏（綦江人）、唐钦明（南川人）、周晟（大足人）、王之成（大足人）、曹子舟（奉节人）、罗英（奉节人）、董印昌（合州人）
康熙二十六年（1687 年）	丁卯	谢人隆（巴县人）、常秉权（巴县人）、罗衮（巴县人）、马世麟（巫山人）、张文英（涪州人）、王之卿（奉节人）、魏公辅（奉节人）、吴卿云（江津人）
康熙二十八年（1689 年）	己巳	巴文锦（铜梁人）、李蒇（铜梁人）、游玉阶（铜梁人）
康熙二十九年（1690 年）	庚午	杨景时（巴县人）、刘文佐（大足籍）、韩良辅（巴县人）、刘尧勖（万县人）、谢璜（长寿人）、朱世贵（荣昌人）、黄正音（奉节人）、刘尧勖（奉节人）

续表

年代	科名	人名
康熙三十二年（1693 年）	癸酉	蒋大弘（巴县人）、安大年（巴县人）、张成凤（万县人）、郭阳裔（涪州人）、张威（大足人）、王玮（奉节人）、刘尧思（奉节人）、曹思忠（奉节人）
康熙三十五年（1696 年）	丙子	齐天德（巴县人）、孙枝秀（巴县人）、黄恺（巴县人）、陈治本（巴县人）、戴翊（荣昌人）、梁彦（大足人）、梁栋（大足人）、董俊（安居人）、陈韬（奉节人）、张连长（奉节人）、皮鸣凤（奉节人）、胡登鳌（奉节人）、涂琁（奉节人）、汪泓（酉阳人）、梁德极（江津人）、董俊（合州人）、乔迁（合州人）
康熙三十八年（1699 年）	己卯	刁三杰（巴县人）、袁沛（黔江人）、孙启华（巴县人）、刘成猷（万县人）、韩良弼（巴县人）、王令树（涪陵人）、汪洪（涪陵人）、赵云龙（黔江人）、黄俊（忠州人）、何士杰（奉节人）、易林（奉节人）、李宏伦（奉节人）、梁含（江津人）、王成玉（江津人）、胡志虞（合州人）、魏子蕃（合州人）
康熙四十一年（1702 年）	壬午	苟琼（荣昌人）、杨绣（巴县人）、张玠（巴县人）、郭世臣（万县人）、张永胜（涪州人）、陈予锐（长寿人）、黎耀鹏（永川人）
康熙四十四年（1705 年）	乙酉	刘成图（万县人）、李著（长寿人）、卜卤祚（奉节人）、刘成图（奉节人）、崔士儒（奉节人）、袁士琦（奉节人）、曾三元（奉节人）
康熙四十七年（1708 年）	戊子	朱子哲（江津人）、曾寿国（巴县人）、周世绪（巴县人）、王作所（万县人）、韩勋（巴县人）、韩良卿（合州人）、陈九恩（巴县人）、雷铨（巴县人）、张文璧（巴县人）、冯奇（巴县人）、夏勇（巴县人）、王聊举（安居人）、张崇德（长寿人）、李廷翰（永川人）、钱玉麟（黔江人）、曾寿国（安居人）、邬善长（奉节人）、邬兴元（开县人）、赵玉爵（合州人）
康熙五十年（1711 年）	辛卯	夏勇（涪州人）、王联举（安居人）、韩良卿（合州人）
康熙五十二年（1713 年）	癸巳	孙荣祖（荣昌人）、杨之璧（巴县人）、李馥（巴县人）、韩赞愈（长寿人）、杨之璧（长寿人）、李馥（恩科）（荣昌人）、孙荣祖（荣昌人）、余廷璋（奉节人）
康熙五十三年（1714 年）	甲午	曾宪（荣昌人）、杨城（巴县人）、骆汝龙（巴县人）、陶以咏（万县人）、曾宪（荣昌人）

续表

年代	科名	人名
康熙五十六年（1717 年）	丁酉	赵其升（万县人）、陈国璧（万县人）、李元（万县人）、李作栋（万县人）、曾国璧（奉节人）
康熙五十九年（1720 年）	庚子	谢文若（安居人）、王镐（万县人）、吴伯裔（巴县人）、林震（长寿人）
雍正元年（1723 年）	癸卯	徐澧（涪陵人）、雷动（荣昌人）、李瑛（奉节人）
雍正二年（1724 年）	甲辰	谭祖璞（酉阳人）、艾文德（酉阳人）
雍正四年（1726 年）	丙午	黄世麟（璧山人）、张珌（云阳人）、柳琪（奉节人）、米庆年（奉节人）
雍正七年（1729 年）	己酉	黄桂（巴县人）
雍正八年（1730 年）	庚戌	张珌（云阳人）
雍正十年（1732 年）	壬子	苟如玉（忠州人）、李铨（巫山人）、陈日瑶（巴县人）、刘仕衡（副榜）（綦江人）、廖尔音（长寿人）、何登福（忠州人）
雍正十三年（1735 年）	乙卯	王清圣（巴县人）、李锦（巫山人）、张世清（长寿人）、甘继汉（梁山人）
乾隆年间，年份无考		余世迥（长寿人）、吴臣良（长寿人）、张服冕（长寿人）、李朝达（长寿人）、张万垓（长寿人）、林彪（长寿人）
乾隆元年（1736 年）	丙辰	刘仕伟（梁山人）、甘继相（梁山人）
乾隆三年（1738 年）	戊午	杨世杰（巴县人）、王泰（巴县人）、戴乾仁（长寿人）
乾隆六年（1741 年）	辛酉	刘凤鸣（涪州人）、张仕周（长寿人）、胡时溢（大足人）、刘大级（忠州人）、张鹏超（奉节人）
乾隆九年（1744 年）	甲子	鲍化龙（长寿人）、段梦麟（永川人）、蔡文彬（合州人）
乾隆十二年（1747 年）	丁卯	保浩（巴县人）、罗梦魁（巫山人）、戴乾元（长寿人）、张拔（永川人）、吴梦魁（梁山人）、夏本孝（潼南人）、杨正杰（秀山人）
乾隆十五年（1750 年）	庚午	樊茂文（巴县人）
乾隆十七年（1752 年）	壬申	曾含辉（巴县人）
乾隆二十一年（1756 年）	丙子	林立
乾隆二十四年（1759 年）	己卯	王元模（梁山人）
乾隆二十五年（1760 年）	庚辰	吴凯（巴县人）、董之驷（垫江人）
乾隆二十七年（1762 年）	壬午	张贤（云阳人）、李怀芳（大足人）
乾隆三十年（1765 年）	乙酉	戴大章（长寿人）、尹思尧（垫江人）
乾隆三十三年（1768 年）	戊子	张云霄（长寿人）、史有贤（奉节人）

续表

年代	科名	人名
乾隆三十五年（1770 年）	庚寅	车能胜（长寿人）
乾隆三十六年（1771 年）	辛卯	骆寿隆（巴县人）、王明理（铜梁人）、敖秉刚（秀山人）
乾隆三十九年（1774 年）	甲午	张德（万县人）
乾隆四十五年（1780 年）	庚子	刘恒基（长寿人）
乾隆四十八年（1783 年）	癸卯	蒋朝宗（巴县人）、王德胜（大足人）、沈汇（大宁人）、魏国庆（梁山人）、吴灿仪（铜梁人）、何魁（秀山人）
乾隆五十一年（1786 年）	丙午	苏朝龙（巴县人）、朱怀芳（荣昌人）
乾隆五十三年（1788 年）	戊申	辛嘉谟（巴县人）、陈铭（副榜）（綦江人）、李树勋（长寿人）
乾隆五十四年（1789 年）	己酉	谭在榜（涪州人）、刘国梁（长寿人）
乾隆五十七年（1792 年）	壬子	段琨（巴县人）、汪文彩（涪陵人）、钟其超（永川人）、吴耀魁（永川人）
乾隆五十九年（1794 年）	甲寅	吴鹏飞（恩科）（巫山人）、杨昌凤（长寿人）、钟腾鳌（恩科）（永川人）
乾隆六十年（1795 年）	乙卯	王国栋（南川人）、李长仲（长寿人）、田宗武（忠州人）
嘉庆三年（1798 年）	戊午	冉永新（忠州人）、何应爵（梁山人）
嘉庆五年（1800 年）	庚申	张开鹏（万县人）、汤裕昆（垫江人）、田宗谷（忠州人）、李占魁（忠州人）
嘉庆六年（1801 年）	辛酉	雷开泰（巴县人）、云从龙（涪陵人）、黄加祥（忠州人）
嘉庆九年（1804 年）	甲子	李赞元（巴县人）、王廷森（副榜）（綦江人）、陈虞龙（垫江人）
嘉庆十二年（1807 年）	丁卯	甘家齐（涪州人）、杨仲元（长寿人）、石中玉（忠州人）、李遇春（铜梁人）、向发骏（奉节人）、王大治（秀山人）
嘉庆十三年（1808 年）	戊辰	王兆元（南川人）、刘光瓒（南川人）、谭恩荣（铜梁人）
嘉庆十五年（1810 年）	庚午	李毓璜（副榜）（綦江人）、张遇春（涪州人）、蒋鸿图（垫江人）
嘉庆十八年（1813 年）	癸酉	曹镕（巴县人）
嘉庆二十一年（1816 年）	丙子	杨三泰（大足人）、张星魁（大足人）、王大镇（秀山人）
嘉庆二十三年（1818 年）	戊寅	李春元（南川人）、谭辉斗（涪陵人）、李鸿升（奉节人）
嘉庆二十四年（1819 年）	己卯	唐廷元（荣昌人）
道光元年（1821 年）	辛巳	刘荣光（恩科）（永川人）、王昼云（恩科）（大足人）、奚大蕴（潼南人）
道光二年（1822 年）	壬午	罗籍（副榜）（綦江人）、何殿元（荣昌人）、李三元（垫江人）

年代	科名	人名
道光五年（1825年）	乙酉	罗成峨（云阳人）、杨鹏飞（綦江人）、杨三超（大足人）
道光八年（1828年）	戊子	杨镇川（巴县人）、高飞熊（涪陵人）、何万春（安居人）
道光十一年（1831年）	辛卯	余超（巴县人）、张鹰阳（忠州人）
道光十二年（1832年）	壬辰	马垂昌（巴县人）、何建元（安居人）
道光十四年（1834年）	甲午	唐廷扬（荣昌人）、聂永煊（秀山人）
道光十七年（1837年）	丁酉	李上苑（奉节人）
道光十九年（1839年）	己亥	白日升（万县人）、谢蛟（巴县人）、陈洪图（副榜）（綦江人）、张肇宗（云阳人）
道光二十年（1840年）	庚子	曾长善（云阳人）、刘九思、蒋开拔（梁山人）、梁人普（潼南人）
道光二十三年（1843年）	癸卯	周遇琨（巴县人）、李廷升（安居人）
道光二十四年（1844年）	甲辰	董连泰（恩科）（涪州人）、秦大川（恩科）、谭肇元（铜梁人）
道光二十六年（1846年）	丙午	邓光烈（奉节人）、薛应邦（潼南人）
道光二十九年（1849年）	己酉	邓光炘（奉节人）
咸丰元年（1851年）	辛亥	唐荣焱（副榜）（綦江人）
咸丰二年（1852年）	壬子	郑维廷（大足人）
咸丰八年（1858年）	戊午	张明月（梁山人）、罗衿（潼南人）、傅鹏程（潼南人）、鲍遇春（潼南人）
咸丰九年（1859年）	己未	冯锦春（万县人）、瞿赞元（巴县人）、周遇陆（忠州人）、罗占魁（梁山人）
同治三年（1864年）	甲子	陈定中（万县人）、陈遇春（巴县人）、罗兆章（涪州人）、周品端（永川人）、丁兆祥（铜梁人）、朱焕章（潼南人）、刘明（潼南人）、刘大璇（潼南人）、谭作忠（潼南人）
同治六年（1867年）	丁卯	张镇东（涪州人）、张正国（荣昌人）、彭扬超（大足人）、陈宪章（潼南人）、杨焕奎（秀山人）
同治九年（1870年）	庚午	王殿元（巴县人）、田光祖（涪州人）、张国安（永川人）、张廷举（铜梁人）、陈鸿宾（潼南人）、李光超（潼南人）
同治十二年（1873年）	癸酉	龙在田（巴县人）、耿聊升（巴县人）、欧阳仁（大足人）、李清湘（垫江人）、殷献民（潼南人）
光绪二年（1876年）	丙子	刘化龙（巴县人）、周光臣（永川人）、许廷彪（垫江人）
光绪五年（1879年）	己卯	王良弼（秀山人）

续表

年代	科名	人名
光绪八年（1882 年）	壬午	左琨（巴县人）、邓东山（巴县人）、陈鹏举（巴县人）、鲜秉忠（南川人）、王翰臣（潼南人）、余丽江（秀山人）、程殿鹏（秀山人）
光绪十四年（1888 年）	戊子	程凌汉（秀山人）
光绪十五年（1889 年）	己丑	陈宗衡（长寿人）、王化全（黔江人）
光绪十九年（1893 年）	癸巳	蒋继光（垫江人）
光绪二十年（1894 年）	甲午	陈鸿烈（长寿人）、孙常礼（黔江人）
光绪二十三年（1897 年）	丁酉	彭凤沼（垫江人）
年份无考		萧照光（垫江人）、谭先升（石柱厅人）、欧鸿浩（石柱厅人）、庚子欧（石柱厅人）

重庆武举为国家提供了许多武学人才，多为武职官员、军队大将，为国家的安全稳定、民众安居乐业做出了应有贡献。

上述其他新划入区域也有不俗表现，忠州考取武举人 19 人，万县考取武举人 148 名，渝东南民族地区中武举 22 人。表 5-14、表 5-15 分别为清代忠州、潼南县武举人题名统计表，从中可以增进对清代两地武举情况的了解。

表 5-14　清代忠州武举人表

姓名	中举时间
何登福	康熙十一年壬子科（1672 年）
黄俊	康熙十四年乙卯科（1675 年）
王正儒	康熙三十二年癸酉科（1693 年）
苟如玉	雍正十年壬子科（1732 年）
刘大吉	乾隆六年辛酉科（1741 年）
田宗武	乾隆六十年乙卯科（1795 年）
冉永兴	嘉庆三年戊午科（1798 年）
田宗西、李占魁	嘉庆五年庚申恩科（1800 年）
黄加祥	嘉庆六年辛酉科（1801 年）
秦昆	嘉庆九年甲子科（1804 年）
石宗玉	嘉庆十二年丁卯科（1807 年）
张鹰杨	道光十一年辛卯科（1831 年）
王述朗	咸丰九年己未科（1859 年）

续表

姓名	中举时间
方玉隆	同治九年庚午科（1870 年）
周玉声	光绪六年庚辰科（1880 年）
邹元任	光绪十一年乙酉科（1885 年）
江文龙	光绪十七年辛卯科（1891 年）
李清元	光绪二十年甲午科（1894 年）

资料来源：《四川通志·学校志之六》、清道光六年《忠州直隶州志·卷七》、清同治十二年《忠州直隶州志》及民国《忠县志》（手稿本）。

表 5-15   清代潼南县武举人题名统计表

起止年代	人数
乾隆元年至六十年（1736 年—1795 年）	1 人
道光元年至三十年（1821 年—1850 年）	3 人
咸丰元年至十一年（1851 年—1861 年）	3 人
同治元年至十三年（1862 年—1874 年）	8 人
光绪元年至三十四年（1875 年—1908 年）	1 人

资料来源：重庆市教育委员会. 重庆教育志 [M]. 重庆：重庆出版社，2002：28.

清代重庆忠州和潼南武举人数大体一致，分别为 19 名和 16 名，为重庆全域的平均水平。

清代重庆武举人的基本情形已做介绍。这里需要指出的是，在这些"赳赳武士"的倚天抽长剑者中有名望的不乏其人，其中以韩氏家族"三韩"举人堪为代表。"三韩"是指韩良辅、韩良卿和韩勋，韩良辅和韩勋是父子关系，韩良卿为韩良辅胞弟，因此父子、叔侄同中进士，可谓光耀门楣、显赫一时。此外蹇义之子蹇芳也是武举出身，奈何早亡，因此影响较大的当属前者。

韩良辅（？—1729 年），字翼公，清康熙三十年（1691 年）武探花，合川籍，实居巴县，韩良辅状貌魁梧，勇力绝，人有胆气，少年时代即随父杀贼，已入文庠，又入甘州武庠。弱冠中康熙庚午探花，授二等侍卫，随征厄鲁特有功，授延绥游击，迁宜君参将，（宜君）境多盗，辅与文员和衷共理，邑大治。又多虎患，造虎枪，教兵习杀虎技，连获百余，虎患遂息，升神木副将，后历广西提督，厥功丕著，改广西巡抚。

韩良卿（？—1740 年），字省月，生于合州（今重庆市合川区），韩良辅季弟。康熙五十一年（1712 年）武进士，授侍卫。出为陕西西宁守备，再迁庄浪参将。师讨谢尔苏部土番，从凉州总兵杨尽信击敌棋子山，功多，赐孔雀翎，赉白金千。累迁宁夏中卫副将、广东碣石总兵，移肃州。乾隆五年（1740年），擢甘肃提督。卒，赐祭葬，谥勤毅。

韩勋，字建候，年十九岁中武举人。康熙五十六年（1717年）祖父韩成请效力，命在内廷行走。康熙五十九年（1720年）帅征西藏，随父韩良辅赴噶尔斯应援。雍正元年（1723年）授三等侍卫，出为贵州威宁游击，未赴，改任镇远游击。雍正八年（1730年），乌蒙猓为乱，劫扰镇雄、永善等地区。总兵鄂尔泰令分三道进攻，而以韩勋带领四百人出镇雄、奎乡，进次莫都，力战一昼夜，破寨四座。翌日猓众复返奎乡，韩勋予以坚决打击，力战三日，尽焚其寨。雍正闻捷报，超擢贵州安笼总兵。雍正九年（1731年），移古州，讨定稿平苗。雍正十三年（1735年）他给皇帝上疏说："古州苗寨接郡县，请视湖广例，得与内地兵民联姻。庶彼此感喻，习知礼义，可臻善良。"上从之。乾隆元年（1736年），从经略使张广泗进攻牛皮大箐、白朗洞旋师，途毁二十余寨。乾隆六年（1741年），粤瑶挟黎平黑洞苗人，入境焚劫。韩勋率兵击之，并擒其首恶石金元等，保卫了地方平安，遂擢升为贵州提督。乾隆八年（1743年）卒。赠右都督，赐祭葬，谥果壮。

除上述三者外，巴县武举人吴伯裔影响也颇大。吴伯裔，号超庵，巴县昭阳里人，康熙初中贵州武举，吴三桂称兵犯四川，伯裔从官兵征之平定，重夔保顺有功，历浙江提标游击，调福建海澄，致仕归，陶情诗酒，足不入城，时人高之，年八十五卒。❶

除通过武科举获得功名如立功显著外，也可通过钦赐获得功名。例如，巴县九保平坝人朱一元，获恩赐武举，由武生领乡勇从征，擢八品军功。嘉庆九年（1804年）十一月初三日，平乱有功，经赞参大臣德楞泰题"钦赐武举"。❷

清代重庆士子通过武科举出仕的人数与文科举有天渊之别，这种情形是明代武举状态的延续，出现此种现象的原因应从明代科举的大环境来追溯分析。由于科举取士取向重文轻武，设置武学极少，只有京师重地和卫所之处有武学存在。武学和武科举培养出来的名将为数也贫乏，一些著名的军事人才，如宋、明王朝都是文进士出身，这种局面使得武举陷入十分尴尬的局面。以此情况而论，武举选拔人才的效能会大大降低。人们对军事人才的理解有偏差，致使武学依附文学，经学的内容比兵法的比重更大。他们大多认为驰骋疆场能制胜者主要不在于武艺高强，而在于能否运筹帷幄、决胜千里。因此，社会民众普遍

---

❶ 朱之洪，向楚，等. 巴县志：卷十下：人物［M］. 刻本，1939（民国二十八年）.
❷ 朱华忠，唐光荣. 城口厅志：卷之十五：选举志［M］. 点校本，重庆：重庆出版社，2011.

轻视武举选拔之士也就是自然的事了。此外，明代武学生员来源较为单一，多为官宦子弟或隶属军籍之子弟。其教官选任、学校管理皆有一定规制。因此，与文科举相比，明代武科举的开放性和公平性大大降低，平民百姓得以通过武科举出仕的机会也大大降低。清代武科举的所处境地及其原因也大致如此。

五、清代重庆科举考试内容与制度规定

重庆科举考试内容和管理规定与国家整体状况一致，但也存在由于当地人口多寡、地域面积以及文化发展状况等因素而灵活变通的状况，下面以长寿县为例进行说明，以帮助我们了解重庆科举的具体概况。

长寿县考试内容，起初以"四书"文、试帖诗、《性理》论或《孝经》论为主，另外默写《圣谕》《广训》百余字。有时主考官、知县认为《孝经》题少，又加试《太极图说》《通书》《西铭》《正蒙》中之命题。后来，规定正场试以"四书"文二、复加"四书"及小学论各一。雍正时（1723—1735 年），加试经文；冬日短，则试"四书"文、经文各一。不久，除试"四书"文、经文外，增策论题一及《孝经》题。乾隆初期，兼试小学论；沿至乾隆中叶后，试"四书"文、经各一，增五言六韵诗一首。此种方案至清末未改变。

以清代长寿县科考录取规定为例："（1）儒童或童生须取得生员资格，经过县、府、院三试（院试取者为儒，生员又叫秀才）；（2）考其文风之高下，视其钱、粮、丁、口之多寡而定其去向，试中者免丁徭役；（3）分府、州、县为大中小三类定录取名额。我县（长寿县）属于第三类，即小县。考录名额，顺治四年（1647 年）至十四年（1657 年），每年录取生员二十名；顺治十五年（1658 年）至康熙八年（1669 年），每年录取生员五名；康熙九年（1670 年），每年录取生员八名。后来，考生越来越多，名额略有增广，直至清末。"❶ 由此看出，各地录取规定和模式大致相同，但因各地人口、地域等区别名额有所不同。

依据上述，重庆地区也不例外，各地科举定额，并且有严格的考试黜陟制度。如《綦江县志》规定："小学额取文生八名，岁科试共取十六名，增广生员二十名，岁科试次等者拨补，廪膳生员二十名，以岁科两试优等者拨补，贡生二年一贡，取资深者充岁贡，遇恩依次补，恩贡一名，武生岁取进八名。"❷

表 5-16 从巴县的具体状况出发，对明、清两代重庆科举定额情况加以比较，以发挥管窥全豹之功用。

---

❶ 代数，黄荣礼. 长寿县教育志 [M]. 四川省长寿县教育局教育志办公室，1987.

❷ 宋灏，杨铭，伍濬祥. 綦江县志：卷三：学校 [M]. 增刻本，1863（清同治二年）.

表5-16　明清巴县府、县学生员名额表

府学

明代			清代
生员	廪膳生	四十人	同明制
	增广生	四十人	同明制
	附学生	无额	二十人
考试及黜陟	岁考，凡三岁中两考，诸生第一次谓之岁考，以六等视其优劣，一等前列者视廪膳生，有缺依次充补，其次补增广生，一二等给赏，三等如常，四等扑责，五等则廪增递降一等，附生降。		岁科考，分三等，无黜降，余悉同明制。

县学

明代			清代
生员	廪膳生	二十人	同明制
	增广生	二十人	同明制
	附学生	无额	原额十二人，后增广为二十二人；武生原额十二人，后增广为二十二人。
考试及黜陟	科考，第二次谓之科考，一二等谓之科举生员，俾应乡试，余悉同。岁考，黜罚法，凡廪生七年以上学无成效者，发充吏六年以下，追还所给廪米，黜为民又廪膳生。		清待士宽，廪生惟例保文武童应试。

资料来源：朱之洪，向楚，等. 巴县志：卷七：学校 [M]. 刻本，1939（民国二十八年）.

　　科举定额，国家按比例分配到各省后，省内也可根据当地情况有所调整变化。据民国二十八年（1939年）刻本《巴县志》载："按清初文武生员学额各十二人，嘉庆十六年增江北厅学额六名，巴县裁拨三名额，止九名，二十一年铜梁裁减一名，安居裁减两名拨入巴县，二十三年安居呈请拨还一名。"❶《秀山县志》载："县附生额请照依小学定为岁科两试，取进各八名。岁试取进武生八名。廪、增二生额依黔、彭邻邑，定为各十二名。（黔彭旧额廪增各二十名，此误。）仍按期挨次出贡。彭水县学，并列教谕、训导，就近裁撤一员，移设秀山。既昭公溥，抑符曩例，应请奏颁学记，重其信守，学宫祠署前经边令修葺，如制不烦改造。其训导岁支俸银四十两，膳夫一名、门斗一名，合岁支食银十二两，即以彭水所汰，本任应支银数，相准无庸议。其增减学攒一名，向无工食，依例召募，准其役满考职。廪生十二名，岁支饩银三两二钱，合岁支饩银三十八两四钱。又文庙春秋祭祀酌岁支银三十二两。二款俱属增设。"❶

除通过参加科举考试考得功名的正途外，通过科名的捐取也可获得功名，这是商人凭借自己丰厚的商业利润直接参与政治的一种表现。科名的捐取实际上有两种形式，一种是地方政府的捐助可以达到增加录取名额，另一种是个人的捐助可以买到功名。据民国二十八年（1939 年）刻本《巴县志》载："道光三十年，奉上谕，各府州县津贴捐输银两有数至万两者，准加广永定文武学额各一名，经邑绅龚瑛等集众会议屡次呈请，原积数十年津贴捐输银两加广永定学额，是以咸丰五年得加广永定文武学额各四名，十一年又得加广永定文武学额各二名。同治七年又得加广永定文武学额各四名。"❷ 四川省充分利用科名的捐取来达到增加学额的目的。

童试每次考试按永定学额录取。万县永定学额文童为十六名，咸丰、同治年间增加为三十二名；武学初为八名，后为十六名。清初分给铜梁每科入学童生文武各八名，嘉庆二十三年（1818 年）各为七名，同治四年（1865 年）各增六名，同治七年（1868 年）又增加学额各二名。

六、清代重庆各地士子中举概况

清代重庆各地士子中举情况各不相同，前面的相关表格信息及文字说明已经展现其大概，但对重庆各地科举的具体情况尚需充实，这对于我们认识和把握重庆科举的情况非常重要。

这里对于重庆科举中举内容的补充基于以下两方面理解：其一，重庆的区域行政管理变化加大，尤其是直辖前后差异明显，所查阅文献呈现的相关内容就显得十分复杂，完全剔除是不适宜的。因为所增补的内容，无疑当以新划入重庆直辖市的涪陵、万县、黔江的科举信息为主。其二，体现清代重庆举人及其他功名的材料不足，尚需补充，但又有进士纠结一块的记录很多，而前面功名层次的分类设计不便分离，应加以统一呈现，而这对上述进士层阶的情形有弥补作用。

清代万县科举出现了一些惊喜情况，如表 5-17 所示。

---

❶ 王寿松，李穑勋，秀山自治县档案局. 秀山县志：卷六：学志　第八［M］. 北京：方志出版社，2012.

❷ 朱之洪，向楚，等. 巴县志：卷七：学校［M］. 刻本，1939（民国二十八年）.

表 5-17　万县地区清代举人、进士统计表

地区	举人	武举人	进士	武进士
万县	110		10	
开县	27	9	7	
忠州	93	19	18	1
梁山县	50		6	1
云阳县	31		4	
奉节县	70	36	9	
巫山县	17	10	1	3
大宁县	8			
城口厅	1			
合计	407	74	55	5

资料来源：重庆市教育委员会. 万县教育志［M］. 重庆：重庆出版社，2002：11.

开县地处川东一隅，交通不便，信息闭塞，在长期的封建社会中，教育未被重视，故人才不济，士林不旺。清代嘉庆以前的 1000 多年，县人中进士的仅 3 名，中举的 16 人（含武举 9 人）；清代后期，入学中举者骤增，有进士 4 人，举人 20 人，虽比邻县不及，却以"公车上书"签名者在省内仅次于成都、华阳两县而被美誉为"举子之乡"。

清代忠州中进士 19 人，其中武进士 1 人，考取文举人 93 人，武举人 19 人。康熙五十二年（1713 年）忠州人何淮获解元，成文迥、胡维英、成宗发、杜薰同榜中举，时称"一榜五举人"。❶ 忠州人杜薰（康熙癸巳科，1713 年），其弟杜煜（雍正庚戌科，1730 年）及其子杜鹤翱（乾隆丁巳科，1737 年），在 24 年中先后中进士，传为"一门三进士"佳话。

梁山在清代中进士 7 人，举人 50 人，恩贡 23 人，岁贡 87 人，优贡 4 人，拔贡 19 人，副贡 11 人。梁山县的官学成就仍然十分显著。其中，刘仕伟，字信吾，在乾隆十年乙丑科（1745 年）考中武进士，是梁山县历史上唯一一位武进士，且在文章诗词方面造诣亦深，实属文武全才。他在川西金川土司叛乱时，其母以岳飞为榜样，在其臂刺"精忠"二字，自备鞍马，报效国家；后升任山西宁武关参将，为侍奉年迈的母亲，请辞归乡，专心于医卜、书画，著有《金川从戎事实》刊行于世。

---

❶　忠县志编纂委员会. 忠县志［M］. 成都：四川辞书出版社，1994：492.

大宁县清朝中举者 8 人，分别是陈延璠、沈济、沈端本、沈于华、向恩、向志屹、凌懋照、沈汇开，较之邻近县虽有不及，但对一个僻远的山区县来说已属不易。

截止到光绪十七年（1891 年），巫山县共有 1 名进士，17 名举人，以及众多贡生等。

奉节位于四川驿道东路一线，交通便利带动商贸发展，教育与科举自然繁盛，因此科举成绩显著，清代奉节县进士 11 人，举人 71 人，副贡 7 人，辟荐 6 人，拔贡 24 人，孝廉方正 3 人，优贡 3 人，岁贡 113 人。而城口厅地处偏远，科举难兴。以下统计清朝奉节县科举名录，由表 5-18 列出说明。

表 5-18　清代奉节县科举名录表

类别	姓名	中式时间
进士	谭译	雍正十一年（1733 年）癸丑科
	李复淳	乾隆二十年（1755 年）乙亥恩科
	李步林	乾隆间，李复淳长子
	林映棠	道光十五年（1835 年）乙未科
	张宗世	道光二十一年（1841 年）辛丑科
	张世椿	道光二十五年（1845 年）乙巳恩科
	刘正品	咸丰六年（1856 年）丙辰科
	刘海鳌	光绪二十四年（1898 年）戊戌科（翰林）
	李桂三	光绪二十七年（1901 年）辛丑科
	刘贞安	光绪二十九年（1903 年）癸卯科
	陈正学	光绪三十年（1904 年）甲辰科
举人	柳文清	康熙二年（1663 年）癸卯科
	程鼎	康熙十一年（1672 年）壬子科
	陈俊	康熙二十年（1681 年）辛酉科
	余德中	康熙二十年（1681 年）辛酉科
	向子云	康熙二十年（1681 年）辛酉科
	傅作楫	康熙二十六年（1687 年）丁卯科
	秦应光	康熙三十五年（1696 年）丙子科
	王联	康熙四十一年（1702 年）壬午科
	余价	康熙四十四年（1705 年）乙酉科
	戴维贤	康熙四十四年（1705 年）乙酉科

续表

类别	姓名	中式时间
举人	余谦	康熙四十七年（1708 年）戊子科
	王良弼	康熙五十年（1711 年）辛卯科
	马天麟	康熙五十三年（1714 年）甲午科
	傅亮叟	康熙五十九年（1720 年）庚子科解元
	李御	雍正元年（1723 年）癸卯恩科解元
	柳文	雍正元年（1723 年）癸卯恩科
	刘方庆	雍正元年（1723 年）癸卯恩科
	邬昂	雍正元年（1723 年）癸卯恩科
	陈琏	雍正元年（1723 年）癸卯恩科
	杨守信	雍正二年（1724 年）甲辰科
	邓瑄	雍正七年（1729 年）己酉科
	谭译	雍正十年（1732 年）壬子科
	谭训	乾隆元年（1736 年）丙辰恩科
	冉永焘	乾隆十年（1745 年）乙丑科
	周书	乾隆三十三年（1768 年）戊子科
	陶起来	乾隆四十五年（1780 年）庚子科
	陈训	乾隆四十五年（1780 年）庚子科
	曹珍贵	乾隆五十一年（1786 年）丙午科
	张济宽	嘉庆七年（1802 年）壬戌科
	张声远	嘉庆十二年（1807 年）丁卯科
	张济周	嘉庆二十四年（1819 年）己卯科
	杨韬	道光十二年（1832 年）壬辰恩科
	张宗世	道光十二年（1832 年）壬辰恩科亚元
	王朝珍	道光十四年（1834 年）甲午科
	林映棠	道光十四年（1834 年）甲午科
	李作霖	道光十四年（1834 年）甲午科
	樊启善	道光十七年（1837 年）丁酉科
	王溱	道光十九年（1839 年）己亥恩科
	熊登瀛	道光二十年（1840 年）庚子科
	张正椿	道光二十三年（1843 年）癸卯科

续表

类别	姓名	中式时间
举人	曹奎林	道光二十六年（1846 年）丙午科
	卜嵩山	咸丰二年（1852 年）壬子科
	刘正品	咸丰五年（1855 年）乙卯科
	樊拱辰	咸丰八年（1858 年）戊午科
	李锦春	同治三年（1864 年）甲子科
	邓秉元	同治六年（1867 年）丁卯科
	刘益壮	同治九年（1870 年）庚午科
	刘玉璋	同治十二年（1873 年）癸酉科
	黄兴泽	光绪元年（1875 年）乙亥恩科
	邱景迟	光绪元年（1875 年）乙亥恩科
	黄金寿	光绪元年（1875 年）乙亥恩科
	谭子谷	光绪二年（1876 年）丙子科
	胡穆筠	光绪五年（1879 年）己卯科
	舒癸堂	光绪五年（1879 年）己卯科
	潘树嘉	光绪十一年（1885 年）乙酉科
	彭聚星	光绪十四年（1888 年）戊子科
	潘席珍	光绪十五年（1889 年）己丑恩科
	王大尧	光绪十九年（1893 年）癸巳科
	陈正学	光绪十九年（1893 年）癸巳科
	王大炯	光绪二十三年（1897 年）丁酉科
	樊煊	光绪二十三年（1897 年）丁酉科
	钟毓灵	光绪二十三年（1897 年）丁酉科
	李文熙	光绪二十三年（1897 年）丁酉科
	成桢	光绪二十三年（1897 年）丁酉科
	林作桢	光绪二十三年（1897 年）丁酉科
	刘明曦	光绪二十三年（1897 年）丁酉科
	刘贞安	光绪二十八年（1902 年）壬寅科
	王大昕	光绪三十年（1904 年）甲辰恩科
	陶德馨	光绪三十年（1904 年）甲辰恩科
	陈正文	光绪三十二年（1906 年）丙午科

类别	姓名	中式时间
举人	邓慕鲁	光绪年间
拔贡（选拔）	王陈锡	康熙五十二年（1713年）癸巳科
	傅恒叟	雍正元年（1723年）癸卯恩科
	周文藻	雍正七年（1729年）己酉科
	刘成熙	雍正七年（1729年）己酉科
	王锡朋	乾隆六年（1741年）辛酉科
	冉先圣	乾隆十八年（1753年）癸酉科
	曾茂	乾隆三十年（1765年）乙酉科
	龙怀仁	乾隆三十年（1765年）乙酉科
	冉基安	乾隆三十年（1765年）乙酉科
	冉永煮	乾隆四十二年（1777年）丁酉科
	陈镇	乾隆四十二年（1777年）丁酉科
	张济宽	嘉庆六年（1801年）辛酉科
	张济澄	嘉庆十八年（1813年）癸酉科
	费升	道光五年（1825年）乙酉科
	陈昌期	道光五年（1825年）乙酉科
	王济	道光十七年（1837年）丁酉科
	刘正品	道光二十九年（1849年）己酉科
	潘焕	道光二十九年（1849年）己酉科
	胡大桢	咸丰十一年（1861年）辛酉科
	邓金和	咸丰十一年（1861年）辛酉科
	樊遵厚	同治十二年（1873年）癸酉科
	潘树申	光绪十一年（1885年）乙酉科
	张伯翔	光绪二十三年（1897年）丁酉科
	毛书贤	宣统元年（1909年）己酉科
副贡（举人副榜）	谭献策	康熙三十五年（1696年）丙子科
	杨守义	康熙年间
	郭霖苍	康熙五十六年（1717年）丁酉科
	陈镇	乾隆四十八年（1783年）癸卯科
	王绘声	乾隆五十九年（1794年）甲寅科

续表

类别	姓名	中式时间
副贡（举人副榜）	王仁声	嘉庆十三年（1808年）戊辰恩科
	李沾春	光绪元年（1875年）乙亥恩科
辟荐（举人大挑）	张济周	嘉庆年间
	常周	嘉庆年间
	张声远	嘉庆年间
	曹奎林	道光年间
	黄金寿	光绪年间
	克穆筠	光绪年间
优贡	张济芸	嘉庆十二年（1807年）丁卯科
	张济茂	嘉庆十五年（1810年）庚午科
	刘玉璋	同治九年（1870年）庚午科
孝廉方正	朱辑五	光绪元年（1875年）乙亥科
	王敬修	光绪元年（1875年）乙亥科
	谭德谱	宣统元年（1909年）己酉科

资料来源：重庆市奉节县教育委员会. 奉节县教育志 [M]. 重庆：奉节县印刷厂，1998：66—73.

　　奉节便利的交通，拉动当地经济发展，教育科举自然受益，从中也可窥探科举发展与经济、地理位置以及交通等因素的密切联系。

　　垫江县明清两朝科举中，中进士 26 人，举人 180 人（武举 11 人），生员（含贡生）302 人❶。当然，这里总数中应除去明代人数，根据全国一般区县两代科举中举人数所居比例分析，明代为清代的 33% 左右，即三分之一比例。同时，在清代科举及第人数中尚有书院参加考选渠道，大约与县学平分秋色。但即使如此，一个长江上游的江边普通县域能有如此及第人群，确实难能可贵，且实属罕见。这在清代前期重庆各州县中表现十分抢眼。

　　清代垫江县登进士的有陈中、李为栋、陈斗、陈于畴、程伯銮、刘又向、卢尔秋、董承熙、李惺、雷仑、萧秀棠、李义得、戴宾周、墙永禄、汤裕昆、李清湘等 16 人。李惺是及第士人中的杰出代表。其幼承家训，聪颖好学，未满十岁，重修县魁星阁时，他题一联："一支彩笔与天通，摇摇星斗；万丈高楼平地起，步步云梯。"由此可一窥其才气与凌云壮志。他于嘉庆十三年（1808年）中举人，嘉庆二十二年（1817年）以三甲第九名进士及第被钦选翰林院庶

---

❶　四川垫江县志编纂委员会. 垫江县志 [M]. 成都：四川人民出版社，1993：565.

吉士，嘉庆二十四年（1819年）散馆后留京都入翰林院，历任检讨、国史馆纂修、文渊阁校理、国子监司业等职。李惺以天下大计、百姓安危为怀，偏逢清王朝由盛转衰的道光年间，目睹日益腐败的朝廷政事，深感国事难为，遂于道光十五年（1835年）假托祖母年老，辞官返渝。后在四川成都等地从事教育和著述，培养人才颇多，当时朝内不少官员及文人墨客皆出自其门下，民谣称"天下翰林皆弟子，蜀中进士尽门生"，赞誉他在教育生涯中的成就和威望。同时，李惺在文学、哲学等方面也造诣深厚，著有《药言》《老学究语》等著作。

有清一代，丰都县共培养进士5人，大多供职于翰林院；举人46人，从顺治庚子榜到光绪己丑榜都有生员上榜。

除了上述清代在重庆府境之外，而当今归入重庆直辖市之内的区县科举及第士人的补充之外，还有原属重庆府所辖之地的科举案例，可做延伸丰富。清嘉庆、道光年间，重庆市沙坪坝区孙钰及其子侄孙文杰、孙文熙参加科举考试，均成举人；沙坪坝区孙文治所授学生黄钟音成为进士，授翰林院编修，官至监察御史。段大章也中进士，授翰林院编修，官至甘肃布政使司。此期该区内中举人以上者有20余人。乾隆至光绪三十一年（1905年）废科举时止，据不完全统计，南川县在清代共考取进士10人，举人51人，贡生184人，科甲人员有250余人。❶

需要说明的是，这部分对清代科举状况拓宽、延伸的素材带有综合性，且与以上类似主题表格列出信息有交错汇通的关系，但有些项目并不清晰，不能截然分开。从这种网络式交互沟通的资源中能体会出更多的意蕴，这或许是因人而异的，却是客观存在的。

七、渝东南民族地区科举概况

渝东南是重庆比较特殊和重要的民族地区。该区域具体包括重庆东南方向的五个少数民族自治县：石柱土家族自治县、彭水苗族土家族自治县、黔江土家族自治县、酉阳土家族苗族自治县，以及秀山土家族苗族自治县。它们位于渝、鄂、湘、黔隆起的褶皱带武陵山区，由于地处边远山区，交通不发达等历史和地域因素导致当地贫穷落后。

清乾隆四十年（1775年）《石柱县志》记载：石柱"土人惟知食稻，且惟知艺水稻。厅山多平原少，凡围者即曰田，不围者曰地。其山腰山脚绝无水泉可引，概掘土围之为田。春雨满其围，蚩氓欣喜插秧，入夏五日不雨则秧槁，

---

❶　南川县教育局. 南川县教育志 [M]. 重庆：重庆市庆岩综合加工厂，1987：2.

乃呼吁祈祷，十岁经七八。劝之去其围以艺他谷或旱稻，愚不信也，故牟麦粱菽皆仅见。山地间种棉，最多者包谷，其根大易长，人食有余，即以酿酒饲豚。岁计收成分数，包谷为水稻之辅也。农不知粪，圃亦不知粪，故园蔬瘦小。蔬不肯嫩采，果不待熟鬻。岁歉则掘蕨根为粉食之"。❶ 这就造成教育的局限性，故清代官学教育及科举考试录用的绝对人数大大滞后于重庆其他州县。但与前朝相比，明清时期此地的科举进步也是颇为显著的。

与此同时，随着内地百姓不断涌入渝东南，土司地区与内地的经济文化联系逐渐紧密，与内地的差异也逐渐缩小，大范围的改土归流已势在必行。清朝开始对渝东南地区土司进行改土归流，酉阳、平茶、邑梅、石耶、地坝五土司于雍正年间改流，石柱土司于乾隆时期改流。《秀山县志》载："县旧无学。雍正十三年，酉阳改流事定，平茶、邑梅、石耶、地坝四洞长官相率输土请吏，因置县焉。时酉阳已议准裁汰黔江训导一员，移置州治，建学定额。大吏以县新辟，人文阒如，疏请暂附州庠。于是夏景馥知县事，乃输私钱，立义学，近城聪慧童幼咸入课肄，延耆儒主之，民间稍稍知有诵读。岩疆甫定，政尚夷简，俗习朴俭，物殖丰贱。县东北一水下趣沅溪，汇洞庭，通利舟楫，他郡贾民爰至受廛，乐其风土，或徙家安焉。而富者往往好督子弟雅业，怦走千里邀名师，教授家熟，其后土著转相慕效。琅琅之声，达乎四境。于时，笔囊应县试童生数逾五百，提学岁科试取进附学生及取补廪、增二生数，占州额之半。岁、拔两贡分次迭选，旧制州学额廪生二十名、增生二十名。岁科两试各取附生八名，二年一贡，十二年一拔。武生岁试取进八名，额依小学，兼两地县土坎焉。"❷

渝东南地区改流之后，清政府为消除少数民族与汉族之间因文化差异所造成的隔阂，利用儒家文化来维系封建统治，造就符合封建统治需要的各种人才，官府开始在当地大力推行儒学，移风易俗，大力推动兴办各类学校，建立起官学教育体系，实施科举考试，并推出一系列利于当地科举的优惠措施，对于清代渝东南民族地区的科举具有巨大的推动作用。宋至清，武隆考中贡生 4 人，举人 10 人，进士 11 人。❸ 清朝渝东南秀山、石柱、黔江、酉阳四县共考中科举功名者 476 人。秀山县从乾隆六十年（1795 年）到光绪十七年（1891 年）共考取文武举人 40 名，各种贡生 75 名。"四方从游者数百人，登甲科者累累"描述了渝东南少数民族地区科举进步的景象。

---

❶ 石柱县志编纂委员会. 石柱县志［M］. 成都：四川辞书出版社，1994.

❷ 秀山土家族苗族自治县县志编纂委员会. 秀山县志：卷六：学志　第八［M］. 北京：中华书局，2001.

❸ 重庆武隆区地方志编纂委员会. 武隆县志［M］. 北京：方志出版社，1994：581.

明朝封建统治者不仅继续在少数民族地区实行土司制度加强政治和军事控制，而且还十分注重在少数民族地区施行文治教化，推行儒家文化，增强学校的吸引力。洪武二十八年（1395 年）朱元璋下令"诸土司皆立县学"，明孝宗弘治十年（1497 年）规定土司、土司子弟必须入学深造，否则"不准承袭"，后来渝东南民族地区官学教育经过明代的大力发展，至清代（特别是改土归流后）达到全盛时期，其时出现了"乡村四时，诵声不绝"之"向学"现象。例如彭水县："彭邑士人，尊师响学……城乡各处，弦诵相闻。届小试之年，应试者云集，考棚不能容，较前殆增数倍。"❶ 就该地区而言，明清封建统治者实施"官学"教育及科举考试制度，主观上是为了加强对少数民族地区的统治，维护全国的统一，但在客观上却发挥了多种功用。中央封建王朝除了为保证少数民族子弟能享受教育的权利，在民族地区大兴官学，特许民族子弟免试入学之外，也在民族地区实施科举考试，并在科考的诸方面贯彻教化安边、文德怀远的精神，采取一些优惠措施。

清代自康熙至咸丰年间，渝东南各府、州、厅、县基本都已设立考棚。如酉阳州考棚："自嘉庆二十三年（1818 年）建议，二十四年（1819 年）筹定捐输，二十五年（1820 年）就卜定州南文昌宫迁移旧址，平作棚基，以道光元年（1821 年）正月十四日竖立。院署大堂及头仪门等次第修建。至道光二年（1822 年）十月竣工，道光三年（1823 年）初行院试。"❷ "秀山县考棚在城西、咸丰五年（1855 年）知县李渐鸿募建"；"黔江县考棚在文庙右，咸丰元年（1851 年）合邑绅民捐建"❸；"彭水县考棚……道光二十一年（1841 年）知名县张飞始倡，率士民捐建"。❹ 石柱厅考院于道光二十年（1840 年）同知王槐龄买民房地创建。

石柱县位于湘、黔、渝的交界处，现辖黔江区。该县以少数民族为主。随着改土归流，民族教育文化发展成效显著。康熙年间贡生可考者 3 人，分别为马斗斛、陈治才（后任大竹县学训导）、马千字（马斗斛嗣子）。雍正年间贡生可考者 3 人，分别为马维麟、谭世品、谭朝春。乾隆元年（1736 年）至道光二十二年（1842 年）恩贡 4 人：陈蕴才、马洪镇、刘子赤、谭人瑞。嘉庆至道光年间考中进士 3 人：崔永福（嘉庆己未科进士，任职吏部验封司主事）、冉永淦（嘉庆辛酉科进士，历任山东平原、泰安、聊城等县知县）、刘庆余（道光戊戌

---

❶ 庄定域，支承祜. 彭水县志［M］. 刻本，1875（清光绪元年）.
❷ 王鳞飞，等.（同治增修）酉阳直隶州总志［M］. 成都：巴蜀书社，1992.
❸ 熊承涤. 中国古代教育史料系年［M］. 北京：人民教育出版社，1985.
❹ 熊承涤. 中国古代教育史料系年［M］. 北京：人民教育出版社，1985：285.

科进士)。道光朝以来中武举者3人：甲午科欧鸿皓、丁酉科谭先升、庚子科欧阳彬。❶

清代对一些教育基础较差的少数民族地区，则尽可能地在录取名额上予以照顾。据邵陆纂修的《乾隆酉阳州志》载：酉阳州"凡遇岁科两试，每岁额取文生八名，武生八名……廪生二十名，增生二十名，两年一岁贡"。酉阳共有三名进士及许多举人、贡生，对于当地民风世俗的改变、人才的培养起了重要作用。

清王朝曾规定少数民族地区应多取土童"以土三客一为率"❷，即土民必须占三分之二，客籍只能占三分之一，不许客籍考童顶冒窃占名额。在这之前，也曾有过类似土籍与客籍的界定，标准为："在前朝入版籍者为土，在本朝入籍者为客。"这种优惠政策的实施，充分调动了各少数民族子弟读书与入仕的积极性，并使许多少数民族子弟圆了科举梦。

由于科举制度的实施，渝东南民族地区尚学之风渐浓，不仅呈现出"文治日兴，人知向学"的良好社会风气，而且一些中下层少数民族子女也能考中进士、举人及贡生。渝东南地区比较有名的科举人才是冉裕柴和冉广燸父子。他们是重庆酉阳土家族苗族自治县大井坝冉氏族人，大井坝为冉氏家族永淑房支系在老龙村的聚居地，其历史可追溯至第二十二世酉阳土司——酉阳宣慰使冉奇镳。冉裕柴为冉奇镳第七子冉永淑子辈，冉广燸为冉裕柴四子。一方山清水秀之地造化一方人杰，冉氏族人继承了祖先重视文教的传统，培育出了浓厚的耕读传统和尊师重教的儒家风气，后世子孙多有成材者，造就了众多乡绅贤士。到了民国时期，当地还流传着"一门三乡长（民国后兴乡乡长冉豫光、宜居乡乡长冉恒光、铜鼓乡乡长冉福光），十女九教员"的说法。

冉永淑子辈中冉裕柴较为出色，嘉庆《增修四川通志》曰："质实廉谨，留心抚字，谳讼详明，士民信服。性戆直，时土官横恣，为乡民累，裕柴具状以闻改流官，族人衔之，不恤也。"❸

冉裕柴四子冉广燸在《巴县志》《合川县志》《冉氏续修家谱》皆有传记，嘉庆《增修四川通志》曰：冉广燸，字炯庵，号栎溪，巴县（一作酉阳）人。乾隆壬辰（1772年）科进士，任山东屯留县知县。当时屯留风俗朴陋，不好读书。他去后，建麟山书院，聘来教师，使文风一变。年逾六十后辞职回家，居

---

❶　王槐龄. 补辑石柱厅志：学校第四 [M]. 刻本，1843（清道光二十三年）.

❷　李良品. 渝东南民族地区明清官学教育与科举考试 [J]. 西南民族大学学报：人文社科版，2003（11）：225-228.

❸　摘自微信公众号"重庆考古"2022年9月6日发布《早闭柴门无个事，看他蜂子学排衙：老龙村山居即事》。

贫，却淡泊自乐，勤勤恳恳地教诲青年，很快便有几百人来向他拜师求学。由于他教授有方，学生中考取科甲的不乏其人。著有《寓庸堂文稿》《二柳山房杂著》《重制巴川书院义田碑记》。

渝东南民族地区虽经济落后、地处偏远，但仍然培养了大批科举及第、获取功名的人才。改土归流后，清政府在该地区建立考棚，规定录用名额，多取少数民族生童等措施，使该地区在清代就培养出 610 名科举人才。这个数字虽然对于文化发达的其他地区微不足道，但对于当地而言，确实是难能可贵的。另据有关资料统计，清朝后期，渝东南民族地区五县留学日本 8 人。❶ 推行官学教育及科举考试制度的根本目的是通过文治，以有效地控制和统治少数民族地区，它在客观上却造就了少数民族文人学子与中原汉族地区读书人一样追求科举出仕的思想意识。

第三节　清代重庆科举及第士子举要

清代科举制度持续时间长，对社会各界都起着风吹草偃、起伏波动、错落有致的多种不同影响，在清人文集、小说、诗歌、戏剧中都有丰富的体现。清代的重庆地区，长江、嘉陵江航运业的发展刺激了商品经济及工商贸易的长足进步，重庆的社会经济得到恢复，并有所提升。加上重庆所处的战略地位十分显赫，承东联西，关乎周边的稳定及民族地区的治理与社会稳定，故备受政府重视。重庆科举及第人数由元代中衰又逐渐攀升，明显提高。科举考试重在经济学及政治伦理，但考试程序复杂，经历阶段、层次的严格删选，层层淘汰，应该说绝大多数科举及第人士饱读诗书，旧学深厚，也有相当的学识能力。他们的业绩作为不仅表现在政治管理、经济筹谋等方面，而且在教育、教学方面更有精彩之处，值得地方教育史特别书写。而后者在重庆这一汉族与少数民族交错混居地区，或许尤为突出、明显。这里择其要者加以介绍。

一、清代重庆进士举要

如前所述，清代重庆进士数量相对于明代而言有所下降，但是在全国范围来说仍属中游水平。这是因为此期江南诸省科举进士人数急剧攀升，自然压抑其他地区科第比例；再则清代重庆仍为一府而已，今天虽从直辖市范围取材，

---

❶　蓝勇. 西南历史文化地理［M］. 重庆：西南师范大学出版社，1997：125.

但只是介于两个府较为集中区域的版图，自然考取人数下降，但在"折桂""鲤鱼跳龙门"者中之佼佼者仍是大有人在的。

（一）清代重庆进士的代表人物

清代重庆进士的代表人物便是这批光宗耀祖、门楣生辉中的表率或典范。这是首先应加以描述并推荐的。

1. 龙为霖

龙为霖，字雨苍，号鹤坪。康熙丙戌（1706年）进士，初授云南太和令，历官云南太和知县、石屏知州、广州肇庆同知、潮州知府等。为官时惩奸邪、均徭役、兴学设教，颇有惠政。重建韩山书院，肄业者百数十人请终养居乡，和平坦易，乐与为善，置义田赡族浚泮池，及育婴诸公事悉捐赀其成，博学能诗，工书尤精，所著有《两汉史论》《本韵一得》《荫松堂诗集》《古文制义》《易书诗三经》《叶韵橐驼集》《募修藏经阁疏》等。

龙为霖未满18岁作《双状元碑》："有宋多才子，比肩两鼎元。江山不曾改，红杏尚依垣。"此诗表达了他对冯时行、蒲国宝的崇敬之情，以及像他们一样金榜题名、安邦治国、经世济民、名垂青史的愿望。在此，特附龙为霖作品一则，体会其文学功夫之功底及文字表述之精妙：

募修藏经阁疏

少时读《梅宛陵传》诗云："从来胜绝不离俗，未有幽深不属僧"，心窃疑之。已而周游四方，所见山川奇胜，景物清幽，大半皆禅房僧院，始信其言之不诬。又怪造物者何独厚彼缁流，乃以有用置无用。及考，古迹湮灭或文人学士鸿章椽笔，岁久散亡犹多。古诗残碑，流传征信；而士君子车尘马足之倦，偶从憩息，亦足静烦嚣，娱心志，往往清词雅韵，半出其中。又始叹造物之巧于布置，为不可浅测也。渝郡形胜，雄杰冠巴蜀，而比户麟集杂沓，独二三梵宫，颇擅幽致，藏经阁尤首屈一指焉。环古刹，带清池，径从石蟆中入。自唐以来，殿阁崔巍，迥出尘表。又有禅藻亭、宝素亭诸胜。藏古遗迹如宋苏东坡、明杨升庵诸乡先生及宦游过此者，石刻咸在焉。非所谓幽深胜绝者欤？郡守李公，择阁旁隙地，创立书院，俾多士肄业其中，亦爱其地僻景幽，为可以藏修游息也。僧某，以殿宇渐就颓敝，宝素诸胜久废无存，独其遗碑林立，深惧苔蚀风饕。数百年，物故后，将剥落湮灭，重为伊咎。亟谋募化，意在复古。虽竭顶踵，无敢告瘁，岂亦有超然离俗之想欤？余惟书院在阁旁，如人共室而居，气象盛衰，相为表里。今僧慨然有志修护古迹，倘十方檀越不吝布施，俾其焕然一新，诸先达遗刻永垂莫坠，未必非书院之一助。即四方骚人墨客，访胜来

游，将发舒胸臆，流连咏歌，更复何极。又安知非造物者之巧于布置，讵独有补于缁流也哉！爰走笔而为之疏。❶

2. 周煌

周煌（1714—1785 年），字景垣，号绪楚，又号海珊（一作海山），涪陵人。乾隆丙辰（1736 年）举人，丁巳（1737 年）二甲第四十六名进士，选翰林院庶吉士，戊午年（1738 年）散馆，己未年（1739 年）授编修，辛酉（1741 年）以编修充山东乡试副考官，壬戌年（1742 年）以编修充会试同考官，丁卯（1747 年）以编修充云南乡试正考官，乙亥年（1755 年）授侍讲学士。丙子年（1756 年）晋升为侍讲，册封琉球使，随即赴琉球，己卯年（1759 年）再任侍讲学士，次年充福建乡试正考官，辛巳年（1761 年）擢内阁学士，充江西提督学政。戊子年（1768 年）出任浙江学政。庚子年（1780 年）充会试副考官，寻调兵部尚书，充四库全书馆总纂官。后官至工部尚书、兵部尚书、上书房总师傅、都察院左都御史等职。以兵部尚书加太子少傅致仕，卒赠太子太傅，谥号"文恭"。

周生而异颖，性端谨老成，动复如成人。13 岁学举子业，下笔奇思迭出，惊为异才，旋举孝廉。他入仕后奉职克勤，风度端凝，立朝正色，居官清廉，任职垂 50 年，屡司文柄，三典乡试，一主会试，两视江西、浙江学政。又喜文工诗，笔法遒劲，刚健流利。著有《琉球图志略》《应制集》《海东集》《豫章集》《湖海集》《蜀吟》《海山诗稿》《诗林韶获选》《乾隆辛酉山东乡试录》等。

（1）周煌出使琉球。

乾隆二十一年（1756 年）五月，周煌同翰林院侍讲全魁受命前往琉球，册封尚穆为琉球国中山王，于次年正月回国。在出使途中，周煌留意当地掌故，随手记录。回国后又参阅大量史籍，整理编辑，手写成书后进呈皇帝御览，以便把握琉球的历史、地理、风俗和人情等方面的情况，进而确定相应的国策。

（2）周煌重情重义。

乾隆四十五年（1780 年），周煌感念亲情，令其御医将一种独特的宫廷药水配方和调理方式秘传至重庆涪州老家常年疾病缠身的堂兄弟周监家族中，后经世代传承该传统中医理疗方式被保留了下来。

（3）周煌辞官离京。

乾隆五十年（1785 年）正月，71 岁的周煌因病辞官离京。乾隆皇帝因他

---

❶　出自重庆市渝北区图书馆"特色馆藏"数字资料《江北县志：艺文志（上）》。

功勋卓著，决定用半副銮驾和宫廷礼乐送其还乡。于是一支由吹奏乐器和打击乐器组成的宫廷礼乐队，伴同周煌从京城出发，一路浩浩荡荡、吹吹打打回到涪陵。由于是来自北京皇宫的御用礼乐，涪陵人尊称它为御锣。从此御锣便开始在涪陵流行，涪陵御锣成为重庆非物质文化遗产之一。

涪陵清代"帝师"周煌墓位于涪陵区大顺乡明家社区三组，占地面积近100亩，由坟丘、牌坊、华表、拜台、碑亭及人物、生肖像组成。墓坐西向东，条石砌筑土塚，规模宏大。周煌墓的拜台前还竖有4柱3门石牌坊一座（见图5-2），至今保存完整，面阔7.96米，高8.7米，是乾隆皇帝亲自下诏旌表建造。牌坊正面刻有"皇清诰授光禄大夫太子太傅兵部尚书谥文恭周公墓"，背面刻周煌传，共187字。牌坊顶部为三重檐，仿木结构，斗拱建筑，镂空、深浮雕"五龙捧圣""二龙戏珠""双凤朝阳"等，雕刻精致，栩栩如生。正面坊柱上的对联为"望重储宫征学问，名留海国矢贤劳"。背面联文为"玉堂曾记苏金带，戎府犹传范甲兵"。这处墓葬规格非常高，在重庆同类墓葬中十分鲜见。而且，周煌曾出使琉球，绘制了钓鱼岛附近地图，地位也很特殊。在牌坊对面的小山岗上，还立有一对华表。两华表相距50米，华表高9米，表顶还有石狮蹲于石鼓莲花座之上，雌雄相望，十分难得。

图 5-2　周煌墓前的乾隆皇帝御赐牌坊

3. 周兴岱

周兴岱，字冠三，号东屏，涪州人，乾隆三十六年（1771年）进士，改庶吉士，散馆授编修，累迁侍讲学士、内阁学士，擢侍郎，历礼、吏、户诸部，在南书房行走。嘉庆六年（1801年），充江西省乡试考官。

周兴岱，据民国二十七年（1938年）《涪陵周氏家谱》载，先祖周敦颐为北宋哲学家、宋明理学创始人之一，其父周煌。其婿张问陶为清代杰出诗人、诗论家、著名书画家。据清秦瀛《小岘山人集》续文集卷二《都察院左都御史东屏周公墓志铭》记载可知，受其父影响，周兴岱在文学、书法方面亦有所建树，精于小学，工书法，擅冶印。周兴岱《临米芾五帖》见于《石渠宝笈三编·第四册》，记载翔实，著录完备，为书法册页类上等之品。

周兴岱在文学方面也颇有造诣，以下诗歌作品颇能反映个中一二。

恭题中宪老夫子大人爱吟草（其一）❶

星散周庐夜建营，铜章花马赋从征。

转输已见纡筹策，胸臆应知富甲兵。

临难独教维节义，如公真不愧科名。

似闻杀贼捐躯日，水咽蛮江作怒声。

恭题中宪老夫子大人爱吟草（其二）❷

忆来绛帐得从游，治行听传第一流。

花满河阳潘骑省，雉依桑陇鲁中牟。

浣花列祀忠魂慰，村社迎神县郭秋。

重把遗编感知己，羊昙洒泪恸西州。

诗作表述了周兴岱忠肝义胆、为已逝英魂悲痛叹息的情怀。

4. 李惺

李惺，字伯子，号西沤，乾隆五十年（1785 年）生于垫江城南郊凤山下一小院（今冯家湾）。父名如连，为增广生。祖父李振音，乾隆四十五年（1780 年）庚子科举人。李惺在世代书香门第熏陶下，自幼聪明好学，才思敏捷，智慧超群。他未满 10 岁，县奎星阁重修，李为之题联："一支彩笔与天通，摇摇星斗；万丈高楼平地起，步步云梯。"对仗工稳，气度不凡，字里行间，壮志凌云，一时名播乡里，传颂不已。14 岁考入垫江县凌云书院肄业。嘉庆十三年（1808 年），参加乡试中举，时年 23 岁。嘉庆二十二年（1817 年）32 岁，京会试三科，中三甲（第九名）进士。中进士后，作为"庶吉士"进"庶常馆"学习，嘉庆二十四年（1819 年），散馆后留京入翰林院，历任检讨、国史馆纂修、文渊阁校理、国子监司业，历 7 年调詹事府左春坊。李惺认为教育可以培养造就人才，从道光十五年（1835 年）起，执掌成都锦江书院历 20 年，后以年老专门任教，又在四川省眉山、泸州、三台、剑阁等地讲学 7 年。

---

❶ 金毓绂辑. 辽海丛书：第 4 集　爱吟草 ［M］. 沈阳：辽海出版社，1933：99.

❷ 金毓绂辑. 辽海丛书：第 4 集　爱吟草 ［M］. 沈阳：辽海出版社，1933：99.

李惺任国子监司业、省书院掌院，加上各地讲学，先后共 34 个春秋，为培育人才、传播文化孜孜不倦、呕心沥血。他学识渊博，书院内外的读书人，凡有求教，都给予满意的回答，从不懈怠。不仅高徒遍布全川，即使在朝野，多少官员、文人学者亦出其门下，有人以"天下翰林皆弟子，蜀中进士尽门生"赞誉其施教之丰功伟绩，由此可窥其社会声名威望之高。李惺潜心治学，实践教育，其教学之道为：诱导学生独立思考，因材施教，少讲多练，提出"问即是学，好问即是好学，善问即是善学"，"学贵知疑，小疑则小进，大疑则大进，疑在觉悟之机也，一番觉悟，一番改进"。立论既深辟又通俗，为人乐道，在今天来看，颇有现代教学理论中的启发性及发展学生思维能力的思想因素，很有价值。

除教育之外，李惺在文学、哲学、书法等方面也造诣颇深。李惺诗作，一扫当时诗坛存在的歌风吟月、卖弄风骚、文学游离于现实之外的流风时弊，敢于抨击时政，反映人民生活，诸多名句脍炙人口："灯错狐善崇，磷密鬼成军。""山深无却火，地润有灵湫。""泉声终夜雨，抱月宿西楼。""大佛端然无一事，看人过去看人来。"他集古人垂训之语，编为《药言》，以其格言警句，教人以立身处世之道。如"立身之道，第一要诚实，人之识见有深浅，器量有大小。若使人重，使人重不若使人敬""习勤忘劳，习逸夫惰""贫不可羞，不可贫而无志；贱不可恶，可恶是贱而无能；老不足叹，可叹是老而虚生；死不可悲，可悲是死而无闻"等语，饱含哲理，其意深邃。又著《冰言》（意"寝心之言，若冰也"），概述治学处家仕宦之理，可取之处极多。李惺书法喜工楷，行笔高雅，飘逸洒脱，铁画银钩，苍劲有度，墨宝易见于佛教古刹胜地，四川新都宝光寺、重庆梁平双桂堂均有遗存，并被纳入《天府书画名人录》中。

李惺关心民间疾苦，刚直敢言，且为人严正不阿，非道不取，笃厚乐善。他与学友相交甚厚，讲学所得，均与之共享；教子严而有方；对贫困亲友，不吝资助；布衣疏食，俭朴自持。

同治三年（1864 年）二月二十三日，李惺于成都寓所辞世，家无余资，将生平记载"名臣名儒学习心得" 9 册和《玉山堂诗集》30 卷尽付门生。门人将其牌位请入成都"乡贤祠"，并将《西沤全集》10 卷、《西沤外集》8 卷付印，共约 50 万字，对研究清代文学、哲学、佛学颇有价值。时人推崇李惺为一代"大师"，誉为清朝大才之一。清国史馆为之列传，赞其"成就甚众一时"。徐世昌在《晚晴簃诗汇》卷中评价李惺："西沤天资，嗜古力学，博极群书，陶然鼓铸，而成一家之言。诗古文辞，清空高澹，一扫浓纤之习。"李惺深受垫江绅民的敬仰，他的出生之地城南乡，乡人改为"西沤乡"，乡中小学校亦改为"西沤小学"，并树"西沤故里"以资纪念。

此外，李惺与林则徐的同游逸事也传成一段佳话。在福州升山灵岩禅寺后岩任公台上现存有一块李惺题写的摩崖题刻："道光庚戌（1850年）夏，邑人林则徐、郭柏苍同蜀李惺游升山寺。"

林则徐，福建侯官县人，清乾隆五十年（1785年）出生，26岁考中进士，是近现代史上著名的政治家、民族英雄，历官翰林编修、江苏按察使、东河总督、江苏巡抚、湖广总督等职。道光庚戌（1850年）夏，李惺游武夷山途经福州，在林则徐同窗世交郭阶三的儿子郭柏苍陪同下专程到云左山房看望林则徐。李惺的《西沤全集》收录了与林则徐会面的诗《见林少穆先生于福州赋呈》："节钺森严抵将坛，凭销逆焰障狂澜。南蛮伏地迎诸葛，西贼闻风震一韩。十载顿教双鬓白，九重深谅寸心丹。功成名遂身刚退，岂识清时退亦难。"林则徐与李惺、郭柏苍一同登升山任公台、金狮山，同宿升山脚下玄沙寺，李惺还在金狮山为林则徐父母墓地及林则徐自己附葬的墓地题字留言。郭柏苍《郭氏丛刻》载有"李惺于金狮山、任公台皆镌石纪游焉"。

同治七年（1868年），郭柏苍为了纪念与李惺、林则徐同游事，乃镌石以记。诗曰："山木恐不珍，奇树求琐琐。磨岩恐不精，大书凿颗颗。坏土殚心力，吾意在受果。彭殇同一丘，逝者如星火。有生无不化，千岁亦虚左。自古有斯山，埋骨想已夥。当年坟中人，智虑皆如我。青天照白头，默默垄头坐。"落款为"道光庚戌夏，李惺、林则徐登，同治戊辰仲秋，郭柏苍书题福州金狮山墓下。"同年十月，林则徐病逝。这时的李惺在四川涪江上闻讯消息，十分悲痛，写下了《林翁挽诗》："知君何处去，去或返瑶京。世外无生死，人间失老庚。七言诗最富，一行传谁成。凄绝涪江上，江声杂雨声。"林则徐与李惺均出生于乾隆五十年（1785年），故诗句中有"世外无生死，人间失老庚"。

5. 李稷勋

李稷勋，原名李稽勋，号瑶琴，秀山龙池镇人，清光绪十四年（1889年）考中戊子科举人，光绪二十四年（1898年）殿试中二甲第一名，为戊戌科进士，钦点传胪。殿试期间正值康梁变法，李稷勋与革新派六君子中谭嗣同友好，受慈禧太后在仪銮殿单独召见，太后问："康梁要变法，你以为如何？"李答："先王之法，未尝不善，有法治，还须有人治。"慈禧太后认为称旨。

李稷勋一生供职于重庆秀山、北京、湖北宜昌等地。中举人后、进士前，曾在秀山任凤鸣书院山长，他治学甚严，办事认真，还善古诗文辞，被誉为县里文人中的"五虎将"。著有《罴庵诗录》四卷，又精于书法，为书法名家。

受知县王寿松之命，于光绪十六年（1890 年）冬开始撰写《秀山县志》。历时年余，李稷勋不分酷暑寒冬，亲自跋山涉水，博访周咨，搜集史料。于光绪十八年（1892 年）春完成《秀山县志》，全志 11 篇，24 卷，共 21 万余字。

李稷勋中进士后，曾在秀山办过矿务局。当时查勘清溪、孝溪沟有锑矿，县人集资开采，推李稷勋主其事，发展锑矿业。但因缺乏技术，矿产不丰富，事久无功。于是，他决定离秀山到北京，后任翰林院编修，以编修充会试同考官。1904 年，李稷勋供职邮传部，任左丞参议。1909 年，李稷勋赴任川汉铁路公司宜昌分公司总理，负责宜段铁路工程，促成了宜昌至小溪塔段竣工。1911 年 4 月，清政府改川汉铁路民财商办为国有，并转手出卖给外国。一时朝野哗然，保路风潮四起，而首先激起的是川鄂两省人民的反对。李稷勋作为川汉铁路宜昌分公司总理，致电成都总公司称"铁路国有，注销商办、政府牺牲信用"，"人民受损甚巨，当拼力拒之，"推动了成都保路运动。而李在宜昌据理力争路权，继而又争路款、力挽铁路股东损失。

李稷勋有三子，长子名侃，号瑗伯，日本铁道学堂毕业。归国后在交通部任职，抗战胜利后代表我国接收吉长铁路，后调交通部主事。次子仲言，名逊，清末秀才，译学馆毕业，曾任交通部、教育部及胶澳商埠督办署秘书，直隶省印花税务局局长。三子六一，名欧，曾是清华大学应用数学系有名的教授。1925 年，三子整理诗词集成《甓庵诗录》四卷，曾任交通总长的叶恭绰亲为写序。

现录四川长宁人梁正磷（号叔子）对李稷勋的尊崇对联二副如下：

此邦胜迹，传闻记载风流，经著离骚，则行咏屈子：李稷勋名高望重，退迹同钦。村留香艳，则生辰名妃：更看沙堵气钟灵，相业犹新，独拜重臣张太岳。

锦里富公，尊仰典型耆旧，涌泉考感，有尸汉江传：留洞名题，有眉州苏轼：况复东山碑志痛，我心如捣，难忘老友李瑶琴。

此联曾悬挂于长沙市四川同乡会馆。

铁因盒，撰述犹新，读劫后留碑，堕泪有同羊叔。
津亭宴，风流顿惹，对镜中遗像，买丝欲绣平原。

此联纪念李稷勋逝世（宜昌代悬）。❶

---

❶ 秀山土家族苗族自治县县志编纂委员会. 秀山县志：卷六：学志 第八 [M]. 北京：中华书局，2001：254-256.

（二）清代重庆其他进士

清代重庆其他进士是在众多进士中选取的少量佼佼者，与上述典范者相较，有所逊色，但仍不能抹却其光环、价值。而且，典范者是冒尖的，其他是群体中影响声势浩大的。两者互补方能形成合力整体。以下选取其中部分加以描述。

何缙，今重庆梁山县人，顺治十一年（1654 年）举人，顺治十五年（1658 年）进士，任浙江余姚县知县。康熙七年（1668 年）调安徽祁门县知县，所至皆有善政。1685 年升贵州黔西州（今黔西县）知州，莅任一年，诸事毕举。贵州总督以贵州志乘缺略，檄所属州县召集学者编纂。何缙以黔西州隶属版图，勘绘舆图，收录民情风物，采集远近大事，纂成《黔西州志》，深得嘉奖。黔西志书自此始，士民感怀。《梁山县志》有传。

刘如汉，巴县清智里（今重庆市大渡口区八桥镇）人，初名壬鼎，字倬章，号双山。顺治十一年（1654 年）举人。顺治十六年（1659 年）进士，选翰林院庶吉士。康熙元年（1662 年）授检讨，后补吏部给事中，前后历吏、礼、兵、工四部，数上疏言事，皆称帝意。后以吏科给事中充江西乡试副考官，所拔多知名士。历任礼部给事中、兵部掌印给事中、广东道监察御史、江南提学、户部左侍郎、左金都御史，后升任太常寺卿、大理寺卿。康熙二十年（1681 年），擢副都御史、江西巡抚，以丁父忧归，哀毁成疾，康熙二十一年（1682 年）卒于家，葬独桥子响堂岩巡抚墓。康熙帝遣重庆知府孙世泽赐祭葬，祀乡贤祠。康熙二十四年（1685 年）朝廷下《谕祭江西巡抚刘如汉文》。文中说："刘如汉性行端良，才能敏练，简任巡抚，伫展猷为。忽而告殒，朕甚悼焉。"著有《居山诗集》行世，《国朝全蜀诗钞》录其诗一首，《巴县志》有传。

高人龙，字惕庵，梁山人，康熙五年（1666 年）举人，康熙二十七年（1688 年）三甲第八十八名进士，授翰林院庶吉士。康熙二十九年（1690 年），授吏部主事。康熙三十二年（1693 年），升员外郎。次年以员外郎充会试同考官，事竣，回任吏部文选司员外郎。性情耿介，学问淹博，工诗古文辞。后弃官场归里，潜心研究濂、洛、关、闽 4 家理学，给学生们讲论，从无懈怠，远近闻风来学者不绝于途。四川遂宁李仙根录其与学生交流问答之语，辑成一集，名曰《惕庵语录》，吕潜为之序。又喜作诗，著有《秋夜诗》，多为人传诵。讲学 50 余年，名门极多。

李国凤，字兆五，忠州人，康熙壬申（1692 年）举人，丁丑（1697 年）三甲第九十五名进士，性沉毅，其学志坚，全神贯注，如遇精彩之语或会心之言，手舞足蹈，或歌或哭。中进士后从游者日众，登门求文者接踵而至。康熙四十一年（1702 年）送弟子赴重庆参加岁试，卒于旅舍。

黄之玖，字贻我，长寿人，一生勤奋好学，博学多才。康熙时中举人，雍正丁未（1727年）进士，曾任河南登封县知县。为官期间，他看见贫苦百姓因为读不起书而吃尽苦头，后辞官还乡，即倾尽家资，办学校兴教育，教授生徒。他办的学馆当时很有名气，巴县、涪陵、垫江、梁平等县都有不少学子前来求学，很多人都学有所成。他学问渊博，经史百家都曾研读；一边从事教育，一边著书立说，有《五经文字》《恒言》《家训》等流传于世，深受当时士人的尊重，视为楷模。《四川文化名人辞典》《长寿县志》《重庆府志》《四川通志》等对他均有记载，生前受人敬佩，卒后名留史册。

李作梅，重庆长寿人，雍正八年（1730年）庚戌科进士，乾隆六年（1741年）任安徽黟县知县，1743—1746年任霍邱县知县，1747年署石埭县知县。亦曾任云南广通知县。在皖任职约10年，体恤民情，以务实惠民为准则，所治皆有政声。擅长书法，名冠乡里。

李为栋，巴县人，雍正十三年乙卯（1735年）举人，乾隆丙辰（1736年）二甲第34名进士。选翰林院庶吉士，戊午年（1738年）散馆，己未年（1739年）授编修。辛酉年（1741年）以编修任山西潞西府知府，府内原有文昌书院，悉为荒榛，捐俸千金建讲台及斋舍十数间，爽垲幽洁，门宇崇敞，题其额曰"起文书院"。府属8县子弟，得以肄业其间。书院生员膏火每岁得耗700金，李为栋解囊资助。为日后经费计，将已荒废的藩府闲田招佃出租，以其收入充书院经费，余不足部分，概由他以所得薪俸填补。政暇，则邀沧曲李司马到院讲论课程，又按月设馔于府衙内，考试成绩优异者以佳肴奖励，激励士子。在嘉庆甲子年（1804年）和丁卯年（1807年）的山西乡试中，潞西府获举人独多，而在"起文书院"肄业者占其大半。他又倡修考院、公堂、宿舍，8县子弟求学能住院寄读，深感方便。

高继光，巴县人，字熙载，雍正十年（1732年）壬子乡试举人，乾隆二年丁巳（1737年）进士，入翰林，文章品行冠一时。涪州周煌极推服之，为学性理宏之。以经史著称，有《离骚经注》《森玉堂文集》行世。

罗醇仁，合川人，字济英，号岳峰，乾隆乙丑（1745年）进士，性孝友，少入巴县学籍，读书高岳山，足不出户，耳目所经，靡不研探，文名噪于士林。罗醇仁是当时名驰巴蜀的文学家，曾两次担任东川书院山长，培育了很多人才，著有《岳峰集》《中巴纪闻》，巴县知县王尔鉴修县志多有从中取材。

徐玉书，涪州人，乾隆辛未（1751年）进士，先任四川越隽厅学正，后升教授。一生杏坛执教，育人甚多，尤其对四川少数民族地区的教育事业做出了重大贡献。

陈于午，字蕉园，涪州人。乾隆壬申（1752 年）举人，丁丑（1757年）三甲第九十二名进士，选翰林院庶吉士，未赴散馆试即告归，教诲生徒。平时起居不苟言笑，盛暑酷热，必衣冠整洁，育人循序善诱，终日不倦。乡人咸钦其严谨处世的态度和奖励后进的开明风范。

王家驹，字子昂，江津县人，乾隆庚辰（1760 年）进士，博学能文。中举后，他在住宅后面修建宽房一间，召集子侄和乡里青年学子讲学授徒，造就了不少人才，中进士后，任夔州府学教授，先后 30 多年，使夔州各县文风大变，文教振新。著有《砚田草》《文庄汇稿》《梅影轩诗文集》及《江津县志》等。

张衡猷，铜梁县人，少颖异，博极群书，沉酣经史。事继母以孝闻。乾隆二十四年（1759 年）举人，1761 年进士。授江苏新阳（今昆山）县知县，治政严明，廉洁自持，宽厚仁恕。1774 年充江南乡试同考官，所得多江南名士。后以失察书役罢官，贫难就道，同官捐资助归里。合州绅士闻衡猷学问渊博，聘修《合州志》。张衡猷著有《问滨余草》《濮西草堂文集》《聊复存稿诗集》行世。

陈于畴，号福斋，垫江县人，乾隆丙子（1756 年）举人，辛巳（1761年）三甲第一百二十六名进士。性沉静寡言，少年时即广泛浏览经史，学业长足长进，中进士后，选翰林院庶吉士，后任山东郓城县知县，旋调浙江湖州长兴县任知县。履任后，待民以诚，感民以义，历任 6 年，陈请归养。服侍父亲从容寝膳，必躬必亲。每耽酣书中只要得其一义，便亲手抄录。常读书手不释卷，经史文艺无不淹博宏通，远近老幼无不从师，尊之为一时名公硕望。

陈鹏飞，字之南，涪州人，乾隆二十八年（1763 年）癸未秦大成榜进士，聪慧颖悟。凡作一艺，独开生面；士类为文，力追先正。后历任山东曹县、莱芜等县知县。陈鹏飞幼年失怙，母教严厉。母逢恼怒，必长跪不起，俟解乃起；孝母至纯，母卒，庐墓三年。陈鹏飞辞世后归葬长里朱家坪。

敖馨祖，荣昌人。乾隆三十年（1765 年）拔贡，廷试第二，签分河北知县，借补河北大名府治河工县丞。到任后，廉介有声，时发病疫，捐俸赈救，全活甚众。后充科试提调官。后家居，邑令朱决重其人，延致署中。工书法，相国曹秀先尝赠有"吏隐风流敖器之，爱拈退笔写陶诗"之句。《益州书画录补遗》《重庆府志》有传。

魏儌祖，永川县人，乾隆三十九年（1774 年）四川乡试解元。主讲东川书院。1781 年进士。旋丁母忧。服除，回京师补官，分发贵州，委以开办铅矿事。后任贵州修文县知县 4 年，升开州（今开阳县）知州，兼摄龙里知县。养士爱民，兴利除害，人称"魏青天"。嘉庆六年（1801 年）擢八寨同知，未及履任，卒于贵州修文县官署。贫无以葬，得人助资，始归葬永川。魏儌祖，为文有奇气，著有《学庸醒讲》《子川文集》行世。《永川县志》有传。

韩鼎晋，字树屏，长寿人，乾隆己酉科（1789 年）举人、乙卯（1795年）恩科进士，历官御史、给事中、左副都御史、工部侍郎，督陕甘、福建学政。嘉庆中屡上疏言时政，请禁天主教流传、陈四川积弊六事、禁严京师赌风等条陈奏稿，多获准行。

在禁赌的奏议中，韩鼎晋说："臣闻近来各直省自督抚以至州县，凡乘坐大轿者，其轿夫无不开局聚赌，本管官皆以轿夫等非此不足以羁身，故明知弗禁。岂知赌局一开，每日往来如织，动至数十百人，输赢亦动以千百两计。"❶ 这里透露出两点关键信息：一是官员的级别很高，属于"乘坐大轿者"；二是赌局规模大，不但参与人数多，而且赌资巨大，影响十分恶劣。

嘉庆皇帝忍无可忍，发布上谕对主事者兵部尚书明亮和东阁大学士禄康都予以严惩，想到参赌人员多数为八旗子弟，嘉庆皇帝专门撰写了一篇御制文章，对八旗子弟进行训谕。

道光八年（1828 年），韩鼎晋告老还乡，回到韩家狮子坝颐养天年。道光帝曾建赐书楼于韩家狮子坝以示嘉奖。

霍来宗，字辑五，号瑞堂，巴县人，乾隆庚戌（1790 年）进士。历任江苏高淳、常熟知县，升泰州知州，所至皆振兴学校、设立书院，倾心培植寒士。曾多次充任江南乡试同考官。

陈煦，字晓峰，涪州人，嘉庆六年（1801 年）辛酉恩科顾皋榜进士，历任江西信丰、南昌等县知县，吴城同知，凤阳府知府，调安徽安庆府署赣南道。陈煦父廷璠宰山东藤县告归，迎养，丧葬尽礼；叔廷达官德庆，弟防官福建上杭，公亏累累，悉由陈煦代为偿之。母王氏外戚，家多贫，以俸金分赠之。陈煦辞世后归葬长里曾家坝。

陈伊言（1777—?），字莘畬，重庆府涪州人，父朝书，乾隆二十一年（1756 年）四川乡试解元，官云南通海县知县。陈伊言于嘉庆六年（1801年）中举，十年（1805 年）进士，殿试三甲第一百四十二名。嘉庆二十一年（1816 年）九月选授甘肃省秦安县知县，次年二月到任。嘉庆二十三年（1818年），该县书院后堂屋宇将圮，陈伊言劝谕邑人重修，增建厅左右横舍四间，筑小院，改建后斋舍共十二间，又建讲堂夹室二间，题额"景权书院"。在秦安任职十年，调甘肃静宁州知州，道光十三年（1833 年）任固原州知州，捐助养廉银筹修上帝庙，治民简约。

---

❶ 中国第一历史档案馆. 嘉庆十六年京城轿夫聚赌案档案（上）：云南道监察御史韩鼎晋为严禁民人旗人赌博以厚风俗事奏折［J］. 历史档案，2019（4）.

何增元，字升畲，璧山县人，嘉庆乙丑（1805 年）进士，钦点翰林院庶吉士。后历任刑部主事，江西司员外郎中，军机章京，江西乡试内监考官、方略馆总裁。道光元年（1821 年）提升郎中，任山东乡试主考官。道光六年（1826 年）办军务有功，授中宪大夫，外放江西赣州知府。此后任抚州、饶州知府。何增元为清代璧山翰林中最早的一位，性格刚直，节操清高，才华横溢，以庙堂之官而恪守清廉，为官三十余年，清廉自守，著有政声。他所在之处政简刑清，整躬率属，政治清明。告老还乡之时，家贫如故。道光十七年（1837 年）告病还乡，执教于郫县、岷阳、嘉定、荥经、邛州、成都锦江等书院。其中尤以掌教郫县、岷阳的书院和嘉定九峰书院负有盛名，晚年任锦江书院院长，受他教诲的学生难以计数。著有《新修乾峰塔记》《南康解组》等。下拟录其中一篇，以窥其诗作风采。

南康解组

来时已似去时违，

今我才知昔我非。

五老看人续残梦，

三秋衰草得余晖。

在山泉肯因泥浊，

出岫云疑挟雨飞。

明日挂帆西向笑，

不令头白不知归。❶

《南康解组》作于何增元辞官告老还乡之际，"在山泉肯因泥浊"表露了他为官清廉、不愿与世俗同流合污的思想，诗中的"笑"字更是展现了他超脱从容的心态。

程伯銮，原名程中铮，字次坡，号陶村，垫江县人，嘉庆乙丑年（1805 年）进士，任京官，三年后授翰林院编修。己巳年（1809 年）因事回家乡，应聘垫江书院、东川书院，各主讲 1 年。嘉庆十八年（1813 年），任贵州乡试主考官。嘉庆二十三年（1818 年），出任陕西道监察御史，先后上奏章十余次，对州县种种腐败行为，披露无遗，人称"铁面御史"。道光癸未年（1823 年），他任广西思恩府知府，到任即捐资建书院。程伯銮为官清正，不治家产，道光

---

❶ 中国地方志集成编委会. 中国地方志集成：重庆府县志辑：13 乾隆璧山县志 同治璧山县志 乾隆江律县志 [M]. 成都：巴蜀书社，2017：305.

五年（1825 年）辞官归乡时只有布被子一床，旧衣数件。著有《七经文选》《陶林诗集》《古文制义》《奏议稿》《桂溪竹枝词》等。

刘邦炳，字握亭，号寅谷，涪州人，嘉庆戊辰（1808 年）进士。在广东东海县任知县时，奖掖后进，为县学生员讲授，特别勤恳；又曾捐俸设立义学，使这个海滨小县的文风大振。

张进，涪州人，乾隆五十四年己酉（1789 年）举人，嘉庆己巳（1809 年）三甲第六十八名进士，授四川龙安府学教授。

卢尔秋，原名卢履基，字桃坞，垫江县人，性颖敏。幼家贫，母陈氏授五经，日诵千言。嘉庆教匪之变，寨堡未葺，父疾，举动维艰，尔秋负匿深山，窜无所定，二年余，始获安。嘉庆四年（1799 年），受知于学政陈希曾，赠资劝学。1807 年，乡试中举。1814 年，登甲戌科龙汝言榜进士第四十五名，先后任华容、湘乡知县，题补芷江知县，复署城步、平江、沅江县，调补武陵县。任职湖南 19 年，清廉饬己，慈惠在民。所在修书院，厚膏火，殷勤课士，士多依附。拔取如易卓梅，昆季皆联捷南宫，腾达者不下数十人。赈恤所费，虽数千金不惜。涵濡德化，盗亦改行。审案听断如神，无滞狱，无冤民。民怀念至今，祠祀勿替。

董承熙（1769—1855 年），字榭园，原名毓隆，垫江县太平乡新风村人，自幼好学，才华横溢，12 岁中秀才。嘉庆二十二年（1817 年）丁丑科进士，翰林院庶吉士。嘉庆二十四年（1819 年）任浙江青田县知县，主编《青田县志》；道光元年（1821 年）任浙江省乡试同考官和余姚县知县；道光六年（1826 年）丁父忧，应垫江县知县夏梦鲤之聘，主讲凌云书院和主纂《垫江县志》；他在孝期满后，任嘉定府教授。咸丰五年（1855 年）卒。董承熙能诗善书，著有《重赴鹿鸣宴》《陈福斋先生传》等作品。

范坦，巴县人，字子宽，咸丰十年庚申（1860 年）进士，分户部主事。父焻，字月田，坦其次子，以母氏失明，不乐仕进，安贫笃学，事母至孝，中岁以病卒。母氏抚孙成锟入学，为秀才，能读父书。坦著《虚白堂诗草》《虚心斋文稿》，焻、坦皆工书画。

刘宇昌，璧山人，号次言，嘉庆二十三年（1818 年）举人，联捷进士，选翰林院庶吉士。嘉庆二十五年（1820 年）散馆，授山东肥城县知县。旋署东平州知州。道光四年（1824 年）补峄县知县。因治理河槽有功，升济宁州知州。丁祖父忧。服除，转发贵州。后任桐梓县知县。署台拱州同知。调威宁州知州。道光十八年（1838 年）升贵州都匀府八寨同知。道光二十三年（1843 年），补贵州归化州通判。历平越州知州。升黎平府知府，兼摄开泰县事。所至皆有惠政。宇昌仕宦三十余年，清正廉洁，橐无余金，室无私蓄，黔人称颂。著有《觉初制义》《次言诗钞》《义泉》《治略说存》行世，主纂《黎平府志》四十一卷。《璧山县志》有传。

李彬然，长寿县人，嘉庆己卯（1819 年）进士，道光年间任成都锦江书院院长。著有《四书朱子集注古义笺》《四库全书未收书目表》及《长寿县志》5 卷。

曾毓璜，原名闻省，字小坪，铜梁安居人（今安居镇油房街 175 号为其故居）。幼家贫，苦读书，七上春宫始第。清道光三年癸未（1823 年）进士，翰林院庶吉士，道光丙戌年（1826 年）任云南罗次知县，后署路南州、蒙化，擢景东道同知。他任云南景东直隶厅（今云南景东县）同知时，捐俸办学，广置学舍，选拔青年入学，尽心指导，对成绩优异的还给予物质奖励。这样，景东的读书人逐渐增加。随着文化教育的发展，当地的风习也纯正了。1835 年任云南乡试考官，同考得士最多。曾毓璜之子曾可传廪贡，候选教谕；曾以传增生、廪生。孙曾纪中附生，曾纪平同治丁卯举人、知县。

黄钟音，号毅甫，巴县人，家龙隐乡。幼极贫，为孙文治鲤石学舍供奔走，时问字诸生，持书诵读。文治奇赏之，命辍役从学。百其勤苦，遂入县学。道光十一年（1831 年），辛卯、癸巳连捷成进士。授编修、监察御史、给事中。丁忧回籍，主讲东川书院，建议造文峰塔，即前巴县令高学濂树竿处也。服阕，任广东雷琼兵备道，随迁肇罗道。擢广西按察使办理广东军务。李文茂围梧州，钟音守御数月，城陷，不知所终。当时奏报如此。其仆自城中出者曰，城危时，钟音与学使黄某，着公服同坐，堂皇遇害。城复，得学使遗骸，钟音则无迹云。

段大章，字倬云，巴县人，世居西永乡。宅后山势挺出，祠唐张果，故自号果山。从孙文杰、文治兄弟受业。举道光十一年（1831 年）辛卯乡试第二，戊戌（1838 年）成进士，选庶吉士，授编修。癸卯（1843 年）大考二等，充云南乡试副考官，称得人。甲辰（1844 年），记名御史，出守陕西汉中府，政声量移西安。咸丰元年（1851 年），兼摄储粮道，授延榆绥道。奉命会审番同积案，恩威互用，帖然消弭边衅……大章于三年（1853 年）入觐，召见时，面为言之甘肃边陲重地，控制新疆，度支烦剧，军兴以来，运道梗沮，铜铅不敷鼓铸。大章亟请于陕甘总督遴员，赴川采办，圜法资焉，军民以安。营中乏饷酿变，大章不动声色，以利害晓谕，士民感泣。在布政任，秉公举刻，常为肃。逾年，以丁内艰回籍，而蜀乱方滋，川东尤多事。当道奏请督办团防及捐厘局，务持大体，不苛扰，乡里悦服。大章工书法、诗、古文，辞皆有规度。然不欲以文字称，求为有用之学，干济时艰垂功名。而乃以中寿卒，时论惜之。

陈爔，号春腴，涪州人，后笃学敦品，孝友成性。道光十二年（1832年）进士，历任给事中、翰林院编修、山西道监察御使、江苏常镇道、河南河库道。他出任官河库道数年，道库耗羡岁数万金，毫无所取。丁父忧奔丧，同官资之，归至扬州卒。

韦杰生，南川县人，道光十六年（1835年）进士。性诚笃，工时艺，游历燕、齐、楚、秦，足迹半海内。后以拔贡入京，中顺天乡试副榜。道光十四年（1834年）乡试中举人，十六年（1836年）进士，授刑部广东司主事，廉介矜慎，治狱无一字误。以足疾致仕归，改叙州府（今四川宜宾市）教授。平生穷研经史，学问淹贯，尤善属文。尝谓子弟曰："读书须身体力行，文章始有根柢。义利是大关，必分辨明白，乃可做人。"著有《远山时艺》《贻经堂文集》《荆坊书屋试帖》行世。

沈西序，字秋帆，开县人，道光二十三年（1843年）癸卯科乡试举人，次年甲辰科（1844年）以三甲第二十一名中进士。

沈西序从道光二十五年至同治四年（1845—1865年）在贵州为官任职20余年。其间历任贵州普安县知县、正安州知州、仁怀直隶厅同知及毕节、贵筑县令，后擢贵阳知府，迁大定知府兼署贵西道，直到1861年官至贵州按察使，1866年离职回开。咸丰三年（1853年），沈西序应开县知县李肇奎（号翰卿，陕西三原人）之聘，与同籍进士李宗羲协助开县学者陈昆修纂《开县志》27卷，约10万字，保存了开县许多珍贵的文史资料。沈西序能诗文、通武艺，书法颇具书卷之气，著有《二十史纂要》、咸丰《开县志初稿》和《重修奎文阁碑记》传世。沈西序后任盛山书院院长，培俊堂山长，清代学者熊少华在《月潭公园赋》中言："双柏堂前，两昆仲同登高第；九龙山下，沈西序开馆育人。"沈西序辞官后从事家乡教育，对鼓舞士林、推进开县文化教育起了积极的作用，其人文资源成为开县人民的宝贵财富。下文为沈西序诗作《赋得万点蜀山尖》：

赋得万点蜀山尖

万点山如削，无尖不带秋，

摇鞭经蜀道，剪烛话梁州。

长剑重重倚，斜簪一一抽，

瘦看连阁道，高欲出谯楼。

石径三义关，天梯百尺修，

凉云穿树顶，清露洗峰头。

此日近嘶马，当年笑作牛，

联吟拈险韵，莫负锦江游。

诗中描述了蜀山的高耸壮观，且山中景色秀丽、清新怡人，令人心情舒畅。

李义得，字介人，号雪山，垫江县人，道光二十五年乙巳（1845 年）二甲第七十一名进士，任用知县，以父母年岁太大，请求改选教职，遂授保宁府学教授，掌教锦屏书院。他生平淡于功利，以布衣蔬食为乐，所居之所以"菜根香室"为名。著有《墨醉诗文存》《劝团练歌》等书文行世。

李成芳，巴县人，道光庚子（1840 年）举人，乙巳（1845 年）三甲第六十三名进士。后授夔州府学教授，循序善诱，乐育人才，奖励后进，从其受业者多所成就。

陈昆（1809—1873 年），名枝竹，号友松，开县九龙山双柏堂人，自幼聪慧过人，16 岁考入县书院，享受公费供给。道光二十年（1840 年），32 岁时中举人，5 年后中进士，2 年后出任知县。后被开县、云阳聘为县志主编，纂修成《开县志》《云阳县志》。咸丰四年（1854 年），陈昆应聘去云阳县云安书院任教，1858 年出任江西宜春县知县，1859 年又调任江西新城知县，候补直隶知州。咸丰十一年（1861 年）53 岁时，称病辞职返乡，主讲于开县盛山书院，专志著述和教学。著有《小桃溪馆诗钞》9 卷 860 首、《小桃溪馆文钞》4 册 109 篇，刊行传世。另著有《西夏事略》《廿二史年表》《畸园诗文话》《古诗文钞续集》等多卷，惜未刊行，大都已散佚。

李宗羲，号雨亭，开县汉丰镇人，26 岁参加乡试，中举人，次年赴京殿试，落第返乡，开馆授徒以补家用。29 岁被举荐为汉丰书院掌院。道光二十七年（1847 年），30 岁时又赴京参加考试，中殿试二甲第二十五名，委以安徽知县任用。由于李宗羲办事干练，深得清政府的器重。1850 年任安徽英山知县时，一年之内处理完全部积案，1852 年调任太平知县，亲到各乡村调查，处理历年赋税积欠，比历任县官所收赋税都多，又被派往宿松、望江等县查漕仓，拯难民。

1854 年 9 月，李宗羲奉调赴庐州（今合肥）清军大营，被委主办制造局，督造军械，继又兼管军装局。1855 年 6 月，清军围太平军于庐州城中，太平军派援军五六万往救。清军弹药不济，形势严重，他三昼夜不寝，督工赶造供应。当时正逢太平天国南京事变之后，石达开出走安徽，李宗羲为清军代写致石达开的《招降书》称："去冬江宁，衅起萧墙，自相屠戮，即在阁下几有危于累卵之势……如能归心我朝，倒戈相向，扫荡长江，立功自赎，虽万户侯不难致。"受到石达开义正词严的拒绝。1865 年春，清廷委任他代理两淮盐运使，兼扬州道事。自清廷镇压太平军以来，淮南盐船改道泰兴，常遭风浪之险，李宗羲亲自勘定地势，在瓜州口东新开道一条长 1500 余丈的运河，方便了商旅往来。3月，李升任安徽按察使，8月调任南京布政使。当年，运河水涨，精水潭决口，淹没7个县，灾情严重，李宗羲搜索司库存银12万两，奏请清廷准予拨款赈济，招收灾民为工，修复堤坝，疏浚河道，使30余万灾民得以度过灾荒。同时还制定了招民垦荒和酌减赋税的章程，及时恢复了灾区生产。

1869年，李宗羲升为山西巡抚，在北京曾两次受到慈禧太后的召见，嘱加强山西河防。李宗羲到任后募新兵四千，交按察使李庆翔率领加强河防。同治十二年（1873年）被提升为两江总督，并办理南洋大臣事务。

清末，慈禧太后大兴土木复修圆明园。李宗羲在两江总督任上，两次上书清廷，劝阻修建圆明园工程。总理各国事务衙门准备开会讨论有关海防问题，通知各督抚准备意见，李宗羲上书建议：重视人才的发现和使用，开发矿产，自办工业；提高海关税收，增加财源；停止兴修宫殿，节减行政支出；开发台湾，增强海防；选派得力人才充任使节，加强外交工作等等。光绪十年（1884年），李宗羲病逝于家。临死时口授遗折，向光绪皇帝建议，要以帝学、圣功、用人、理财为重。后，清廷诰授李宗羲光禄大夫、振威将军、兵部尚书兼右都御史。❶

李嗣元，字春甫，江津人，道光二十三年（1843年）曾国藩主考四川，取中嗣元，为所倾爱，谓其神清似郭嵩焘。庚戌科（1850年）进士，选翰林院庶吉士，改官刑部。咸丰中主讲东川书院，后以同知赴云南，擢知府。有《日慎斋诗草》行世。❷

徐昌绪，字琴舫，号遁溪，丰都县人，寄籍巴县。咸丰六年（1856年）中进士，授翰林编修。后被派往山东办理团务，因故免职回乡后，接受川东道聘请，到重庆主讲东川书院，任山长长达20余年。他亲自楷书《十三经注疏》《二十四史》等，使学生摹仿习字，并从中明了经义大略，曾重修《丰都县志》。

向时鸣，字鹿岑，重庆府铜梁县人，幼失怙，家贫，投靠胞兄向时熙读书，入县庠生。咸丰十年（1860年）协同刘仲凡办理精锐营团务。同治三年（1864年）四川乡试举人，次年殿试三甲第六十四名进士。之后以知县分派湖北，历署潜江知县、襄阳知府，寻补竹溪实缺，调署武昌府黄陂县，升任荆州同知，皆有政绩。卒后葬于铜梁县转龙乡（今铜梁区围龙镇）。向时鸣不囿于时文，同治三年至八年（1864—1869年）所撰《彭义士墓志铭》《修黎市桥碑记》《重修武庙记》《孝子顺孙序》，见解学力堪称上品。其他著述有《芝麓山房诗文》《联语》等。

---

❶　两江总督李宗羲清廉故事拾遗［EB/OL］.［2023-05-21］. http://www.xzjj.gov.cn/html/2015/201510085685.html.

❷　朱之洪，向楚，等. 巴县志：卷九：官师列传下［M］. 刻本，1939（民国二十八）.

傅炳墀，字子卿，一字练谱，号少岩，涪州人，咸丰八年（1858 年）戊午科举人，同治四年（1865 年）乙丑崇绮榜进士。历任云南邱北、陆凉、平彝、元谋等县知县 20 余年，五次充云南乡试同考官，任《云南通志》总纂，进内阁中书。学识渊博，淹通经史，工诗文，书法直追晋唐，文名遍播滇黔。著有诗文集《薇云山馆杂存》等，与吕绍衣、王应元合纂《重修涪州志》十六卷。

邹峄，字学孟，号鲁山，巴县忠兴乡人，同治十年（1871 年）辛未进士，官湖北咸丰知县。咸丰地瘠民贫，数月俗正、讼息，士民刻石颂之。在官二年，丁忧当去，县人醵金馈赆峄，辞谢不受一钱。归里后绝意仕进，先后主讲归儒、字水两书院，年逾七十卒。邹峄能诗文，尤擅七言歌，著有《冷澹吟诗草》，未付刊，县人多传诵之。❶

陈昌，名世五，铜梁县巴川镇人。同治三年（1864 年）中举，1874 年中进士，历任礼部主事，仪制司行走（正六品），甘肃高台、皋兰等县知事，均有政绩。光绪十一年（1885 年）四月，任四川安化知县，设塾署中，口授指画，寒暑不辍，并招徕蜀民，垦荒耕种。后升任丹噶尔厅同知，因父死守孝回乡，任巴川书院讲席。三年服满，调任山西浑源知州。清末还乡，热心地方文化事业，创立地方助学助考机构宾兴局，培养地方人才。陈昌作品丰富，主编《铜梁县志》十六卷，著有《霆军纪略》《染学斋诗文集》《仄韵声律启蒙》《皇朝职官韵略》等书传世。其中《霆军纪略》记载了鲍超和晚清湘军主力之一霆军的战斗经历，按年份编写，条理清晰。

何荣楠，忠州人，光绪二年丙子（1876 年）举人，六年庚辰（1880 年）三甲第二十六名进士。他入选翰林院庶吉士，光绪五年乙卯（1879 年）散馆，光绪六年庚辰（1880 年）授编修，光绪二十二年丙申（1896 年）任四川潼川府学教授。

姜子成，名清甲，字佐卿，重庆府铜梁县土桥场（今重庆市铜梁区土桥镇）人。同治六年（1867 年），进县学为庠生，1873 年列选拔贡。次年入京考取景山官学汉教习。时值翰林吴鸿恩执教观善堂，见姜子成文章奇特，拔置第一，乃亲见之，执手欢然曰：“子能如此，吾蜀固大有人在也。勉之！吾当为退避三舍矣。”姜子成逊谢，益谨讷力学。光绪元年（1875 年）中举人，成为光绪帝师翁同龢的学生。光绪六年（1880 年），随翁同龢游南北，揽大江大山之名胜。便道归里，创作《闲气集》。光绪九年（1883 年）中举殿试三甲第二十四名进士。授浙江知县权署浙江全省硝磺事宜，加五品同知衔。次年，返回乡

---

❶　朱之洪，向楚，等. 巴县志：卷十下：人物［M］. 刻本，1939（民国二十八年）.

籍主持萃英书院。后又任玉堂书院山长。掌院政期间，勤敬精敏，午夜寒灯，巡视、删削，略无倦容，因故积劳成疾。光绪十二年（1886年）二月于家中辞世，撰有《育婴堂神像记》。

施纪云，字鹤笙，涪州人，光绪九年（1883年）癸未科进士，选翰林庶吉士，散馆授编修，历官武昌、施南、襄阳、德安知府，升施鹤、安襄、陨荆兵备道，官至湖北按察使。他曾主持编修《涪陵县续修涪州志》。工书法，涪陵白鹤梁留有游记楷书题刻，笔力遒劲丰美，结构尤佳，风韵别致，堪称白鹤梁碑林楷书上品。

荣庆，字华卿，号实夫，蒙古正黄旗人，生于重庆。清光绪五年（1879年）中举人。1886年中进士，以翰林院编修充镶蓝旗管学官，累迁至侍读学士、鸿胪寺右参计卿、通政司副使。1889年授山东学政，1902年升刑部尚书。1903年为京师大学堂管学大臣（后改为学务大臣），奉命会同张之洞、张百熙重新厘定《钦定学堂章程》。又充会试副考官、经济特科阅卷大臣，旋调礼部尚书，复调户部，进为军机大臣、政务大臣。1905年学部成立，为首任尚书。

郎承谟，字定斋，丰都县人。少年勤学，光绪十五年（1889年）已丑举人，光绪十八年（1892年）壬辰科二甲第四十四名进士，选翰林院庶吉士，十九年癸已（1893年）散馆，光绪二十年（1894年）授编修，旋调户部，任主事职，登第入词馆。先后两任正安州知州，是正安州最末几任知州之一。任上创立师范传习所一间，续办蒙养学堂四所，创办高等、初等小学堂各一间，并规定全州屠捐全部用作教育经费，大大推动了新学的发展。他十分重视交通建设，先后主持募捐修建了公馆桥、杨兴桥等多座大石拱桥，修通了米粮至牛都坝之间"十二茅坡"悬崖峭壁上的通行大道，使百姓出行艰难的状况有了较大的改善。因其功德广布，受百姓敬重。

甘作赓，字问和，云阳人。光绪十五年（1889年）已丑科举人，光绪十八年壬辰（1892年）三甲第九十四名进士。光绪初年，于成都尊经书院就学。中式后以知县即用，签分山东，后请假回籍省亲，因其父病卒，遂不出仕。居家生活，淡泊名利，以教子弟及乡人为乐事，提携后进，善荐举人才。尤喜读《汉书》《文选》等书，又特别喜好收藏书籍、字画，家藏经籍颇富。著有《甘氏家谱》一书传世。

邹增祜，字受丞，光绪二十一年（1895年）乙未科骆成骧榜进士，以即用知县分发广东新兴，升任嘉应直隶州知州加知府衔，两次奏保循良，传旨嘉奖。光绪二十一年（1895年），中日《马关条约》签订，曾作《闻和议定约感赋三首》，"早有忧时语，无如幕燕嬉。南滇弃屏翰，东道失藩篱。曲突薪谁徙，危楼木岂支。舐糠须及米，深悔补牢迟。圣主终神武，其如国贼何。元戎甘割地，上将竟投戈。漏瓮焦难沃，谤台债愈多。向来无一策，富贵只求和。委肉当饿虎，虚名说善邻。金缯罗掘尽，匕鬯丧亡频。刑马要盟汉，输龙枉誓秦。徒闻天帝怒，麟阁尔何人？"增祐平生精研汉学，淹通经史，词章典雅，诗文皆有师法，不同凡响。晚年承乃祖名医邹木昂旧业，尤长于医学。著有《天风海水楼诗文集》《蕙言》《医学丛钞》等论著。

方正，字守之，涪州人。光绪二十三年（1897 年）丁酉科举人，光绪二十四年（1898 年）戊戌科三甲第一百五十七名进士，博学能文，擅长制义之文，谙熟经史。光绪二十八年至三十二年（1902—1906 年）任贵州黔东南天柱县知县。光绪二十六年（1900 年）和光绪二十七年（1901 年）两次充任贵州乡试考官。著有《磨观斋诗文集》。

李肇律，字怀庚，夔州府云阳县人，光绪初入县学，光绪二十九年（1903年）癸卯补行辛丑壬寅恩正并科进士，历课吏馆及土药统捐局文案，出榷庆远土药统税兼署安化厅同知，改思恩县知县。宣统元年（1909 年），因广西巡抚张鸣岐举劾其才具平庸，难资造就，被咨送回籍。民国后隐居不仕，以经史文艺教导子孙。平素缄默寡言笑，读书作文有深湛之思。著有《启贤堂文钞》《驷槐居随笔》《深远堂诗文集》《聪彝斋座铭》等。

张宾吾，重庆长寿人。晚清进士，工部、吏部主事，弼德院秘书官。辛亥革命后任北京政府国务院法典编纂会编修、法制局长、秘书长，长寿县临时参议会参议员，重庆正阳法学院、西南学院、四川教育学院、国立女子师范学院、重庆大学教授。1949 年后历任长寿县临时人民代表会议主席，西南军政委员会监察委员，川东行署委员、监察委员会副主任，四川省人民政府监察委员会副主任，四川省人大第一、二届代表，四川省政协第一、二届常委，全国人民代表大会第三届代表。1955 年任四川省文史研究馆馆长。

二、清代重庆举人及其他

清代重庆举人数量应更为庞大，其地位、待遇及影响力诚然不能与进士相提并论，但应该毫无疑问地说，在地方民间的教育、学术、文化及民俗风尚诸多领域发挥的积极作用是显著的。这里仍举例说明，以作管窥全豹。

简上，字谦居，号石潭，巴县人，顺治辛卯（1651 年）举人。初授直隶省巨鹿县令，廉明仁恕，拊循有方，后历迁江南提学，颁条教严，训饬江南士子，至今称之。性至孝，不营私产，分俸赡亲，并祀名宦，有《四书汇解》行世。

汤学伊，号勉斋，黔江县人，康熙癸卯（1663 年）中举人，在家乡教学。

黔江久经兵祸，经学几乎没有人懂了。汤学伊教授青年学生循循善诱，严格认真，虽盛暑酷暑、严寒冰冻也从不中断。学生们尊称他为"勉斋先生"。

李以宁，字朗仙，号雪樵，巴县人，康熙甲子年（1654年）中举人。他曾向文学家王士慎、施润章问学。后任广东西宁县（今广东省德庆西）知县。每当工作空暇，便召集县学生员来听他讲授诗文作法，受到学生们的敬仰、爱戴。

李伯顺，江津县人，康熙辛酉年（1681年）年中举，任简州（今四川简阳市）学正。他品德端方，处事严肃，别人见他都不敢失礼；有过错的学生，更怕被他知道。李伯顺学问宏深博大，喜欢栽培扶植青年学子；教课认真，造就了不少人才。

周开丰，字骏声，号梅厓，巴县人。康熙五十九年庚子年（1720年）中举，任福建龙岩州州判。淡于名利，致仕归，与龙为霖、何元鼎等结诗社于东川。退职回来，受聘担任东川书院主讲。善诗文，其诗潇洒出尘有规度，为文清丽晓畅有韵致。他曾帮助巴县知县王尔鉴纂修县志，又著有《诗影》《诗铄》行世。

周铣，号绪庐，涪州人，乾隆戊午年（1738年）中举，任甘肃伏羌（今甘谷县）知县。为官清廉公正，特别注意栽培读书人，修建朱圉书院，选拔本县高材生入院就读，由他亲自讲授。受此影响，县人有了读书的风气。

吕正音，字弥节，号咸五，长寿县人，乾隆庚午年（1750年）中举，任咸安宫官学教习。后外放，历任湖南知县和广西知府。每到一处，他便兴办或振兴学校，新修或补修方志，尽心当地的教育事业。吕正音曾访宋孝子陈道周墓兼修其母墓，立石表之，撰《重修乡贤宋陈孝子母墓碑记》。

李天英，字约庵，永川县人，乾隆丙子年（1756年）中举，戊子年（1768年）任贵州开泰县知县，精于吏事。又任乡试同考官，所取录的都是当时英俊之才。后因事罢官，去江浙一带游历，写了不少好诗，"用诗文自豪，虽短篇零简，为人所传诵"，为当时名家如袁枚、蒋士铨、王文治、翁方钢等所推重，因此名声远播。其后回家，受聘主持东川书院，"一时登甲，乙科者多出其门"[1]。著有《居易堂诗钞》十卷行世。

陈朝书，字右文，涪州人。乾隆丙子年（1756年）中举，任山西襄陵知县，修建学校，并捐俸创修临汾书院。

吴鼎元，字杏亭，秀山县人。道光时举人。家贫笃学，操履约素，为凤台院长。教生徒以礼，进退肃然。以截取补河水知县。一以廉静儒术为政，誓不妄取民间一钱，居官亦如其在塾时，布衣蔬食泊如也。鼎元劝民耕作，散给牛、种。

---

❶　朱之洪，向楚，等. 巴县志：卷九：官师列传下［M］. 刻本，1939（民国二十八年）.

暇则进诸生与讲说如师弟，月试高等，异常礼奖，县人翕然乡学。以疾卒，年七十二，家无余财。

肖秀棠，垫江人，道光二年（1822年）举人，主讲本邑凌云书院及忠州白鹿书院。1835年进士及第，后授河南祥符县知县，治黄河水患有功。道光五年（1825年）、咸丰元年（1851年）两次充任河南省乡试同考官。后任通许知县，咸丰五年（1855年）大旱，百姓流离失所，秀棠为请赈，全活甚众。在任十年，茂著循声。又重教育，喜人才，书院课士，亲为讲授，能文者捐俸助膏火之资，士林颂德。后以年老辞官，离城之日，父老弟子沿途俎数十里，遮道攀辕，悲泣不绝。归里后，读书不倦，著有《醒园古文》《醒园诗草》《志仁庵文赋》行世。《垫江县志》有传。

陈洪猷，清嘉庆十八年（1813年）出生，綦江人，17岁中秀才，24岁以文行兼优由四川省学政选为拔贡，入京师国子监学习。道光二十年（1840年）中举人，并出任内阁中书，次年联捷进士。世人评价陈洪猷"文才起步，显自武功，上马领兵打仗，下马治国作文"。后又通过朝考，进入翰林院。期间，还参与《大清一统志》的编修和《五口通商章程》的拟定。1844年，陈洪猷以翰林院庶吉士任广西灵川知县，"临事判决若神明""众始慑服"。1853—1856年陈洪猷因军功连升提拔为山东登州同知，旋即改任青州知府，又改任道员衔署汉中府。终因积劳卒于家中，英年52岁。清廷追赠从三品光禄寺卿，后再晋正二品资政大夫。光绪三年（1877年），四川总督丁宝桢奏请皇帝，在城内北极厢（今北街一带）建陈公祠。

陈洪猷家族是明洪武七年（1374年）就入川的武将世家，因明末率军入黔抗击清军，失败后隐匿桐梓，清康熙年间才返居今綦江篆塘镇遥河村。其父陈典"生而明敏，人争异之"，本来是块读书的好材料，但不得不弃学撑起家庭重担。可贵的是，在繁忙的家政之余，仍手不释卷，特别喜读"古文及《纲监》诸书"，每到深夜，琅琅书声从乡间农屋中传出来，划破夜空，不绝于耳。陈洪猷初次当官远赴广西时，陈典还"扶上马，送一程"，前往灵川县同住，"手钞前哲格言，谆谆诚勉。严束家丁，重惩毒役"，堪称清代綦江家族助廉立德典范。道光二十七年（1847年），綦江知县臧翰以"为人正直，性敦孝友，睦姻任恤，德行可嘉"，将陈典题名"旌善亭"，成为全县榜样。

李炳灵，字可渔，垫江县城郊南门坝人，清翰林院侍读李西沤先生之从子，光绪五年（1879年）己卯科举人，性敦朴，沉静寡言，文思敏捷，尤工词藻。初任四川德阳县教谕，旋升成都府教授，后任忠县高等小学堂堂长。光绪三十三年（1907年），任忠州和丰都、垫江、梁山三县合办之忠州中学堂堂长一年，率各科

教师朝夕训诲，不惮烦劳，课余常以著作示学子，牌告亦以骈骊出之，礼堂悬有
楹联，尤足发人深省。联云："正其衣冠，尊其瞻视，谨其言动，扩其见闻。愿诸
生敬业乐群，夜烛晨灯资砥砺；气勿衿傲，习勿浮华，学勿怠荒，志勿卑隘，庶
异日德成名立，屏山字水有光辉。" 1912 年、1919 年，两任垫江县立中学校校长，
晚年隐居重庆。著有《醒园文集》《嘘云山馆诗草》《桂溪耆旧集》《退渔行草》
行世，并补修《垫江县志》。

下附李炳灵诗一首，以下略窥其诗艺才华及风格。

文笔峰

绝好凌云笔一枝，文峰高矗桂溪湄。
书成锦绣霞争艳，色着丹青露欲垂。
古石琳瑯疑写意，遥山风雨定惊奇。
新花烂熳春迷眼，想像青莲入梦时。

冯承泽，字笏轩，忠县东云乡人。19 岁考取秀才，入东川书院攻读经史。光
绪十四年（1888 年）中举人后即从教，曾在绥定府及丰都、涪陵等地书院任职。
返乡后，在忠州绍鹅、白鹿书院主讲 16 年。光绪三十二年（1906 年），忠州中学
堂创办，冯主讲经史。入民国，在忠县县立中学堂教书十多年，日日手不离卷，
攻读诗词。冯承泽博览群书，著述颇丰。著有《中华儿女英雄传》《西洋史》《万
国宫词》《谪降佛古近体诗》《莲村诗集》等。

陈光绩（1862—1927 年），字庶咸，忠县拔山乡人，20 岁中忠州童生试第一
名，后入成都尊经书院攻读经史，27 岁中举人。曾任忠州绍鹅书院、绥定府书
院、达县书院山长。清末变法，留学日本宏文学校。回国后，先后参与创办忠州
中学堂、师范传习所及忠州高等小学堂。宣统元年（1909 年），被选为四川省咨
议局议员，民国成立后，任四川《民报》主笔，持论公允，掌荣昌县知事期间，
简政轻刑，深得民心。晚年目睹军阀混战，民不聊生，绝意仕图，定居旧忠县白
石铺。

龚秉枢，字鲁生，又字星堪，巴县龙凤乡人。光绪二十三年（1897 年）中举
人，主讲观文书院。清末废科举，办新学，府县学校争相延聘其任教。他的主要
著作有《〈毛诗〉、〈周官〉、〈春秋〉、〈左传〉讲义》《说文六书举例》《说文部首
集解》等。

蒋元镇，字春圃，秀山县人，道光初恩贡生，操履纯笃为学，通章句，尤好
宋儒书。曾历任为凤台书院山长，教生徒，出入有节，弦雅之声琅然。知县夏观
澜是一位循吏，独重元镇，过从亲礼甚欢。观澜榜示学者称为："年高德劭，行芳

志洁。"

李型廉，道光乙酉（1825 年）拔贡，简朴好学，终史之余，凡医卜星相等书靡不端楷抄录至耄不倦，主讲书院，成就甚众。

汪世芳，字桂五，为县士族，初家贫，无积聚，独恃官私月课膏火以自给，而意度超然，不尤不怨，少负才名，为长寿杨德坤、鄞都徐昌绪所重。补县学生员，旋食饩，同治二年（1863 年）癸亥拔贡生，朝考二等，选四川省阆中训导。重庆知府恒慕其贤，延为子师。光绪十七年（1891 年）辛卯副榜，十九年（1893 年）举于乡，复丁大母艰。川东兵备道任锡汾聘任他主持致用书院，旋复主讲三益、朝阳两书院，创办开智学堂，任重庆府中学堂监督，后调威远视学。世芳勤于职守，时无寒暑，必躬历各乡，稽其勤惰。生平著有《馨远山房交集》《西藏形势考》，可惜遭兵乱佚失，稿无存。

程钟瑞，号宋三，邑贡生，住居思里，其先世代有显者，母霍氏年二十三而寡，时钟瑞方三岁，瘭母训，勤学守身，性至孝，色养备至，每外出呼妻至堂再三谆嘱，曰："母老善事之，如我在侧。"及归问安，母喜见于面，仍向妻致谢，率以为常，有时母心稍弗慰，即跪而请罪，自加夏楚，两胞伯俱乏嗣，以胞叔之，子承祧各予赀，使勤本业，待人接物悉出以纯诚，迨居母丧，泪尽继血，悲戚无已服阕，遂卒。子泽霖、文生泽需中己未乡试，人以为诚孝所致云。

李专，字知山，号白云居士，江津县籍贡生，尝迁遵义，老仍返故居，面目古拙，学问淹博。李专诗作豪宕不羁，尽去雕饰，独抒性情，有《白云诗集》十卷。[1]

周志道，巴县人，字卓峰，由优贡生中，道光二十年（1840 年）庚子乡试选高县教论主讲，字水书院事亲孝教，仲弟康侯、季弟春潮皆成名，勤于著述，志道同时设教三十余年。

蒲影，号双溪，品学俱优，教徒五十年，邑中乃邻封登贤书游庠食饩者甚多，以岁贡授彰明县训导，秩满归讲明理学，以诲诸生，卒年九十六龄，犹翯齗，其门人铜梁孝廉戴健行、杨通溥挽之曰"全受、全归"。

杨廷玉，岁贡，性耿介，有俭德笃尽考友，课徒家塾，足不履城市，为诸生讲说经义，必教以躬行实践，不可徒事词章。每岁从游者多至七八十人，及门领青衿者以百计。次子昌祐拔贡，四子昌祉亦补弟子员，孙曾列黉宫，士林羡之。

陈云之，学名陈光濯，武隆县长坝乡乐道村人。光绪三十年（1904 年）考取秀才，于 1906 年在长坝街上禹王宫创立官立高等小学堂，并出任校长，这是长坝

---

[1]　朱之洪，向楚，等. 巴县志：卷十下：人物 [M]. 刻本，1939（民国二十八年）.

实行清末"新学制"以后的第一所高等小学堂。

文伯鲁，名寿昌，巴县冷水场人，世居重庆南纪门水沟巷，16 岁时应清末最后一次科举，中秀才清光绪二十八年（1902 年），清廷行"新政"改革，兴办学堂，并令各省选送优秀生员出国留学，练习欧美及日本新政。文伯鲁与里人任叔永（任鸿隽，近代科学教育家，四川大学校长）相约去美国，因父坚持未允，志愿未遂，终身引以为憾。18 岁时，开始以教书为业赡养家口。先在巴县中学堂任监督，以后又在夔府中学、重庆联中执教。

熊集元，字菊圃，秀山县人。父尚义，早卒。母吴氏，以节闻。集元，生有至性。父丧，哀毁如成人。家贫，笃学。其母篝灯纺织，恒至夜分。集元执一卷就灯读，母织未辍，未尝罢读。后中嘉庆三年（1798 年）副榜，选四川郫县教谕。其母死后多年，颇以不获禄养为痛，言辄流涕。熊集元为乡里名师，及在郫县，士皆百里负笈请业，最善教迪，学人欣欣乐从。晚年处世消极，既还秀山故里，闭门闲居，不与世事相闻。

第六章

清代重庆科举的制度化（下）

本章在上述清代科举及重庆科举的探讨分析，做出文本呈现基础之上，进一步挖掘史料，从重庆科举组织支持、科举建筑等方面加以透视，以深化清代重庆科举的主题内容。最后就清末重庆科举退却历史舞台加以归纳、梳理和深描，以此完成本论题的研究工程。

第一节　清代重庆科举"宾兴"组织

在中国教育史上，除了地方官学、书院、文会、宗祠义庄对士人实行助学、助考外，尚有宾兴会之设置。宾兴会作为民间助学、助考的机构，有许多名称，如采芹会、南宫会、登瀛会、乐英庄、兴贤堂、广华堂、同善会等，统称宾兴会或宾兴局。

科举时代，为资助士子应试，设宾兴会，其经费历年来自官绅捐助银钱，或交商号生息，或购置田地房产，以其租息用于参加乡试、会试时生员、举人的川资水脚开支（即旅费），此外还有与士子求学及科考相关仪式、项目的其他支持与开销，统在其间发挥各自作用。

在制度化背景下，清代重庆科举"宾兴"组织是有能量和价值的，且其类型和数量还相当突出。

一、"宾兴"组织的起源与发展

"宾兴"一词源于《周礼》："司徒以乡三物教万民而宾兴之。""宾兴"逐渐衍变为科举制度的代名词。明清时期，虽然朝廷会拨发一些制度性的助学、助考经费，但其覆盖面和资助的额度都较小，无法满足广大士子修习举业的实际需要。众寒畯之士，每以无力而止。于是，各种地方性的民间助学、助考组织遂应运而生，作为民间与科举制度相"配套"的机制。"宾兴始见于周礼，地官乡大夫职，岁大比□其德行道艺。而兴贤者能者与乡老及乡大夫帅其吏，与其众寡，以礼礼宾之。厥典，至为隆重。两汉诏举贤良方正，治犹近古。自科目盛而此礼之废，二千年矣。我国家文教覃敷，人才辈出。蜀循吏及邑之前贤宰间，仿其意行之。亦美其名曰：'宾兴。'"❶

清代重庆的宾兴，最早始于乾隆年间，咸丰、同治后流行开来，道光、光绪时臻于鼎盛。中国古代广义的乡饮酒礼有四："三年大比以兴贤能，一也；党正腊祭饮酒，二也；春秋习射于序庠，三也；举有齿德者行乡饮，以示劝，四也。"❷ 其中突出的是宾兴，有时也叫"鹿鸣"。多数方志能将广义乡饮酒礼与科举"宾兴"分辨清楚，但有些地方混为一体。

宾兴会虽是地方性的公益资助组织，但是它有着严密的组织管理制度。

兹将其经理章程开列于下：

1. 会中施药业契均存礼房记档立案，其招耕退佃由首士访招耕种，仍令耕种之户赴县出具认耕退佃各结，附卷以备查核。

2. 会中产业及收存银钱谷石，遴选公正殷实绅士二人，粮户二人经收管理，每至年终将经营一年出入银钱数目，逐一算明，开造清册，禀官查核，另选绅粮各二人交替接管，不得亏短分文。

3. 会中产业谷石，如遇县中交卸之时，列入交款，造册移交后任接管。倘佃户等有欠租谷等事，移送照追。

4. 会中每年出息，除完纳差粮及培补佃户房屋，修理堰沟等费之外，余息存贮。每值乡试之年，诸生等有志切观光者，视起文赴汰者几人，将历年存息若干，按名摊分以助往圆需费之资。

5. 乡试之年，诸生等有志赴试者，应赴儒学衙门起文赴试，所有向来笔墨费用，准着正项开销。

6. 给赴试资费银两，凡值年首士必须酌量交与赴试公正之人带至省垣，方准按明散给，以社在县承领不去之弊。

7. 会中所收谷石，议于考棚之侧，择地修建仓廒，以资收存。如有现成暂为借用，即责成该处看司照管。遇有渗漏之处，该看司随时报知，首士香明修理。每年酌给看司工食钱文，准作正项开销。

以上各款，一为撙节度支，多余一分，使士子多受一分之惠；一为预杜侵蚀、亏挪之弊，实用归实济而期久远，果能认真遵行，何患其不日臻妥善耶。

---

❶ 宋灏，杨铭，伍濬祥．綦江县志：卷三：学校［M］．增刻本，1863（清同治二年）．

❷ 纪大奎．（嘉庆）什邡县志：卷十八［M］．增刻本，1832（清道光十二年）．

惟冀在事诸君，遇事勿负创议者，任劳任怨，良不易为，无任欣幸之至。因不惮笔墨之烦，复识于后。噫，诸君其谅余怀焉。❶

由此我们可以对宾兴会的组织章程有些许了解，账目清晰、管理严密，选绅粮各二人交替接管防止私吞，亦有监督之意义。其严密的组织和管理方式皆为保证公平正义，使其真正发挥资助学子之意义，其中蕴含的人文关怀实在令人赞叹。

中国历史上的科举考试影响非常大，几乎涉及社会生活的各个方面。应试、入学、登科、做官不仅是士子个人的奋斗目标，而且成为宗族和地方公众都关心的事情。

童生入学就成为众邻以及有关人士恭贺、羡慕的事。送幛、送联、送诗文的有之，送礼品、钱银的有之，甚至媒人也会上门提亲。而中举、登科更是惊动很多人的大喜事。人们企盼这些喜事接连地出现，因为这不仅关系宗族和地方的名声和荣誉，而且涉及宗族和地方诸多的物质利益。

为了促使本宗族、本地士子尤其是贫寒人士能够顺利通过入学、登科的各种阶梯，除了宗族的义庄外，地方也有各种机制，有乡镇的，有县邑的，也有州府的助学、助考机构。在会文、卷资、资斧（路费）、食宿、认保、束修、贺金等诸多方面给予应试诸人尤其是贫寒之士种种资助。它对于扩大古代"养士"的效益、化解社会一部分文人之间的贫富矛盾起着积极作用，是民间与科举制度相"配套"的机制。这是我们研究地方教育机制和科举考试时不应忽视的。

二、重庆科举"宾兴"组织的资助功能

宾兴的费用支出一部分用于宾兴典礼，更多的用于对应试生员的经济资助。宾兴产生的基础是科举考试，虽然像酉阳《宾兴月课公费章程》有"年定加课古学八期给生童花红钱十二千文，以课卷之优劣定等第之多寡，以等第之先后定奖赏之厚薄，统由主课随时酌定，不得过定章钱数"❷ 之类的助学内容，但其主旨还是"助考"而非"助学"，而且主要以货币手段支付应试者赴试所需的盘缠和参考所需缴纳的考试费。宾兴更多、更基本的支出是帮助所有参加考试者解决试卷费。例如，同治九年（1870 年），铜梁县知县"杨利用捐钱一千缗，四乡绅粮捐钱三千缗，助乡、会试资斧及文武小试卷价"❸。

---

❶ 黔江土家族、苗族自治县县志办公室编，《黔江旧志类编（清光绪以前）》1985 年第 157 页。

❷ 冯世瀛，冉崇文，等.（同治）增修酉阳直隶州总志：卷五 [M] //酉阳自治县档案局，四川府县志辑丛书. 成都：巴蜀书社，2007.

❸ 韩清桂.（光绪）铜梁县志：卷五 [M] //刻本：四川府县志辑丛书. 成都：巴蜀书社，1875（清光绪元年）.

（一）重庆"宾兴"经济促进科举

顾明远主编的《教育大辞典》增加了三个有关宾兴的词条，如下。❶

南宫会，民间助学组织。南宫系古代皇宫名。《舆地志》云："秦时已有南宫、北宫。汉高祖置酒洛阳南宫，光武即位幸南宫，遂定都焉。"自汉光武帝始，南宫遂为京都代称。会名取义于此。旨在资助举人进京参加会试的卷资和旅费。于寒士进取具有促进作用。同类组织有"宾兴会""采芹会"。

宾举会，又称"宾举会馆""宾兴馆""宾兴局""宾兴公局"。民间助学组织。取义《周礼·地官·大司徒》："大司徒以乡三物教万民而宾兴之。"旨在资助生员参加乡试旅费和卷资。亦有将"采芹会""宾兴会"和"南宫会"合称"宾兴会"者。对寒士应举入仕具有促进作用。

采芹会，亦称"采芹局"。民间助学组织。取义《诗·鲁颂·泮水》："思乐泮水，薄采其芹。"泮水，泮宫之水；泮宫，学宫。生员入学称"入泮"，或称采芹。采芹会旨在资助童生参加县试、府试、院试的卷资和旅费。对寒士入学具有促进作用。

宾兴组织建立的目的主要是帮助科举士子，特别是为贫寒士子解决学习、考试费用。

重庆府州县大多分布在连绵的山脉之中，间有大江大河，交通十分不便。因此，府、州、县诸生更加迫切地需要外界的支持。部分重庆地方志中也介绍了当时读书人囊中羞涩的赴考场景，并成为各地建立宾兴会的出发点之一。宾兴在激励科举、助力学子、兴盛教育方面作用显著，其产生之原因与作用也可从下文了解一二。

窃维典重宾兴，原鼓励人才之盛举，礼隆学校，亦维持风化之要规。黔邑僻处山陬，幅员匪阔，惟阅志乘，历载其间代有伟人，既已绍鸿业于前徽，何难追骥足于后起。本县下车伊始，常以斯邑昱巨省二千余里之遐，每值乡试之期，在富有者何难陟彼周行及锋而试，惟贫乏者纵志切观光，徒嗟季子无金，往往裹足不前，致使骊珠珊瑚烟沉海底，杞楠械朴终老岩阿，言之殊为扼腕。兹有邑人杨自贵、李连芳等，先后愿将钱项捐施为县中公用，本县即以为宾兴之需，选派殷实绅粮董司其事，虽为数无多，既创有始基，其于学校不无小补，尚愿合邑绅粮仰体本县为尔邑振兴文教一段曲衷，再有乐施捐助者，簣土成山，何难九仞。将清贫之士不愈叨神益耶，勉之，望之。❷

---

❶ 顾明远. 教育大辞典：第八卷：中国古代教育史（上）[M]. 上海：上海教育出版社，1990：204.

❷ 黔江土家族、苗族自治县县志办公室编，《黔江旧志类编（清光绪以前）》1985 年第 157 页。

1. 童试的资助

义卷也为宾兴的重要部分，《南川县志·新设义卷记》载：

南平士多宴，而府与院试所需孔多胥，预备于县卷之购，诸童阨于此，罔能途其进取，志职此之，由予以甲辰岁莅斯土悯为昕，夕筹厥款罔克济，虽有水井山谷石十鲜八，九盖力未逮者，历有年所矣岁巳酉，适以济谷仍归之民，始得所藉，手拔一千八百京石，获锸一千九百，有奇而好义者亦乐解橐佽，案以伙遂购金家桥等处田亩，与夫全慧诸人所捐岁计入谷六百二十三硕五斗钱四千七百文，合三载获谷共一千八百七十硕零五斗钱十四千，一百文其用之也。文则岁试一切需钱四百五十九千八百六十五文，科试则棚费每名增一钱计五百零四千六百六十五文，武则一切需钱三百一十一千零二十四文，总需钱一千二百七十五千五十四文，计所余六百硕，有奇其棚费、岁科两试有定规，嗣后多一人则照向规加一分，其银照市值核算，礼兵两房给以印册存照，每年所余，纳贮署会公同局铨亦以印簿登注，其谷硕出耀务从十一月至三月止，毋得于初获时擅自售卖，纵年或偶歉，亦有赢以取济矣。继自今诸童尚其奋志，以图进取无员栽培之意马尔。

南川县通过田业租谷为义卷筹集资金，助力科举，下面附南川县义卷田业租谷及钱数表，以了解义卷之举。

一金家塝田业一分收租谷二百二十五石
一华家沟田业一分收租谷八十石
一金家桥田业一分收租谷七十七石
一罗秀坝田业一分收租谷四十八石
一彭家沟田业一分收租谷四十石
一姜家山川业一分收租谷二十八石
一石鼓坎田业一分收租谷二十二石
一上漕沟田业一分收租谷二十二石
一王家山田业一分收租谷十七石
一铁村坝田业一分收租谷十八石
一广家坝田业一分收租谷十四石五斗
一竹林塝田业一分收租谷十三石
一长岭岗田业一分收租谷七石
一合面山田业一分收租谷六石

一头渡水田业一分收租谷一石五斗

一马桑井公业一分收租钱三千二百文

一太平场石碓窝公业一分年收租钱一千五百

一八渡水蕉坪公业一分年收租钱四千文

以上共收租谷六百二十一小石租钱八千七百文。❶

《綦江县志·童试义卷记》也指出：

> 既立宾兴之明年侯以邑之由有典缺也。乃又谋为义卷。义卷者，为邑之童试而设也。某瘠壤应试士多贫，临期匆匆，不戒行李，多或携千文，少数百，最龃龉者卷价无，岁不于礼房纷争虽，其中不无寻事生风之人。然每卷百六十文，诸士有旅寓之费，有笔墨之需，有保师之礼，所挟几何三四场，战方甘而囊已羞涩，计不得不索然归去。归去而府院试，遂艰于前列有因，是老不得志者，其情事亦大可悯矣。❷

从中可看出义卷的设置解决了学子的财物之难，助力学子得以顺利赶考。重庆各地也纷纷致力于义卷的捐助活动，以解决学子的考试困难。如道光十五年（1835 年）綦江知县邓仁塈创置"文童义卷劝捐买产收支数目"❸，见表 6-1，凡五里士民乐捐银钱合计实共收入制钱六千八百二十二串：

表 6-1　文童义卷劝捐买产收支数目表

置买义卷之产	一处安里地名灌坝沙坵田业一分	施田入义卷之租	一处安里地名新田湾田业一分系里民陈永扬乐施	施当价入义产之租	一永里凡三处
	一处安里地名栢香林田土一分		一处安里地名王家湾田业一分系里民吴景春乐施		一遵里凡二处
	一处永里地名水竹坪田土一分		一处附里太公山内田一分系胡应举乐施		一附里凡三处
	一处遵里地名胡家嘴田产一分				一安里凡三处
					一巴县连里一处

❶　魏栻，康作霖. 南川县志：卷三：营建志 [M]. 刻本，1851（清咸丰元年年）.
❷　伍澍祥. 綦江县志：卷三：学校 [M]. 增刻本，1863（清同治二年）.
❸　伍澍祥. 綦江县志：卷三：学校 [M]. 增刻本，1863（清同治二年）.

从表 6-1 可看出綦江通过置买义卷之产、施田入义卷之租、施当价入义产之租等方式筹集义卷资金，方式多样，且具有良好的社会效益，显示了上至官员下至百姓对教育与科举的重视。

2. 其他科举层次的资助

《增修万县志·艺文志》记载："万去京师数千里，求试春官者行李之往来易至匮乏。即锦城秋闱奔走往返仆仆。道途间亦以月记。寒士艰于资斧，其欲前而却步也，亦固其所。且夫射策观光者，多士之志也。"❶ 故"知县王玉鲸谕监生陈绍绪捐田，岁入山课钱六十千，又捐银四百两，劝募邑绅杜钟嵋钱千二百缗，贺代元银千二百两。绅粮书捐多寡不等。买田三契，岁入谷共一百三十三石。值科场举行宾兴盛典，乡试每生助钱八千，会试钱四十千，新举者倍。恩、拔、副、岁、优贡初次北上助钱四十千，后则减半。现因乡试人众加募酌增，先是书院、宾兴、乡会试皆有资助，咸丰末年停止。现在书院略有余资，拟乡试复旧给钱二千会试，俟后充裕，议复。"❷

即使是民族地区，也相应建立了民间的助学组织，如酉阳州"初无宾兴，道光十四年甲午科，署州杨上容始举此会，捐送生监卷价银二十五两。道光二十四年甲辰恩科，知州郑金榜复踵行之，各赠程费。二十六年丙午科，又赠程费有差，寻以道远费多，些微嘱赠，于寒士无补。酉阳向有济仓田三百八十七亩四分五厘，自道光十八年后，现存大谷二千余石，州中举人陈序乐适自京师回籍，遂倡同学请以此款为宾兴之计。郑牧据情详禀大宪，已经准行，旋遇岁凶，署州福珠隆阿详请，仍复其旧，以实仓储，事遂中变。道光三十年，知州事罗升桔莅任，阅文庙中郑牧旧碑，悯其垂成忽败也，集绅耆计议，以仓谷籴剩余资为宾兴根本，复募之七里富民，合田土等捐项共钱约六千串，发交绅首经理，收其租息以备乡试年取用之资。此酉阳宾兴之始也"❸。即酉阳州的宾兴组织正式建立于道光三十年（1850 年），之前都是捐送给生员路费、卷价银等，但并未形成正式的组织。酉阳州宾兴会通过田土当买，价值钱二千九百二十九缗四百八十文，合之现收银数约近六千之数，每年收租取息，或三年总收其息，每当乡试，先易银送省，文武生监于省垣会齐后，按照人数多寡均分，许多寒儒歉费者都以此为归计。

作为科举制度的配套措施，如下文知县蒋作梅所作"创办宾兴序"所述，

<hr>

❶ 王玉鲸，张琴，范泰衡. 增修万县志：卷三十六：艺文志上 [M]. 刻本，1866（清同治五年）.

❷ 王玉鲸，张琴，范泰衡. 增修万县志：卷三十六：艺文志上 [M]. 刻本，1866（清同治五年）.

❸ 王麟飞. 增修酉阳直隶州总志：卷六：食货志 [M]. 刻本，1863（清同治二年）.

重庆各地资助机构的建立，帮助贫困学子得以通过科举考试实现自身抱负，同时我们也可从中窥探出清代重庆科举的盛况。

附：创办宾兴序❶

（南川）知县蒋作梅

国家崇儒重道，雅化作人，士之诵习由间者已无不彬彬乎日上矣。而亦有囿于乡隅厄于境遇者则夫奖劝休养，又宰斯土者所宜急讲也。南邑亦文教所暨之区，而一片青毡，半皆寒素，每因资斧缺，如不获往应试，遂以阻其志而老其才。此非地无其才，而其才厄于遇良可惜也。余下车后即欲定一兴贤育能之良法而未暇也。今年冬改修圣庙，因与绅耆酌议以五十八年所置王家□公田拨归文庙，更拨后圃土田以附益之，每岁租谷银两议公正董事二人收存，递交，除纳粮外，以三年所储供一年宾兴之用，赴省录遗后，合计人数，毕所有而均分之，则庶乎人心竞劝蔚为国华矣。第事不难于善始，而难于善终，诚公以持之，不敢侵蚀，节以致之，无致糜费，行见地不爱宝有基，勿坏薰陶，涵育文治日新，余之所望于都人士者，正匪浅也。

同治七年（1868 年），巫山县有"创立阁帮宾兴之议"，建成后，"阁帮三年一次，除提取北上宾兴外，尽其所有换银带者，按照人数核实均分"❷。此处的"北上宾兴"，大概是指往北方向去京城参加殿试士子的费用资助，可知"阁帮"属宾兴性质。

（二）重庆"宾兴"组织的资金来源

宾兴主要是以助考为目的，且以货币为帮助方式；此外举行宾兴礼仪时要花费一定经费。这就有必要探讨了解其资金来源。其来源虽不外乎是官方或民间，但所构成方式却相当复杂。民国二十八年（1939 年）刻本《巴县志·卷八·宾兴贷费付》载："王志载生员乡试有司，于七月择吉开宴鼓乐，导送每人给花红路费，中式者树旗送匾礼其庐，并给牌坊银二十两，会试盘费原额设二十五两九钱，会试中式较试加隆后，每名盘费止额给银四两六钱，按宾兴一费，王志未注明款自何出。今据同治未刊志稿注明，白庙寺雒荆州张程氏、廖怡三贡局公费，董承基等皆助有钜款，此旧宾兴也。光绪以后，复有所谓新宾

❶ 柳琅声，章麟书. 南川县志：卷七：学校篇上 学款 [M]. 铅印本，1926（民国十五年）.

❷ 连山，李友梁. （光绪）巫山县志：卷十六 [M] //四川府县志辑丛书. 成都：巴蜀书社，1992.

兴，考其款于契税附加外，并由绅耆捐款孳息分配。"❶ 从中可以看出宾兴费用
根据考试不同有所差别，且来源多样，甚至可以说是地方社会民生的重要部分，
体现了地方对于科举考试的重视。大致说来，重庆的宾兴费用主要从以下渠道
获得：

（1）增税。对商品进行增税，发动当地商业组织或个人支持科举，具有全
局性和公益性的特点，有利于全社会对于科举的认同与支持。如荣昌"每届乡
试之年于税、肉厘下各提拨钱三百钏，作为文武宾兴。会试之年，于税厘下各
拨银三百两、肉厘下提拨钱百钏，以作公车京费"❷。

（2）官员捐助。科举成绩是地方政绩的重要组成部分，也是地方官员治理
成就的表现，因此，地方官员对于当地科举极其重视，除倡导、宣传之外，自
然也要提供一些物质资助，官员捐助作宾兴成为地方官员支持当地科举的重要
方式。道光初年，夔府郡守捐银一千八百五十两。同治七年（1868 年），涪州
州牧吕绍衣拨公款八千贯作宾兴。同年，重庆知府黄毓恩捐助银一千两以助巫
山县宾兴。同治十年（1871 年）夔府郡守鲍康捐银三百两。光绪初年夔府郡守
黄毓恩捐银一千两，除补黎商房价外，余银作南北宾兴用，光绪七年（1881
年）黄毓恩又捐助六千两宾兴银，分拨下辖的六县。❸

（3）民间捐助。一为民间自发捐助。同治八年（1869 年），南川县黄公际
飞除捐六百缗添买杨春元田业外，每值卿试复捐银四百余两，为士子资，助计
乡试四次共捐廉一千余金。❹ 另一为官倡民捐。南川县自嘉庆初县令蒋作梅拨
王家坛公业后圃土田设立宾兴会，以岁入钱谷助士子乡试，资斧因出息无多，
所助无几。❺

（4）罚款。即将处理违规行为或因诉讼所得款项充入宾兴。同治三年
（1864 年），高县"知县马佩玖因案，判入侍见寺僧养谷三十石归礼房"免除文
童卷价。❻

彭水县邑初亦无宾兴等项，自咸丰八年（1858 年）十月间，署县事王鳞飞奉
督宪转奉谕旨，擒治土匪廖美连父子，后查追该犯产业约价二万有余，禀请大宪
尽数拨充彭水合邑各项公费，其文武童生卷价，并宾兴月课，及添送云上、汉葭
两书院山长脩金、暨培修云上、书院置办器具等四项，系俱为振兴文教起见，因

---

❶ 朱之洪，向楚，等. 巴县志：卷八：选举［M］. 刻本，1939（民国二十八年）.

❷ 文康，施学煌，敖册贤.（同治）荣昌县志：卷六［M］. 刻本，1884（清光绪十年）.

❸ 周兴涛. 也论清代宾兴［J］. 中国地方志，2008（6）：58-60.

❹ 魏崧，康作霖. 南川县志：卷七：礼仪志［M］. 刻本，1851（清咸丰元年）.

❺ 魏崧，康作霖. 南川县志：卷七：礼仪志［M］. 刻本，1851（清咸丰元年）.

❻ 敖立榜. 高县志：卷十五［M］//四川府县志辑丛书. 成都：巴蜀书社，1992.

统名之曰蔚文堂，其所定章程与拨入业产细数，藩巡及州县各署均有案可查。❶

（5）租金。即出租不动产所得。最多的是田租，在以农业为主或商品经济落后的地区，所占比重会更大。奉节县令蒋履泰追回赵德恭私买宾兴会秀木山田业一份，当饬宾兴首事补给赵德恭原价开垦钱二百余串，新立契约交首事蔡希仲等执收，每年租谷五百五斗，刘魁鳌捐钱三百串，除补赵姓田价外，余钱作宾兴用。❷

道光二十年（1840 年），奉节县购大阳北田一份，价银 700 两，租谷 16.65石，立有红契一张，老约、当约各一张存据。咸丰十年（1860 年），梁山县令王必尊将宾兴本息钱于城北外置高姓上田一分，酌收租谷，加上之前田产，当地宾兴局田租总共"三百五十二石一斗"❸。道光十二年（1832 年），涪陵县州牧扬上容捐廉创始，置买长里一甲唐家林田产岁收租谷二十石，另土租钱七铞，年纳条粮二钱。同治七年州牧吕绍衣捐钱八千铞作为宾兴，八年州牧徐浩协绅粮买置学坝房屋一院，岁收租钱一百四十铞，又买置来寿湾田业一份，❹用以作宾兴之用。光绪初，秀山县人士始议设宾兴公费，牒陈总督请征肉厘事，下本县议覆。十年（1830 年），知县刘松年乃以肉厘十分之二充宾兴费，立石刻记。其后余恩鸿知县事，增为十分之三，寻并罢免。十一年（1831 年），县人李瑞芝割私产，置宾兴田，田价二千一百二十五缗，岁租谷京斛百石有奇。知县萧茂芬复拨款益之，然赢绌无常，非经久之利。及王寿松知县事，始增定其经费，寝饶衍矣，凡以三年通计之，以二年资乡试，一年资会试。州县小试，其试卷礼曹吏主之。李瑞芝复拨产置卷费公田，岁租谷亦百石有奇。❺此外，南川县也以田业房租作为宾兴费用，"按举人非上旧无成欸，前在宾兴会拨钱五十千资助，同治七年邑令刘敬业另设北上宾兴，添置田业三契，年租一百零四小石，勿庸在乡试宾兴拨欸"❻。

以下为南川县宾兴会田业房租附：

一张铁桥田业一契年租八十余石

一龙塘坝田业二契年租六十石邑令黄际飞捐广六百串并拨案钱四百八十串

❶ 王麟飞. 增修酉阳直隶州总志：卷六：食货志［M］. 刻本，1863（清同治二年）.

❷ 曾秀翘. 奉节县志［M］. 点校本，1985（清光绪十九年）.

❸ 朱言诗.（光绪）梁山县志：卷五［M］//四川府县志辑丛书. 成都：巴蜀书社，1992.

❹ 王鉴清，施纪云. 涪陵县续修涪陵州志：卷八：典礼志［M］. 铅印本，1928（民国十七年）.

❺ 秀山土家族苗族自治县县志编纂委员会. 秀山县志：卷六：学志　第八［M］. 北京：中华书局，2001：162.

❻ 魏崧，康作霖. 南川县志：卷七：礼仪志［M］. 刻本，1851（清咸丰元年）.

添置

一杜家湾田业一契年租七十石邑民刘麟书妻罗氏捐

外学圃地租钱五十余串

一奎阁下东西铺面年收租钱六千文❶

　　县至成都千有余里，试士往往无力具赍斧，故应乡举者绝少，同治六年（1867 年），署知县田秀栗筹置田亩，取租息以赈邑之乡会试者，田凡五区：在南岸曰圣集菴（岁纳租钱二百二十贯）；马鹿寺（岁纳租谷二十石）。北岸曰周家寺（岁纳租谷二十石），石祥寺（岁纳租谷十石），大柏树（寡妇刘敖氏充，岁纳租谷三石六斗）。秀栗恐司事不得其人，欠或驰也，定案以邑绅二十石人分三班，岁一班职其事，俾之互相纠查焉。（续纂）定案未久，即更张田，则惟存周家寺、石祥寺二处，余者变易别置六区：在南岸曰南华庵（岁租谷四十二石，以五石归学宫）；熊家岭（原租二十石，今省八石）；金家冲（原租十石，今省一石二斗）；寨子岭（岁租十石八斗）。在北岸曰马蝗溪（岁租九石五斗），枫厢树（光绪二十年典，岁租十六石九斗五升，先是民人谭廷用捐钱一百二十贯，秦元才捐钱百五贯，合连岁积赀买置西门外街房，旋即变易典置此业），又训导乔松益以敖家槽田租岁十石，自光绪十九年（1893 年）始。❷

　　（6）生息。生息的方式有四类。一是储蓄生息，二是交盐商生息，三是借放粮户生息，四是交当铺。据《綦江县志》记载："道光十三年夏，知县邓仁坤措设纹银一千两，当堂□、禹顺□、□□礼、玉崇义、益全兴五盐号分半生息，以为宾兴之费。每岁计息银一百五十两，利不生利，立有卷宗。如三年大比共应收利银四百五十两。照乡试文士均分。如遇恩科，则为数较少。每科场之年六月，此项齐长经手，请官包封过押，交老成殷实文生二人，携至省垣斋集诸人均匀分给以杜弊端。"❸

　　以捐资财物的租息资助贫寒举子，既保证了资金的来源和资助的可持续性，也益于当地的商业发展，深刻体现了古人的智慧。

（三）重庆"宾兴"组织的资金管理

　　面对如此复杂多变的资金，没有人管理显然不可能，宾兴的管理可分为官办官管、官办民管、民办民管和官民共办共管四种模式，并有相应的规章制度。❹

❶　魏崧，康作霖．南川县志：卷三：营建志 [M]．刻本，1851（清咸丰元年）.
❷　田秀栗，徐其岱．丰都县志：卷二：学校志 [M]．刻本，1894（清光绪二十年）.
❸　杨铭，伍濬祥．綦江县志：卷三·学校志 [M]．增刻本，1863（清同治二年）.
❹　周兴涛．也论清代宾兴 [J]．中国地方志，2008（6）：58-60.

宾兴作为科举的配套措施，不管是哪种管理模式，重庆各地都有相应的制度或措施，并往往刊石立碑。各地章程或规约内容除标明宾兴产业之多寡、岁入之数目外，更注重管理经营。

丰都县是长江边的小县城，以鬼城闻名，鬼文化浓郁，但自古以来文教建置不绝如缕。清代丰都士人应科举乡试，要往成都四川贡院应试，路途遥远，导致士子的旅费及考试开销更大，故倡设了"宾兴局"的组织，并规定以捐资财物的租息资助贫寒举子。

（四）重庆科举"宾兴"个案：彭水县蔚文堂

清代彭水县还有类似的助学机构，名为"蔚文堂"，意在振兴当地文教。

刘浪在《彭水蔚文堂》中提到："它不是雕梁画栋的亭台楼阁，也不是香火氤氲的宗祠庙宇，而是清朝时期彭水县的一个宾兴组织。"

据光绪元年（1875年）刻本《彭水县志》载：

咸丰十年九月，本邑蔚文堂首士贡生张裕如、王有骏、陈朝禄，廪生龚树勋、陈嘉恺、萧瑛，文生邵廷桢、李清渠、支家驯、萧克让等十人，于奉到州札后，将廖产逐细查实，与札内所载多寡悬殊，并有一业两载重复错误者，或有廖姓本系霸踞之业，自充公后仍被原主占转者，不能尽符札数，兼又查出札外之业值钱一千七百四十九千七百文，其中亦有占转不计外，实业值钱七百四十二千文，通共全业值钱二万八千九百七十三文，据实禀州经王公，通盘核算，另行改拨，重定章程。于咸丰十一年四月始，具禀通详各宪，并将裕如等原禀及新章清折底稿，粘发本县存案，其案系据绅董查实，各业俱可按年征收租谷差钱、房租等项，因将所入之数另拨作入项公费，其廖姓原欠考棚息银及养济院息银，一项系将张斌、杨张氏二业拨抵其训导亮熙脩署，一项系将陈元、陈维善二业拨抵其专城泛周殿光脩署，一项系将曾万钟、徐世德、田忠和三契拨抵其美连弟妇廖萧氏养赡，一项系将钱如橖等四契拨抵，除此四项与蔚文堂无关外所有卷价、宾兴月课、山长脩金、书院培脩等四项皆为振兴文教起见，总名为蔚文堂。❶

由上述可知，彭水知县王鳞飞奉命查办土豪廖大观、廖美连父子，将其家产充公以为蔚文堂，将其新宅改为云上书院（初名摩云书院，今汉葭镇一小）。随后，将蔚文堂交由公推的绅董首士张裕如、王有骧等十人负责经营管理，办公地点就在云上书院。咸丰十一年（1861年）四月，已升任酉阳直隶州知府的

---

❶ 庄定域，支承祜. 彭水县志：卷二：学校志［M］. 刻本，1875（清光绪元年）.

王鳞飞颁行改定的经营管理方案，将蔚文堂资产折钱共计 18558 串 400 文分为四项公费，皆作振兴文教之用，并订"章程"十六条，以严格经营管理。

可以说，彭水蔚文堂实际上就是一个"官倡民办"的教育类公益基金组织，并且有严格的组织制度。下面以彭水蔚文堂四项公费局章程为例，介绍一下蔚文堂的制度管理情况。

蔚文堂四项公费局章程十六条

—蔚文堂公款以咸丰十一年正月初一日为始设局收支

—在局绅董既经由官派定，自应各司各事以专责成，不得推委争执，如远由县并撤示儆

—在局绅董如有妄争，蓦管徇情私交致公项因而亏短者，除著落分赔外，由一并撤究

—在局绅董如有侵蚀挪移浮目虚縻各情弊，一经查实或被告发，由县撤追严究

—在局绅董如有不肖之人侵挪浮縻，许在事各绅查明，禀官严究，但不得挟嫌诬控，自蹈反坐之律

—在局绅董有明知他人侵挪浮縻而徇情容隐者，由县撤委示儆，若受贿故纵者，一并撤追严究

—在局绅董如家有事故或身染疾病不能在局经理者，准据实具禀，侯官另派有人重查无经手未完事件，方准辞退，如违由县查究

—在局绅董每年结账后准于蔚文堂公费内总共支钱十二千文作夫马饭食之用，此外不准再藉薪水等项名目，私自挪用如违，由县撤追

—在局绅董选居妥役二名每名每月各给工食钱二千文，饬令小心看守，倘有疏虞，惟原雇之绅董是问，其新云上书院并合该役看守，不必另雇看司

—蔚文堂收支账目应由在局绅董预备空白收簿、支簿各一本，送县过印发还登记

—蔚文堂收支账目定于每年十月初一日会算一次

—会算四项公费账户应由在局绅董会同城乡绅董在局眼同结算，不准推诿不到，如违由县撤委示儆

—每年算账一次在局绅董于公费内支饭食钱十二千文

—每年结算四项，如有余剩，即查明系何项所余，仍归本项生息

—结算四项账目务将何项共收若干、共支若干、现存若干逐一分晰，开载印簿送县，过朱发选存，执如有遗漏含混，由县查究

—各项章程有未能备载者，随时禀官，酌量增添

　　蔚文堂四项产业支销并章程十六条皆咸丰十一年四月王公改定后，通详各宪及札行本县之案也。❶

　　蔚文堂创立之初，组织本善，条规本密，不可不谓"法良意美，动出万全"，本可"使彭邑士民永沾实惠"。然而，奈何在局绅董奉行不力，收入日窘，后又借口"以公济公，兼理义渡"，致原旨丧失，没能做到专款专用。当然，其中还有胥吏中饱、官员挪用以及绅董私吞等原因。及至同治四年（1865年），蔚文堂已元气大伤，从此一蹶不振。

　　蔚文堂自兴及没，虽不逾十载，但其振兴文教之精神，探索开创之功绩，实不可磨灭，值得铭记。以蔚文堂为舞台，当时的地方官府、乡绅名流、典当商人、普通地主以及众多士子等不同社会群体，在这里上演了一出极为鲜活的多幕剧。而其各自的功过与得失、光明与丑陋以及欢喜与悲伤，自有历史书写，自有后世评判。

　　最后，尤值一提的是，彭水蔚文堂作为一个教育类公益基金组织，其管理体制既不同于官方的行政管理，也有别于其他以盈利为目的的商业组织，而是表现出某种"绅民自治"的意味，具有介于政府与私人之间的社会公共部门的某些特征。

三、重庆科举"宾兴"组织的礼仪功能

　　宾兴礼是明代以来出现的一种府（州）县级别的科举典礼。在清代地方文献中，宾兴礼多专指送别考生参加乡试而举行的典礼，亦有不少文献将其记载为送别考生参加乡试、会试或贡生试所举行典礼的统称，有些地方还包括为中式考生举行的接风祝贺礼仪。❷ 这种仪式和礼遇显示选拔英才于学校的一种取向及风尚，对于官学师生具有风行草偃之效，可以作为动态人文环境的影响方式来理解。

　　《忠州直隶州志》对此有详细的记载："大比之年先试期一月，知州择吉具启延致应试诸生届期公堂设宴演梨园架彩桥于中门外，寅正一刻由署内传头鼓各执事齐集，寅正二刻传二鼓各生齐集，寅正三刻传三鼓开门乡先进由彩桥导诸生进谒知州，朝上三揖，入座赐茶毕，开宴，学师及乡先进，亲送酒，无算爵。宴毕，学师乡先进，各为诸生簪花披红，劳以元黩，各出座，谢宴，朝上三叩，知州立还三揖，并谢分州学师各一叩，均立还一揖。鼓吹由中门出，知

---

❶　庄定域，支承祜. 彭水县志：卷二：祠庙志［M］. 刻本，1875（清光绪元年）.

❷　毛小阳. 清代宾兴礼考述［J］. 清史研究，2007（3）.

州偕各僚送至龙门外，礼毕。"❶

《江北厅志》记载的江北厅宾兴礼："今遇大比之年，有司于六月初旬，择吉延致应乡试诸生。届期，公堂设宴具，乐演梨园，架彩桥于仪门内。辰正一刻，由署内传头鼓，各执事齐集；辰正二刻，传二鼓，各生齐集；辰正三刻，传三鼓，开门。乡先进，由彩桥导诸生至公堂，进谒同知，朝上三揖，入座赐茶。毕，开宴。梨园开场，学师及乡先进，亲送酒，无算爵。醼（宴）毕，执事代学师、乡先进，为诸生簪花、披红，劳以元嘱。各出坐，谢宴。上三叩同知，立还三揖，并谢学师。及各僚，均一叩，俱立还一揖。鼓吹，由中门出，同知偕各僚送至龙门外，礼毕。"❷

《南川县志》载："先期儒学官将奉准督学取录，科举文武生员起具红批送县，七月初旬县官择日具书东延集科举诸生，至日结綵于大堂，官生各具公服，鼓乐设筵，揖拜如仪，与诸生簪掛花红，毕县官与儒学东西坐，诸生以次两旁分坐酒，或五行或十行起，诸生禀辞，揖拜县官，送至簷下，由中门鼓乐导出。"❸

《綦江县志》载："地方官每逢乡试年分行，宾兴礼，古礼也。綦自前令楚南邓公厚甫措设银两生息，于是始有宾兴费而张筵祖钱煌煌乎。举行大礼则自前县陕右武公芸汀一举后十余年来此，调不弹久矣。同治癸酉科知县田秀栗始兴复之于仪门内。架木为桥，桥两端著地中隆起如山脊。然命曰：'月宫桥。'桥尽高搭剧楼，诸生肃具衣冠至署前，用地方官仪卫鸣铮呵殿作乐举炮迓入大堂就坐，饮荐元酒，观杂剧。酒毕，送之出如初礼。是日也，城中文武同僚，暨邑中诸先达，咸集两旁。观者如堵立云。"❹

概括而言，这种专指欢送科举生员的宾兴礼的具体内容主要包括以下要素：

（1）时间：一般为乡试年，有"六月初旬""乡试前一月""孟秋""乡试前七日"等表述方式。

（2）地点：一般在府州厅县的大堂，部分地区偶尔在明伦堂或考棚举行。

（3）人物：地方官与儒学教官、乡绅是宴会的主人，受邀请者为科举生员。

（4）事件：宴会、簪花、披红、过桥、发放旅资等。

作为一种科举典礼，清代宾兴礼背后所蕴含的价值取向无疑是以鼓吹和宣传

❶　吴友簏，熊履青. 忠州直隶州志：卷六：学校志［M］. 刻本，1826（清道光六年）.

❷　福珠朗阿，宋帽，黄云衢. 江北厅志：卷五：学校志［M］. 刻本，1844（道光二十四年），民国重庆中西铅石印局代印.

❸　魏崧，康作霖. 南川县志：卷七：礼仪志［M］. 刻本，1851（咸丰元年）.

❹　宋灏，杨铭，伍濬祥. 綦江县志：卷三：学校［M］. 增刻本，1863（同治二年）.

科举制度为基础。它主要说明或表达的意思是要维护科举制度的正统性与崇高性。可以说，清代宾兴礼的产生与广泛传布，正说明了科举制度在清代国家各个层面的全面成熟，也表明传统科举社会在清代达到了空前的繁盛与稳定。

第二节　清代重庆科举的试院与考棚

清代科举考试的考场叫试院，是固定的设置。县城建有考棚，省城和京城建有贡院。贡院是举行乡试、会试的场所，其外墙铺以荆棘，故又称"棘园"。它建于省城或京城内东南方，大门正中悬有贡院匾额，内为龙门，再进为至公堂。龙门与至公堂之间为明远楼。至公堂的东西两侧为帘。贡院两侧设号舍，供应试者居住。北京和大省的号舍凡万余间，小省亦有数千间，以"千字文"编列号数（如天字第×号）。应试者入内即封号棚，有号官把守，待交卷日方能开放。以下举例介绍清代重庆各地科举考场状况。

一、涪陵考棚

《涪州志》记载："川东州县向无考棚，试则诸童列坐于公廨前期预搭席棚，搭棚之具取于民，差役藉以需所扰累沿江州县，有强取船檐以供用榜人维舟以待试毕者。试之日唱名而入，应试者往往自挟几案以应名，拥挤杂遝，不胜其苦。风雨骤至则坐篷下者群哗而避于堂，不能禁。庚辰春，定远县试，余目见其状，如前所云，时因移建仓敖，有隙地，在公堂左又因修文庙，有余材，遂成。屋数十楹，足容八九百人，以为试所，其时尚无考棚之名，而重庆属之有考棚自此始矣。至于涪州，则应试者倍于定远，人数既多，其需考棚，为尤亟矣。集绅士议之，择基于学署前数十武，买民居以拓其地，余捐廉为之倡，绅士等踊跃捐输，争先恐后。复举谭君辉宁董其事，其子逵九孝廉及陈禹踌、周步云、谭世澌、谭登岸等协理之，鸠工庀材，众例毕举，经始于丁亥之秋，迄庚寅春落成。气象光昌，规模严正，涪陵为人文蔚起之区，其仰今兹之广庇，思曩日之艰辛，以愈励其奋发有为之志也。"❶

考棚作为科举考试的场所，是学子们得以顺利进行科举考试的保障。涪州考棚的建立得益于当地官僚、地主和乡绅的支持，除当地绅士踊跃捐钱、提供资金支持外，陈禹踌、周步云、谭世澌等齐心协力，尽力协理，终于庚寅春

---

❶ 吕绍衣，王应元，傅炳墀，等. （同治）重修涪州志：卷十四：艺文志 [M]. 刻本，1869（同治八年）.

（具体哪一年，不详）落成，希冀人才辈出，奋发有为。涪州考棚的建立，一方面体现了当地对于科举考试的重视以及对于学子得以顺利参与考试进行保障的人文关怀；另一方面也体现了当地官僚、地主、文人等对于考棚和教育的重视，他们争先恐后地捐钱、出力协助的精神让人感动。

二、彭水考棚

《彭水县志》载：彭水，"旧无考棚，县试即在县署，未置有号凳。应试童生于纳卷后，即自借桌几，扛负而入，塞满堂署。临唱名则各携坐贝互相枨触，既接卷则纷纷觅坐，喧阗不已。及放棚又必共负桌几以出，否则为皂役等持去。应县试者咸苦之"❶。童生参加考试的场面极其混乱，不符合考试的严肃性。因此在政治稳定后，彭水也开始修建考棚，为各类考试的举办提供便利。

彭水县考棚道光二十一年（1841 年）知县张翚飞始倡建，率士民捐建考棚。有官厅一间，号舍各五间，号桌、号凳各八十张。童生由县署大堂进入。至此规模初具。后任知县涂金兰复修头门一座，临正街乐楼二座，仪门三间，大堂、二堂各三间，皆朝西向。两廊各一间，添设堂号桌凳各十张。规制始备。后因人文渐盛，应童试者渐次增多，往往人浮于号。且前逼近大街，点名时拥挤嚣尘，不能按名给卷。同治三年（1864 年）迁修圣庙后。❷

三、綦江考棚

綦江县原无考棚，"每县试，即于宫廨为考场。诸童先一日纳卷，后各于旅次借运桌几粘签塞满堂署。临唱名仍携坐具前后撑触无次。既接卷纷纷觅坐闹嚷，逾时未已。及至放棚，又必三五入，共负桌凳以出，不则皂隶诸色人冒领去。从前应试不过四五百人，嘉庆中年，多至八九百。尽一日之长，神思已极困惫，出来又负累如彼往往倾跌。且东撞西突，外人有受其伤者"❸。直到嘉庆二十二年（1817 年），县令图敏、教谕韩兆瑞、训导张崇朴集诸谋建考棚，"即于文昌庙接修募得如千金承其事者，文生王安吉、罗燦文、陈师孝，武生王鹤年、陈定国，监生吴昌才、胡世镐等十余人。时邑中号形家者言人人殊日为蜚语，崇朴不为动，先立衡文堂，接次修号屋上下两层，及二门，及头门。东西场列桌几条凳，点名处、阅卷处、寝卧处、门子、厨夫之众，无不备。栋隆巍焕既文战得所，而文昌庙且树华阙而丰朱堂也。起讫凡二年，丁卯秋新移县试，

❶　庄定域.（光绪）彭水县志：卷二·祠庙志 [M].刻本，光绪元年（1875 年）.
❷　庄定域.（光绪）彭水县志：卷二：祠庙志 [M].刻本，光绪元年（1875 年）.
❸　宋灏，杨铭，伍澹祥.綦江县志：卷三：考棚 [M].增刻本，1863（清同治二年）.

诸应考人轻身出入，鱼贯从容"。❶ 之后文运日起。

自嘉庆二十二年（1817 年）创建考棚以后，綦江县诸生才有专门考试之所。"惜其地倚山麓，布置参议二堂，试官横文权居文昌宫，且大堂孤露久之，有欹斜之势。……道光十二年（1832 年）壬辰正月县试，知县邓见号舍狭隘，规模未备，志在重修。迨孟夏偶于此会计城工，即毅然以改修。任五月内命董事饶校先等招工，悉拆之。凿文昌宫前斜坡层叠口石，垣上为宫，前甬道下为二堂。过厅基大堂旧址亦凿低三四尺，添建二堂五间，左右添内号舍四间，偏室三间，厨房一间，中竖过厅。大堂悉系易良材改建焉。匾曰：'惟公生明。'楹曰：'我亦当年劳白屋，谁于今日昧青天。'大堂东西添号舍五间，堂以下东西号舍平基更修之。仪门内设礼房差厅，头门外设鼓乐楼，其堂室号舍诸地面俱。捶三合土，令平如镜，净不起尘。坐号概易以新油漆始洁，嵌以石墩使不移动。又置堂号桌凳共计一千二百余号。凡需用诸器无不虑周而详备之。十三年癸巳十月县试，士林称便。十四年甲午四月，川东嵩观察奉大府札勘城工驻于内，周览赞美未他邑无此整齐。至乙未年，买对面街房四间，拆去作照墙，以扩头门地势。东西辕门改通大街。邑中官廨，此为第一宏敞。"❷

四、奉节考棚

夔州科举考试场所称贡院。宋元祐五年（1090 年）郡守王伯庠建夔州大贡院于小南门，计屋 110 间。绍兴年间毁于洪水。明弘治十二年（1499 年）建号房一百间，后设达州，继迁万县。康熙十七年（1678 年）设于梁山（今梁平）。雍正八年（1730 年）重建于夔州府学宫。咸丰初年添修墙垣、房屋、号桌、号凳。光绪三十一年（1905 年）停科举，考棚遂废。至今附近街道仍名考棚街。❸

五、丰都考棚

丰都县，原无考棚，考试之所先为县署，后迁往火神祠。直至同治七年（1868 年）由县令提倡，乡绅捐款共计白金三百九十两，钱一万九千五百四十贯，用于创建考棚。"为捐廉五百缗，学士与之君诸父老议之，众翕然各输金钱，为乡里先合词请于大府，令余张示赏给册，甲里长者使编告以意，于是阖境士民跃然输将，不浃旬而得白金三百九十两，钱一万九千五百四十贯，度其地后洼培之址，逾三丈，众方鸠工庀材，江水忽涌，至松柏二十余株皆可梁栋，

❶ 宋灏，杨铭，伍潜祥. 綦江县志：卷三：考棚［M］. 增刻本，1863（清同治二年）.
❷ 宋灏，杨铭，伍潜祥. 綦江县志：卷三：学校志［M］. 增刻本，1863（同治二年）.
❸ 四川省奉节县志编纂委员会. 奉节县志［M］. 北京：方志出版社，1995：709.

众益欢舞勤事，谓兹举实有天焉，又恐余速去，乞大府留余以终斯役。"❶ 修建后的考棚规模宏大，得屋二百十有四楹，倚城环墉，以为之范，百街树墙，翼以两辕，墙内为雨亭，踰亭为重门。以肃关键，中敞两廊，趾不载版以坐试士，布地以砥以御尘埃，其上为堂，拓堂之右循垣为箭道，轩于堂后，屋其两头为校阅所于其上为公余眺远地，糜金钱一万八千有奇，既成试期适及，余得睹试士，泳思乎其中，佥称便而以功归之余，请为记，余谓是役也，都人士实共襄厥成，余何力之有，且将以其余货纂刊县志。及于岁修宾兴，又分其羡置校场，为马射地，是乐善不已。斯邑之风，文通武达，其未有艾，余职所应尽，不敢谓维持风化，仲副国家取士意，而窃幸斯举之成，之速息争弥患，一如徐学士言也。因大会邑人以落之，任其巅末如左。"❷

乡绅争相捐钱修建考棚既体现了其对于教育的重视，更体现了其对于振兴科举、选拔贤才、教化民众愿景的希冀。

六、万县考棚

万县邑旧无考棚，试于县署。道光十九年（1839 年），职员杜钟嵋独任捐建号舍三十余间，坐号一千八百有奇。大堂、二堂、上房、头仪门并执事房，共六十余间。砖墙周一百余丈。越三载落成。计用制钱一万六千二百余缗。规模宏敞，工程结实。咸丰九年（1859 年）冬，知县冯卓怀移文庙左侧。奎星楼于考棚桂宫在文昌庙左侧。正厅三间，漱江亭一座，榕舫三进，悬楼二间，长廊十三楹，荷池一泓。同治四年（1865 年）知县张琴建修以为宾兴之所。悬楼外隙地二亩，许卫鹏捐。❸

七、梁山考棚

梁山考棚经历了因属地行政区划调整而引发的转变，其中多次改建，"按旧志，康熙四十五年，据夔州府各属绅士具呈，经知县陈文玠详蒙议请，具题建造，历任知县修整，每逢岁科两试，督学院按临考校，计正署五间，工字厅二间，座楼五间，二厅五间，两厢共六间，仪门三间，大门三间，两厢号房共十二间，更衣厅三间，照壁辕门鼓亭俱全，此考棚旧规模也。县向属夔府，故为夔绅士呈建，雍正十二年以前，校夔士于此，是年改县隶忠州，县之士校于州

---

❶　徐昌绪，蒋履泰，等. 丰都县志：卷四：艺文志［M］. 刻本，1893（清光绪十九年）.

❷　徐昌绪，蒋履泰，等. 丰都县志：卷四：艺文志［M］. 刻本，1893（清光绪十九年）.

❸　王玉鲸，张琴，范泰衡. 增修万县志：卷十一：地理志　学校［M］. 刻本，1866（清同治五年）.

之考棚，此遂空置。乾隆九年县署为火焚，因权为县署，今为典史署。"❶

八、巫山考棚

巫山县考棚迟至近代洋务运动时期才问世。在县署仪门内，东西科房下。东文场一棚号桌、号凳各十五个，西文场二棚号桌、号凳各三十。外置长桌凳各十条，临试移至大堂，共坐四百余人。光绪二年（1876 年）由职员周仁和捐资创建，历届试期将至，其后嗣皆修理一次，并以城外铺屋一所岁收租钱永作补修之资。

九、永川考棚

永川县考棚在县署左。道光五年（1825 年）知县特克同额因县素无考棚，率邑绅捐资创修，庚申之乱，幸未焚毁。辛酉（1861 年）秋，知县方翊清莅任，因衙署未建，以文场作署。东西号舍作书吏房。县试时借南华宫作考棚，同治四年（1865 年）衙署落成，始添置号凳，而文场仍旧。九年（1870 年）知县周岐源重修头门三楹，龙门三座，大堂三间，二堂、三堂、花厅、书房厨房共十间，东西号舍四大间。❷

十、璧山考棚

道光元年（1821 年），璧山建考棚在文庙右山下。有大堂、二堂、乐楼、耳舍、号舍、厨房共 44 间房屋，每年对全县童生进行考试。其中大堂五间，二堂五间。二堂右厨房二间，二堂下左右耳舍各一间。大堂下东西号舍，前层左右各五间，后层左五间，右三间。大堂前牌坊一座，牌坊下左右号舍各二间。头门五间，头门外左右乐楼各一座。甬墙一道，东西各立辕门。辕门外水井坎看司住房二间。道光九年（1829 年）邑人王嘉谟于二堂内募建仓颉像一尊。❸

十一、大足考棚

大足县考棚，又称海棠试院。据称大足有一绝：海棠本无香，惟昌州（今大足）海棠色香俱佳，故大足号称海棠香国。道光十二年（1832 年）邑令章坦劝士民捐修考棚，规模宏整，计大堂三间，二堂三间，龙门三间，头门三间，颜其额曰"海棠试院"。两廊房共三十六间，每间号桌四张，"又二堂侧构间房

❶ 符永培. 梁山县志卷之四·学校志 [M]. 刻本，1867（清同治六年）.
❷ 许曾荫，等. 永川县志：卷之三·建置志 [M]. 刻本，1894（清光绪二十年）.
❸ 寇用平，陈锦堂，卢有徽. 璧山县志：卷四：学校志 [M]. 刻本影印，1865（清同治四年）.

以处试官之仆从，大堂左构官厅以试武童之步箭，大堂右构育贤房以处办公之书吏，乐楼辕门灿然俱备"❶。咸丰十年（1860 年）滇匪之乱，东西号房及头门、雨亭折毁，同治六年（1867 年）知县王宝臣补修。

十二、江北考棚

江北县考棚因与巴县分治而创设，其变迁过程与清末废庙兴学相始终。"江北于乾隆二十四年与巴县分治后，士子考试较少，凡遇县试，均就县署为之。道光十三年（1833 年），买卢氏住宅创修文昌宫，左右两廊下设考棚，列为四层，坐号整肃，容千余人。外则三门耸峙，届闭以时。更树大门，左右置屋，考试诸生，以避风雨。光绪二十六年（1900 年），同知刘廷恕复就桂花街隙地创建试院，规模阔大，地势宽敞，外有东西辕门、照墙、鼓乐亭。正中外为头门，次为龙门，于此点名。门内东西文场，号舍排列。光绪二十八年，诏停科考，设学校。本县亦于三十一年，将嘉陵书院高小学校迁移考棚，作为校址，而试院遂废。"❷

十三、酉阳考棚

查酉阳州在未有考棚之前，文武童生赴重庆府应考，历时 80 余年。赴考者寥若晨星，叫苦不休，众绅禀请，恳求另建考棚，以振士风。

酉阳州建棚一事，据《酉阳州志》载："酉阳建棚，自嘉庆二十四年（1819年），州属举人徐映台偕贡生陈盛佩禀奏，央求新建考棚，后经四川巡抚上疏谨奏礼部疏称：'（酉阳士子）向附重庆府试，近来文人倍增，酉阳距重庆府，路途遥远，士子往返维艰，且两地童生杂处，稽查难周，现据州属绅士，情愿公捐经费，另立考棚……乃系实在情形，应如所请，准予酉阳州专建考棚，为一州三县考试之所，仍旧照例岁科并考，以顺舆情。俟考棚修竣，即开新棚考试，所有臣等核议，缘由是否有当，伏候训示遵行，谨奏。'后称，'道光元年七月初三日准礼部咨称，奉旨钦此'。"❸

筹建考棚时，在任州牧为刘碧溪，核其经济来源有三：一靠民捐输，二枭卖济仓租谷，三向涪州借款。据考，道光十九年（1839年）酉阳州牧李徽典撰《重修学宫碑记》，其石镌文曰："盖近廿余年来，始而济仓，继而考棚，将亦孔繁

---

❶　王德嘉.（光绪）大足县志：卷二：建置志［M］.刻本，1877（清光绪三年）.

❷　江北县县志编纂委员会，重庆市渝北区地方志办公室. 江北县志稿（溯源—1949）下册［M］.2015：65.

❸　王麟飞. 增修酉阳直隶州总志：卷五：学校志［M］.刻本，1863.

矣！我不忍之，再四筹划，惟济仓租一项，前所积于道光七年（1827 年）经前署
州刘碧溪先生禀请，出粜作为考棚经费。八年以后……所得资，培修学宫，有余
者再酌先农塘养济院之用，并筹还设立考棚时借涪州未完之项。"❶

从《酉阳文史资料》获悉，实际上酉阳州的考棚，是嘉庆二十四年（1819
年）就开始捐输，翌年择定文昌宫原旧基（即现在酉阳二中校址）作棚基，道
光元年（1821 年）正式开始修建，于次年十月竣工，道光三年（1823 年）初
行院试，直至光绪甲辰年（1904 年）停科考试止，前后使用 81 年。

武生考试场地，分外场、内场。内场可谓虚设，因它是固定默写武经，外
场是主要考场，名之曰较场坝。考试的内容分试舞刀、试马箭步、试弓刀石、
试射击、试拳击等。

竣工后的酉阳考棚情况如下。

大门五间，二房二间，差房二间，东西辕门棚栏全，仪门三门，大堂五间。
前东文场五间，石脚号桌四十张。后东文场五间，石脚号桌四十张。前后木号
桌共二十张，木号凳共一百条。前西文场五间，石脚号桌四十张。后西文场五
间，石脚号桌四十张。前后木号桌共二十张，木号凳共一百条。东堂号木号桌
二十张，木号凳共二十条。西堂号木号桌二十张，木号凳共二十条。东棚号四
间共木二十七根，木号桌二十张，木凳二十条，油纸篾织全。西堂号四间共木
二十七根，木号桌二十张，木凳二十条，油纸篾织全。二堂五间，房科六间。
三堂正屋五间，下厅五间，厢房二间，大厨房三间，二厨房二间，厕屋四间，
外宫厅三间，供给所正房三间，厕房二间。❷

酉阳州考棚营建时间较晚，经费充足，因此考棚的规制形态更加完备，桌、
凳、厨、厕等一应俱全，说明酉阳州地方社会对考试的支持和重视。酉阳考棚
的楹联也表达了地方社会对士子们的期盼："焕乎文章，博大昌明，景运于斯为
盛；蔚然杞梓，英多磊落，人才随地而生。""入此门敢负初心，屡战风檐，犹
历历记昔年辛苦；于斯文未能自信，儳持玉尺，唯兢兢校一日短长。"

十四、长寿考棚

长寿县试院（考棚）建于道光八年（1828 年），棚址在刘氏祠左侧隙地。
坐北向南，四周围墙高筑，东西设辕门；对面墙正中为头门，次为二门，设有

❶ 冶世瀛. 酉阳州志：总志卷五：学校志 [M]. 成都：巴蜀书社，2009.
❷ 冶世瀛. 酉阳州志：总志卷五：学校志 [M]. 成都：巴蜀书社，2009.

钟鼓楼。门内东西各设文场。正厅为二堂，左右有花厅。试中前 10 名者调大堂或二堂，谓之"坐堂号"。武试步射在考棚头门外坝举行，马射在河坝东街麻柳嘴较场坝。科举废除后，县考棚先后改为团练传习所、自治研究所、警察局、县参议会。民国元年（1912 年），改为司令部，左花厅改为劝学所，西文场改为城防局，继驻军于此，毁损殆尽。以后，复建立县城中心小学于此。

十五、忠州考棚

雍正二年（1724 年），忠州升为直隶州，布政使司在忠州设试院，由省学政在忠州试院主考，忠州及所属丰都、垫江、梁山等县的童生不再赴府考秀才。石柱童生亦在忠州寄考。乾隆八年（1743 年）忠州始设正规的学政试院，为三年一考的试场和学政驻节之所，俗称"考棚"。

十六、隆化考棚

《南川县志》载："朝廷设学校以造士，即有春秋两试以取士，兴至巨也，而升秀必先命乡，则云程发轫实自童子之科始，南川山水奇特，户口繁殷，童试不满千人，心窃怪之，劝学无异于劝农，果能优邮之，以安其身，斯不难激励之，以作其气，数年来书院膏火已两度加增，惟试院未及创修，尝悯其局试署庭，既躬亲员戴之劳且难免风雨之苦，爰捐廉倡建。"❶ 南川县将建试院与创学校、书院作为配套措施，以兴教育、育人才。

隆化试院（考棚）在南川县城西街，道光三年（1823 年）知县彭厦坦倡建，号凳号桌通用松木，历经五十余年，风甫飘零，人事摧残，毁伤者十之五六，搬运散失者十之二三，同治三年（1864 年）邑令邓文治集议整修之。隆化试院包含大堂三楹、二堂三间、内厢房一间、外抱厅三间、内抱厅一间、厨房三间。分有东文场、西文场和较场。东文场内有上号舍三楹、前号舍上下六楹、后号舍上下六楹；西文场内有上号舍三楹、前号舍上下六楹、后号舍上下六楹、龙门一向三间、头门一向三间、鼓乐亭二、牌门一座；较场在北城外，设有演武厅、照壁、马道、箭道。❷

十七、石柱厅考棚

石柱厅旧无考院，考试都在署中大堂，设置布棚和吏胥杂厕中进行考试，月课则在内署地，非常狭窄不便。

---

❶ 魏崧，康作霖. 南川县志：卷十一：艺文志 [M]. 刻本，1851（清咸丰元年）.
❷ 魏崧，康作霖. 南川县志：卷三：营建志 [M]. 刻本，1851（清咸丰元年）.

道光二十年（1840年）同知王槐龄查出府署之西、照署之东，有官地一区，向为市民所占，即谕令缴还，又价买民房地基数处，共计地纵三十八丈横十三丈五尺，即其地创建焉，计外石坊一颜曰考院。前为甬道直通新街，坊内东西辕门各一，北为照墙，南为大门三楹，左右乐楼各一，次仪门有左右角门，角门之前为东西游廊仪，门之后为点名厅，再上为大堂五楹，桐柏成行，东西向号房各六楹，为号者四百有赢，其后为二堂五楹，左右厢房各三楹，堂之西偏为厨堂，之东为书室三楹，再前箭厅一为较试武童之处。经始于庚子（1840年）之秋，落成于辛丑（1841年）之春，余捐廉为之倡，诸绅耆亦踊跃乐输，凡八阅月而功即竣，适当试期，士子欢忭，方之杜厦万间，闻而乐之。❶

清代重庆为举行科举考试而建造的考棚不仅体现了清代重庆地区的建筑水平，更作为科举考试制度的物化，体现了统治者的意志和权威。而学校人才的质量及其社会地位、作用成为评价学校办学有效性的重要指标。童生进入官学必须通过的童试，进入官学后的月课季考、关乎科举考试资格的岁科两考等地方官学的考试也逐渐严格，体现了这些考试作为选拔性考试的特点，在一定程度上起到了筛选优秀人才的作用，同时提高了清代重庆地方官学的教学质量。

清代的学校教育同科举制度的关系极为密切。科举又以清代最盛，重庆也不例外，这从当时各州县竞相修建考棚一事即可证明。在这样的形势下，地方官学和书院也进一步被纳入了科举制的轨道。由于科举考试的科目要求，制约了学校的教学内容和方法，官学和书院也大都讲贴括文字，取世俗功名。由此可见，科举制度给清代的学校教育带来了很大的影响。官学受政府控制，学习内容当然以八股文为主，即使私学，其课程也"大率狃于里近而无所开通，虽亦有志于学，又皆纸上空言而不适于实用"。上述状况引起了许多人的忧虑和不满，所以有的主张书院、学校的教育应该"举凡兵家礼乐，皆能深通其变化而习知其器数"❷；有的书院规条还明确指出，为了达到学以致用的目的，天文、地理、职官、学校、兵法、刑名、水利诸科都应分门研究。这些改革的呼声和初步的实践，为尔后科举制的废除、近代新式教育体制的建立积累了必要的经验，其意义是不可低估的。但这种改革的声音、变动的呐喊，相对于当时昏睡沉迷于科举教育的汪洋大海的文人士子中，是多么的微弱、渺小，难以产生惊涛拍岸，至多只是江河中荡漾的涟漪。

---

❶ 王槐龄. 补辑石砫厅志：学校第四 [M]. 刻本，1843（清道光二十三年）.

❷ 常明，等. 四川通志：卷八十：渝州书院记 [M]. 刻本，1816（清嘉庆二十一年）.

第三节　重庆科举建筑

　　科举制度自隋代创立，唐代完备，宋代改革，元代中落，明代鼎盛，至清代灭亡，在中国前后实行了一千三百年之久，对中国社会产生了深远影响。古代科考考生要办三件事：烧香、占卜、拜考神。此外，如果某地考生或家族在科举考试中取得了傲人成绩或为官政绩突出，当地也会修建相关建筑以作褒奖，也有激励其他学子努力学习、考取功名的意味。由此产生了很多的相关建筑，例如进士牌坊、魁星阁、文昌宫、名宦祠、乡贤祠等，这种情形在重庆也不例外。重庆科举建筑不仅是中国古代文明的千年化石和兴衰成败的历史见证，也是科举制度文明的有形遗产在重庆的直观体现。

　　科举建筑汲取地域、民族文化的滋养，构建丰富、多元并具有地域化的文化环境，更为学子营造出良好的向学氛围，激发其对科举的崇拜和中式的向往，潜移默化地影响着学子的内心产生积极的心态，的确对重庆科举制度的发展产生了不可忽视的作用。下述为重庆区域核心部分的巴县坊表（详见表6-2），皆与科举息息相关，在产生浓郁的科举文化的同时，更潜移默化地影响着莘莘学子。

表6-2　重庆巴县坊表一览表

名称	旌表人	创修年代	所在地
午榜重光坊	明嘉靖甲午举人江浙 隆庆庚午举人汪言臣		千斯坊龙神祠大街
都宪坊	都察院右副都察御史李文进	明嘉靖十九年 （1540 年）	八仙土地街
都御史坊	都察院都御史任辙	明嘉靖三十三年 （1554 年）	府文庙左
进士坊	蒋弘德	明嘉靖四十二年 （1563 年）	府文庙左
戊辰科举人坊	有刘世赏、曹大埜、魏世贤、 詹贞吉、徐元吉等姓名	明嘉靖年间	朝天观街左
丙午举人坊	曹大川	明嘉靖年间	朝天观街右
父子谏垣坊	户科给事曹汴、曹大埜	明万历八年 （1580 年）	杨柳坊关帝庙右
都宪坊	都御史刘世曾	明万历十年 （1582 年）	神仙十字街

名称	旌表人	创修年代	所在地
东省鉴衡坊	提督学使山东按察使司蹇达	明万历十年 （1582 年）	府文庙左
恩赐寿岳坊	佥都御史曹汴	明万历十一年 （1583 年）	十八梯
太师坊	吏部尚书蹇义	明万历十三年 （1585 年）	府文庙魁星楼前
济美台卿坊	参政曹汴、都御史曹大埜	明万历十四年 （1586 年）	杨柳坊教场口
功靖西南坊	兵部侍郎刘世曾	明万历十四年 （1586 年）	杨柳坊中营门前
淳恒按部坊	监察御史汪言臣	明万历十四年 （1586 年）	储奇坊三圣庙侧
天官主爵坊	吏部文选司郎中倪斯蕙	明万历十六年 （1588 年）	神仙坊都邮街
榜眼坊	太子太保刘春	明万历三十三年 （1605 年）	府文庙左
太保坊	太子太保蹇达	明万历三十三年 （1605 年）	府文庙右
三世尚书坊	太保蹇廷相、少保蹇来誉、太保蹇达	明万历三十三年 （1605 年）	府文庙右
祖孙宪部坊	正德壬申刑部河南司员外郎曹敕、 嘉靖癸亥刑部河南司郎中曹大川	明万历四十四年 （1616 年）	杨柳坊关帝庙右
荣寿坊	百岁张翱、八十九岁张四教、进士张孝	明万历四十六年 （1618 年）	华光坊都邮街
司农经国坊	户部侍郎蹇达	明万历四十八年 （1620 年）	灵壁坊正街
豫章抚台坊	都御史曹大埜		府文庙右
父子进士坊	江中跃		凤凰台左响水桥侧
天宠荣褒坊	胥从化	万历年间	东水坊大十字街
兄弟解元坊	刘春、刘台		朝天门月城内
阁学坊	刘春	万历年间	储奇门十字
内侍清臣坊	刘起宗、刘世赏、刘彭年		
御史坊	曹大埜	万历年间	府学泮池左

续表

名称	旌表人	创修年代	所在地
三品京堂坊	都御史刘应箕		翠微坊陕西街

资料来源：朱之洪，向楚，等. 巴县志：卷二：建置下 [M]. 刻本，1939（民国二十八年）.

重庆科举建筑颇多，下面就代表性建筑进行简要介绍。

一、重庆綦江伍氏兄弟进士牌坊❶

原綦江文龙中学旁边有一座石刻古牌坊。牌坊掩映在一片高低错落的民房中，牌坊的下面是云贵川通衢古道。古牌坊雄跨在这条古道上。

牌坊分三个孔，中间的孔最大，是通道，两边稍窄，约 12 米宽，高约 9 米（见图 6-1）。

图 6-1　重庆綦江伍氏兄弟进士牌坊（1）　　重庆綦江伍氏兄弟进士牌坊（2）

牌坊两旁的石柱上刻有"兄弟进士"几个字，它旁边的小字已被风雨浸润得模糊不清。从上面的刻字来看，牌坊修建于同治七年（1868 年），距今已有150 多年。虽然历经风雨，上面的书法字迹和雕刻艺术仍然显得十分精美。

经考证，这座精美的牌坊是清朝时期，官方为嘉勉綦江教育以及伍氏科第业绩而立下的。道光年间，綦江伍氏绍曾公之子，有辅祥、浚祥、奎祥同胞兄弟三人，在十二个年头内相继考取进士。这在当时朝廷上下以及川、黔一带，颇为引人注目，他们曾被赞誉为"古南（邑中）三凤"而传为盛事佳话。

二、重庆的文庙魁星阁

魁星阁，是为儒士学子心目中主宰文章兴衰的神魁星而建的。在中国，很

❶　伍氏遗迹：重庆綦江伍氏兄弟进士牌坊 [EB/OL]. [2021-10-29]. https://www.chinawu.com/culture/detail/?newsId=6510b431e6b0a1d3.

多地方都建有"魁星楼"或"魁星阁",其正殿塑着魁星造像。魁星面目狰狞,金身青面,赤发环眼,头上还有两只角,仿佛是鬼的造型。魁星右手握一管大毛笔,称朱笔,意为用笔点定中式人的姓名,左手持一只墨斗,右脚金鸡独立,脚下踩着海中的一条大鳌鱼(一种大龟)的头部,意为"独占鳌头",左脚摆出扬起后踢的样子以求在造形上呼应"魁"字右下的一笔大弯勾,脚上是北斗七星。曾考《天官书》,"魁枕参首"正义曰:"魁,斗第一星。"又考斗戴筐六星,其三曰"贵相",理文稽,六曰"司禄",赏功进士,统曰"文昌宫"。故士举于乡,题曰文魁,盖取其第一之义,又将受禄于朝,而上应乎司禄之权。❶同治二年(1863年)刻本《綦江县志》卷三载:"壬辰岁重修城垣,得闻是议,即欣任之。爰卜城东前明攀桂楼旧址辟地筑基。日者曰此适圣庙,天禄方查明时科名最盛,仕宦亦隆。自攀桂楼催始渐替。是役之兴,殆不容缓。爰匦筹款鸠工正材,立坤艮向,朝拱文庙,建阁三层,凌霄百尺,六面疏棂,玲珑丹黝。工竣,都人士莫不手额称庆,谓数十年谋之不足。今侯只手成之有余,而且试院聿新,文昌重焕所以扶持文运者至矣。"

图 6-2 是晚清时期重庆的文庙魁星阁旧照,老照片中的魁星阁是一座三楼一底共四层的八面体塔式建筑。魁星阁通体气势宏伟,前后飞檐翘角,精致盎然,拱斗落彩在城下。整个阁楼伫立在前,远远望去高大雄伟,甚至给人一种漫天之下流光溢彩的精美景象。

图6-2 重庆文庙魁星阁

---

❶ 刘绍文,洪锡畴,等. 城口厅志:卷二十:艺文志 [M]. 刻本,1844(清道光二十四年).

三、重庆举人楼

举人楼，又名陈举人大院。位于重庆市北碚区蔡家岗镇莲花村酢房沟，大院是清朝末期举人陈介白的儿子陈庚虞为了纪念其父为官清廉而修建命名的。民国二十八年（1939年）刻本《巴县志·卷十下》记：

> 陈介白（巴县人），字香荪，西里蔡家乡人，光绪十五年己丑恩科举人，以大挑知县，试用贵州，历署开州、清镇、荔波等县，皆有循绩，旋补授修文，未及两年为大吏引重调任贵筑。贵筑为黔中首县，号难治，署有承审官三四员，然遇疑狱重案，介白必坐堂皇亲鞫之，尝一日审结数十案，民皆以为不冤，逾年升补罗斛厅同知，复调署赤水，值国变，罢归县，人服其德，望推主县属团练出，内诸务策画周至与论推服。民国四年总统袁世凯觊觎帝号，不敢遽行，乃欲托诸民意，檄天下省县，县推绅耆一人刻期赴省城共商国体，密授意疆吏于莅会时，以威力劫制之，使人人皆主君宪，无异议檄到后，县中人士咸推介白，介白作色曰："吾虽老，无状不能为新莽陈颂功德，诸君奈何以是挽我耶？"坚拒不肯行，当是时袁氏声势倾，天下功名之士望风承旨，方且奔走攀附之不暇，而介白独毅然不屑，其度量相越，岂不远哉？介白为人和易，当里居时有通候者，无论田夫野老，皆乐篇晋接，其辞气蔼然，然于失行之士，虽文采烂然，为邦人所称誉者，介白亦阴阴之。民国二十五年卒，年八十四。

举人楼（见图6-3）位于北碚区中环快速路旁，离蔡家隧道不远。沿着小路，穿过丛林，宅院大门正面是八字朝门，高约9米，非常气派。而八字朝门背后别有洞天，一个像凉亭一样的建筑，翘檐如月，与八字朝门连为一体。来到院内，参天古树，把两层小楼笼罩得密密实实。小径、石梯、走廊、鱼池、花园……这曲径通幽、庭院深深的院落，阳光照进，碧绿的藤蔓植物爬上木窗棂，让这里有了别样的宁静。

图6-3　重庆举人楼（1）

重庆举人楼（2）

因为陈介白的儿子陈庚虞在修建时，专门请了外国设计师亲自到北碚进行设计和建设，所以举人楼兼具西洋、中式和重庆传统地方建筑风格，这在重庆是很罕见的。主体建筑为庑殿式屋顶的砖木结构，四面有回廊、廊柱、栏杆。举人楼主要由大门、前院坝、主体建筑、厢房、后院组成，其中有罗马柱、四合天井等，处处彰显出西学东渐的特征。举人楼占地约10亩，建筑面积960平方米，是20世纪30年代折中主义建筑形式。480平方米的歇山式屋顶穿斗式砖木结构连排楼阁，八字朝门构筑精美，柱头上雕刻着各式各样的花纹。大院形成别具风格的近代园林艺术建筑，同时具有中式和西式的建筑风格，两楼一底共有20间房，每间房里都设有一个高1米、宽1米的壁炉，天花板上也刻有各式各样的白色花纹，保存较完好。院内有一个四合院和一栋两楼一底的楼房，周边桂花、黄桷兰、古榕、银杏等众多古树名木成荫。❶

四、涞滩文昌宫

涞滩文昌宫（见图6-4）位于重庆市合川区。文昌宫占地面积约4000平方米，建筑面积725平方米。坐北朝南，建于清代中晚期。整个建筑呈四合院布局，由戏楼、大成殿以及左右厢房组成。其中大成殿为悬山顶抬梁式木结构建筑，厢房为穿斗式建筑，戏楼为歇山式建筑。布局严谨，对称协调，符合中国传统建筑的对称要求。

图6-4　涞滩文昌宫（1）　　　　　　　涞滩文昌宫（2）

门外石柱上刻着楹联，上联为"深入其门须防失足"，下联为"果能此道自应出头"。该联对仗工稳，富有深刻的哲理，细细品味，引人深思。从字面上理解就是，如果你要踏进文昌宫的门，须谨慎以防失足跌倒；如果坚持走下去，你一定能走到它的尽头。对联出现在文昌宫，就另具一番寓意了。

---

❶　重庆举人楼修缮动工 揭秘文物的前生今世［EB/OL］.［2021-10-30］. https://www.cqcb.com/county/beibeiqu/beibeiquxinwen/2018-04-14/780370.html.

大成殿高 15 米，面阔 18 米，进深 25 米，面积约 450 平方米。文昌宫大殿内原塑有文昌像。文昌亦称"文曲星"或"文星"，是中国古代对斗魁（魁星）之上的六星总称，古时的星相家们认为它是吉星，主大吉，后被道教尊为主宰功名、禄位的神。原涞滩文昌宫大殿所塑的文昌像居于台之中，庄严肃穆，两旁侍从按官位排列成八字形，其中两侧童子像较为特别，一个是"天聋"，另一个是"地哑"，据说这是文昌帝君所独有的两尊神。涞滩文昌宫建成后，当地和过往的文人墨客、秀才、贡生以及学子都要来此祭祀文昌。之后又在该宫旁建起了一座魁星楼（已毁），楼内塑有魁星像，其像面目狰狞，赤裸上身，腰系围裙，手持朱笔，赤足单脚而立，象征独占鳌头之意。废除科举制度后才停止了祭祀活动。

第四节　清代重庆与科举相关的祭祀活动

祭祀是古代重要的礼制活动，与社会生活各方面息息相关。在古代，与科举相关的祭祀活动十分普遍且颇受重视。相关的祭祀活动既表现了古人对于先圣和知识的崇敬，更加表达了学子对于科举的重视与渴求科举中式的愿望与决心。

一、重庆文昌宫祭祀活动

古代由于科场竞争激烈，成败难定，学子们渴望科举中式的愿望亦十分强烈，因此社会上流行浓厚的科名崇拜习俗。因科举而兴起的考试迷信与魁星崇拜、文昌信仰，当时在全国各地都曾长期存在。"每当科举岁，士人祈祷，赴之如织。"❶ 至嘉庆六年（1801 年），嘉庆皇帝特命重修京师地安门外文昌帝君庙，之后天下州县几乎处处建文昌宫，"今文昌之祀遍天下，隆重几与文庙等"。❷ 重庆各地均建有文昌庙，如《南川县志》载："文昌帝君庙在城内西街，康熙十一年知县何正兰建，乾隆十年知县陆玉琮清厘界址，修庙宇大门三间，乾隆十五年教职饶裕率众建乐楼，乾隆五十年知县原敬德率绅耆重修，历年从远半就倾圮，且规模亦陋，道光丙午知县魏崧复倡修，正殿五楹，两廊各三楹，下建亭宇更衣诸所，殿前乐楼一座，局度巍峨，宫阙壮丽，瞻仰之际，咸称大

---

❶ 洪迈. 夷坚志：卷八 [M]. 北京：中华书局，1998.
❷ 陈其元. 庸闲斋笔记：卷六 [M]. 北京：中华书局，1989.

观焉，今废。"❶《秀山县志》载：秀山县"文昌祠，古七祀司命也。春祭以二月三日，秋用部颁日。牲太牢，礼同武庙。二祀共支银十四两。祠在东门外，临江面城。嘉庆六年，知县金科豫建乡民祠，不可胜纪"❷。

据民国二十八年（1939年）刻本《巴县志·卷五》记载：

文昌宫祀文昌帝君。清嘉庆间诏称："帝君主持文运，崇圣辟邪，海内尊奉，与关圣同，尤宜列入祀典。"于是大学士朱珪撰碑记，略言："文昌星载天官书，所谓'斗魁六星，戴匡曰文昌宫'是也。尚书'禋六宗'，孔疏引郑玄云：'皆天神，司中、司命，文昌第五、第四星也。'周礼大宗伯：'以槱燎祀司中、司命。'郑注谓文昌星。然则文昌之祀，始有虞，著周礼，汉、晋且配郊祀。元命苞云：'上将建威武，次将正左右，贵相理文绪，司禄赏功进士。'是爵禄、科举职司久矣。又言帝君周初为张仲，孝友显化，隋、唐为王通、魏徵云，云而恽敬文昌宫碑阴录。据晋书天文志，文昌六星在北斗魁前，天之六府也，四曰司禄司中司，隶赏功进士，与天官书，四曰司命，五曰司中，六曰司禄。不同然自属天星崔鸿，后秦录姚苌随杨安伐蜀，至梓潼岭见一神，人谓之曰君，早还秦，秦无主，其在君乎？苌请其姓氏曰张恶也。后据秦称帝，即其地立张相公庙祀之。常璩华阳国志，梓潼县善板祠一名恶子民，岁上雷杼，十枚璩志，终于永和三年在苌称帝。前五十余年是苌之前，已祀恶子矣。唐僖宗封顺济王，太平寰宇记顺济王本张恶子，晋人战死而庙存，文献通放从之，宋真宗改封英显王，哲宗加封辅元开化文昌司禄帝君，元加号宏仁，而神号与星名附会为一妄者，遂有司禄之。

盖清嘉庆五年，潼江寇平，初寇窥梓潼，望见祠山旗帜，欲退。于是发中帑重新京师文昌祠，祠沿明成化以来久圮，灵异既彰，六年制诏省府州县皆祀。文昌咸丰六年，跻中祀，牲用太牢，二跪六拜，乐六奏，文舞八佾，复进。崇其先三代立后殿，三代名氏无籍可稽，遂题神牌曰："文昌帝君之先代，每岁二月初二诞日，为春祭仲秋则取日致祭，当时文士尤崇信之，利禄之中于人心久矣。"祠在治西北，建自唐开元二年，明清以来皆重修，乾隆三十二年毁于火，知县王尔监重修，今在神仙口，中华民国元年下令废祀。❸

以下根据城口厅的志书材料，叙述清代文昌庙的科举祭祀活动。

---

❶ 魏崧，康作霖. 南川县志：卷三五：祀典志 [M]. 刻本，1851（清咸丰元年）.

❷ 王寿松，李稽勋. 秀山县志：卷七：礼志 [M]. 秀山自治县档案局，整理. 北京：方志出版社，2012：158.

❸ 朱之洪，向楚，等. 巴县志：卷五：礼俗 [M]. 刻本，1939（民国二十八年）.

嘉庆六年，诏列入祀典，岁春秋仲月，致祭。春二月三日，秋诹吉日。祭品仪注均如祭武庙之礼。

文昌帝君祝文：

维神迹著西垣，枢环北极。六匡丽曜，协昌运之光华。累代垂灵，为人文之主宰。扶正久彰，夫感召荐。宜致其尊崇。兹当仲春（秋），用昭时祀，尚其馨格，鉴此精虔。尚飨！

文昌后殿

嘉庆六年，太常寺奏：文昌帝君三代姓名，查无确据，徽号无凭。谨拟木主，题文昌帝君先代神位，致祭均如武庙后殿之仪。

祝文：

祭引先河之义，礼崇返本之思。矧夫世德弥光，更赏斯及祥钟，累代炯列宿之精灵，化被千秋，纬人文之主宰。是尊后殿，用答前麻。兹当仲春（秋），肃将时祀，用申告洁，神其格歆。尚飨！❶

二、重庆关圣帝庙祭祀活动

关帝像往往手捧《春秋》而读，也称"文衡圣帝"，关帝不仅会武功，而且会读书，因此关帝庙也是举子们常去的一个地方。例如，赴京应试的举人往往在会试之后、发榜之前到北京正阳门前关帝庙（俗称前门关庙）抽签问卜。❷我国台湾（道光三年）进士郑用锡《北郭园诗文钞稿本》于《感悟》诗后附记《正阳关圣签诗》说："京师正阳门圣帝签诗，灵验著于天下。余于癸未春闱赴试，适有友人告余到庙叩求签诗，以卜功名上进可否。因如命叩请，求得此签。"❸ 以下根据城口厅的志书材料，叙述清代关圣帝庙的科举祭祀活动：

雍正三年，诏加尊帝号为"忠义神武关圣大帝"，追封三代公爵。乾隆五年，颁定祭品仪注。九年，颁定祭文。十年，诏加尊号灵佑。嘉庆十九年，诏加尊号仁勇，岁春秋仲月上辛致祭。

祭品：

帛一，尊一，爵三，牛一，羊一，豚一，登一，铏簠二，簠二，簋二，笾

---

❶ 朱华忠，唐光荣. 城口厅志：卷十一：祀典志（1942 年编）［M］. 点校本. 重庆：重庆出版社，2011.

❷ 刘海峰. 科举民俗与科举学［J］. 江西社会科学，2006.

❸ 汪毅夫. 地域历史人群研究：台湾进士［J］. 东南学术，2003.

十，豆十，炉十，灯二。

仪注：

祭日，前后殿承祭官咸朝服诣庙，赞引、赞礼各二人，引由庙左门人，分诣前后殿。各升阶至殿门外，就拜位前北面立。典仪赞、执事官各共乃职（以下自迎神至望燎，皆典仪唱赞），赞、引赞就位，承祭官就拜位乃迎神。司香奉香盘进，赞引赞就上香位，引承祭官由殿左门入，诣香案前，赞上香，司香跪奉香，承祭官上柱香，次三上瓣香。赞复位，引承祭官复位，赞跪叩兴（以下行礼，皆有赞）。承祭官行三跪九叩礼，后殿赞引引后殿，承祭官诣三案上香，行二跪六叩礼，奠帛初献爵。司帛奉篚，司爵奉爵进至神位前，司帛跪奠帛，三叩。司爵立献爵，奠正中，皆退。司祝至祝案前跪，三叩，奉祝版跪案左。承祭官跪，司祝读祝毕。奉祝版诣神位前，跪安干案，叩如初，退。承祭官行三叩礼，后殿执事生奠帛献爵，司祝读祝，各如仪。亚献司爵献爵奠于左，终献司爵献爵奠于右后殿，以次毕献，均如初送神。承祭官行。三跪九叩礼，后殿承祭官行二跪六叩礼。有司奉祝，次帛，次馔，次香，恭送燎所。承祭官避立拜位旁东面，候祝帛过，复位，引承祭官望燎。告礼成，引退。后殿承祭官望燎，引退如仪。

忠义神武灵佑仁勇关圣大帝祝文：

维帝浩气凌霄，丹心贯日。扶正统而彰信义，威震九州。完大节以笃忠贞，名高三国。神明如在，遍祠宇于寰区。灵应不昭，荐馨香于历代。屡征异迹，显佑群生。恭值嘉辰，遵行祀典，筵陈笾豆，几奠牲醪。尚飨！

关帝后殿：

曾祖先昭公

祖裕昌公

父成忠公

祭品：三案各帛一，羊一，豚一，铏一，簠簋各二，笾豆各二，尊一，爵三，炉一，镫二。

仪：同前殿，惟二跪六叩礼毕。

祝文：

维公世泽贻麻，灵源积庆。德能昌后，笃生神武之英。善则归亲，宜享尊崇之报。列上公之封爵，命锡优隆，合三世以肇，典章明备，恭逢诹吉，祇事荐香。尚飨！❶

---

❶ 朱华忠，唐光荣. 城口厅志：卷十一：祀典志（民国三十一年编）[M]. 点校本. 重庆：重庆出版社，2011.

三、重庆名宦祠、乡贤祠等祭祀活动

重庆名宦祠、乡贤祠等的祭祀活动，所祭祀的主要是名宦良吏，或学问渊博之人，或至忠至孝之人，从表6-3可以窥见，其中多数是科举出身。拜祭者主要是当地士人和官学生员，意在以先贤为榜样，弘扬儒家文化，当然更会激发学子心中努力向学、追慕哲人先贤、想要通过科举考试获得功名成就一番事业的决心，因此对当地科举发展也具有重要意义。《秀山县志》载：秀山县名宦祠"在学宫戟门左，乡贤祠在戟门右，皆于丁祭毕，学官主其祀，牲用少牢。旧官师有恩德在民例祠，名宦皆未经列请入主。今祠惟总督戴三锡，布政使董教增二人，则四川州县所通祀也。乡贤祀太仆寺卿糜奇瑜忠义孝弟，祠无主名"❶。据民国二十八年（1939年）刻本《巴县志》载："孔庙附设名宦乡贤祠，盖依古者有功于民则祀之，及没而祭于社之义，清定制，以本人没身三十年后，由亲族邻里造具事实清册，结报本县教官或同乡京官，加具考语转详，该管上官奏准入祠，分别名宦乡贤等，各于其类，安设牌位，通令所在有司，于每岁春秋丁祭时，派员诣祠致祭。"从中可知乡贤祠、名宦祠人物需有功于民，实有政绩，且有选拔、考察的特定步骤，以其贡献与政绩教化后世，移风易俗，更可激励学子努力向学，争当先贤。

下面以綦江县为例，叙述名宦祠、乡贤祠的祭祀活动：

名宦祠：

祭品：帛一，羊一，豕一，笾四，豆四，尊一，爵三。

仪注：分献官，一人公服，诣祠致祭，读祝望燎，行三叩礼如仪。

祝文：

卓哉，伟公懋修厥职，泽被生民，功垂礼稷，兹维仲春秋，谨以牲醴用申常，祭尚飨。

乡贤祠：

祭品仪注同名宦。

祝文：

于维翼公孕秀兹邦懿德卓行奕世流芳兹惟仲春秋谨以牲醴用申常祭尚飨。❷

---

❶　王寿松，李稽勋. 秀山县志：卷七：礼志［M］. 秀山自治县档案局，整理. 北京：方志出版社，2012：158.

❷　杨铭，伍濬祥. 綦江县志：卷四：祠祀［M］. 增刻本，1863（清同治二年）.

表6-3 綦江县、彭水县乡贤祠祭祀人物一览表

彭水县	綦江县
汉孝廉柳敏	永乐辛卯科举人杨亨
宋进士文涣	永乐辛卯科举人袁恭
进士冯章	户部云南清吏司主事刘定昌
进士项德	清诰封中宪大夫伍绍曾
明举人周礼	道光辛巳恩科举人罗星
贡生颜之学	
贡生孟献	
贡生何时杰	

资料来源：庄定域，支承祜，等. 彭水县志：卷二：祠庙志［M］. 刻本，1875（清光绪元年）；綦江县志：卷四：祠祀［M］. 增刻本，1863（清同治二年）.

第五节 清代重庆科举的若干认识

明清科举在前朝的基础上，进行了制度上的改革创新，使其高度规范化、制度化，更加严密、完备，发展至鼎盛时期。明洪武十七年（1384 年）所颁布的"科举程式"规定，科举为三级考试制度，即士子需要通过乡试、会试和殿试三级考试，才可能金榜题名。这一程式为明清两代科举奠定了基础，自此之后直到 1905 年停罢的 500 多年间，科考模式基本上没有发生重大变化，成为名副其实的"永制"。"科举永制"为科举的进一步发展提供了制度上的保障。这表明：在传统社会特定的历史条件下，体现公正性的科举制度有其存在的合理性，其发展的空间也依然存在。❶ 但由于地域的不同，科举在各地的发展极不平衡，清代时期重庆科举总体上有以下几方面特征。

一、清代重庆科举的主要特征

清代重庆科举是区域文化教育与吏治治理的综合，其影响力与所涉及社会领域一样，是复杂而多元的。此处，从科举自身及社会功能方面加以联系，结合思考，提炼其主要特征如下。

---

❶ 刘海峰，李兵. 中国科举史［M］. 上海：东方出版中心，2006：280.

（一）清代重庆科举人才空间分布

清代时期重庆科举人才空间分布呈现了两个特点。

（1）科举人才分布范围扩大。清代时期重庆科举习尚浓郁，蔚成风气，纵使偏远僻陋之地，或刚经改土归流接受中原文化教育影响的少数民族地区的士子也竞相应考，并不乏中举之人。据《璧山县教育志》统计：璧山县清朝中举者 52 人，另有武举 17 人，中进士 9 人，其中有 7 人进入翰林院。少数民族地区，以土著居民为主的石柱县，位于湘、黔、渝的交界处，土司统治时期，石柱无书院，仅有私塾。乾隆《石柱厅志》记载，"诸生甫入胶庠，即训蒙糊口"，"故有终身不应秋试者，谋温饱而无远志，此亦士习之积弊也"。❶ 土司时可考的贡生，明代仅 1 人。

（2）科举功名及第主要集中于重庆教育发达地区，其他地区则相对较少。清代重庆府所辖州县居于教育发达地区，此现象主要是由于科举与教育密不可分的关系。统计数字显示：清代全川教育文化中心继续向东南推移，重庆的教育发展仍十分迅速，进士人数更是在四川省内独占鳌头。川东地区科举在重庆的带动下发展较快，尤其是忠州异军突起，有父子皆进士、一门三进士、一榜五举人的记载❷，逐渐成为川东地区一个重要的教育基地，这是以往朝代所没有的。而渝东南少数民族聚居司县均属土司统治，教育也主要面向土司上层领域，教育普遍落后，虽然历代中央王朝十分重视民族地区的治理，在客观上促进了民族地区教育的发展；但与其他汉族地区相比，民族地区的教育发展并不均衡。由于民族地区境内大多沟壑纵横，交通极为不便，主要农业生产方式还是"刀耕火种"，家庭手工业也多是自给自足。所以经济严重滞后而导致教育落后，教育落后必然导致科举人才匮乏。

（二）清代重庆进士的时间分布

自顺治二年（1645 年）首开乡试，至光绪三十一年（1905 年）废除科举，清代科举共延续了 260 年，正规科举考试共举行了 112 科。清代是中国科举史上录取人数较多、实施比较连贯的朝代，也是科举制度发展的最后一个时期。考察清代重庆进士的时间分布状况，对于探讨清代重庆进士群体，乃至人才分布规律和研究清代重庆科举发展情况与当地人文地理的关系，都有积极意义。

以下首先介绍近些年来学界就此论题所作的研究结果，呈现为表 6-4。

---

❶　石柱县志编纂委员会. 石柱县志 [M]. 成都：四川辞书出版社，1994：116.
❷　忠县志编纂委员会. 忠县志 [M]. 成都：四川辞书出版社，1994：492.

表6-4　清代历朝全国及重庆开科次数与进士总数

朝代及年限	开科次数	进士总数		占全国比例
		全国/人	重庆/人	
顺治十八年	8	3064	2	0.07%
康熙六十一年	21	4088	15	0.37%
雍正十三年	5	1499	9	0.60%
乾隆六十年	27	5385	43	0.80%
嘉庆二十五年	12	2821	25	0.89%
道光三十年	15	3269	16	0.49%
咸丰十一年	5	1046	2	0.19%
同治十三年	6	1588	4	0.25%
光绪三十四年	13	4088	3	0.07%

资料来源：李润强. 清代进士的时空分布研究 [J]. 西北师大学报：社科版，2005（1）：62.

将表6-4中每一朝重庆进士总数按照降序排列，分别是乾隆朝、嘉庆朝、道光朝、康熙朝、雍正朝、同治朝、光绪朝、顺治朝、咸丰朝。将表6-4中的重庆地区进士录取人数数据，用坐标图表示出来，可得到"清代历朝重庆进士录取人数曲线图"（见图6-5）。

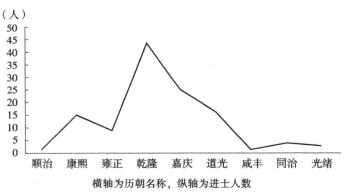

横轴为历朝名称，纵轴为进士人数

图6-5　清代历朝重庆进士总数变化图

由表6-4和图6-6可以看出，坐标图曲线整体变化颇大，且前期属于曲折上升阶段，在乾隆时期达到顶峰，然后一直呈现下降趋势。此变化规律与朝代科举政策、时局变化以及重庆地区社会环境变化有着密切联系。现在这里略陈拙见，对这一时期的变化情况进行必要的分析。

明末清初，张献忠农民起义军控制四川，建立大西政权。清代建立后，开始建立对全国的统治。顺治末年，四川大部分地区已被清军控制，但直到康熙二年（1663 年）清总督在重庆补筑通远门城墙，加强城防，清朝在重庆的统治才得以巩固，长达 19 年的重庆争夺战才告一段落。这一时期，时局动荡，当地的学校教育和学子们赶赴科举的热情以及现实条件都受到打击，直接影响了进士数量的多寡。因此，顺治前期重庆进士数量很少。

但是，面对重庆地区时局动荡的情形，统治者迅速稳定政局，整顿重庆学校教育，并采用积极的科举政策。清代地方官学的重振，得益于政府的支持与倡导。除了发布兴学弘儒政令、向著名学校赐送相关书籍，清政府还颁发各种匾额，在学宫营造国家重视兴学育才的氛围。在有效的整顿措施下，重庆地区不但学校数量增加、规模扩大，制度还更为严密。除正规的府、州、县学外，社学和义学普遍兴起。这些都标志着重庆清代教育新的进展。"我国家稽古右文，学校之设于斯大备，添设书院、义学，经明行修之士代有其人，后生英隽宜何如鼓舞而奋兴也。"❶ 该段议论文字源自重庆所辖的奉节方志类书籍，大致可以反映出清代前期重庆官学扩展状况的某种侧影。此外，统治者采用科举考试的手段笼络知识分子，不仅要消解他们的反抗情绪，还要吸引他们加入新政权，因此，需要大量的士人出身的官吏充实各级官府。同时，从汉族士人角度来说，清王朝实行科举制度选拔官吏，在某种程度上表明对汉文化的认可，明末以来蛰伏不久的科考热情被重新引燃，除一些发誓不仕新朝者外，大部分汉族士人在稍事观望之后，纷纷加入科考。所以，在顺治帝在位的 18 年中，一边是科考名额非常充分，一边应考者越来越多。自顺治二年（1645 年）以后，乡试数额不断增加，而且又出现副榜，当年恩诏"直省乡试卷，有文理优长、限于额数者，取作副榜，与正榜同发"❷。另外，由于文化教育具有滞后性的特点，重庆地区学校教育的恢复不是一朝一夕之事，而教育发展所带来的对于学子科举中式的积极影响也具有长期性。而且，重庆进士数量的变化与考试定额相关。顺治十二年（1655 年）规定，会试"每科临场，照各省应试举人名数多寡，随时分配中额"❸。这就说明，会试中额是按照各省当年参加考试的举人的数额来定的，一般考试人数多，那么必然贡士、进士人数就多。这样，那些乡试中额多的省份，毋庸置疑，每科参加会试的人数就多，即乡试人数直接决定进士人数。这个规定注重考试的公平性，但忽略了地域文化水平的差异。由于历史造成的文化差异，各省的教育水平相去甚远，从一开始乡试名额实际差距

---

❶ 曾秀翘，杨德坤. 奉节县志：卷十八：学校 [M]. 刻本，1893（清光绪十九年）.
❷ 大清会典事例：卷三百九十九：礼部　贡举　乡试中额一 [M]. 刻本，1651（清顺治八年）.
❸ 清会典事例：卷三百五十：礼部　贡举　会试中额一 [M]. 1796（清嘉庆元年）.

很大，这会进一步加剧地区之间文化的差异，造成边远地区文化更加落后。康熙五十一年（1712 年），下谕旨："近见直隶各省考取进士数额，或一省偏多，一省偏少，皆因南北卷中，未经分别省份，故取中人数甚属不均。……自今以后，考取进士数额，不必预定，俟天下会试之人齐集京师，著该部将各省应试到部举人实数，及八旗满洲、蒙古、汉军应考人数，一并查明，预行奏闻。朕计省之大小人之多寡，按省定取中进士数额。"这种进士中额的分配方法，以直省为单位，既考虑到了各地区文化差异，又兼顾到省份大小、人数多少。这种方法与前面的制度相比，在不增加进士中额的前提下，对文化欠发达地区的士子比较有利，对科举大省的士子却有所限制。❶

清初，在战乱的破坏下四川人数骤减，国家采取"湖广填四川"的政策，对四川地区进行恢复和稳定。浩浩荡荡的移民运动也为重庆带来了许多人才，有许多移民及其后代都通过科举成为进士。除此之外，重庆地区进士数量与国家开科次数成正比，清朝前期全国开科次数呈增长态势。因此，这些因素使得清朝前期重庆进士数量的变化虽有曲折，但仍呈现增长的态势。

这里需注意一点，嘉庆时期重庆进士虽然数量减少，但这是全国开科次数过少导致；在占全国比例上有所增加，这表明重庆进士是成增长态势的，这与嘉庆帝提高乡试和会试名额有关。嘉庆帝即位之初，由于嘉庆元年（1796 年）这一科同时兼正科和恩科两种性质，就借登基之吉庆，较大幅度地提高了乡会试中额，由乾隆六十年（1795 年）的 111 人增至 144 人。同时下令增加中额，"会试额数，俟礼部临期奏明人数，请旨酌量广额。乡试大省加三十名，次省加二十名，小省加十名，满洲、蒙古加六名，汉军加三名"❷。自下一科，即嘉庆四年（1799 年）起施行。据计算，这次乡试加额总共约 340 名。与此相关，进士中额也有明显增加。❸

道光朝以后，尤其自咸丰至光绪年间，重庆科举与清末科举制度一起逐渐走向衰落，重庆的进士数量呈现下降态势。咸丰年间起，内忧外患，太平天国发展壮大，太平天国纵横长江流域及以南地区达十余年，严重打击了清王朝的统治，对这些地区的科举考试也有很大影响，致使科考停止、延期或借闱他省，士子或逃亡，或无暇顾及举业，不能如期赴考。咸丰年间，太平天国发展迅速，清廷因战事吃紧，长江中下游省份的科举考试都受到了不同程度的影响，如咸丰八年（1858 年）乡试年，有广东、广西、云南、贵州、江西、福建和江南七

❶　李润强. 清代进士群体与学术文化［M］. 北京：中国社会科学出版社，2007：66.
❷　清会典事例：卷三百四十八：礼部　贡举　乡试中额一［M］. 1796（清嘉庆元年）.
❸　清会典事例：卷三百四十八：礼部　贡举　乡试中额一［M］. 1796（清嘉庆元年）.

省停考，湖北推迟至九月举行，浙江推迟至十月举行。咸丰九年（1859 年）乡试，又停广东、广西、云南、贵州和湖南五省考试。咸丰十一年（1861 年），停考的省份更多，达到十省，几乎长江以南的地区都涉及，计有云南、贵州、福建、江西、湖南、江南、浙江、四川、河南和山东。同治元年（1862 年），停考六省，包括云南、贵州、江南、四川、浙江和陕西。❶ 与此同时，鸦片战争后，随着新思想的传播，一些进步的知识分子提出资本主义改良的主张，对封建旧制度包括科举制度进行了深刻的批判。西学东渐以及新式学堂的兴办，对传统的科举考试构成了冲击。当时重庆地区属于四川，都在停考之列，致使重庆进士数量受到很大的影响，以上种种因素使重庆的举子们在光绪朝 34 年间 13 场科考中只有 3 人考取进士，平均人数跌至最低。

1840 年之后，重庆地区受到战争的侵扰颇大。以英国为代表的西方列强对中国发动了罪恶的鸦片战争之后，资本主义列强从我国沿海逐渐侵入长江中游地区的汉口。1869 年后，英国政府不断派人到重庆搜集情况，进行研究。1876 年 6 月，英国公使威妥玛向清政府提出要求，其中之一就是要求清政府允许英国在云南大理等地和四川重庆派驻领事。同年 9 月，《中英烟台条约》把宜昌开为商埠，并规定英国可派员驻渝查看商务，使侵略者步步向重庆逼近。1890 年 3 月 31 日，中英两国在北京签订了《烟台条约续增专条》，辟重庆为通商口岸，英国终于实现了夺取重庆以扩大商务的战略目标，将其侵略势力延伸至长江上游最末端的一个通商口岸。1891 年 3 月 1 日，由英国人掌握的重庆海关的建立，标志着重庆正式开埠，从此重庆开始沦为半殖民地半封建城市。在时局如此动荡的情况下，重庆地区的教育和科举发展自然受到重创。

（三）清代重庆科举与四川的比较

重庆原属四川省管辖，后独立成直辖市，因此重庆科举制度的发展自然与四川的科举概况息息相关，了解四川省的科举成就对重庆科举制度的研究大有裨益。

比较研究是一种思维模式，更是一种方法。将两个及以上的对象或事物加以对比，发现其中的异同特点，能深化认识，更便于拓宽视野，启迪阐发或推广借鉴，是一种科学研究不可少的途径或模式。比较研究的各个对象须有共同的基础，也应有各自不同的特征，并有比较明确的主题内容。当然在重庆科举考试与四川的比较中，带有一定的模糊性，这一方面是目前搜求材料的匮乏和艰难，另一方面是在清代的区域管辖之内四川行省包括今天重庆直辖市的范围。

---

❶　李润强. 清代进士的时空分布研究 [J]. 西北师大学报：社会科学版，2005（1）：64.

因此在科举人士的分布、科举家族的兴起以及科举比例、密度等方面都有融合的特点。不过，比较的研究方法还应是一种视野，如果这样理解，仍然是有必要的，也能起到比较法的相应作用。

由于重庆在清朝属于四川行省的一个府级行政区域，因此本问题的探讨带有两方面特色：第一，四川行省的相关科举文献资料中融合了重庆府及其所属厅、县的记录，要从中清楚、准确地分离出来谈何容易，事实上也是难以办到的。第二，有关四川科举的历史叙述及分析统计也包含重庆行政区域内各地的有关内容信息，这为我们说明重庆在区域社会中的定位及所居的水平地位带来了便利。迄今为止，已有四川、重庆的历史学家分别从区域社会史与西南历史地理学的视野进行了精密、深入的研究，这里主要援引他们的成果，以弥补作者对此探究的欠缺，并以此揭示重庆在四川行政区域中的坐标位置，从而提供一种比较视野，深化认识，拓展领域。

前面提到，清代重庆科举状况必然与四川省情况存在交叉融合，而且四川省整体的情况必然深刻影响着作为四川省辖区的重庆地区，因此，有必要对清代四川省的科举情况进行简要了解。

四川于顺治八年（1651年）开始科举考试[1]，乡试录送名额有限，顺治二年（1645年）定各直省每额中举人1名，许送应试生员30名。乾隆九年（1744年）定四川为中省，每额中举人1名，准录送应试生员60名[2]。乡试中额亦有规定，顺治二年（1645年）定四川为84名[3]，按当时四川的在册人口数和纳赋额，这个名额并不算少。以后名额迭有增减，见表6-5。

表6-5 清代历朝四川（含重庆）科举中额表

年份	顺治二年（1645年）	顺治十七年（1660年）	康熙三十五年（1696年）	康熙五十年（1711年）	乾隆九年（1744年）	嘉庆二十五年（1820年）	同治元年（1862年）	同治九年（1870年）
中额	84名	42名	56名	67名	60名	80名	92名	93名

资料来源：王德昭. 清代科举制度研究 [M]. 北京：中华书局，1984：63.

从顺治八年到嘉庆十七年（1651—1812年）的161年间，四川省计出进士332名，举人3913名，共4245名，其时间分布见表6-6。

---

[1] 法式善，张伟. 清秘述闻三种：上 [M]. 北京：中华书局，1982：14.

[2] 席裕福. 政典类纂：卷一百九十三：选举三 文科 录送乡试 [M]. 1903（清光绪二十九年成书）.

[3] 席裕福. 政典类纂：卷一百九十八：选举八 文科 乡试中额 [M]. 1903（清光绪二十九年成书）.

根据嘉庆《四川通志》的记载，从顺治八年至嘉庆十七年（1651—1812年），平均每年四川出进士2名、举人24名。从进士的年均数看，四川省在康熙朝以后有所发展，由年均1名到嘉庆时年均近4名。从举人的绝对数看，以乾隆朝时为最多，有1755名；其次是康熙朝，有1058名。但从年均数看，以雍正朝最高，年均33名；其次是乾隆期，年均29名。

表6-6　顺治朝到嘉庆朝四川（含重庆）进士、举人统计表

朝代	顺治		康熙		雍正		乾隆		嘉庆		合计	
统治时间	10 年①		61 年		13 年		60 年		17 年②		161 年	
分类	总数	年均	总数	年均	总数	年均	总数	年均	总数	年均	总数	年均
进士数量	15	1.5	63	1.0	32	2.5	160	2.7	62	3.6	332	2.1
举人数量	253	25.3	1058	17.3	431	33.2	1755	29.3	416	24.5	3913	24.3

注：①顺治八年（1651年）四川省始开科举士，故顺治按10年算。

　　②该统计至嘉庆十七年（1812年）止，故嘉庆按17年算。

资料来源：据《嘉庆四川通志·卷一百二十二·选举志一》至《嘉庆四川通志·卷一百二十九·选举志八》所列资料统计。

实际上，表6-6中关于四川进士的统计还不完全，特别是缺少嘉庆十七年（1812年）后的情况统计，现根据李朝正《清代四川进士征略》中有关资料，整理、统计成表6-7。

表6-7　顺治朝到光绪朝四川（含重庆）进士数表

朝代	顺治	康熙	雍正	乾隆	嘉庆	道光	咸丰	同治	光绪	合计
统治时间	10①	61	13	60	25	30	11	13	31②	254
进士数量	16	65	29	162	94	108	45	76	185	780
年平均数	1.6	1.1	2.2	2.7	3.8	3.6	4.1	5.8	6.0	3.1

注：①顺治八年（1651年）四川省开科举士，故顺治朝按10年算。

　　②光绪三十一年（1905年）废科举制，故光绪朝按31年算。

下面据有关历史资料对四川、重庆的进士、生员分布情况列表（见表6-8）❶分析，以揭示重庆地区在人才分布上的变化态势。

---

❶ 表6-7和表6-8重庆进士总数不一致的情况是由其历史地理的原因造成的。由于清代四川和重庆的区划变迁颇大，四川和重庆辖区间关系多变以及重庆自身的辖区范围变化多样，很难充分厘清清代四川地区（含重庆）的进士总量。所以，目前两表进士总量有所出入，是正常的现象。

表6-8 清代四川地区（含重庆）进士分布表

地区	人数	地区	人数	地区	人数
成都县	27	华阳县	30	双流县	3
新繁县	6	温江县	9	崇宁县	5
彭县	5	新津县	4	新都县	7
金堂县	5	什邡县	3	崇庆县	4
简州	7	江油县	1	彰明县	2
罗江县	2	绵竹县	3	德阳县	1
安县	2	邛州	6	眉州	5
雅安县	2	荣经县	2	清溪县	1
西昌县	2	乐山县	9	会理州	1
犍为县	9	洪雅县	6	夹江县	5
峨嵋县	3	荣县	5	威远县	4
丹棱县	4	彭山县	2	青神县	1
大邑县	1	浦江县	1	合江县	1
江安县	6	纳溪县	3	泸州	15
资州	6	宜宾县	24	庆符县	5
叙永厅	8	富顺县	20	南溪县	5
珙县	3	长宁县	2	兴文县	3
屏山县	1	隆昌县	7	内江县	10
仁寿县	9	井研县	5	永宁县	1
巴县	19	綦江县	8	江津县	17
南川县	3	大足县	2	铜梁县	10
璧山县	7	定远县	2	长寿县	17
荣昌县	4	永川县	8	涪州	32
江北厅	1	奉节县	7	巫山县	1
开县	5	万县	8	云阳县	4
绥定府	1	达县	10	渠县	6
大竹县	8	丰都县	5	垫江县	12
梁山县	6	酉阳州	4	秀山县	6
彭水县	3	石柱厅	3	阆中县	22
苍溪县	1	通江县	3	南部县	4

续表

地区	人数	地区	人数	地区	人数
南江县	3	剑州	3	巴州	5
南充县	10	西充县	6	营山县	20
仪陇县	3	岳池县	2	邻水县	9
广安州	10	三台县	4	射洪县	5
盐亭县	2	蓬溪县	5	乐至县	2
遂宁县	13	安岳县	12	合州	8
汉州	9	忠州	10	绵州	6
九姓司	1	郫县	4	灌县	5
保县	1	雷波县	1	沐川司	2
不详	1	总计			740

资料来源：蓝勇在《西南文化地理》（西南师范大学出版社 1997 年版）中根据《明清进士题名录索引》统计制成。

据此我们进行一些分析：

第一，从时间上看，整个清代我们统计到四川省有进士 780 人，其中顺治 16 人，占 2%；康熙 65 人，占 8.3%；雍正 29 人，占 3.7%；乾隆 162 人，占 20.8%；嘉庆 94 人，占 12.1%；道光 108 人，占 13.8%；咸丰 45 人，占 5.8%；同治 76 人，占 9.7%；光绪 185 人，占 23.7%。可见光绪、乾隆、道光三朝所占进士最多。从各朝进士的平均数看，基本呈直线上升趋势，清前期年均 1~2 个，中期 2~3 个，后期 5~6 人。固然，科举考试有种种弊端，但在传统社会，科举考试毕竟是衡量一个地区文化发展、知识分子质量和人才数量的重要标准之一（沿海、江浙地区文化发达则相应科举人才多便是明证）。因此，我们可以说，清代四川进士中额随社会的发展不断增多，特别在同治朝、光绪朝之际四川省风气相应开化，更促进了这种发展趋势。

第二，从地区分布看，进士的分布在四川省是极不均匀的，少者一二个，有的州县甚至整个清代未出进士，多者如涪州 32 个，华阳 30 个，成都 27 个，一般来讲这些大多是交通比较发达、风气较开放的地区。成都、华阳为四川省政治、经济和文化中心自不待言，巴县、宜宾、涪州为水路交通要道，富顺是经济发达区域。而进士少的地区相较而言要封闭一些、文化落后一些，例如清溪、屏山、会理、定远、长宁、彰明、汶川、酉阳、古蔺等，这些州县在有清几百年间进士仅一二个，这绝非偶然，反映了这些地区交通、经济、文化的不发展。

为进一步了解分布情况，我们还可大致进行以下归类。见表6-9。

表6-9　四川各（含重庆）州县进士数量分布情况表

进士数	0	1~5	6~10	11~15	16~20	21~25	26~30	合计
厅州县数	28	62	33	9	2	5	3	142
百分比%	19.7	43.7	23.2	6.3	1.4	3.5	2.0	100.0

资料来源：李朝正. 清代四川进士征略［M］. 成都：四川大学出版社，1986.

整个清代没有出一个进士的有27个厅州县，它们是广元、昭化、蓬溪、高县、筠连、马边、雷波、大宁、平武、石泉、冕宁、盐源、越西、名山、芦山、天全、峨边、东乡、新宁、合江、茂州、黔江、叙永、松潘、理番、懋功、太平，在142个厅州县中占19.7%。这些大都是比较偏僻和贫瘠的地区，文化十分落后。进士1~5个的有62个厅州县，占43.7%。10个进士以上的州县不过19个，20个以上的不过8个州县。这一情况大致是与四川省文化落后的程度相适应的。❶

由于清代重庆属四川管辖，因此，重庆科举状况与四川息息相关。从全国范围来看，清代重庆科举的发展状况仍比东部和江南文化发达地区落后，这与四川甚至整个西南地区的落后是紧密相关的。有学者统计❷，清代全国每县进士的平均水准是16人。依据这一标准，可以对全国各省区的情况做一比较，具体数据见表6-10。

表6-10　清代各省进士达到平均水平的县数及百分比表

省份	清代		
	县数/个	达标数/个	百分比/%
浙江	78	32	41.0
江西	82	37	45.1
江苏	72	42	58.3
湖北	70	25	35.7
福建	61	16	26.2
山东	109	48	44.0

---

❶ 王迪. 跨出封闭的世界：长江上游区域社会研究（1644—1911）［M］. 北京：中华书局，2001：446-449. 本部多处引用该书少量内容，特此致谢，并加以说明。

❷ 沈登苗. 明清全国进士与人才的时空分布及其相互关系［J］. 中国文化研究，1999（26）：59-66.

续表

省份	清代		
	县数/个	达标数/个	百分比/%
安徽	58	21	36.2
河南	108	33	30.6
山西	101	35	34.7
陕西	91	21	23.1
河北	144	45	31.3
四川	155	11	7.1
广东	90	14	15.6
湖南	76	13	17.1
甘肃	51	4	7.8
广西	80	8	10
贵州	61	11	18.0
云南	87	12	13.8
合计	1574	428	27.2

资料来源：沈登苗. 明清全国进士与人才的时空分布及其相互关系 [J] 中国文化研究, 1999 (26)：59-66.

从表 6-10 可以看出，清代四川辖 155 县，只有 10 个县达标，百分比则降到了 7.1%，位列倒数第一。在这一背景下，重庆作为当时四川一州府，即便有所发展，也是孤掌难鸣。据资料所载，清代重庆 138 人考取进士，与排名第一的杭州（718 人）❶ 更不能相提并论。

清代的重庆科举，虽然比全国教育发达地区稍显逊色，但在种种因素的作用下，也迎来了历史性进步，中举人数、分布区域等各个方面都有不俗表现。

清朝统治的 200 余年间，重庆府各县士子科考中进士者共 138 人，虽然总数减少，但仍居四川各府州首位，与其他教育发达地区相比，优势依然明显。具体情况如下：重庆府 138 人、成都府 133 人、叙州府 73 人、顺庆府 60 人、潼川府 43 人、嘉定府 41 人、保宁府 41 人。

---

❶ 沈登苗. 明清全国进士与人才的时空分布及其相互关系 [J]. 中国文化研究, 1999 (26)：59-66.

表 6-11　四川、重庆进士分布密度表

地区	进士人数	土地面积（万平方千米）	进士密度（人/万平方千米）	地区	进士人数	土地面积（万平方千米）	进士密度（人/万平方千米）
成都府	133 人	0.98	135.7	绵州	14 人	0.47	29.8
龙安府	3 人	1.09	2.75	杂谷厅	1 人	0.67	1.5
雅州府	5 人	19.85	0.25	宁远府	3 人	4.33	0.7
嘉定府	41 人	1.09	37.6	邛州	8 人	0.27	29.6
泸州	25 人	0.51	49.0	叙州府	73 人	2.08	35.1
资州	30 人	0.88	34.1	永宁州	10 人	0.59	17.0
保宁府	41 人	2.92	14.0	顺庆府	60 人	1.13	53.1
潼川府	43 人	1.35	31.9	重庆府	138 人	2.65	52.1
夔州府	25 人	2.03	12.3	绥定府	25 人	0.89	28.1
忠州	33 人	0.64	51.6	酉阳	13 人	1.24	10.5
石柱厅	3 人	0.35	8.6	眉州	12 人	0.29	41.4
不详	1 人	总计	740 人				

　　资料来源：进士统计底本以《明清进士题名录索引》为准。表中土地面积据陈国生《清代四川进士的地域分布及其规律》一文的统计数。

　　根据表6-10、表6-11排出清代四川各地综合教育、科举水平序列如下：

　　发达区：成都府、重庆府、嘉定府、顺庆府、潼川府、忠州、资州、泸州、眉州。

　　一般区：叙州府、保宁府、绵州、邛州、绥定府。

　　落后区：夔州府、酉阳州、永宁州、雅州府、宁远府、石柱厅、龙安府、杂谷厅。

　　从清代四川、重庆科举发展的整体来看，两者还存在一致性的特点。

　　首先，从表6-11分析可知，教育、科举发达区域一致。四川、重庆东南地区的教育发展十分快，在9个发达区中，东南地区的州府便占了6个。明代教育已经较发达的川南叙州府、泸州、嘉定府教育继续发展。而川东地区在重庆教育继续发展的带动下发展较快，忠州在清代异军突起，成为川东地区的一个重要的教育基地。其中，川东南科举的发展也得益于重庆科举的发展辐射作用。

　　清代四川、重庆东南地区科举发展迅速原因多样，其中书院数和进额、廪生、增生数也与进士数呈正相关。这里我们再来看看王笛统计的清代四川、重庆的生员情况。

表 6-12　清末四川、重庆生员地区分配表

府、直隶厅、州	生员名额	府、直隶厅、州	生员名额	府、直隶厅、州	生员名额	府、直隶厅、州	生员名额
成都府	265 人	龙安府	54 人	眉州	44 人	忠州	50 人
重庆府	198 人	宁远府	54 人	邛州	51 人	酉阳州	38 人
保宁府	126 人	雅州府	53 人	泸州	68 人	叙永厅	26 人
顺庆府	137 人	嘉定府	111 人	资州	89 人	松潘厅	4 人
叙州府	154 人	潼川府	147 人	绵州	85 人	石柱厅	6 人
夔州府	90 人	绥定府	99 人	茂州	17 人	总计	1966 人

资料来源：王笛. 跨出封闭的世界 [M]. 北京：中华书局，2001：449.

从超过 100 名生员的地区来看，主要有成都府、重庆府、保宁府、顺庆府、叙州府、嘉定府、潼川府，川东的重庆府、川南的叙州府和嘉定府都在其中。进士和举人的分布也基本上与生员的人数成正比。

其次，清代四川、重庆教育人才分布特点一致。清代四川、重庆进士分布和生员分布的密度呈现以下特点：四川、重庆教育文化中心继续向东南推移。顺天府和重庆府继续保持明代教育中心的地位，进士密度分别居第二和第三。如遂州出了张鹏翮、张鹏山、张问陶、李仙根等文化名人，特别是张问陶有"四川诗冠"的美名。另外，巴县的刘开道，大竹的"二王"王怀曾、王怀孟也在文化界有一定的影响。川东的涪州和忠州教育也有了十分明显的发展，涪州出了 32 名进士，在全川各州县中十分突出；忠州进士的地理密度居全川第四，比例则跃居第一位，这是以往朝代所没有的。

此外，如果我们从自然地理环境上来分析进士的分布，可以发现清代四川、重庆进士的地理分布呈现一致性特点。其主要分布在岷江沿岸、长江沿岸、沱江中下游沿岸、嘉陵江中下游沿岸地区。一方面，在中国政治经济中心东移南迁的大环境下，四川、重庆地区的经济重心东移南迁，经济的发展为教育的发展提供了基本的条件。同时，从这些地区的自然环境来看，主要处于海拔五六百米以下的丘陵地区和冲积平原地区，既是清代四川、重庆产粮区，也是盐业、蔗糖业的主要经济带。另一方面，川江地区成为与东部发达地区联系的交通要

道，长江沿岸经济、文化、教育发展也在情理之中。❶

　　由以上清代重庆与四川科举考试的比较分析，我们可以得出以下结论：清代重庆科举情况与四川省相互交叉融合，不可分离。从四川省内部比较来看，重庆府各县士子科考进士数居四川各府州首位。同时，清代四川和重庆科举概况也存在一致性，包括教育、科举发达区域一致，人才分布特点和地理位置一致。

二、清代重庆科举曲折推进的原因探讨

　　诚如上文所述，在全国范围内横向考察，与同时期科举及第名额众多的江浙地区相比，重庆同类中式比例偏低，且在历史不同阶段中举状况变化很大。但从重庆区域内部纵向发展而论，清代重庆"科名雀起，人文蔚盛"，科举仍是持续推进期。这其中与国家政治、经济、文化等各方面因素有密不可分的关系。

（一）清代重庆政治、经济与科举

　　政治方面，清代科举考试高度规范化与制度化保障了科举的继续发展。明清统治者深谙"举贤任才，立国之本"❷的道理，认为"科场关系大典，务期甄拔真才"。❸ 所以，清代十分重视科举考试的制度建设，并依此选拔人才，扩大统治基础。清代制定了《钦定科场条例》，将科举考试纳入国家的法治轨道。完备的体制和严密的规章使科举高度规范化、制度化，为科举提供了政治上的保障，也为士子提供了相对公平的竞争环境。所以，虽地处内陆，科举仍风行巴渝大地。

　　明末清初的战乱，一度使重庆地区的经济遭到相当大的破坏。清朝在四川巩固统治后，实行了休养生息的政策，迁移湖广（湖北、湖南、广东）、江西、陕西、福建等省无地或少地农民大量入川垦荒，重庆社会的经济逐渐得以恢复和发展。从雍正年间起，川江航运日趋繁荣。川江主要支流嘉陵江、沱江、岷江等流域都是粮、棉、糖、盐产区，各地产品纷纷顺流而下，汇集重庆再转运至长江中下游及其他地区。重庆既是长江东西贸易干道的起点，又是长江上游商品集散之地，长距离转口贩运贸易的发展，形成了以重庆为枢纽的川江商业贸易网络。除水路的发展之外，陆路的成渝大道、重庆至达县的川东大道、重

---

　　❶ 蓝勇. 西南历史文化地理 [M]. 重庆：西南师范大学出版社，1997：118-123.（以上多处内容参考引用了该书相关内容，在此统一说明，并向作者深致谢忱。）

　　❷ 夏燮. 明通鉴：卷一 [M]. 北京：中华书局，1959：169.

　　❸ 杜受田. 钦定科场条例：卷二十九：搜检士子 [M]. 武英殿刻本，1887（清光绪十三年）.

庆至贵州省的綦桐干道上客商不断，肩挑驮运，熙熙攘攘。重庆经涪州（今涪陵）、龚滩、龙潭，转湖南省常德、郴州入广东省的陆路运输也迅速发展。到乾隆年间，重庆已是"商贾云集，百物萃聚……或贩自剑南、川西、藏卫之地，或运自滇、黔、秦、楚、吴、越、闽、豫、两粤间，水牵运转，万里贸迁"，城外"九门舟集如蚁"，城内街巷有240余条，吸引了大量商业性移民，商业行帮已达25个，各业牙行150余家。重庆以其日渐发达的水陆交通运输体系，长期形成的吸引和辐射能力，以及巨大的发展潜力，开始成为川东的商业都会、川东黔北的区域性经济中心和物资集散地。

由于重庆位于长江沿岸，对外贸易大规模运输方式主要是利用水路，唐代开辟了由洋县西乡通往万源、达县、万县、重庆、涪陵的洋巴道，商务往来日益频繁。清代长江水运更加发达，重庆凭其"地利"优势成为几条潜运通道的汇合点，形成"二江商贩，舟揖傍午"的繁荣景象，一时客商云集，经济迅速发展，逐渐超过成都。经济繁荣正是文化繁荣的背景，文化发达是人才辈出的前提，随着经济中心的东移，文化重心也随之东渐，在全国政治经济中心东移南迁的历史背景下，重庆府治巴县位于嘉陵江和长江交汇处，成为长江水运的出发点和转运点，大量人口聚居于此进行交易，带动了重庆地区经济发展，从而促进了文化的繁荣。放眼清朝整个三峡地区的进士分布情况，能更清楚地看出这一点——三峡地区中，重庆府治巴县进士数量明显上升。

（二）清代重庆的学校与科举

科举与学校的关系也相当密切，通过学校教育培养人才、科举制度选拔人才，官学设立的目的就是通过科举取士向国家输送人才，保证国家长治久安。重庆地区办学的历史悠久，重庆各地学校勃兴，弦诵不绝。合州、涪州、大足、铜梁、荣昌、綦江、长寿、永川等大多数州县相继修建孔庙，创办州学、县学，官学发展迅速，科举中式人数也相应大增。至清代，重庆地方官学规制齐备，各州、厅、县均按规定设立学校，新修及重修不少官学，在康熙年间，学校就已遍布重庆各地。除官学外，绝大多数州县都设有儒学、书院，私塾更是星罗棋布，广泛设立于重庆城乡各处。

清代，沿袭明代的科举制度。学校教学与考试内容均以"程朱理学"为主。学生学习任务是"习经义、学诗文、应科举"，其目的是"应科举"。清帝亲颁《训饬士子文》，要求学子"隆重师儒，敬孝悌以事亲，秉忠贞以立志"。顺治九年（1652年），颁布《晓示生员卧碑》，这个卧碑的内容实际上包含了清代的教育目的。

1. 重庆官学与科举

首先，重庆官学内容与科举考试内容一致，使学子得以在学校教育中受到充分的科举训练。由于科举盛行，府学、州学、县学还设有一门必修课，即读写八股文，以应科试。生员经过一定的考试后取得名次，成绩好的可参加乡试或接受其他选拔，继续求得功名，按功名高低可得到相应的官职。所以州学、县学和府学是封建统治阶级罗致文人、以程朱理学培养人才的学校，是科举的附庸。其次，清代重庆官学的教育内容与科举制度密不可分。科举制背后蕴藏着巨大的政治经济利益，在利益的驱使下，官学无可避免地成为科举的附庸，导致官学的一切教学活动都受科举制度的指挥，自然也控制了官学的教学内容。清代科举制的考试内容已经相当固定化，在它的影响下，重庆地方官学的教学内容以应试为主要目的，生员将大部分精力集中在儒家经典、史书之中，一心只读圣贤书，接受儒家思想熏陶，但忽视了实学等其他知识，难以全面发展，这为之后科举制度被废止埋下了隐患。据同治《秀山县志·学校志》记载：教师日讲"四书"《周易》《拆衷书经传说汇纂》《诗经传说汇纂》《春秋传说汇纂》《三礼义疏》《孝经注》《性理经义》《醇渊鉴古文》《十三经注疏》《二十二史》《明史》《朱子全书》《三编唐宋文》《通鉴纲目》《资治通鉴纲目》等。重庆府学的课程主要有《御纂经解》《性理大全》《古文辞》《资治通鉴纲目》《历代名臣奏议》《四子书》《大学衍义》《二十二史》《诗》《校订十三经》《文章正宗》，研习"八股文"。❶

为激励学子向学之心、努力考取功名，官学选拔学生的测评科目参照或依据科举考试规划设计并根据科举考试成绩设有相应的奖励，例如："岁试取进文附学生二十名，科试亦如之，武生岁试取进二十名，廪膳生员四十名，每岁额给宣粮银三两二钱，遇闰加银二钱六分，增广生员四十名，一年一贡。"❷

此外，学校师资大都为科举出身，这也是学校为科举服务的重要体现。重科举、重正途，是清朝选官制度首要的和最主要的特点。

重庆府学和涪州州学教师出身中，进士和举人都占比60%左右，而万县学教师出身则以贡生为主。这一方面说明清代重庆官学的教师群体绝大多数是正途出身，大多为举人或者贡生，学术造诣深厚，教师选拔严格；另一方面，也说明清代重庆各级官学的教师层次水平有所差异，府学教师学术造诣水平最高，州学次之，县学最弱。师资水平虽有差异，但教师都满怀着学生能够科举及第的殷切希望。

---

❶ 重庆市教育委员会. 重庆教育志［M］. 重庆：重庆出版社，2002：4.
❷ 王梦庚，寇宗.（道光）重庆府志：卷五：学校志 学额［M］. 北京：国家图书馆出版社，2011.

2. 重庆科举与私塾

清代重庆私塾很多，属初等教育，与科举仍有关联性存在，此处不拟详述，举例说明如下。

磁器口鲤石学舍（旧址在现磁器口大门不远处的翰林院茶馆），办学于乾隆年间，是重庆地区比较有名的一个族塾。族塾，即一个家族办的私塾。鲤石学舍，为清初磁器口孙氏家族的族塾，很多孙家以外的人都来附读（附读是要交钱的），为清乾隆年间孙文治所设。相传，孙文治多次乡试落榜，便决定设馆授课。因江中有一块石头酷似鲤鱼，他便将私塾学馆命名为"鲤石草堂"，而百姓口口相传为"鲤石学舍"。之后，他将学舍搬迁至磁器口，并在课堂的墙壁上写下了"迪将其后"四个大字，以表心志，意为自己虽未中榜但仍可培养人才。道光年间，在该学舍就读的孙氏子弟，一家考中三个举人。同时在此读书的黄钟音高中进士，黄钟音幼极贫，为孙文治鲤石学舍供奔走，时问字诸生，持书诵读。文治奇赏之，命辍役从学。百其勤苦，遂入县学。道光十一年（1831年），辛卯、癸巳连捷成进士。后任翰林院编修，官至监察御史；而段大章也中进士授翰林院编修，官至甘肃布政使。"一个学舍竟然教出了两个翰林，所以深受百姓敬仰。"这间学舍也因此有了"一门三举人，五里两翰林"的美誉，当地老百姓索性就称它为翰林院。后来，该书院由黄钟音承办，黄家代代相传。磁器口古镇名人墙上，有4位名人皆出于此学舍，分别是孙钰、孙文治、黄钟音、段大章。

3. 重庆书院与科举

书院本是区别于官学的教育场所，既是理学教育思想实践的基地，又是研究理学思想、教育思想的学术基地。宋代书院的教学亦旨在探究学问，为传播理学思想而培养人才，进而改造社会。直至清代，书院的职能发生了变化，并与科举制度息息相关。清代书院以考课举业为主，将传习儒学与为科举制度输送人才结合起来，因此是否擅长八股制艺时文、中式率高低就成为评价书院成就高低的重要标志。书院为科举考试培养和输送人才，而书院也因这一职能得到政府支持得以发展壮大。清代重庆书院亦然。

清代在文教政策上采取了软硬兼施的策略。首先，利用知识分子重视功名的心理，较早地开科取士，使士人阶层埋头穷经苦读，无暇顾及时事，并且借此来消磨知识分子的反清仇满情绪。其次，牢牢掌握住科举考试选拔上来的及第士子，授予其一定官职，在朝中给予一定的地位，使清代呈现满汉共治的局面，以吸引并笼络汉族优秀知识分子。清代严禁知识分子组织团体、串通结社；禁止私藏"逆书"，并将搜缴之书尽行焚毁；同时大兴"文字狱"，对世人的思想言论加以严苛限制。在此高压环境下的清代书院，虽在数量、规模、教学及管理上都较前代有很大扩张，但这些拓展都是建立在清王朝腐朽固化的专制统治之下的。清王朝为加强封建统治，控制民众思想，注重对书院的干预，致使书院高度官学化，与地方官学相异甚微，差距急剧缩小。绝大多数书院教学皆为程朱之学，致使昔日书院自由讲学的学术气氛逐渐退却，以至于最终沦为科举考试的预备机构。重庆的书院自然也不例外。

（1）聚奎书院。

聚奎书院在江津县治西白沙镇黑石山，由程倬云、刘熙亭等捐资创建。聚奎书院的首任山长为程绥仁（举人），继任的有程德灿（举人）、周庚（举人）、李荫南、承德音（举人）、邓鹤翔（拔贡）等。书院以教授举业为主，满足士子科举考试的预备教育要求。除授"四书""五经""春秋三传"、《孝经》和训练八股文体裁写作外，尚须学习《二十四史》《方舆纪要》《文献通考》等史地课，以为应试时作策论之需。山门内为广场，继为四合大院，上方供奉孔子牌位，中为讲厅，两侧天井外为读书室，后为孔子堂，两侧为学生自习室，周围为教师住所，以上厅室场所及周边环境迄今保存完好。❶ 光绪三十一年（1905年）改为聚奎学堂。光绪三十二年（1906年）改办高等小学堂。现为江津市聚奎中学。

（2）龙池书院（龙翔书院）。

龙池书院在酉阳州东南九十里，龙潭镇州同署右侧。雍正十三年（1735年），清政府加大力度推行"改土归流"政策后，渝东南民族地区大力发展书院。❷ 乾隆元年（1736年），清政府饬令将酉阳州改为酉阳直隶州，龙潭镇的士绅名流即开始筹建龙池书院，是专为州属各县培养进省赴京应考生员的场所。龙池书院吸收十五至二十岁的学生入学，授课内容以"四书""五经"为主，兼授八股文及古诗词等写作方法。嘉庆二十二年（1817年）秋，新任知州黎永清复捐廉五十两，绅民黄永清、田广新、田毓异、王明典"各捐银钱田土，鼎而新之"。后渐倾圮。❸ 道光十八年（1838年），署同知州钟叶篦倡首重建，制度一新，凡正厅五间，抱厅三间，厨房亦三间，头门一间，四围绕以高墙，饰以照壁，规模宏壮，院宇深沉，远胜原先之故貌。据《增修州总志》云："同

---

❶ 季啸风. 中国书院辞典 ［M］. 杭州：浙江教育出版社，1996：294.

❷ 孟铸群，陈红涛. 中国民族教育论丛：四：四川民族教育研究 ［M］. 北京：中央民族学院出版社，1989：535.

❸ 冯世瀛. 酉阳直隶州总志：卷五：学校志　书院 ［M］. 成都：巴蜀书社，2009：128.

治年间，更加修整，而常年经费，在原有基础上，又由龙潭黄丝税率上附加若干。"❶ 每月要考月课，课程、教学以及管理规章与二酉书院相同。书院置山长一人，斋长二人。生童月考成绩优良者，奖以膏火费，以资鼓励。历任山长在同治以前无据可稽，在同治以后有县人冯壶川、刘小石、朱枕虹、张诚文、王大章等。

（3）隆化书院。

隆化书院在南川城南二里鳌头峰，建筑面积七亩（约5000平方米）。乾隆二十二年（1757年）由知县应士龙创建，初时已稍置田产，后不断扩充，是官办书院的典型，由县学学官教谕调任院长管辖书院，属当时南川所建的五所书院中规模最大、等级最高的一所。该书院的办学思想推崇孔孟，教学内容包括习读"四书""五经"，讲经义，重诗文，习楷书、行书，教学目的以应科举选士的要求。教师都是名高望重的秀才、举人、进士。这些教学人士中，有理学名士、官学教师，至晚清以后，新式人才任教职者开始出现，甚至还有初具民主革命思想的学者执鞭教坛。

嘉庆十年（1805年）到清朝末年，历任知县蒋作梅、徐明湘、彭履坦、王臣福、黄际飞、张涛等先后增修斋舍、添置田租。每年二月，知县亲送诸生入院，行释菜礼。❷ 院长除给住院诸生授课外，每月还集全县文人雅士讲课两次，知县每月讲课一次，并模仿科举规定举行考试。人们对隆化书院寄托着能够教化民众、移风易俗的愿景，同时更希冀隆化书院能对学生大力培植熏陶，力成科举兴盛、人才辈出的宏伟景象。

（4）云安书院（飞凤书院）。

云安书院在云阳县署东街，乾隆二十三年（1758年）知县沈宪倡捐，以城东社学改建。为屋三进，中为讲堂，入门两序为生徒房舍，后为先圣殿。讲堂旁有小轩数楹，中间假山园石为游憩之所。岁聘举贡有经史文艺专长并德行厚望者为山长，延聘硕学鸿儒任教习，如遇月课季会，沈亦亲课诸生。

乾隆四十四年（1779年），知县严作明增修并置学田。咸丰二年（1852年），视学彭锡珑所作《云安书院记》中载："今已治者，有以乐严侯之乐，是异日继余者成，亦有以乐余之乐，故云安书院之遇也。石生幸其筹之严侯，名

---

❶ 中国人民政治协商会议酉阳土家族苗族自治县委员会. 酉阳文史资料选辑：第三辑 ［M］. 内部交流本，1984.

❷ 释菜礼，是古代入学时祭祀先圣先师的一种典礼。亦作"释菜""舍菜"，即用"菜"来礼敬师尊。仪式上通常要摆放代表青年学子的水芹、代表才华的韭菜花、代表早立志的红枣和代表敬畏之心的栗子。

作明，浙江余姚人……”“县人举于乡试者五人—钟光耀、卢忠修、王廷珍、湛福春、邓光熙，世居县地。”同治六年（1867 年），该院学生五人同时中举，大概即指上述人等。为此，知县高以庄以“人才鼎盛向往未见”而更名为飞凤书院，清人有“五凤齐飞入翰林”之美赞。先后主讲于书院者多为学界名流，以大竹举人王小云（怀孟）、开县进士陈友松（崑）两人最为著名。光绪三十二年（1906 年），书院改设劝学所。原书院遗址现为云阳县教育局。

（5）南宾书院。

南宾书院在石柱厅治东，以境内南宾河得名，于乾隆三十八年（1773 年）由厅中绅士创建。乾隆皇帝曾诣令各省府州县皆立学。官置书院，增科广额，以官延师教授境内俊秀者。

书院于创建之年五月落成，计用工钱九百二十两。❶ 南宾书院建成之时，即于琢玉堂明文规定，对学员“琢之以经书，琢之以史鉴，琢之以讲贯，琢之以体察”。“四书”“五经”为学员必读，《二十四史》《资治通鉴》为学员必修。王萦绪亲自为诸生授经史，口讲指画无倦色。书院由山长招请贡生、宿儒、举人任教，传经授徒。诸生学习主要方式有听、讲、讨论及自修。平时举行定期的科举式模拟考试，一般每月举行两次：一次由政府官员出题考试，称“官课”；一次由山长出题考试，称为“斋课”。石柱直隶厅无考院，凡举行考试，便于厅署中大堂前设布棚以作考棚。“月课”则在内署地举行。道光二十年（1840 年），才建考院于署北（今为石柱县人民武装部所在）。

（6）曜灵书院。

光绪二十八年（1902 年），里人谭楷生捐资在云阳县南建“曜灵书院”。书院生员都以应科举登仕途为目的，办学活动无学制期限的特别规定。这是科举应试书院的代表，规模不大，名望有限，资源也无丰厚可言，却在忠实地履行应试训练的辅导、讲解活动，教学年限及课程编制都显随意散漫。

清代的书院与科举可以说是同呼吸共命运的关系，也正是由于处理好了与科举考试的关系，书院才获得了长足的发展。虽在教学内容、考试目的上以科举为中心，但书院仍然为清代重庆社会培养了一批批杰出的人才。

虽然清代书院为国家培养了若干人才，但同时也蕴含着危机。书院本是研究学问、传播思想的场所，但随着清代的政治高压，大兴文字狱，官府通过完善考试制度加强对书院的控制。由于清代实行八股取士，许多书院演变为服务于科举考试的教育机构，修习内容也向八股试帖倾斜：“仅以时文帖括，猎取功

---

❶　石柱中学校志编委会. 石柱中学校志（1910—2000）［M］. 重庆：重庆市教育委员会，2000：72.

名，而经史之故籍无存也，圣贤之实学无与也。山长则徇请托，不校其学行，惟第其科名"❶，以致出现"专课帖括"的情况。书院成了为科举输送考生的预备机构，不仅以科举登仕途为目的，教学内容也与科举考试内容一致，甚至有的书院模仿科举规定举行考试。这是封建制度高压下的结果，也体现了清代科举制度的影响力之大、对于维护封建制度的作用之大，如此的科举制度已脱离了选拔人才以治国平天下的初衷，逐渐沦为维护封建制度的工具，这样的科举制度必然逐渐衰落，走向灭亡。

（三）清代重庆的人口迁移与科举考试

科举作为一种联系教育与社会政治的人才考选制度，自然离不开文化的交流及变动的趋势，而且人口迁移既与教育的数量、比例、质量相关，也与科举的地域分布、家族方式、科举习尚及科举人员的文化素养有密切的联系。

人口迁移与社会政治、经济、文化及教育的变动有着十分密切的联系。中国历史上人口迁移频繁，大规模的人口迁移从魏晋南北朝至清末不下六七次，不同时期的人口迁移呈现不同的特征，并对当地的政治、经济、文化等产生深远的影响。

明末四川大乱，战事频频，横遭浩劫，居民死伤无数，有"蜀民至是殆尽矣"之说。清初以来，随之赓续的战乱、天灾、饥荒和病魔又夺取了大量的生命。到顺治十八年（1661 年），清朝占领四川，对全川人口再做统计时，在册的人口总数仅仅 50 万~60 万。鉴于人少地多、田土大量荒芜、社会亟待恢复的实际，朝廷不得不决定从外省招募百姓，自愿入川屯垦。大量移民以各种形式迁入了四川地区，所谓"自元季大乱，湖湘之人往往相携入蜀"，❷ 于是，继元末明初之后，又一次掀起了移民运动的高潮，这就是"湖广填四川"的移民迁徙运动的来历。受两次"湖广填四川"的影响，四川地区的移民以北方移民为主体逐渐演变成了以南方移民为主体。

"湖广"是省级行政区划的名称，起源于元，固定于明。清沿元明旧制，设湖广行省，辖境为今湖南、湖北二省范围。"湖广填四川"一词正式见诸文字，最早出自清道光进士、思想家魏源（1794—1857 年）的笔下。他在《湖广水利论》一文中写道："当明之季世，张贼屠蜀民殆尽，楚次之，而江西少受其害。"事定之后，江西人入楚，楚人入蜀。故当时有"江西填湖广，湖广填四川"之谣。"湖广填四川"原本是流行于明代民间的一句民谣，它生动地记

---

❶　盛朗西. 中国书院制度 ［M］. 北京：中华书局，1934：132.
❷　吴宽. 匏翁家藏集：卷四十四；刘氏家序谱 ［M］. 吴奭刻本，1508（明正德三年）.

录了明初以来湖广人民大量移居四川的社会现象。魏源借用它来描写清代前期大量外省移民迁川的潮流，得到当时社会的认同。

明清时期的外来移民对重庆科举发展产生了重要影响。移民入川，使四川经济得到恢复发展，人民生产、生活条件得到改善。同时，由于有些移民来自中原先行开发地区及东部教育发达地区，他们带去的先进文化必然会对当地的文化教育、科举考试有一定的推动作用。比如在乡试名额分配上，由于人口减少，清初四川与贵州、云南一样，被列入"科举小省"。康熙四十五年（1706年）会试，四川省只中进士2人，仅是科举总人数的0.74%。移民之后到光绪十二年（1886年），四川中进士人数达13人，为科举总人数的4.11%。清末四川、重庆中进士人数，为清初的6.5倍。这种变化与外来移民的关系密不可分。

顾廷龙《清代硃卷集成》一书共收入91份四川、重庆乡试硃卷履历，其中有46人，祖籍为其他省份，占总数50%以上。在会试中，有29份为四川、重庆籍贯，其中有10人祖籍为外省，占总数的30%以上。南川县的傅氏、韦氏、周氏均为外来移民，定居在南川后以科举显耀的大氏族。据《南川县志》载："傅氏郡志本江西南昌人，明初有傅文通者，任巴县知县，其孙必胜由监生中宣德巳酉举人，从官来川，以军功选用知县，遂家于巴之梁，景泰三年始迁南川东乡镇，故傅氏以必胜为始祖二世，分三支曰魁曰旭曰鼎魁，庠生鼎贡生旭以贡生官教谕，三世添琮、庠生添瑾，以贡生任大邑训导，添琳以贡生官湖南武陵知县，四世云汉以拔贡官江南寿州知州，五世拱章任陕西襄城知县，近川任湖北襄阳知县，拱琦、拱位、拱彦均授教职，旨以政事文学显，六世不仕、七世良吏、八世于枫皆明末贡生，由九世以至十四世璨禹俱列明经，十五世丞宪同治甲子举人，甲戌进士，签分山东即用知县。""周氏郡志原籍江西吉水，明万历中以宦籍居贵州婺川，历数世后，有进士官陕西凤翔府知府周培衡者，其子芝芳举人崇祯十二年官彭水县知县，嗣因避乱康熙六年携眷徙南川，始居梧汉坝，继居鲤鱼塘。故周氏以芝芳为始祖，二世曰师贤曰师文，赠文林，即三世曰万选万祥，皆业儒曰万殊，乾隆辛酉拔贡，官湖南郴州州判巡抚陈榕门相国推为廉能第一，四世士孝乾隆庚辰举人，官山东禹城、广东新宝直隶，迁安等县知县，皆有惠政。"❶

重庆的一些移民大家族定居以后，加入了科举及第的潮流之中。例如，光绪十九年（1893年）癸巳恩科四川乡试举人、重庆府巴县汪世芳家族，原籍湖南永州，入川后"世居渝城石板街"。同治六年（1867年）丁卯科四川乡试举

---

❶ 魏崧，康作霖. 南川县志：卷八：人物志 [M]. 刻本，咸丰年间.

人、重庆府合州秦代馨家族，原籍广西桂林府临桂县，入川后"世居城内柏树街"。光绪十七年（1891年）辛卯科四川乡试解元、夔州府云阳县凌开运家族，原籍湖南省永州府祁阳县，入川后几经迁移，最后落户云阳县。凌氏始祖凌□，"由楚入蜀梁山，再迁渠县"；太高祖凌仲伦，"由渠入云，族始繁衍"；曾祖凌有坤，"朴茂刚方，妣（李氏）尤乐施好善，乡人至今诵之"。在乡里以"乐施好善"为人赞美，只能是力田起家的地主。到凌开运之父凌德昭时，花钱捐了一名监生。凌德昭热心族中事务，"管公家持大体，乡邻有事必尽心排解，族中修祠立祭田，均身任其事。（凌开）运少送读，尤尊师道"❶。从这段资料可以看出，凌德昭作为家族的头面人物，十分重视其子的读书应考，亲自接送读书的儿子，终于使凌开运成为其家族的第一个举人。同年辛卯科四川乡试举人、重庆巴县谢如宾家族，原籍福建省龙岩州上坪适中驿。谢如宾父亲谢恒春，在原籍有监生功名，由是可证谢氏入川前就是富商。谢恒春"由闽入蜀，性朴诚，笃孝友，贸易所获盈余，辄公诸弟"❷，谢氏入川后，其子谢如宾就考中举人，与其家庭富有不无关系。

伍方威正是这批移民大军中的一员。根据族谱和口传，伍方威原本以经商为生，他曾经沿着川黔古道到过重庆的綦江。他的儿子伍绍曾是一名正直聪慧的读书人，但却因为耿直得罪了考官，被褫夺了衣顶。无奈之下，伍方威便和伍绍曾、绳曾、缵曾诸子决议入川。他们一路经过桐梓、安稳、赶水和东溪，终于在乾隆五十二年（1787年）抵达綦江城北的古南镇，以商为生。在最初的日子，生活非常艰难，根据綦江伍氏的传说，为了补贴家用，伍绍曾不得不干上了为县衙挑水的活计。因为偶然的机会，他在知县熊士烺面前展示了自己的才华。熊知县被这个广东来的年轻人所折服，聘请他为私塾老师，教育子弟。自此以后，伍绍曾便留在了县衙，并为刘元熙、张九谷、图敏等历任县令所亲睐，被聘请为幕席，甚至为县令代阅课卷。道光《綦江县志》称："凡地方试院大举，济人利物，裨益社会，诸如修桥、筑堤、铺路、设渡等等，无不刻刻在念，赞襄其事。公为人谦洁端雅，人皆德之。"在他故去后，其牌位被供奉在石佛岗旌善亭乡贤祠中，成为在綦粤籍移民的骄傲。正是在伍绍曾的精心栽培下，他的三个儿子浚祥、辅祥、奎祥陆续在道光年间中得进士，轰动川黔。兄弟三进士的科举奇迹不仅在四川少有，就连在全国也属罕见，被綦江人誉为"邑中三凤"。同治帝曾下旨在旌善亭与官厅之间建立伍氏"兄弟进士"牌坊，用以表彰伍氏的文风。三兄弟在中得进士后，曾托人为兴宁爱敬堂送去了"进士匾"，

---

❶ 顾廷龙. 清代硃卷集成［M］. 台北：成文出版社，1992：第333册45—46.
❷ 顾廷龙. 清代硃卷集成［M］. 台北：成文出版社，1992：第334册3—4页；第335册325—326页.

原乡族人将其挂在了祠堂上厅正中，直到"文化大革命"期间才被销毁。伍绍曾为綦江伍氏所开创的文风，并没有止步于三进士，而是一直在家族中得以传承，并发扬光大。伍浚祥之子懋怀、懋辑，孙积淙均为诸生。积淙之子善从曾于民国期间赴日留学庆应大学经济科。奎祥之子懋郇为廪生，曾任云南禄丰、河阳、平夷、浪穹等县知县。另一子懋郤，则为贵州府经历，署理龙泉县知县。❶

由上述伍氏家族从移民四川、定居四川到家族振兴的过程中，我们看到了移民在适应新居地过程中对原乡传统的调适、应用以及与新居地新特点的共生和融合。而在此过程中，科举制度起到了关键作用。伍氏家族在綦江得以振兴，归根到底是由于其后代科举及第。明清移民丰富了重庆当地科举人才的数量，为科举发展奠定了人才基础，还以科举制度为中介，对当地重文重教风气的形成及启发民智起到了极大的促进作用。

三、重庆科举制度的社会成效

明清科举制度在重庆科举发展史上占有十分重要的地位。就地方社会而言，清代科举制度不仅对重庆当时的社会政治经济结构表现出极大的适应性，而且在诸多方面产生重要影响，可以说在一定程度上塑造了地方社会的文化面貌。具体而言，不外乎文教水平之提升，人才之培养，社会结构之变化，社会风俗之改善，地方文化建设之开展。学校教育对地方社会的改造，最明显的效果是促进地方学校教育水平大幅提高，科举人才数量大幅增加，对当地的文教事业、政务工作等都做出了杰出贡献。

(一) 地方人才队伍的构成

国家实行科举制度的初衷，主要是选拔出国家所需要的人才。清代重庆科举制度与当地发达的学校教育相配合，最直接的成果就是培养选拔出了大批科举人才，不仅为政府输送大量官吏，还为社会各行各业培养大量人才。

第一，选拔大批官宦人才。科举制度最直接目的是选拔官僚队伍，为管理庞大帝国输送合格人才。众多生员经层层科举考试筛选，登上仕途，加入官僚队伍。清代"科举必由学校"，科举考试是清代选拔官员的主要途径。这一大批获得科举功名的士人大多来自各府、州、县学，由各级官学所培养。他们大多数都走上了仕途，成了清朝统治的各级官员。科举考试录取率很低，竞争均极激烈，经过层层筛选，这些人能够脱颖而出，绝非等闲之辈，而往往具备优异的才干，其中不少人甚至担任中央或地方要职。他们在内为重臣，在外为贤

---

❶ 梅州市政协文化和文史资料委员会. 梅州进士录 [M]. 梅县程江彩色印刷厂有限公司，2013：113.

令，是王朝统治和地方治理的栋梁之才。不仅如此，他们在任职期间，亦不忘乡梓，积极为家乡建设出谋划策、贡献力量，这对清代重庆的发展意义重大。

第二，为各行业选拔其他专业人才。学子均希望通过科举登上仕途，渴求"春风得意马蹄疾，一日看尽长安花"。但科举的残酷性广为人知，最终能够通过科举入仕为官者毕竟少数，他们是生员中的幸运儿。为数众多的生员，皓首穷经，难求一第。大量与入仕为官无缘的生员或拥有科名者，为谋生计，不得不流入基层社会，进行职业选择。他们受过一定教育，拥有一定文化知识和技能，与一般劳动者相比，更有机会在生活的奋斗中脱颖而出，获得成功。同时，他们用所掌握的知识技能，在重庆地方社会各行各业中发挥着重要的作用。

由于所受教育和身份地位等原因，生员大多从事与文字书写相关的职业，其中担任塾师、从事教读极为常见。清代重庆府学教授大多科举出身。这既为他们自身创造了安身立命的经济基础，也为普及文化教育、提升民众智识起到积极作用。清代对教职官员科举功名要求更为严格，要求必须出身正途。教授署需设教授一名，属于正七品官，一般由进士或举人出身者担任。以下以清代重庆府学教授、涪州州学学正、万县县学教谕为例加以说明见表6-13、表6-14 和表6-15。

表6-13　清代重庆府学教授出身表

出身	进士	举人	副贡	拔贡	岁贡	恩贡	不详	合计
人数	4	14	2	5	5	1	1	32
比例	12.500%	43.750%	6.250%	15.625%	15.625%	3.125%	3.125%	100%

资料来源：重庆市教育委员会. 重庆市教育志 [M]. 重庆：重庆出版社，2002.

表6-14　清代涪州州学学正出身表

出身	进士	举人	副贡	拔贡	廪贡	贡生	廪生	合计
人数	0	26	1	1	3	3	4	38
比例	0	68.42%	2.63%	2.63%	7.89%	7.89%	10.53%	100%

资料来源：重庆市教育委员会. 重庆市教育志 [M]. 重庆：重庆出版社，2002.

表6-15　清代万县县学教谕出身表

出身	进士	举人	副贡	拔贡	廪贡	恩贡	岁贡	廪生	合计
人数	0	5	6	4	9	3	1	3	31
比例	0	16.13%	19.35%	12.90%	29.03%	9.68%	3.23%	9.68%	100%

资料来源：根据清代张琴修、范泰衡纂《增修万县志》卷十·秩官志记载的雍正年间至道光三十年间的教谕名单整理而成。

此外，也有一些生员淡泊名利，修身养德，注重通过钻研学问、著书立说，表达自己的理想情怀。丰都县进士易简，曾任翰林院编修，之后闭户读书，不慕荣势，并主讲锦江书院，造士甚计。黔江县汤学尹，康熙癸卯（1663 年）举人。家学渊源，淹贯经史。年十二，应童子试，学使试作《鹰嘴赋》，奇之，名播士林。屡遭兵后，经学失传，公独阐明易理，诱掖生徒，常曰："制艺与理学同条共贯，不患制艺之不精，特患理学之不明。果能体贴圣贤言语，一生受用不尽。"官广西值吴逆乱，遁迹山林，名其斋曰"勉庵"，时人呼为勉庵先生。高人龙，字惕庵，梁山人。康熙戊辰（1688 年）进士，为官数年即退职归里，潜心研究濂、洛、关、闽四家理学，给学生们讲论，从无懈怠，远近闻风来学的不绝于途。遂宁李天根，把高人龙与学生的回答整理成集，名曰《惕庵语录》。高人龙讲学 50 多年，门下出了许多高材生。

（二）地方文教的提升

无论是中央还是地方，都通过大力发展学校教育来促进科举发展，但是科举制度的进步对地方文化教育事业也自有特殊贡献。首先，科举制度要激发学子的向学之心，自然需要发展学校教育。清代重庆地区已经建立起了官学、私学完整的学校教育体系。其次，科举制度以人才为中介，培养出的众多文人学士对地方文化教育事业做出了杰出贡献。例如，科举人才参与编修地方志，直接参与地方文化建设，是各级官学直接服务社会、在地方文化事业建设中发挥作用的重要方式。清代重庆方志编纂出现前所未有的兴盛局面，成就斐然，蔚为大观。重庆科举制度培养出大量胜任方志编纂工作的人才，成为地方长官修志时仰赖的主要力量。尽管地方志的编修工作烦琐，但作为地方上具有良好文化素养的队伍，科举人才广泛参与修志，极大地推动了清代重庆方志编纂事业的繁荣，并使之维持在较高水平。生员参与地方志的编修有极大优势，他们接受过系统的文化教育，多具有良好的读写素质，而且生长于当地，熟悉地方掌故。以《增修酉阳直隶州总志》为例，其主修、参阅、总纂、监纂以地方官员、州学训导为主，校字、采访、监刻、镌刻、缮写、绘图以酉阳州学生员为主。綦江举人罗星在清代道光年间编纂《綦江县志》。道光五年（1825 年）夏，知县宋灏见《綦江县志》稿"残缺错谬，不可卒读"，便筹集经费，设立修志局，招聘县里的秀才陈师孝等 21 人分头编纂，督办分校，礼聘罗星专任编辑。罗星等人经过旁搜博采，校正核实，编写缮正，最后完成《綦江县志》12 卷，共 26 个志。道光六年（1826 年）刻版成书，这是道光年间刊印成书的第一部《綦江县志》。后经道光十五年（1835 年）、同治二年（1863 年）、同治十二年（1873

年）几次增补内容，最终成为流传至今的道光《綦江县志》。

此外，科举士子还经常参加地方文学活动。比较常见的文化活动是各校师生或在佳节，或兴之所至，邀同学数人，外出游山玩水，吟风弄月，成诗歌数首、游记数篇，传观达人雅士，成为当地文化圈的佳话。重庆本就是处处风景如画之地，生员置身其中，抒发胸怀，留下许多佳作。清代文人大多善诗，重庆的山川景物自然成为诗歌描述的对象。

（三）社会风气的转变

从管理学上的示范效应来说，重庆科举的发展又起到风化及转移土风民俗的作用，民间兴学设教、躬身向学的价值导向及社会氛围更加浓郁且深入。科举发展除了培养人才，还负有敦化民俗、引领世风的重要任务。而科举制度作为促进社会流动的重要中介在促进士绅阶层的形成与发展、改变地方社会结构的过程中作用甚大。正是由于科举的开展，不少人登第入仕，跻身士绅之列。士绅阶层在主持地方公益事业、维护基层秩序等方面具有极大的话语权，在中国传统社会生活中扮演极为重要的角色。他们热心地方上各种公共事务，发挥广泛的作用和社会影响。众多拥有儒家济世情怀的学子在乡间身体力行，默默地以个人的品格、个人的价值，以自身榜样的力量，维系着宗族，在乡村社会倡导良风美俗。如以喻茂坚为代表的喻氏家族，以诗书继世，贤者辈出。据《喻氏族谱》记载，明清两朝重庆喻氏族人取得功名者共计 322 人，高中进士者多达 27 人，入仕者也都廉洁公正，官声很好。以喻茂坚为首，喻氏子孙几经完善，形成喻氏家谱，强调"克忠克孝，惟读惟耕"，优良的家规家训不仅哺育出许多优秀的喻氏族人，更在正身形，广教化，促进移风易俗方面发挥了巨大作用。

士绅居于乡村社会，作为地方社会的重要分子和主导力量，主持地方公益、造福乡梓，并将其视为自己的神圣职责。在各种地方公益事业中，修桥铺路开渠、兴学教化，从事家乡建设，是最为常见的。

黎筠，邑庠生，性慷慨，好施济。"初应童试，见圣庙倾圮，有志修茸。于道光二十八年鸠工庀财，独力重建，栋宇一新。蒙议叙同知职衔。子黎长春勇于为善，有父风。因治城水洞门外山路峻险，道光二十六年，独力捐修石梯数百丈；并建鼎盛桥一座，有碑立桥右。"❶

贺盛文，邑监生。夔郡旧无考棚，官绅屡议，合六属力共建而不行。盛文慨然，独任命子代元留夔城监修。经始道光二十七年（1847 年），迨二十九年（1849 年），将落成而盛文物故，至三十年（1850 年）春告，计号舍二十九间，坐

---

❶　曾秀翘. 奉节县志（清光绪十九年）[M]. 点校本. 四川省奉节县志编纂委员会，1985：177.

号千七百有奇。自辕门甬壁，旗杆乐楼，头仪门、抱厅、大堂、二堂、衡文堂，计九层，及左右供役房，共百有五间。围墙百余丈，院右建提调公馆，内堂大堂头门计三层，十有五间。统计捐钱二万一千八百余缗。❶

综上所述，清代重庆府、州、县学教育和科举制度取得了前所未有的发展，由此造就了一大批依靠入学读书、科举仕宦的社会群体。这一群体人数众多，已然构成一个相对独立的具有鲜明特征的士绅阶层。他们上与官府连通，下与民众熟悉，作为名副其实的官民桥梁，在地方各种公共事务中发挥重要作用，是清代重庆社会变迁的重要引领力量，并对民国的重庆社会发展产生了深远影响。地方上兴学设教的浓厚观念影响到了改土归流进程中的少数民族地区。如土家族地区地方官学的创设与管理，使大批土家族子弟能接受儒家思想熏陶，潜心钻研儒家经典。同时，这些人日后或承袭土司，或异地为官，或设馆教学，或居家著述，或为教谕训导，对于改变该地区落后的风俗习惯起到了积极促进作用。如酉阳州"自改土来，士习诗书，风气断平一变"。彭水县"彭邑士人，尊师向学……城乡各处，弦诵相闻。届小试之年，应试者云集，考棚不能容，较前殆增数倍"❷。学校制度和科举制度的推行和实施，让一些中下层土家族子弟也能考中秀才、举人乃至进士。这样，"富家以诗书为恒生，穷苦子弟争自摊磨，亦不以贫废读"的社会求学上进、改变人生命运的风尚习气得以形成。

第六节　科举制的改革与废除
——以重庆为中心的考察

清代废科举的著述丰富，成果车载斗量，不可胜数。本节不拟赘述，以下仅以本书的研究地域重庆为中心，对科举成为中国历史、永远退出历史舞台这一划时代教育人才及政治事件，加以诠释及些许解读，并以此作为本书的"尾声"结束，落下帷幕，搁笔至此。

一、清代科举改革的背景

科举考试要考八股文称试帖诗。这种取士方式把灌输孔孟之道与功名利禄引诱相结合，束缚知识分子的精神和思想。清代科举考试，自小考一直到会试，试文仍然重在八股文，一仍明代旧制，仅在康熙二年（1663 年），曾有废除八股文之举，在甲辰、丁未两年的会试中，不用八股文，但至康熙七年（1668 年）仍恢

---

❶ 王玉鲸，张琴，范泰衡. 增修万县志：卷三十六：艺文志 [M]. 刻本，1866（清同治五年）.
❷ 庄定域.（光绪）彭水县志 [M]. 刻本，1875（清光绪元年）.

复旧制，从此八股文在考试中又占重要地位；八股文格式，愈加机械化。

科举考试出题方面不合理的情形更多。因以经义试士施行了几百年，"四书"中可出的题都已出尽，为了避免剽袭成文起见，就想出种种不合理的题目，定出各项名称，如出全章的，谓之通章题；出全节的，称通节题；出每章节一句的，称单句题；出两句并立的，如"君子上达，小人下达"，谓之双扇题，亦有三扇题、四扇题的。此外，还有把上文截了，仅出末一句，或者把不相干的两章末句和首句连接起来出的上截题或截搭题等。这种毫无意义的出题，与"四书""五经"正文关系疏离，可谓八股文时代的一种怪现象。

科举制度在清代经历乾嘉的衰败，至清代后期道咸以后愈发沉沦。在西方列强侵略、冲击之下，西学东渐引发新思潮涌动，低落的科举日渐成为禁锢人们思想、阻碍教育发展的绊脚石，官学和多数书院成为科举的附庸，造成了重科举轻学校的现象。学校的教育政策及教育内容、教学方法都跟着科举这根指挥棒转，从而加剧了学校教育的保守和停滞。士夫学子入学读书的唯一目的只是科举入仕，求得功名富贵，郑板桥曾一针见血地指出："一捧书本，便想中举，中进士做官，如何攫取金钱，造大房屋，多置田产。"又有人指出当时的书院"大都讲帖括文字以博科第，取世俗功名"。❶ 科举制约下的官学、私学，教学方法是注入式和填鸭式，学生闭门造车，不问世事，死记硬背，学习八股文格式以应付科场考试，结果因脱离实际，大多空疏迂阔，缺乏真才实学。

光绪二十九年（1903 年），清末"癸卯学制"颁行后，科举制度岌岌可危，1905 年，沿袭 1300 年之久的科举制敲响了丧钟，被迫退出历史舞台，从此成了历史的代名词。

科举至清朝已成弩末之势，清季西潮东来，中西竞争不断加剧，中国屡遭败衄，踏入了千年未有之变局。因此，尽快走上一条变革旧制、仿行新法的富强之路，越来越成为朝野上下追逐的目标。随着"学校者，人才所由出，人才者，国势所由强"的说法渐成"共识"，众论渐主兴学校以应时会。中西新旧对比之下，固有的负责培才、抡才的书院与科举制度诟病日多。不少有识之士为之奋臂疾呼，希图革除已成为扼杀人才的旧式科举考试制度，甚至在统治集团内部也引起强烈反响。但绵延上千年的科举制度影响中国至深且长，易科举绝非易事，亦难以善后，但改革科举势在必行，因此科举改制、兴建学堂提上日程。从戊戌变法开始，科举制变革就包含两条相辅相成的改制脉络。一是科举考试新章脉络。从废八股文、试帖诗，改试中国政治史论、各国政治艺学

---

❶　熊明安. 四川教育史稿［M］. 成都：四川教育出版社，1993：151-152.

策、四书五经义入手，希望透过改内容、调场次、变文体等措施，注重中国"实学"，引入"西学"时务，拔取应时人才。二是从整饬翰林院到诏开进士馆的脉络。希望以速成之法，教科举已取之才。既令资深翰林群体研习经世实学，而自癸卯科会试开始，新科进士中的翰林、主事和中书须入京师大学堂特设的进士馆肄习法政、理财等新学，以期从科举精英中培训出略通西学时务的新政人才，同时引导士人学习风气向"实学""新学"转变。

二、科举新旧转型时期的士子之风

在科举、学堂此消彼长的转型时代，进士的处境也发生了巨大的变化。最后的进士群体在科举废除后既未明显地被边缘化，也未笼统地出路更宽，他们的选择和趋向业已多元，分化已经开始并正在加速，即使处境越发艰难，但是"天之未丧斯文也"。进士群体作为全国精英，既占据大多数官场高位，又是学问与知识的化身，代表着士大夫的文化时尚。在科举、学堂此消彼长的变局之中，不少人因应时趋，入馆纳新知，出国求新学，在后科举时代，承继在籍翰林、进士出掌书院山长之流风遗韵，广泛参与了清季的兴学大潮，或兴办学校，传播新知，显示了对人文传统的坚守和传承，构成了中国历史上最后的进士群体的流风遗韵。❶在这一新旧转型时期，重庆的进士群体或兴办学校，编订文集，引领向学之风；或忧国忧民，热心政务，造福百姓，为当地发展做出了杰出贡献。

吴鸿恩（1829—1903 年），字海山，铜梁县安居镇人（吴鸿恩翰林府尚存）。1862 年中进士，选翰林院庶吉士。1864 年授翰林院编修，旋任国史馆纂修。后历任山东道监察御史，山西太原、宁武、泽州、大同等地知府。1900 年护理翼宁道。晚年任成都少城书院院长。善诗工书，著有《铜梁县守城记》《春圃诗钞》《石及离文集》等。

郎承谟，字定斋，丰都县人。少年勤学，19 岁中举，20 岁进士及第，光绪十五年己丑（1889 年）举人，十八年壬辰（1892 年）二甲第四十四名进士，选翰林院庶吉士，十九年癸巳（1893 年）散馆，二十年甲午（1894 年）授编修，旋调户部，任主事职，登第入词馆。先后两任正安州知州，是正安州最末几任知州之一。任上创立师范传习所一间，续办蒙养学堂四所，创办高等、初等小学堂各一间，并规定全州屠捐全部用作教育经费，大大推动了新学的发展。他十分重视交通建设，先后主持募捐修建了公馆桥、杨兴桥等多座大石拱桥，修通了米粮至牛都坝之间"十二茅坡"悬崖峭壁上的通行大道，使百姓出行艰

---

❶ 韩策. 科举改制与最后的进士 [M]. 北京：中国社会科学文献出版社，2017：319.

难的状况有了较大的改善。因其功德广布，受百姓敬重。

赵尚辅，字翼之，万县人，光绪壬午年（1882 年）举人，癸未（1883
年）二甲第三十四名进士，选翰林院庶吉士，乙酉（1885 年）散馆，丙戌
（1886 年）授编修，戊子（1888 年）以编修任湖北学政，捐俸刻湖北丛书，搜
集楚人经史，考订诸集遗文，使湖北丛书赖以行世。其间耗费巨资亦不能装帧，
同官感其对付梓一事如此热忱，才助以千金，乃得以刊行问世。对湖北一省清
代艺文搜集尤详，使许多渐近泯灭的文化资料得以保存，其贡献实为非小。赵
尚辅的主要政绩是热心倡导，捐廉措资，殚精竭虑，为文化教育事业做出了
贡献。

萧湘（1871—1940 年），字秋恕，四川省重庆府涪州武隆分州（今重庆市
武隆区巷口镇）人，光绪癸卯二十九年（1903 年）王寿彭榜进士，授刑部主
事，升员外郎，后被清政府派往日本法政大学学习。在此期间，萧湘认识了梁
启超，两人一见如故，成为好友。不久，萧湘在日本参加孙中山先生领导的同
盟会，并积极参加同盟会的各项活动。1906 年，萧湘在梁启超的支持下，与蒲
殿俊等人在日本东京发起成立"川汉铁路改进会"，要求清政府将官办的川汉
铁路改为商办。萧湘还撰写《驳铜元局挪用事件之详议》等文章，为后来成立
的"保路同志会"和保路运动奠定了思想基础。四川谘议局成立后，萧湘回国
担任四川谘议局董事议员、副议长，主张立宪，创办四川咨议院机关报《蜀
报》。保路运动爆发后，作为四川保路运动的驻京联络代表，萧湘向清政府请
愿，结果被清政府拘押于武昌直至武昌起义。1911 年 11 月，为聚奎学堂堂长
邓鹤翔起草《聚奎学校为白沙首义布告全川父老文》，率白沙（今江津市白沙
镇）市民起义。1923 年秋，脱离政界，回到涪陵，定居在涪陵城江东杨家院
子。萧湘在涪陵办起第一个图书馆——涪陵存古图书馆，并将自己的数千册书
籍全部捐给图书馆。1940 年 1 月，萧湘因病而含愤去世，终年 70 岁。葬于今涪
陵区天台境，即涪陵城乌江东岸山脊后。

除上述之外，重庆地区还有许多科举士人在科举转型之际文人气韵不减，
灵活变通，忧国忧民，对当地的教育、政务等做出了杰出贡献。因篇幅有限，
在此不一一列举。

三、科举废后遗风

科举改制也只是一种过渡，科举制度已不适应时代发展，必然要走上被废
除的命运。迨光绪经庚子巨痛之惩创，而停科举办学堂之议繁兴。1901 年两广
总督陶模所上《图存四策折》中，有一策为"废科目以兴学校"，集中反映了

朝野各界的呼声："三代以上，大学、小学之制与今泰西若合符节。秦汉而降，选举与学校分，始有科目。沿及前明，乃以制艺取士。谬种流传，久而益敝。夫聚此千百辈章句帖括之士，于历代掌故、郡国利病、环球形势，瞠乎未有所见。试以一官一职，且凿枘不相入；而欲与之讲时务，行新政，为国家扶急御侮，是剖心以求火，南行而北其辕也。"❶ 1902 年，管学大臣张百熙谓科举不停，学堂断不能多办，定为递减之法，每科递减中额三分之一，分为十年，三科减尽。1905 年，袁世凯、张之洞奏递减过于迟缓，因于三十二年（1906年）丙午科为始，所有乡试、会试，各省岁考、科考均一律停止。行之千年的科举考试制度，在举国上下强烈反对声中宣告废除。

然而，科举制度虽然废除，但其对中国社会尤其是选官制度的影响依然存在且影响颇深。而且其以前之举、贡生员颇多，缘各省合计举、贡人数不下数万人，生员不下数十万人，此停科举后，所以尚有生员照考优、拔与考职及保送举、贡照会试例会考之事、学堂毕业生之奖以科名、东西洋游学毕业生之考试授官。❷ 为鼓励留学生回国效力，特设"廷试"制度，对考试合格者赏给进士、举人出身，并授以官职，使科举后时代有了新的人才选拔机制，并与旧机制对接。1906 年（光绪三十二年）就开启了这种"廷试"模式。1908 年，清政府颁布《游学毕业生廷试录用章程》，规定：凡在外国高等以上各学堂之毕业生，经学部考验合格，奉旨赏给进士、举人出身后，方可参加廷试，廷试后再授以官职。至 1912 年清朝结束，通过考试获得进士、举人身份的留学生共有 1369 人。民国版《江津县志》所载江津留学生"廷试"中举者只有 2 人，且均为留学日本。民国版《江津县志》所载第一位留学生"廷试"中举者，丁慕韩也。在日本士官学校毕业，"廷试"考取"陆军科"举人，按古代科举标准，属武科。丁慕韩参加了日本陆军士官学校第六期（1907 年 12 月—1908 年 12 月）留学训练班，选择科目是"步科"。《中国留学日本陆军士官学校毕业生名单》记载为："四川江津，均不详，仅知曾为尹昌衡幕僚"。《中华民国北京政府授予将军全名录》记载丁慕韩最终军衔为陆军中将。另外，民国版《江津县志》记载：龚廷栋，日本明治大学法政专门毕业，"廷试"考取"法政科"举人，属文科。除《江津县志》外，《大清宣统政纪卷之三十四》记载了龚廷栋通过考试，成绩获得中等，1910 年 4 月，授法政科举人。"各年部试及格者暂缓验看及补授出身情形"表显示，当时龚廷栋"丁忧"，即父或母去世，按国

---

❶ 杨凤藻. 皇朝经世文新编续集：卷一：通论中 粤督陶奏图存四策折［M］. 石印本，1902（清光绪壬寅年）：14.

❷ 商衍鎏. 清代科举考试述录及有关著作［M］. 天津：百花文艺出版社，2003：193.

家礼制，不得为官，所以属于第二年补授举人。清朝廷试游学毕业生授官最初以京官为主，分省为知县极少。到 1909 年做出变更，学部颁发《奏游学毕业生廷试录用中书拟准改就小京官知县折》，对于"中书之各生，其自愿降就他职者，拟准其呈请吏部改为小京官分发各部，或以知县分发各省即用，仍照廷试录用班次，一体叙补"。龚廷栋正好遇上政策性变化，作为中等成绩授予的举人，与其他举人一道，"以知县分省试用"。

四、清代重庆科举余论

清代的科举考试，已经蔚成风气。国家开科取士，地方积极响应，民间各界均受鼓动，风起云涌，学界尤首当其冲。王朝政治经济的中心固然，科举习尚浓郁，纵使偏远僻陋之地，或刚经改土归流接受汉族中原文化教育影响的少数民族边疆地区也完全仿效推行。当然，各地由于地理环境、经济基础、文化教育传统以及民俗士风等均有差异，科举的力量及水平也有所不同。重庆地区处于内陆腹地，但长江、嘉陵江流域的水运交通对其工商农业的发展十分有利，而且一直以来有深厚的教育文化积淀，学风浓郁，士风尚知，故而在内陆地区十分典型。

翻开重庆方志资料，科举的名词术语以及试院、考棚、宾兴、学田等科举机构、方式俯拾即是，成为读书士人以及民间社会中的惯用语，乃至口头禅。科举风行巴渝大地，可以想见社会各行各业曾为科考所牵动。以涪陵为例，据有关方志资料所载："我朝以科目取士，然博学鸿词、孝廉方正，皆为特选。递岁开经济特科。亦由一二品大员各荐所知。则选与举未尝不并行也。鸿博与孝廉方正，州志未载有州人与选者。而宋时李椿一家三举神童。国朝州人由甲科入翰林者，指不胜屈，同治乙丑一榜，登第至三人，可谓盛矣。州蜀学额，武试未停时，岁取文武各十五名，拨府各二；科试文十五名，拨府一。取进生员赴乡会试者，既有宾兴公软，以资津贴。而岁科两试院费，暨两学平日应需各费，又有学田租入以备用（尚有棚费一软，三费局支解）。涪士亦勇于向学故科目较胜他邑云。"❶

清代是科举制度全盛的历史时期，科举教育贯彻政府兴学，尤其是地方官学全过程。科举考试是应试教育的模式，但其中有标准化测评的信度，而且对教育公平性即提升官吏水平有独特作用。清代重庆官学考试与科举考试殊途同归，都是为统治阶层选拔人才。知识分子得以入仕，考试内容大多是"四书"

---

❶　贺守典，熊鸿谟.（光绪）涪乘启新：卷二：第十五课　选举［M］.刻本，1905（清光绪三十一年）：16–18.

"五经"和试帖,生员入学考试、平时测验等的测试内容大多与科举考试要求相同。从某种意义上说,地方官学走向科举既是当时社会要求、政府办学意志的体现,更有提高行政效率及促进社会向学风气形成的作用。对于重庆地方官学来说,还特别表现在西南地区儒学化的实现以及民族教育文化认同价值,但也使得重庆官学各类考试成为参加科举考试的"实战演习",从考试的内容到形式很大程度上受到科举制度的制约。

科举考试制度作为一种人才选拔制度,是长期历史发展和演绎的结果。现在许多论者对其公正性、客观性、程序及规范性、社会流动性乃至标准化做了不同层面的分析,评议的基调不断攀升,甚至提出是中国对世界影响或做出贡献的第五大发明,提议建立"科举学"作为国际性显学进行研究❶。诚然,科举制度的内容丰富,内涵深刻,影响深远,也包含许多长处或优点。但笔者认为,这种选拔制度仍然是以封建政治人才的选拔及层层筛选为核心问题的,对专业技术人才的培养、科技内容的扩充以及教育的操作、实验及技术层面的深化仍然不够。科举取士造就了大批封建治术人才、官僚阶层,不乏有政绩有才学者,而从民间社会及广泛教育意义上来说,也提供了社会教育内容素材及形式、方法,充实了民间师资,培养了一批饱学诗书的旧学之士,对人文政治教育、道德风俗的感化其作用是广阔且深刻的。这或许是由多数未达到进士及第的士人所实现并完成的,并主要在民间书院、私学的机构中活动。这里引证现行人民教育出版社出版的高中语文读本第一册中的一段材料《我的国文启蒙》,借以说明晚清举业人士在国学教育中的重要作用。

现代作家余光中在这里认为一个人的中文根底必须深固于中学时代,若是等到大学才来补救,就太晚了。他庆幸自己中学时代遇到了一位国学深湛的语文老师,奠定了国学的根基。而这位教师恰是重庆巴县的清代拨贡,与旧的官学及科举有千丝万缕的联系。以下选录于此,作为本课题延及现代教育及人才培养论题的链接。

我的国文启蒙❷(节选)

每个人的童年未必都像童话,但是至少该像童年。若是在都市的红尘里长大,不得亲近草木虫鱼,且又饱受考试的威胁,就不得纵情于杂学闲书,更不得看云,听雨,发一整个下午的呆。我的中学时代在四川的乡下度过,正是抗

---

❶ 福建厦门大学刘海峰教授是我国当代科举史与当代考试制度研究最有影响力的专家之一,他是"科举学"的开路先锋且影响卓著。代表作有:《科举学导论》,华中师范大学出版社,2005 年版;《科举制的终结与科举学的兴起》,华中师范大学出版社,2006 年版;《中国科举史》,东方出版社,2006 年版。

❷ 余光中. 我的国文启蒙 [J]. 中华少年写作精选, 2003 (4).

战，尽管贫于物质，却富于自然，裕于时光，稚小的我乃得以亲近山水，且涵泳中国的文学。所以每次忆起童年，我都心存感慰。

我相信一个人的中文根底必须深固于中学时代，若是等到大学才来补救，就太晚了，所以大一国文之类的课程不过虚设。我的幸运在于中学时代是在纯朴的乡间度过，而家庭背景和学校教育也宜于学习中文。

1940年秋天，我进入南京青年会中学，成为初中的学生。初一那年，一位前清的拔贡来教我们国文，他是戴伯琼先生，年已古稀，十足是川人惯称的"老夫子"。依清制科举，每十二年由各省学政考选品学兼优的生员，保送入京，也就是贡入国子监，谓之拔贡。再经朝考及格，可充京官、知县或教职。如此考选拔贡，每县只取一人，真是高材生了。戴老夫子应该就是巴县（即江北县）的拔贡，旧学之好可以想见。冬天他来上课，步履缓慢，仪态从容，穿着长衫，戴黑帽，坐着讲书。至今我还记得他教周敦颐的《爱莲说》，如何摇头晃脑，用川腔吟诵，有金石之声。这种老派的吟诵，随情转腔，一咏三叹，无论是当众朗诵或者独自低吟，对于体味古文或诗词的意境，最具感性的功效。现在的学生，甚至主修中文的，也往往只会默读而不会吟诵，与古典文学不免隔了一层。

有一次和同班的吴显恕读了孔稚圭的《北山移文》，佩服其文采之余，对纷繁的典故似懂非懂，乃持以请教戴老夫子，也带点好奇，有意考他一考。不料夫子一瞥题目，便把书合上，滔滔不绝，我们问的典故他不但如数家珍地详予解答，就连没有问的，他也一并加以讲解，令我们佩服之至。

国文班上，限于课本，所读毕竟有限，课外研修的师承则来自家庭。我的父母都算不上什么学者，但他们出自旧式家庭，文言底子照例不弱，至少文理是晓畅通达的。我一进中学，他们就认为我应该读点古文了，父亲便开始教我魏征的《谏太宗十思疏》……

作者在这里追忆的是在20世纪40年代初在江南名城南京一所教会中学的情况，任教者恰是重庆巴县的拔贡，算不得有高等次的科员功名。但其国学教学已令当今文坛作家所怀念。可以想见在清末民国时期众多的中小学教育、师范、实业乃至大学专门教育中，科举出身的身影及形象仍是厚重的，挥之不去。尤其当在地方、乡间基础教育之中，其情形更为多见。

后　记

　　科举考试制度的研究一向为学术界所重视，已经进入了相对成熟、完备的时期。但是，正如正统史学偏于详述政治沿革与变动一样，以政治学、官僚制度的视野考察科举取士的论著汗牛充栋，而且大有不断问世的态势。近年来，文学史的研究进展迅猛，引起社会各界青睐，迎合了崇尚文辞、装饰气度的社会心理。于是，文学与科举也成为热点之一。科举是一张脸谱，富有戏剧性；科举是一门国学，典雅隽永；科举是一种富矿，挖掘潜力巨大。难怪乎，闽人学者刘海峰教授倡议建立"科举学"，并论述推断：这是 21 世纪一门国际性的显学。但是，从我这样一位研习教育学科班的乡野士人来看，科举制从本体、核心，到作用、影响，乃至于蕴涵的价值、理念，都是教育学与心理学的重要领域或主要论题，应该集中在这两大邻近交叉学科中加强探索或构思。从历史上看，至少从唐代中期开始，科举制就已推向全国，到明清时期，为科举准备的士子学人道路以望，每逢考期，交通、住宿、餐饮都会为赶考举子忙碌一阵，也带来营业的富厚利润。这是遍及国内各府州县的一道独特景观。可见，科举是一种政府行为，同时又为社会阶层所认同和接受，也就构成了社会的群体行动总调度、共同的活动方式。缘于这种情状，人们探讨科举，撰述论著，作为国家社会的一个统一体，综合考虑，宏观设计，都很合适、到位，也极其自然、妥帖。但是，国家是由地方区域构成的，中国幅员辽阔、人口众多、经济水平参差不齐、民族成分复杂多样、社会文化多元，完全应该从区域历史加以考察对比，这也符合个别与一般的哲学辩证思想。目前出现的区域文化、地域文学、地方教育、历史地理等，均是这种致思模式。区域研究的模式运用于科举问题，作一检视，也同样存在明显的不平衡性。

　　重庆是中国内陆地区一个典型的地理区域，有悠久丰富的历史文明，几经波折，几度沉浮，几曲悲歌，几段喜乐，都在巴山夜雨中流过，在高山峻岭间洒落，在岩石高冈中积淀。这是一座英雄的城市，年轻而又充满活力的新中国第四大直辖市。于是，选取重庆古代的科举考试加以透视，便有了特定的含义、独有的魄力、神奇的情怀、迷雾的离幻。这又是何等的艰难！历史上对重庆科举及第记载的稀微、典籍文献散布难觅、学人相关研究成果严重匮乏，都是巨大的挑战，是征途中的障碍。当然，还有时间、条件、经费等诸多问题的牵制，自己水平或勤奋的有限，诸如此类，都使目前的这本小册子显得寒碜、简陋。不过，重庆古代的教育历史上，科举无法删去，勉力补缀，诚惶诚恐，愚者千虑，倘有所得，于愿足矣，其中缺憾，希图来日添加，以臻善境。此情此景，望达者学人能海涵，并不吝指正。

此书撰述中着力于几方面的尝试与努力：其一，充分利用已有方志资料的文献素材，凸显地方性特色；其二，吸收新史学派量化实证的方法论，注重图表设计与统计分析，以求得精细与客观；其三，将科举制与社会历史，尤其是学术思想变迁、思辨联系起来，使科举制解读的文化历史感深厚；其四，科举是一种文化，也是经济、旅游开发利用的资源，因此着力于新重庆建设、西部大开发的战略视野叙述科举问题，使本书更有现实性意义。当然，主观设想及付出的心血与实际成效、客观结果间必有距离，上述构思能想到几成，不敢妄测，期盼来自专家学者各方面的意见与批评。

窗外已是绿的世界，北方独有的槐花飘溢出清新的气息。没有烈日，五月初的阳光和煦、温馨，嫩黄浅淡仍在枝头舒展，在惠风晨雾中流淌。北国之春晚到了，但依样别有情趣韵味。我太困乏了，也该歇歇了。

本书是河北省引才引智创新平台项目"基于深度学习的实体关系抽取及应用"（编号：606080123003）系列成果之一。重庆科举考试史的专题研究至此告一段落，但并不意味着此项课题的探索终止步伐。专题研究总是逗号没有句号，这是常理。但对于个体而言，这是不是平添了几分负荷和压力？在教育减负的年代似乎应该更为淡定和释然，希望我以后还有机会以论文的方式进行细致的探讨。最后需要说明的是，由于本人年过花甲，疲精劳神的读书、教学和科研生涯过了大半辈子，已经无力完成独立著作，于是，我便约请了河北大学教育学院教育史专业研究生王静协作开展此项研究工程。她在学业上努力勤勉、兢兢业业完成了相关的任务，又结合专业学习，配合我的科研，真是很不容易。在此，对王静同学的辛劳付出和精诚合作表达我的深深谢意。

鉴于本书的字数容量有限，主要参考文献不再详细列出。有兴趣或需求的专家、读者可以从著作正文及注释中获得相关线索或链接；同时，也可从我以前出版的小册子《重庆的科举》（西南师范大学出版社，2008年版）、《重庆书院史》（知识产权出版社，2019年版）、《重庆学校史》（知识产权出版社，2021年版）的相关资料信息中获得。由此也可以表述为《重庆科举史》是继

《重庆书院史》《重庆学校史》之后，由知识产权出版社出版的重庆教育历史研究主题的又一部著作，可以称得上是"三部曲"或"姊妹篇"，这是不是有独特的组合意义及风格特征呢？

知识产权出版社支持本人的学术研究，为我校教育学术发展给予扶持，我是其中的受益者，尤其是责任编辑张水华女士在本书出版过程中付出诸多辛劳和汗水。她严谨扎实、耐心细致的品格让我感动，将激励我及我的学生在未来的人生征程和工作生涯，回报社会，感恩国家，为中国式教育现代化的图景发挥力量和责任担当。同时，我还应感谢河北大学教育学院院长胡保利教授将本书列入河北大学教育学一级学科博士点经费赞助项目。对于上述种种，我会以感激之心将人生的余热充分发挥，教书育人，为祖国的辉煌明天贡献绵薄之力，以不辜负各方面的厚爱和支持。

吴洪成笔于

近代历史名城保定　河北大学毓秀园旁校史研究室

2023 年 5 月 10 日